DAS FRAGEVERBOT BEZÜGLICH DES SCHWERBEHINDERTENSTATUS – CHANCE ODER DANAERGESCHENK?

Gabriele C. Landthaler

DAS FRAGEVERBOT BEZÜGLICH DES SCHWERBEHINDERTENSTATUS – CHANCE ODER DANAERGESCHENK?

Schwerbehindertenarbeitsrecht de lege lata und die verfehlten Konsequenzen

EBERHARD KARLS
UNIVERSITÄT
TÜBINGEN

TÜBINGEN
LIBRARY PUBLISHING

Bibliografische Information der Deutschen Nationalbibliothek
Die Deutsche Nationalbibliothek verzeichnet diese Publikation in der Deutschen Nationalbibliografie, detaillierte bibliografische Daten sind im Internet über http://dnb.d-nb.de abrufbar.

Die Online-Version dieser Publikation ist auf dem Repositorium der Universität Tübingen frei verfügbar (Open Access).
http://hdl.handle.net/10900/146952
http://nbn-resolving.de/urn:nbn:de:bsz:21-dspace-1469522
http://dx.doi.org/10.15496/publikation-88293

Tübingen Library Publishing 2023
Universitätsbibliothek Tübingen
Wilhelmstraße 32
72074 Tübingen
druckdienste@ub.uni-tuebingen.de
https://tlp.uni-tuebingen.de

ISBN (Softcover): 978-3-946552-92-5
ISBN (PDF): 978-3-946552-93-2

Umschlaggestaltung: Susanne Schmid, Universität Tübingen
Satz: Anke Bodzin
Herstellung: BoD – Books on Demand, Norderstedt
Printed in Germany

Vorwort

Die vorliegende Dissertation wurde im Wintersemester 2021/22 von der Juristischen Fakultät der Eberhard Karls Universität Tübingen angenommen.

Meinem Doktorvater, Herrn Prof. Dr. Hermann Reichold, danke ich für die geduldige und konstruktive Begleitung der Arbeit sowie die Erstellung des Erstgutachtens.

Herrn Prof. Dr. Ernst Mikosch danke ich für die zügige Erstellung des Zweitgutachtens.

Besonderen Dank schulde ich den Menschen, die mich im Verlauf der Bearbeitung der Dissertation unterstützt, diese in verschiedensten Phasen ihrer Entstehung gelesen und konstruktiv mit mir diskutiert haben. Dies sind (in alphabetischer Reihenfolge des Nachnamens): Anke Bodzin, Katja Bubam, Susanne und Sandro Frenzel, Otto Landthaler, Ayşe Özbabacan, Bernhard Schaefer, Dr. Julia und Gernot Unseld, Petra Wellen und Lothar Woznicka.

Last, yet not least to my heart, danke ich meiner Familie. Sie war und ist mein Rückhalt.

Meinen Eltern ist diese Arbeit gewidmet.

Werther im April 2023 Gabriele C. Landthaler

Gliederung

Einleitung/Problemstellung

TEIL 1 DIE ENTWICKLUNG DES SCHWERBEHINDERTEN-ARBEITSRECHTS UND DER FRAGE NACH DEM STATUS IN DEUTSCHLAND

§ 1 Die Entwicklung des Rechts der Beschäftigung (schwer-) behinderter Menschen in Deutschland

A. Entwicklung des Rechts der Beschäftigung (schwer-)behinderter Menschen in Deutschland

B. Die Entwicklung des Behinderungsbegriffs

I. Der Begriff der Behinderung bis Ende 2017

II. Der Begriff der Behinderung ab 2018

III. Krankheit als Behinderung

C. Zwischenergebnis

§ 2 Die Frage nach der Schwerbehinderteneigenschaft als Diskriminierung

A. Entwicklung der Frage in Rechtsprechung und Schrifttum

I. Ausgangssituation nach dem Zweiten Weltkrieg

II. Situation seit 1984

III. Trendwende im Schrifttum

IV. Meinungsstand bis 2012

V. Das Urteil des BAG vom 16.02.2012

VI. Exkurs: Vergleichbarkeit mit der Frage nach dem Vorliegen einer Schwangerschaft

VII. Zwischenergebnis

B. Das Frageverbot zur Verhinderung von Diskriminierung
I. Eine Frage als Diskriminierung?
II. Die Fragestellung als Mittel zur Wissensveränderung
III. Der Begriff der Diskriminierung
IV. Ursachen für Diskriminierung
V. Arten der Diskriminierung
VI. Definition durch europäische Antidiskriminierungsrichtlinien
VII. Diskriminierung im Allgemeinen Gleichbehandlungsgesetz
VIII. Die Diskriminierung (schwer-)behinderter Menschen
C. Wirkungen von Diskriminierung
I. Ökonomische Wirkungen
II. Wirkungen für den schwerbehinderten Menschen
D. Handlungsmöglichkeiten zur Verhinderung von Diskriminierung
E. Folgerung

Zwischenfazit Teil 1

TEIL 2 DAS FRAGERECHT DES ARBEITGEBERS NACH SCHWERBEHINDERTENSTATUS UND GLEICHSTELLUNG

§ 3 Das arbeitgeberseitige Fragerecht im Allgemeinen

§ 4 Die Frage nach dem Status im Anbahnungsverhältnis

A. Situation im Anbahnungsverhältnis
I. Die Interessenlagen im Anbahnungsverhältnis
II. Die Offenbarungspflicht bei Behinderung

III. Hintergrund: der Grad der Behinderung (GdB), der Grad der Schädigungsfolgen (GdS) und die Minderung der Erwerbsfähigkeit (MdE)
IV. Die Schwerbehinderteneigenschaft im Sinne des 3. Teils des SGB IX
V. Die Gleichstellung nach §§ 2 Abs.3, 151 Abs.1, 152 SGB IX
B. Die Frageberechtigung zur Erfüllung der Arbeitgeberpflichten
I. Die Frage zur Vermeidung der Ausgleichsabgabe
II. Die Frage zur Erfüllung der Prüfungs-, Konsultations- und Beteiligungspflichten
III. Mögliche Rechtfertigung der Frage aus dem AGG
IV. Die Rechtfertigung der Frage aus § 8 AGG
V. Rechtfertigung nach § 8 Abs.1 AGG aufgrund unternehmerischen Konzepts oder Kundenwünschen?
VI. Rechtfertigung aufgrund zwingender Gründe bei Dritten?
VII. Statusbezogene Offenbarungspflicht nach Wegfall des Fragerechts?
C. Zwischenfazit

§ 5 Die Frage nach dem Status im bestehenden Beschäftigungsverhältnis
A. Die Frage während der ersten sechs Monate des Arbeitsverhältnisses
I. Pflicht zur behinderungsgerechten Beschäftigung
II. Zahlung der Ausgleichsabgabe
III. Exkurs: Datenschutz
IV. Stellungnahme

B. Das Fragerecht nach sechsmonatigem Bestehen des Arbeitsverhältnisses

I. Die Rücksichtnahmepflicht aus § 241 Abs.2 BGB

II. Fragerecht zur Erfüllung der Quote aus § 154 Abs.1 SGB IX

III. Arbeitgeberpflichten aus § 164 Abs.3 bis 5 SGB IX

C. Befristetes Beschäftigungsverhältnis

D. Das Problem der Statusänderung im bestehenden Beschäftigungsverhältnis

E. Stellungnahme

§ 6 Die Frage bei Beendigung des Arbeitsverhältnisses

A. Die Frage bei beabsichtigter Kündigung

I. Die Frage zur Vorbereitung einer Kündigung

II. Die Frage zur Erfüllung der Beteiligungspflichten

III. Berücksichtigung bei der Sozialauswahl

IV. Kündigung innerhalb der ersten sechs Monate des Beschäftigungsverhältnisses

B. Zwischenergebnis

§ 7 Die Folgen der unzutreffenden Beantwortung der Frage

A. Zulässige Fragen

B. Unzulässige Fragen

C. Sonderfall: Die wahrheitswidrige Bejahung der statusbezogenen Frage

D. Folgen unzulässiger Fragestellung für den Arbeitgeber

Zwischenfazit Teil 2

TEIL 3 DAS FRAGEVERBOT IM ÖKONOMISCHEN KONTEXT

§ 8 Die Bedeutung der Personalauswahl

§ 9 Die Bedeutung von Wissen und Information im ökonomischen Kontext

A. Information in der Einstellungssituation

B. Die ökonomische Grundlage des Informationsbedarfs

C. Kontrollprobleme aufgrund fehlender Informationen

D. Arten des Informationsdefizits und der Informationskosten

I. Preisunsicherheit

II. Qualitätsunsicherheit und Nutzenunkenntnis

III. Anwendbarkeit auf die Informationsdisparität im Einstellungsvorgang

§ 10 Die Wirkungen des Frageverbots auf den Einstellungsvorgang anhand der Theorien zur Entscheidung bei asymmetrischer Information

A. Effizienz als Ziel wirtschaftlichen Handelns

I. Die neoklassische Theorie

II. Die neue Institutionenökonomie

III. Das Individuum und sein Verhalten

B. Der Arbeitsvertrag in den institutionenökonomischen Theorien

I. Der unvollständige Vertrag

II. Der psychologische Vertrag

III. Der *stakeholder*-Ansatz

IV. Stellungnahme

V. Zwischenergebnis

C. Die Prinzipal-Agent-Theorie
I. Agency-Kosten
II. Entscheidung und Informationsdefizit
III. Möglichkeiten der Kooperation
IV. Zwischenfazit

§ 11 Wirkungen des Frageverbots für das Arbeitsvertragsrecht
A. Ökonomische Funktionen des Vertragsrechts
B. Forderungen an ein „marktrationales Vertragsrecht“ (*Fleischer*)
I. Transaktionskostenminderung
II. Rekonstruktion des vollständigen Vertrages
III. Verhinderung opportunistischen Verhaltens
IV. Unterscheidung wohlfahrtsmindernder und -fördernder Verträge
V. Sicherung der Funktionsfähigkeit der Märkte
VI. Zwischenfazit zum marktrationalen Vertragsrecht
C. Wirkungsbetrachtung

Zwischenfazit Teil 3

TEIL 4 BETRACHTUNG DER IDENTIFIZIERTEN EINFLUSSFAKTOREN UND ANREGUNGEN ZU DEREN MODIFIKATION

§ 12 Identifizierte Problemfelder und Einflussfaktoren
A. Probleme des aktuellen Behinderungsbegriffs
B. Ursachen für die arbeitgeberseitige Zurückhaltung bei der Beschäftigung schwerbehinderter Menschen

I. Kündigungsschutz
II. Arbeitsorganisatorische Faktoren
III. Folgenloser Verstoß gegen die Beschäftigungspflicht
IV. Stellungnahme

§ 13 Mögliche Anpassungen der bestehenden Regelungen
A. Ansatzpunkt Beschäftigungspflicht
B. Ansatzpunkt Ausgleichsabgabe
I. Erhöhung der Ausgleichsabgabe
II. Anpassung der Regelungen zur Rückerstattung der Ausgleichsabgabe
III. Abschaffung der Ausgleichsabgabe
C. Ansatzpunkt GdB/Anrechnung auf Pflichtarbeitsplätze
I. Obligatorische Mehrfachanrechnung auf Pflichtplätze
II. Besondere Berücksichtigung augenfälliger Beeinträchtigungen bei der Bemessung des GdB
D. Ansatzpunkt Kosten der Beschäftigung - Zusatzurlaub
E. Ansatzpunkt Kündigungsschutz
F. Keine Verbesserung durch anonyme Bewerbungen
G. Völliger Systemwechsel

Zwischenfazit Teil 4

Fazit und Ausblick

Literaturverzeichnis

Inhaltsverzeichnis

Abkürzungsverzeichnis ... XXXI

Einleitung/Problemstellung ... 1

TEIL 1 DIE ENTWICKLUNG DES SCHWERBEHINDERTEN-ARBEITSRECHTS UND DER FRAGE NACH DEM STATUS IN DEUTSCHLAND ... 3

§ 1 Die Entwicklung des Rechts der Beschäftigung (schwer-) behinderter Menschen in Deutschland ... 5

A. Entwicklung des Rechts der Beschäftigung (schwer-)behinderter Menschen in Deutschland ... 5

B. Die Entwicklung des Behinderungsbegriffs ... 7

I. Der Begriff der Behinderung bis Ende 2017 ... 8

II. Der Begriff der Behinderung ab 2018 ... 9

III. Krankheit als Behinderung ... 11

C. Zwischenergebnis ... 12

§ 2 Die Frage nach der Schwerbehinderteneigenschaft als Diskriminierung ... 13

A. Entwicklung der Frage in Rechtsprechung und Schrifttum ... 13

I. Ausgangssituation nach dem Zweiten Weltkrieg ... 13

II. Situation seit 1984 ... 14

1. Die Einführung des Art.3 Abs.3 S.2 GG und das Fragerecht nach der Schwerbehinderteneigenschaft ... 15

a. Rechtsnatur des Art.3 Abs.3 S.2 GG ... 16

b. Art.3 Abs.3 S.2 GG und die Frage nach dem Status 16
2. Veränderungen Mitte der 90er Jahre 19
3. Situation seit 1998 20
4. Das Benachteiligungsverbot des § 81 Abs.2 SGB IX a.F. und das Fragerecht nach der Schwerbehinderteneigenschaft 20
a. Die Richtlinie 2000/78/EG als Grundlage des § 81 Abs.2 SGB IX a.F. bzw. § 164 SGB IX 2018 20
b. Die Umsetzung der Richtlinie 2000/78/EG durch § 81 Abs.2 SGB IX (§ 164 SGB IX 2018) 21
III. Trendwende im Schrifttum 22
1. Nunmehr herrschende Ansicht im Schrifttum 22
2. Ansicht von *Schaub* 23
3. Argument von *Adlhoch* 24
IV. Meinungsstand bis 2012 25
V. Das Urteil des BAG vom 16.02.2012 26
VI. Exkurs: Vergleichbarkeit mit der Frage nach dem Vorliegen einer Schwangerschaft 26
1. Vergleichbarkeit aufgrund sprachlich paralleler Fassungen 27
2. Die Rechtsprechung des BAG und des EuGH 27
3. Mögliche Rückschlüsse aus Studien 28
VII. Zwischenergebnis 29
B. Das Frageverbot zur Verhinderung von Diskriminierung 29
I. Eine Frage als Diskriminierung? 30
II. Die Fragestellung als Mittel zur Wissensveränderung 30

III. Der Begriff der Diskriminierung 31
IV. Ursachen für Diskriminierung 31
V. Arten der Diskriminierung 33
1. Individuelle und strukturelle Diskriminierung 33
2. Arbeitsplatzdiskriminierung 34
3. Statistische Diskriminierung 35
4. Faktische Diskriminierung 35
5. Umgekehrte Diskriminierung (*reverse discrimination*) 36
VI. Definition durch europäische Antidiskriminierungsrichtlinien 37
VII. Diskriminierung im Allgemeinen Gleichbehandlungsgesetz 38
VIII. Die Diskriminierung (schwer-)behinderter Menschen 39
C. Wirkungen von Diskriminierung 41
I. Ökonomische Wirkungen 41
II. Wirkungen für den schwerbehinderten Menschen 42
D. Handlungsmöglichkeiten zur Verhinderung von Diskriminierung 43
E. Folgerung 48

Zwischenfazit Teil 1 49

TEIL 2 DAS FRAGERECHT DES ARBEITGEBERS NACH SCHWERBEHINDERTENSTATUS UND GLEICHSTELLUNG 51

§ 3 Das arbeitgeberseitige Fragerecht im Allgemeinen 53

§ 4 Die Frage nach dem Status im Anbahnungsverhältnis 55

A. Situation im Anbahnungsverhältnis 55

I. Die Interessenlagen im Anbahnungsverhältnis 56

II. Die Offenbarungspflicht bei Behinderung 56

III. Hintergrund: der Grad der Behinderung (GdB), der Grad der Schädigungsfolgen (GdS) und die Minderung der Erwerbsfähigkeit (MdE) 57

1. Der Grad der Behinderung (GdB) und seine Feststellung 57

2. Abgrenzung zur Minderung der Erwerbsfähigkeit (MdE) und dem Grad der Schädigungsfolgen (GdS) 58

IV. Die Schwerbehinderteneigenschaft im Sinne des 3. Teils des SGB IX 60

1. Rechtsnatur der amtlichen Feststellung 61

2. Verbindlichkeit der Entscheidung über den Status 61

3. Der Nachweis des Status 62

V. Die Gleichstellung nach §§ 2 Abs.3, 151 Abs.1, 152 SGB IX 63

B. Die Frageberechtigung zur Erfüllung der Arbeitgeberpflichten 65

I. Die Frage zur Vermeidung der Ausgleichsabgabe 65

II. Die Frage zur Erfüllung der Prüfungs-, Konsultations- und Beteiligungspflichten 67

1. Prüfungspflicht nach § 164 Abs.1 S.1 SGB IX 67

2. Konsultationspflichten 67

a. Bundesagentur für Arbeit und Integrationsfachdienste 67

b. Interessenvertretungen 67

aa. Die Schwerbehindertenvertretung 68

bb. Betriebsrat/ Personalrat 68

3. Beteiligungspflichten 68

4. Ansprüche aus § 164 Abs.4 Nrn.1 bis 5 SGB IX 69

5. Zwischenergebnis 69

III. Mögliche Rechtfertigung der Frage aus dem AGG 69

1. Rechtfertigung aus § 5 AGG 69

a. Das Konzept der positiven Maßnahmen 70

b. Positive Maßnahmen für behinderte Menschen nach Art.7 der Richtlinie 2000/78/EG 71

c. Abgrenzung zu den angemessenen Vorkehrungen 71

d. Abgrenzung zum Verbot mittelbarer Diskriminierung 73

e. Stellungnahme 73

2. Positive Maßnahmen im Sinne des § 5 AGG 74

a. Der Schwerbehindertenstatus als Nachteil im Sinne des § 5 AGG? 75

b. Die statusbezogene Frage als Maßnahme im Sinne des § 5 AGG? 77

3. Die Frage als ‚(zulässige) Vorbereitungshandlung' einer positiven Maßnahme? 78

4. Die positive Maßnahme als Konsequenz der Frage? 79

5. Die Frage zur Erfüllung der Quote 79

6. Die Frage bei Vorliegen einer einschlägigen Inklusionsvereinbarung 81

a. Die Rechtsnatur der Inklusionsvereinbarung 82

b. Wirkung der Inklusionsvereinbarung im Anbahnungsverhältnis 82
c. Stellungnahme 83
7. Zwischenfazit 83
IV. Die Rechtfertigung der Frage aus § 8 AGG 84
1. Die Frage nach dem individuellen Leistungsvermögen 85
2. Die tätigkeitsbezogene Frage nach einer Behinderung 85
a. Die wesentliche und entscheidende berufliche Anforderung 87
b. Der Status als berufliche Anforderung im Sinne des § 8 Abs.1 AGG? 88
V. Rechtfertigung nach § 8 Abs.1 AGG aufgrund unternehmerischen Konzepts oder Kundenwünschen? 88
1. Unternehmerisches Konzept 89
a. Das Gewicht wirtschaftlicher Erwägungen des Arbeitgebers 90
b. Das Problem der sog. testimonials 90
2. Rechtfertigung aufgrund von (antizipierten) Kundenpräferenzen? 91
a. Vorurteile der Kunden 92
b. Wirkung diskriminierender Kundenpräferenzen 92
3. Kundenwünsche als relevante Tätigkeitsanforderung im Sinne des § 8 Abs.1 AGG? 93
a. Vertrauensbezogene Kundenpräferenzen 94
aa. Sicherheit und physische/psychische Integrität 94
bb. Intimsphäre 95

b. Authentizitätsbezogene Kundenpräferenzen 95
c. Anreizbezogene Kundenpräferenzen 96
4. Stellungnahme 97
VI. Rechtfertigung aufgrund zwingender Gründe bei Dritten? 97
VII. Statusbezogene Offenbarungspflicht nach Wegfall des Fragerechts? 98
1. Statusbezogene Offenbarungspflicht bei Bedarf der behinderungsgerechten Anpassung des Arbeitsplatzes? ... 99
2. Obliegenheit zur Offenbarung? 100
3. Art der (freiwilligen) Mitteilung 101
4. Stellungnahme 101
C. Zwischenfazit 102

§ 5 Die Frage nach dem Status im bestehenden Beschäftigungsverhältnis 103
A. Die Frage während der ersten sechs Monate des Arbeitsverhältnisses 103
I. Pflicht zur behinderungsgerechten Beschäftigung 104
II. Zahlung der Ausgleichsabgabe 105
III. Exkurs: Datenschutz 105
IV. Stellungnahme 106
B. Das Fragerecht nach sechsmonatigem Bestehen des Arbeitsverhältnisses 106
I. Die Rücksichtnahmepflicht aus § 241 Abs.2 BGB 107
II. Fragerecht zur Erfüllung der Quote aus § 154 Abs.1 SGB IX 108
III. Arbeitgeberpflichten aus § 164 Abs.3 bis 5 SGB IX 109

1. Dauerhafte Besetzung der Pflichtarbeitsplätze, § 164 Abs.3 SGB IX 110
2. Ansprüche der Arbeitnehmer aus § 164 Abs.4 und Abs.5 SGB IX 111
a. Rechtsnatur der Arbeitgeberpflichten 111
b. Das Problem der unverhältnismäßigen Aufwendungen, § 164 Abs.4 S.3 SGB IX 112
3. Förderung von Teilzeitarbeitsplätzen, § 164 Abs.5 SGB IX 113
4. Verzeichnisführungs- und Nachweispflicht 114
a. Verstoß gegen Verzeichnisführungspflicht, § 163 Abs.1 SGB IX 114
b. Anzeigepflicht des § 163 Abs.2 SGB IX 114
c. Die Bußgeldvorschriften des § 238 SGB IX 114
5. Gewährung von Zusatzurlaub 115
6. Beteiligungsrechte der Interessenvertretungen 116

C. Befristetes Beschäftigungsverhältnis 116
D. Das Problem der Statusänderung im bestehenden Beschäftigungsverhältnis 118
E. Stellungnahme 119

§ 6 Die Frage bei Beendigung des Arbeitsverhältnisses 121

A. Die Frage bei beabsichtigter Kündigung 121
I. Die Frage zur Vorbereitung einer Kündigung 121
II. Die Frage zur Erfüllung der Beteiligungspflichten 122
1. Betriebliche Interessenvertretungen 122
2. Integrationsamt 123

III. Berücksichtigung bei der Sozialauswahl 123
IV. Kündigung innerhalb der ersten sechs Monate des Beschäftigungsverhältnisses 123
B. Zwischenergebnis 124

§ 7 Die Folgen der unzutreffenden Beantwortung der Frage 125
A. Zulässige Fragen 125
B. Unzulässige Fragen 125
C. Sonderfall: Die wahrheitswidrige Bejahung der statusbezogenen Frage 127
D. Folgen unzulässiger Fragestellung für den Arbeitgeber 128

Zwischenfazit Teil 2 128

TEIL 3 DAS FRAGEVERBOT IM ÖKONOMISCHEN KONTEXT 133

§ 8 Die Bedeutung der Personalauswahl 135

§ 9 Die Bedeutung von Wissen und Information im ökonomischen Kontext 139
A. Information in der Einstellungssituation 140
B. Die ökonomische Grundlage des Informationsbedarfs 141
C. Kontrollprobleme aufgrund fehlender Informationen 141
D. Arten des Informationsdefizits und der Informationskosten 142
I. Preisunsicherheit 143
II. Qualitätsunsicherheit und Nutzenunkenntnis 145

III. Anwendbarkeit auf die Informationsdisparität im Einstellungsvorgang ... 147

§ 10 Die Wirkungen des Frageverbots auf den Einstellungsvorgang anhand der Theorien zur Entscheidung bei asymmetrischer Information ... 149

A. Effizienz als Ziel wirtschaftlichen Handelns ... 150

I. Die neoklassische Theorie ... 151

II. Die neue Institutionenökonomie ... 152

III. Das Individuum und sein Verhalten ... 152

1. Der *homo oeconomicus* ... 153

2. Der *homo oeconomicus institutionalis* ... 153

3. Das *Arrow/Debreu*-Modell ... 153

4. Beschränkte Rationalität ... 154

5. Stellungnahme ... 154

B. Der Arbeitsvertrag in den institutionenökonomischen Theorien. 155

I. Der unvollständige Vertrag ... 155

II. Der psychologische Vertrag ... 155

III. Der *stakeholder*-Ansatz ... 156

IV. Stellungnahme ... 157

V. Zwischenergebnis ... 157

C. Die Prinzipal-Agent-Theorie ... 158

I. Agency-Kosten ... 159

II. Entscheidung und Informationsdefizit ... 160

1. Informationsdefizit vor Vertragsschluss ... 160

a. Hidden intention ... 160

aa. Opportunistisches Verhalten ... 161

bb. Gefahr des opportunistischen Hold up 161
cc. Gegenstrategien bei Problemen der Informationsasymmetrie 162
(1) Adverse selection 163
(2) Signaling 164
b. Hidden characteristics 166
aa. Lösungsmöglichkeit: Screening 167
bb. Lösungsmöglichkeit: Selbstselektion 168
2. Das Informationsdefizit nach Vertragsschluss 169
a. Hidden action/hidden information/hidden intention 169
b. Opportunismus nach Vertragsschluss 170
c. Moral hazard 171
III. Möglichkeiten der Kooperation 172
1. Verlustbeteiligung 173
2. Leistungsanreize 173
3. Herausforderungen im Bereich der Kooperation 173
4. Stellungnahme 174
IV. Zwischenfazit 174

§ 11 Wirkungen des Frageverbots für das Arbeitsvertragsrecht 175
A. Ökonomische Funktionen des Vertragsrechts 175
B. Forderungen an ein „marktrationales Vertragsrecht“ (*Fleischer*) 177
I. Transaktionskostenminderung 177
1. Die Transaktionskostentheorie 178
2. Verhalten der Akteure in der Transaktionskostenökonomie . 179
3. Exkurs: Bedingungen für die Entscheidung zur Beschäftigung schwerbehinderter Menschen 179

a. Soziale Verantwortung der Unternehmen 180
b. Leistungsfähigkeit als zentrales Kriterium für die Beschäftigung 180
c. Förderleistungen des Integrationsamtes 181
d. Das Problem des demographischen Wandels 182
e. Die Konkurrenz unter den (schwer-)behinderten Menschen 183
f. Zusammenfassung 183
4. Transaktionskostenminderung vor und bei Vertragsschluss 184
a. Ex ante anfallende Kosten 184
aa. Such- und Informationskosten 184
bb. Verhandlungs- und Entscheidungskosten 185
b. Ex post anfallende Kosten 186
5. Höhe der Transaktionskosten 186
a. Die Transaktionskostentheorie in der Personalökonomie 187
b. Kosten bei der Beschäftigung schwerbehinderter Menschen 188
aa. Direkte Kosten 189
(1) Die behinderungsgerechte Einrichtung von Arbeits- und Ausbildungsplätzen, § 164 Abs.4 S.1 Nr.4 SGB IX 189
(2) Technische Arbeitshilfen, § 164 Abs.4 S.1 Nr.5 SGB IX 189
(3) Der Zusatzurlaub gem. § 208 SGB IX 190
(4) Organisatorische Kostenfaktoren 191
(aa) Der Inklusionsbeauftragte 191
(bb) Die Freistellung von Mehrarbeit, § 207 SGB IX 191

bb. Indirekte Kosten 192
c. Der Unzumutbarkeitsvorbehalt des § 164 Abs.4 S.3 SGB IX 193
cc. Kriterien für die Zumutbarkeit 193
dd. Unterstützung des Arbeitgebers 194
(1) Finanzielle Fördermöglichkeiten 195
(2) Weitere Förderungsmöglichkeiten 197
(3) Beratungsmöglichkeiten für Arbeitgeber 197
d. Durch das Frageverbot induzierte Transaktionskosten ... 198
aa. Im Anbahnungsverhältnis 198
bb. Im bestehenden Beschäftigungsverhältnis 198
cc. Bei Beendigung 199
6. Möglichkeiten der Transaktionskostenminderung 199
a. Variante 1 – Überstunden 199
b. Variante 2 – Interner Arbeitsmarkt 199
c. Variante 3 – Informelle Netzwerke 200
d. Variante 4 – Praktika/Arbeitsproben 201
e. Stellungnahme 201
7. Transaktionskostenminderung im laufenden Vertrag 202
a. Die Frage nach sechs Monaten 202
b. Befristete Verträge 202
c. Stellungnahme 203
8. Zwischenfazit Transaktionskosten 203
II. Rekonstruktion des vollständigen Vertrages 204
III. Verhinderung opportunistischen Verhaltens 206

IV. Unterscheidung wohlfahrtsmindernder und -fördernder Verträge ... 208
V. Sicherung der Funktionsfähigkeit der Märkte ... 208
VI. Zwischenfazit zum marktrationalen Vertragsrecht ... 211
C. Wirkungsbetrachtung ... 211

Zwischenfazit Teil 3 ... 213

TEIL 4 BETRACHTUNG DER IDENTIFIZIERTEN EINFLUSSFAKTOREN UND ANREGUNGEN ZU DEREN MODIFIKATION ... 215

§ 12 Identifizierte Problemfelder und Einflussfaktoren ... 217
A. Probleme des aktuellen Behinderungsbegriffs ... 217
B. Ursachen für die arbeitgeberseitige Zurückhaltung bei der Beschäftigung schwerbehinderter Menschen ... 218
I. Kündigungsschutz ... 219
II. Arbeitsorganisatorische Faktoren ... 221
III. Folgenloser Verstoß gegen die Beschäftigungspflicht ... 221
IV. Stellungnahme ... 221

§ 13 Mögliche Anpassungen der bestehenden Regelungen ... 223
A. Ansatzpunkt Beschäftigungspflicht ... 224
B. Ansatzpunkt Ausgleichsabgabe ... 224
I. Erhöhung der Ausgleichsabgabe ... 224
II. Anpassung der Regelungen zur Rückerstattung der Ausgleichsabgabe ... 225
III. Abschaffung der Ausgleichsabgabe ... 226

C. Ansatzpunkt GdB/Anrechnung auf Pflichtarbeitsplätze 226
I. Obligatorische Mehrfachanrechnung auf Pflichtplätze 227
II. Besondere Berücksichtigung augenfälliger Beeinträchtigungen bei der Bemessung des GdB 228
1. Der *status quo* 228
a. Erläuternde Beispiele 229
aa. Vitiligo 229
bb. Gilles-de-la-Tourette-Syndrom 229
cc. Adipositas 230
b. Stellungnahme 231
2. Berücksichtigung im Feststellungsverfahren GdB/GdS . 231
3. Separates Anrechnungsverfahren über die Agentur für Arbeit 232
a. Kategorisierung analog der Richtlinien des Parasports ... 232
b. Verwaltungsaufwand 233
D. Ansatzpunkt Kosten der Beschäftigung - Zusatzurlaub 233
E. Ansatzpunkt Kündigungsschutz 234
F. Keine Verbesserung durch anonyme Bewerbungen 235
G. Völliger Systemwechsel 235
Zwischenfazit Teil 4 236
Fazit und Ausblick 237
Literaturverzeichnis XXXIII

Abkürzungsverzeichnis

AER	American Economic Review
AER P&P	American Economic Review Papers & Proceedings
AHP	Anhaltspunkte für die ärztliche Gutachtertätigkeit im sozialen Entschädigungsrecht und im Schwerbehindertenrecht
AJS	American Journal of Sociology
AuR	Arbeit und Recht
Begr.	Begründer
BIH	Bundesarbeitsgemeinschaft der Integrationsämter und Hauptfürsorgestellen
BRK	Konvention der Vereinten Nationen zum Schutz der Rechte von Menschen mit Behinderungen
et al.	und andere
GdB	Grad der Behinderung
GdS	Grad der Schädigungsfolgen
HIV	Human Immunodeficiency
ICD	International Statistical Classification of Diseases and Related Health Problems
ICF	International Classification of Functioning, Disability and Health
ICIDH	International Classification of Impairments, Disabilities and Handicaps
Ill.	Illinois
i.V.m.	in Verbindung mit
J.Pol.Econ.	Journal of Political Economy
MA	Massachusetts
MdE	Minderung der Erwerbsfähigkeit
N.J.	New Jersey
NZZ	Neue Zürcher Zeitung
o. ä.	oder ähnliches
Q.J.Econ.	Quarterly Journal of Economics
Suppl.	Supplement

U.Pa.L.Rev.	University of Pennsylvania Law Review
WISU	Das Wirtschaftsstudium
WHO	Weltgesundheitsorganisation (World Health Organization)
ZfP	Zeitschrift für Personalforschung
ZfS	Zentralblatt für Sozialversicherung, Sozialhilfe und Versorgung
ZgS/JITE	Zeitschrift für die gesamte Staatswissenschaft/Journal of Institutional and Theoretical Economics

Hinsichtlich der übrigen verwendeten Abkürzungen wird auf Hildebert Kirchner, Abkürzungsverzeichnis der Rechtssprache, 8. Auflage, Berlin 2015, verwiesen.

„Dass Behinderung nur als Verschiedenheit aufgefasst wird, das ist ein Ziel, um das es uns gehen muss.
In der Wirklichkeit ist Behinderung nach wie vor die Art Verschiedenheit, die benachteiligt, ja, die bestraft wird.
Es ist eine schwere, aber notwendige, eine gemeinsame Aufgabe für uns alle, diese Benachteiligung zu vermeiden."

– Bundespräsident Richard von Weizsäcker
bei der Eröffnungsveranstaltung der Tagung der
Bundesarbeitsgemeinschaft Hilfe für Behinderte am 01. Juli 1993

Einleitung / Problemstellung

Die Behindertenpolitik der Bundesrepublik Deutschland strebt die Integration behinderter und damit auch schwerbehinderter Menschen in die Gesellschaft an. Im Rahmen dieser Bemühungen, den Betroffenen ein selbstbestimmtes Leben zu ermöglichen, wird verstärkt an der Integration in den sog. „ersten“ oder „regulären“ Arbeitsmarkt gearbeitet.

Die erste Hürde für einen schwerbehinderten Menschen ist hierbei das Vorstellungsgespräch, bei dem er sich der Frage nach seiner festgestellten Schwerbehinderteneigenschaft, also seinem Status, ausgesetzt sehen kann.

Rechtsprechung und Schrifttum postulieren mittlerweile aufgrund verschiedener europäischer Richtlinien und deren Umsetzung mehrheitlich, dass die Frage eines Arbeitgebers nach dem Vorliegen von Schwerbehinderteneigenschaft oder Gleichstellung bei einem Bewerber nicht länger und bei einem Arbeitnehmer nur mit Einschränkungen zulässig ist. Die Folgen dieser Ansicht für jedes Bewerbungsgespräch, die Art der Personalgewinnung und die Durchführung des Arbeitsverhältnisses sollen in der vorliegenden Arbeit beleuchtet werden.

Die statusbezogene Frage sowie deren mögliche Rechtfertigung wird sodann im Anbahnungsverhältnis, im bestehenden Beschäftigungsverhältnis und bei dessen Beendigung betrachtet. Hierbei finden die in aller Regel widerstreitenden Interessenlagen von Arbeitgeber und Arbeitnehmer besondere Beachtung.

Auf der Grundlage der Ursachen für die Diskriminierung schwerbehinderter Menschen und des arbeitgeberseitigen Informationsinteresses werden die Wechselwirkungen der rechtlichen Regelungen zur Beschäftigung schwerbehinderter Menschen in Deutschland auf ihren Einfluss bei einem statusbezogenen Frageverbot hin untersucht. Bei alldem wird auch der Inklusionsgedanke der BRK einbezogen.

Anhand von Theorien zur Entscheidungsfindung bei unvollständiger Information wird dargestellt, inwiefern die bestehenden rechtlichen Regelungen bezüglich der Beschäftigung schwerbehinderter Menschen bei Annahme eines Frageverbots im Einstellungsverfahren und ggf. darüber hinaus zielführend sind bzw. inwiefern Änderungen des bestehenden Rechts anzudenken sind.

Schwerpunkt der Betrachtungen sind die Arbeitsverhältnisse mit privaten Arbeitgebern. Hier wurde statistisch die Beschäftigungsquote von 5 vom Hundert bislang nie erreicht.

Ausdrücklich aus den Betrachtungen ausgenommen – weil größtenteils auch nicht vom Fragerecht selbst betroffen – sind die Bereiche der Bedrohung von einer Behinderung, der Rehabilitation, der Inklusionsbetriebe nach dem Dritten Teil, Kap. 11 SGB IX, der Werkstätten für behinderte Menschen nach dem Dritten Teil, Kap. 12 SGB IX, der unentgeltlichen Beförderung schwerbehinderter Menschen im öffentlichen Personennahverkehr nach dem Dritten Teil, Kap. 13 SGB IX, der in Heimarbeit beschäftigten schwerbehinderten Menschen, die Situation schwerbehinderter Auszubildender sowie die Merkmale der Belästigung und der Anweisung zur Benachteiligung. Ebenso bleiben der Datenschutz und die prozessuale Durchsetzung einzelner Ansprüche weitgehend außen vor.

Terminologisch wird, soweit notwendig, zwischen schwerbehinderten und diesen gleichgestellten Menschen unterschieden, wobei jeweils der amtlich festgestellte rechtliche Status gemeint ist. Daher sind die Bezeichnungen „Schwerbehinderteneigenschaft" und „Schwerbehindertenstatus" in dieser Arbeit terminologisch deckungsgleich. Sofern die Regelungen auf beide Gruppen anwendbar sind, werden nur die schwerbehinderten Menschen genannt.

Sämtliche personenbezogenen Bezeichnungen, die in dieser Arbeit geschlechtsspezifisch verwendet werden, sind geschlechtsneutral zu verstehen.

TEIL 1

DIE ENTWICKLUNG DES SCHWERBEHINDERTENARBEITSRECHTS UND DER FRAGE NACH DEM STATUS IN DEUTSCHLAND

§ 1 Die Entwicklung des Rechts der Beschäftigung (schwer-)behinderter Menschen in Deutschland

Sowohl das Recht der Beschäftigung (schwer-)behinderter Menschen als auch der Begriff der Behinderung an sich haben im vergangenen Jahrhundert verschiedene Wandlungen erfahren.

A. Entwicklung des Rechts der Beschäftigung (schwer-)behinderter Menschen in Deutschland

Seit den Tagen der Eingliederung Kriegsversehrter nach dem Ersten Weltkrieg stellt sich in großem Umfang die Aufgabe der beruflichen Integration schwerbehinderter Menschen. Dieser Aufgabenstellung wurde zunächst im Weg der Verordnung begegnet[1]. Mit dem Gesetz über die Beschäftigung Schwerbeschädigter vom 06.04.1920[2] wurde eine gesetzliche Grundlage geschaffen. Arbeitgeber mit zu besetzenden Stellen wurden verpflichtet, schwerbeschädigte Bewerber vorzuziehen. Im Fall einer zu geringen Anzahl schwerbeschädigter Beschäftigter konnte die Hauptfürsorgestelle nach Fristsetzung die Zwangseinstellung androhen. Mit Fristablauf und der Zustellung des entsprechenden Beschlusses bestand dann ein wirksamer Arbeitsvertrag des Arbeitgebers mit dem Schwerbeschädigten.

Nachdem der Zweite Weltkrieg die Zahl der Kriegsversehrten weiter erhöht hatte, wurden in beiden deutschen Staaten Maßnahmen für den Arbeitsmarkt ergriffen.

---

1 Vgl. die Verordnung über die Beschäftigung Schwerbeschädigter v. 09.01.1919 (Nr.6633), RGBl. 1919, 28, mit dem Änderungsvorschlag v. 01.02.1919 (Nr.6684), RGBl. 1919, 132 und die Verordnung über die soziale Kriegsbeschädigten- und Kriegshinterbliebenenfürsorge v. 08.02.1919 (Nr.6716), RGBl. 1919, 187.

2 (Nr.7407), RGBl. 1920, 458, novelliert am 19.06.1922, RGBl. 1922, 599, endgültige Fassung v. 12.01.1923, RGBl. 1923, 57.

In der Deutschen Demokratischen Republik führte das Gesetz der Arbeit vom 19.04.1950[3] mit der VO über die Beschäftigung Schwerbeschädigter vom 18.12.1951[4] eine Beschäftigungspflicht von 10 v. H. ein.

In der Bundesrepublik Deutschland wurde im Jahr 1953 wiederum im Hinblick auf die Kriegsfolgen das Gesetz über die Beschäftigung Schwerbeschädigter[5] geschaffen. Eine Beschäftigungsquote bestand ab sieben Arbeitsplätzen. Der öffentliche Dienst hatte die Quote von 10 v. H. zu erfüllen, die Privatwirtschaft eine solche von 6 v. H.. Durch die Novellierung vom 14.08.1961[6] wurde die Pflichtquote von 6 v. H. für den öffentlichen Dienst ab neun Arbeitsplätzen und für die Privatwirtschaft ab 15 Arbeitsplätzen festgelegt.

Auch im Arbeitsförderungsgesetz (AFG) vom 25.06.1969[7] wurde in § 2 Nr.4 i.V.m. § 14 Abs.3 AFG der damaligen Bundesanstalt für Arbeit „die berufliche Eingliederung körperlich, geistig oder seelisch Behinderter" zur Förderung und Erhaltung anheimgegeben.

Hierauf folgte als nächster Meilenstein in der Gesetzgebung zur Förderung schwerbehinderter Menschen das Schwerbehindertengesetz (SchwbG) von 1974[8], das nunmehr alle schwerbehinderten Menschen unabhängig von der Genese ihrer Behinderung umfasste. Ab einer Zahl von 16 Arbeitnehmern mussten nun einheitlich 6 v. H. der Stellen durch schwerbehinderte Menschen besetzt werden. Bei Nichterfüllung dieser Quote war eine Ausgleichsabgabe von 100,- DM pro Monat je unbesetztem Arbeitsplatz zu entrichten. Diese Ausgleichsabgabe wurde durch das Erste Gesetz zur Änderung des Schwerbehindertengesetzes vom 24.07.1986[9] auf 150,- DM erhöht.

Das am 29.09.2000 ergangene Gesetz zur Bekämpfung der Arbeitslosigkeit Schwerbehinderter (SchwbBAG)[10] senkte die Pflichtquote auf 5 v. H. ab. Der Vorbehalt, diese wieder auf 6 v. H. anzuheben, sofern nicht bestimmte

---

3 GBl. 1950, 349.

4 GBl. 1951, 1189.

5 Gesetz über die Beschäftigung Schwerbeschädigter v. 16.06.1953, BGBl. 1953 I, 389.

6 BGBl. I 1961, 1233.

7 BGBl. I 1969, 582.

8 Gesetz zur Eingliederung Schwerbehinderter in Arbeit, Beruf und Gesellschaft v. 29.04.1974, BGBl. I 1974, 1005.

9 BGBl. I 1986, 1110.

10 BGBl. I 2000, 1394.

Voraussetzungen erfüllt würden, wurde mit Gesetz vom 23.04.2004[11] aufgehoben.

Das am 01.07.2001 in Kraft getretene SGB IX[12] hat ein umfassendes Regelungswerk zu Gunsten behinderter, schwerbehinderter und von Behinderung bedrohter Menschen geschaffen.

Auch hier ist eine Beschäftigungsquote von 5 v. H. zu erfüllen. Die bei Nichterfüllung zu entrichtende Abgabe beträgt entsprechend § 160 Abs.3 SGB IX ab dem Anzeigejahr 2021 gestaffelt nach der Beschäftigungsquote 140,- € (Erfüllungsquote 3 bis < 5 v. H.), 245,- € (2 bis < 3 v. H.) oder 360,- € (0 bis < 2 v. H.), § 160 Abs.2 S.1 SGB IX.

Weiterhin wurde in § 81 Abs.2 SGB IX a.F. (entspricht nun § 164 SGB IX 2018) ein umfassendes Diskriminierungsverbot zu Lasten schwerbehinderter Menschen niedergelegt.

Das Gesetz zur Gleichstellung behinderter Menschen (Behindertengleichstellungsgesetz – BGG) vom 27.04.2002[13] vollzog einen weiteren Schritt zur gleichberechtigten Teilhabe der behinderten Menschen am Leben in der Gesellschaft. Schwerpunkte sind die besonderen Bedürfnisse der behinderten Menschen, vgl. § 1 S.2 BGG. Durch die Regelungen der BRK angeregt, wird auch dieses Gesetz weiterentwickelt und insbesondere den veränderten Auffassungen im Bereich der Definition des Behinderungsbegriffs nach § 2 Abs.1 SGB IX 2018 angepasst.

B. Die Entwicklung des Behinderungsbegriffs

Der Begriff der ‚Behinderung' findet sich im heutigen Sinn erst nach dem Ersten Weltkrieg in der deutschen Sprache[14]. Er beinhaltet sowohl eine individuelle als auch eine gesellschaftliche Problemlage.

---

11 Gesetz zur Förderung der Ausbildung und Beschäftigung schwerbehinderter Menschen, BGBl. I 2004, 606.

12 BGBl. I 2001, 1046.

13 BGBl. I 2002, 1467.

14 So *Welti*, Forum D – Diskussionsbeitrag 22/2014 –, 1, der auf den 1919 von Otto Perl gegründeten „Selbsthilfebund der Körperbehinderten" hinweist. Ab dem Zweiten Weltkrieg fand der Terminus als Rechtsbegriff im Fürsorgerecht Verwendung.

Eine Behinderung, also eine Störung der funktionalen Gesundheit, wirkt sich zumeist hindernd auf die Teilhabe der betroffenen Menschen am sozialen Leben aus. Medizinisch, pädagogisch, gesundheits- und sozialwissenschaftlich wird Behinderung als solche selten als konsistenter Status begriffen.[15]

I. Der Begriff der Behinderung bis Ende 2017

Das BVerfG[16] qualifizierte im Jahr 1997 Behinderung als „eine Eigenschaft, die die Lebensführung für den Betroffenen im Verhältnis zu Nichtbehinderten […] grundsätzlich schwieriger macht."

Auch im Jahr 2000 wurde die Integration von Menschen mit Behinderungen als „vordringliche politische und gesellschaftliche Aufgabe"[17] erkannt. In der Umsetzung wurde die Änderung der Zielrichtung von einer versorgungs- und fürsorgegerichteten Behindertenpolitik hin zur Teilhabe am gesellschaftlichen Leben unter Beseitigung der der Chancengleichheit entgegenstehenden Hindernisse gesehen[18].

Nach der Definition der Behinderung in § 2 Abs.1 SGB IX (in der Fassung bis 30.12.2017) galten Menschen als „behindert, wenn ihre körperliche Funktion, geistige Fähigkeit oder seelische Gesundheit mit hoher Wahrscheinlichkeit länger als sechs Monate von dem für das Lebensalter typischen Zustand abweichen und daher ihre Teilhabe am Leben in der Gesellschaft beeinträchtigt ist."[19] Der

---

15 Vgl. *Welti*, Behinderung und Rehabilitation im sozialen Rechtsstaat, 735 und 76; *Waddington/Diller* in: Breslin/Yee (eds.), Disability Rights Law and Policy, 241f. sehen als Strömungen eines (rechtlichen) Behinderungsbegriffs einerseits das *‚civil rights model of disability‘*, das den Schwerpunkt im umfeldbedingten Ausschluss der behinderten Menschen von der Teilhabe sieht, und andererseits das *‚social welfare model of disability‘*, demzufolge medizinische Einschränkungen automatisch mit Benachteiligung und Ausgrenzung verbunden sind. Ähnlich auch *Klein*, La discrimination des personnes handicapées, 6ff., die der *approche individuelle (medicale)* eine inhaltlich diametral entgegenlaufende *approche sociale* gegenüberstellt.

16 BVerfG Beschl. v. 08.10.1997 – 1 BvR 9/97 –, DVBl. 1997, 1432, 1433.

17 So BT-Drucks. 14/2913 v. 15.03.2000, 2.

18 BT-Drucks. 14/5074 v. 16.01.2001, 92.

19 *Welti*, Behinderung und Rehabilitation im sozialen Rechtsstaat, 114, weist darauf hin, dass den Behinderungsbegriffen des § 2 Abs.1 SGB IX und des § 3 BGG [jeweils a. F., Anm. d. Verf.] ein zusammengesetzter Rechtsbegriff zugrunde liegt. Der in der Person des Betroffenen vorliegenden Gesundheitsstörung als empirischem oder deskriptivem unbestimmten Rechtsbegriff steht der normative, wertausfüllungsbedürftige unbestimmte Rechtsbegriff der Teilhabebeeinträchtigung gegenüber. Beide Begriffe nehmen Bezug aufeinander.

rechtliche Behinderungsbegriff verknüpft damit in hoch abstrakter Weise Gesundheitsstörungen, Umweltfaktoren und Teilhabeeinschränkungen[20].

Die durch § 2 Abs.1 SGB IX (in der Fassung bis 31.12.2017) geschaffene einheitliche Legaldefinition der Behinderung löste sich damit von den noch in § 3 und § 4 Abs.3 SchwbG zugrunde gelegten Auswirkungen einer Funktionsbeeinträchtigung (sog. „Defizitmodell"). Sie griff den im Rahmen der Weltgesundheitsorganisation (WHO) diskutierten Ansatz um eine Weiterentwicklung der internationalen Klassifikation (ICIDH[21]–1) zur ‚Internationalen Klassifikation der Funktionsfähigkeit und Behinderung' (ICIDH–2) auf (sog. „Partizipationsmodell").[22]

II. Der Begriff der Behinderung ab 2018

Der Schwerpunkt des Behinderungsbegriffs verschob sich durch die Konvention der Vereinten Nationen zum Schutz der Rechte von Menschen mit Behinderungen (BRK)[23] von 2006 von einer defizitorientierten, medizinisch-pathologischen hin zu einer partizipatorischen Sichtweise. Die BRK selbst beinhaltet keine Definition des Behinderungsbegriffs. Ihre Präambel erklärt unter *lit.* e) die Genese der „Behinderung aus der Wechselwirkung zwischen Menschen mit Beeinträchtigungen und einstellungs- und umweltbedingten Barrieren". Art.1 S.2 BRK bezieht sich auf das Vorliegen langfristiger körperlicher, seelischer, geistiger oder Sinnesbeeinträchtigungen, die „in Wechselwirkung mit verschiedenen Barrieren an der vollen, wirksamen und

---

20 So *Welti*, Behinderung und Rehabilitation im sozialen Rechtsstaat, 112f.

21 *International Classification of Impairments, Disabilities and Handicaps (ICIDH)*; die Fassung der ICIDH-2 wurde von der Vollversammlung der WHO im Mai 2001 beschlossen und firmiert nunmehr unter der Bezeichnung *International Classification of Functioning, Disability and Health* (ICF).

22 Vgl. BT-Drucks. 14/5074 v. 16.01.2001, 98 *ad* § 2; *Niemann*, NZS 2001, 583, 584; zu weiteren Definitionen von Behinderung vgl. *Klein*, La discrimination des personnes handicapées, 6ff.

23 *Convention of the United Nations on the rights of persons with disabilities*, beschlossen von der Vollversammlung der Vereinten Nationen am 13.12.2006, von der Bundesrepublik Deutschland am 30.03.2007 unterzeichnet und am 21.12.2008 aufgrund des Gesetzes zu dem Übereinkommen der Vereinten Nationen vom 13. Dezember 2006 über die Rechte von Menschen mit Behinderungen sowie zu dem Fakultativprotokoll vom 13. Dezember 2006 zum Übereinkommen der Vereinten Nationen über die Rechte von Menschen mit Behinderungen vom 21.12.2008, BGBl. II 2008, 1419 in Kraft getreten.

gleichberechtigten Teilhabe an der Gesellschaft hindern können". Es handelt sich somit um eine dynamische Entwicklung des Begriffsverständnisses[24]. Die zentrale Forderung nach sozialer Inklusion soll demnach auf der Autonomie des Einzelnen aufbauen[25]. In Bezug auf die Erwerbstätigkeit erfordert Inklusion die Sicherung bestehender Arbeitsverhältnisse und den Zugang zum allgemeinen Arbeitsmarkt[26].

Im Zuge des BTHG wurde der Begriff der Behinderung zum 01.01.2018 an den der BRK angepasst. Dem Begriff liegt nun der ICF zugrunde[27].

Behinderung ist in § 2 Abs.1 S.1 SGB IX 2018 definiert als „körperliche, seelische, geistige oder Sinnesbeeinträchtigungen [...], die [...] in Wechselwirkung mit einstellungs- und umweltbedingten Barrieren an der gleichberechtigten Teilhabe an der Gesellschaft mit hoher Wahrscheinlichkeit länger als sechs Monate hindern können". Die nunmehr geltende „Teilhabebehinderung" ist sprachlich schärfer als die „Teilhabebeeinträchtigung"[28]. Zudem findet eine individuelle und kontextorientierte Betrachtung des Betroffenen statt.

Das Allgemeine Gleichbehandlungsgesetz (AGG)[29] orientiert sich an der Legaldefinition des § 2 Abs.1 SGB IX[30], der diesbezüglich zur Auslegung

---

24 Vgl. auch *Frehe*, Forum D – Diskussionsbeitrag Nr.32/2015 –, 1; *Rabe-Rosendahl*, Angemessene Vorkehrungen für behinderte Menschen im Arbeitsrecht, 75; *Roller*, NZS 2019, 368, 370 verweist darauf, dass der Begriff bewusst offen und als sich entwickelnd angelegt wurde.

25 So auch der Koalitionsvertrag „Deutschlands Zukunft gestalten", Koalitionsvertrag zwischen CDU, CSU und SPD, 18. Legislaturperiode,
Internet: www.bundesregierung.de, 110f.

26 Vgl. Jahresbericht 2018/2019 der BIH, 7.

27 BT-Drucks. 18/9522 v. 05.09.2016, 227.

28 *Luthe*, br 2017, 77, merkt an, dass die Hinderung jedoch erst dann eintritt, „wenn die Teilhabe unter keinem ordentlichen Gesichtspunkt mehr möglich ist". Die Lösung sieht er im Merkmal der ‚gleichberechtigten Teilhabe'.

29 Gesetz zur Umsetzung europäischer Richtlinien zur Verwirklichung des Grundsatzes der Gleichbehandlung v. 14.08.2006, BGBl. I 2006, 1897ff.

30 BT-Drucks. 16/1780 v. 08.06.2006, 31; *Frehe*, Forum D – Diskussionsbeitrag Nr.32/2015 –, 1, 2 merkt an, dass die Gleichsetzung funktioneller Einschränkungen mit Behinderung in den § 2 Abs.1 SGB IX bzw. § 3 BGG sowie die Messung in GdB nicht mit der BRK vereinbar ist.

heranzuziehen ist[31]. Dieser Behinderungsbegriff ist aber jedenfalls weiter als der der Schwerbehinderung des § 2 Abs.2 SGB IX[32].

III. Krankheit als Behinderung

Behinderung und Krankheit sind gesundheitliche Zustände. Sie unterscheiden sich grundsätzlich, besitzen aber eine inhaltliche Schnittmenge.[33]

Noch im Jahr 2006 entschied der EuGH[34], dass eine Einschränkung der Fähigkeit, am Berufsleben teilzuhaben, nur dann als „Behinderung" gelten kann, wenn diese Einschränkung wahrscheinlich von langer Dauer ist. Eine Krankheit sollte also nicht ohne weiteres einer Behinderung begrifflich gleichzusetzen sein.

In seiner Entscheidung vom 11.04.2013[35] stellte der EuGH jedoch fest, dass „eine heilbare oder unheilbare Krankheit unter den Begriff „Behinderung" im Sinne der Richtlinie 2000/78/EG fallen kann, wenn sie eine Einschränkung mit sich bringt, die insbesondere auf physische, geistige oder psychische Beeinträchtigungen zurückzuführen ist, die in Wechselwirkung mit verschiedenen Barrieren den Betreffenden an der vollen und wirksamen Teilhabe am Berufsleben, gleichberechtigt mit den anderen Arbeitnehmern, hindern können, und wenn diese Einschränkung von langer Dauer ist." Diese auch mit Bezug auf die BRK gefällte Entscheidung[36] eröffnete den

---

31 So BAG v. 16.02.2012 – 8 AZR 697/10 –, NZA 2012, 667, 669; OLG Karlsruhe v. 27.05.2010 – 9 U 156/09 –, NJW 2010, 2668.

32 *Bauer/Krieger/Günther*, AGG, 5. Aufl. 2018, § 1 Rdnr.39; ErfK/*Schlachter*, 21. Aufl. 2021, AGG § 1 Rdnr.9ff. insb.11.

33 *Welti*, Behinderung und Rehabilitation im sozialen Rechtsstaat, 62.

34 EuGH v. 11.07.2006, Rs. C-13/05, Slg. 2006, I-6467, Rdnr.44f. – Sonia Chacón Navas ./. Eurest Colectividades SA.

35 EuGH v. 11.04.2013, Rs. C-335/11, C-337/11, NZA 2013, 553, 555f., Rdnrn.38, 41 und 47 – HK Danmark, handelnd für Jette Ring/Dansk almennyttigt Boligselskab und – HK Danmark, handelnd für Lone Skouboe Werge/Dansk Arbejdsgiverforening, handelnd für die Pro Display A/S in Konkurs (C-337/11).

36 EuGH Urt. v. 11.04.2013, Rs. C-335/11, C-337/11, NZA 2013, 553, 554, Rdnrn.28ff. – HK Danmark, handelnd für Jette Ring/Dansk almennyttigt Boligselskab und – HK Danmark, handelnd für Lone Skouboe Werge/Dansk Arbejdsgiverforening, handelnd für die Pro Display A/S in Konkurs (C-337/11).

Anwendungsbereich des Behindertenbegriffs auf chronische erkrankte Menschen. Das BAG hat dies in seiner Entscheidung vom 19.12.2013[37] bestätigt.

C. Zwischenergebnis

Es zeigt sich also, dass der Begriff der Behinderung und das Schwerbehindertenarbeitsrecht sich über die Zeit gewandelt haben. Anders als der Begriff der Behinderung, der sich von einer externen Zuschreibung aufgrund bestimmter Merkmale zu einer subjektiven Teilhabevorstellung gewandelt hat, scheint das Schwerbehindertenarbeitsrecht in den althergebrachten Schemata von Fürsorge, Beschäftigungspflicht und Ausgleichsabgabe eine vergleichsweise deutlich geringere Veränderung erfahren zu haben.

[37] BAG v. 19.12.2013 – 6 AZR 190/12 –, E 147, 60, 75ff., Rdnrn. 52ff. insb. Rdnrn.56f., 77 für eine symptomlose HIV-Infektion.

§ 2 Die Frage nach der Schwerbehinderteneigenschaft als Diskriminierung

Auch das Fragerecht des Arbeitgebers nach einer Beeinträchtigung im Sinne der Schwerbehinderteneigenschaft unterlag dem Inhalt nach starken Veränderungen.

A. Entwicklung der Frage in Rechtsprechung und Schrifttum

In Bezug auf das Fragerecht des Arbeitgebers nach dem Vorliegen der Schwerbehinderteneigenschaft beim Bewerber hat sich die Rechtsprechung seit den siebziger Jahren in Ergebnis und Begründung deutlich gewandelt. Der Einfluss des europäischen Gesetzgebers hat dabei erst spät zu einem grundlegenden Wandel geführt.

I. Ausgangssituation nach dem Zweiten Weltkrieg

Nach früherer Rspr.[38] hatte der Arbeitgeber das uneingeschränkte Recht, einen Bewerber nach dem Vorliegen einer Schwerbehinderteneigenschaft zu fragen, selbst dann, wenn diese tätigkeitsneutral, also für die auszuübende Tätigkeit nicht von Bedeutung war. Dieser Ansicht, die gleichwohl davon ausging, dass ohne Befragen eine Offenbarung der (damals noch als Schwerbeschädigteneigenschaft bezeichneten) Schwerbehinderteneigenschaft grundsätzlich nicht erforderlich sei, folgte das Schrifttum weitgehend[39].

---

38 BVerwG v. 06.05.1964 – BVerwG VIII C 135.63 –, E 18, 276, 277; BAG v. 07.06.1984 – 2 AZR 270/83 –, DB 1984, 2706; v. 01.08.1985 – 2 AZR 101/83 –, DB 1986, 2238; v. 25.03.1976 – 2 AZR 136/75 –, AP Nr.19 zu § 123 BGB; v. 05.10.1995 – 2 AZR 923/94 –, NZA 1996, 371.

39 *Neumann*, DB 1961, 1291; *Haberkorn*, RdA 1962, 416, 418; differenzierend *Großmann*, AuR 1969, 97, 102; kritisch dazu *Degener*, Das Fragerecht des Arbeitgebers gegenüber Bewerbern, 54, der keine „individualistisch-egoistische Freiheit bei der Befragung" anerkennen will; *Frey*, AuR 1953, 167 verneint bei verschwiegener Schwerbeschädigteneigenschaft ein Anfechtungsrecht des Arbeitgebers, stellt auf die Eignung des Arbeitnehmers für die vorgesehene Tätigkeit ab und verweist hinsichtlich einer Kündigung auf die anderenfalls sichere Zustimmung der Hauptfürsorgestelle (jetzt Integrationsamt).

Rechtsfolge einer unzutreffend beantworteten Frage oder nicht erfolgten Offenbarung war ein Anfechtungsrecht des Arbeitgebers nach § 119 Abs.2 BGB[40]. Anderes sollte nur gelten, wenn das Arbeitsverhältnis schon jahrelang bestanden hatte[41] oder ein entsprechender Irrtum aufgrund der Offensichtlichkeit der Schwerbehinderung nicht erregt werden konnte[42].

War der schwerbehinderte Mensch für die vorgesehene Tätigkeit nicht einzusetzen, stellte seine Schwerbehinderung auch eine wesentliche Eigenschaft und deren Verschweigen eine arglistige Täuschung im Sinn des § 123 BGB dar[43].

II. Situation seit 1984

Später differenzierte das BAG[44] zwischen der uneingeschränkt zulässigen Frage nach der Schwerbehinderteneigenschaft und der Frage nach dem Bestehen einer Behinderung. Die Frage nach einer Behinderung sollte nur dann zulässig sein, wenn diese erfahrungsgemäß die Eignung des Bewerbers für die vorgesehene Tätigkeit beeinträchtigt. Ein Fragerecht des Arbeitgebers bei den Einstellungsverhandlungen wurde allerdings nur insoweit anerkannt, als der Arbeitgeber ein berechtigtes, billigenswertes und schutzwürdiges Interesse an der Beantwortung seiner Frage im Hinblick auf das Arbeitsverhältnis hat[45]. Ein solches folgte laut BAG aus den besonderen gesetzlichen Verpflichtungen, die dem Arbeitgeber durch die Beschäftigung schwerbehinderter Menschen entstehen. Auch wies das Gericht auf die „mit der Einstellung eines Schwerbehinderten [...] stets generell und latent verbundenen Vertragsrisiken

---

40 *Degener*, Das Fragerecht des Arbeitgebers gegenüber Bewerbern, 52; *Ramm*, AuR 1963, 161, 172; *Leipold*, AuR 1971, 161, 163.

41 BAG v. 12.02.1970 – 2 AZR 184/69 –, AP Nr.17 zu § 123.

42 BAG v. 18.10.2000 – 2 AZR 380/99 –, NJW 2001, 1885, zur Schwerbehinderteneigenschaft eines kleinwüchsigen Arbeitnehmers, der auf dem Personalfragebogen die Frage nach der Schwerbehinderung verneint hatte und bei dem Funktionseinschränkungen der Gliedmaßen offensichtlich waren.

43 BAG v. 07.06.1984 – 2 AZR 270/83 –, AP Nr.26 zu § 123 BGB; so entschieden für eine epileptische Erkrankung in BAG v. 28.03.1974 – 2 AZR 92/73 –, EzA § 119 BGB Nr.5.

44 BAG v. 05.10.1995 – 2 AZR 923/94 –, NZA 1996, 371, 372; v. 07.06.1984 – 2 AZR 270/83 –, DB 1984, 2706; schon BAG v. 07.06.1984 – 2 AZR 270/83 –, NZA 1985, 57.

45 BAG v. 11.11.1993 – 2 AZR 467/93 –, E 75, 77f., hier freilich nur in einem *obiter dictum*; v. 18.10.2000 – 2 AZR 380/99 –, NJW 2001, 1885; v. 28.05.1998 – 2 AZR 549/97 –, NZA 1998, 1052, 1053.

des Arbeitgebers“ hin[46]. Verwiesen wurde dabei ausdrücklich auf die rechtliche und wirtschaftliche Tragweite und die betrieblichen Auswirkungen der Einstellung schwerbehinderter Arbeitnehmer[47].

Der Ansicht des BAG hatte sich auch das überwiegende Schrifttum[48] angeschlossen. Dies jedoch mit der Maßgabe, dass das Interesse des Arbeitgebers an der Beantwortung der Frage so stark sein muss, dass das Interesse des Arbeitnehmers am Schutz seines Persönlichkeitsrechts und der Unverletzlichkeit seiner Intimsphäre zurückzutreten hat. Nach *Däubler*[49] ist hierbei die Beeinträchtigung der Funktionsfähigkeit des Unternehmens bereits ausreichende Rechtfertigung für das Fragerecht des Arbeitgebers.

1. Die Einführung des Art.3 Abs.3 S.2 GG und das Fragerecht nach der Schwerbehinderteneigenschaft

Durch das Gesetz zur Änderung des Grundgesetzes vom 27.10.1994[50] fand der Art.3 Abs.3 S.2 Eingang ins Grundgesetz. Er verstärkt den allgemeinen Gleichheitssatz durch einen speziellen Gleichheitssatz und soll so ein Signal als „Förderungs- und Integrationsauftrag des Sozialstaatsprinzips“ setzen[51]. Hierbei verbietet er die Benachteiligung aufgrund einer Behinderung, nicht jedoch die Bevorzugung. Bestehende Vorteile für behinderte Menschen konnten damit nicht durch die Änderung unzulässig werden.[52]

---

46 BAG v. 01.08.1985 – 2 AZR 101/83 –, DB 1986, 2238f.

47 BAG v. 07.06.1984 – 2 AZR 270/83 –, DB 1984, 2706, 2707.

48 U. a. zunächst *Ehrich*, DB 2000, 421; *Moritz*, NZA 1987, 329, 331 und 335; *Großmann*, NZA 1989, 702ff.; ErfK/*Preis*, 1. Aufl. 1998, § 611 BGB, Rdnr.362; *Hofmann*, ZfA 1975, 1, 26f.; *Lorenz*, AuA 1991, 130, 131; später *Pahlen*, RdA 2001, 143; *v. Koppenfels-Spies*, AuR 2004, 43; *Kaehler*, ZfA 2006, 519, 524 sieht die Wendung vom „berechtigten, billigenswerten und schützenswerten Interesse im Hinblick auf das Arbeitsverhältnis“ als unglücklich gewählte „blumige Leerformel“.

49 *Däubler*, CR 1994, 101, 103.

50 BGBl. I 1994, 3146; vgl. BT-Drucks. 12/8423 v. 02.09.1994, 4.

51 ErfK/*Schmidt*, 21. Aufl. 2021, GG Art. 3 Rdnr.77.

52 Vgl. *Baer/Markard* in: v. Mangoldt/Klein/Starck, 7. Aufl. 2018, Art.3 Abs.3 GG, Rdnrn.537, 542; ErfK/*Schmidt*, 21. Aufl. 2021, GG Art. 3 Rdnr.77.

a. Rechtsnatur des Art.3 Abs.3 S.2 GG

Das BVerfG[53] sieht das Verbot des Art.3 Abs.3 S.2 GG sowohl als Grundrecht als auch als objektive Wertentscheidung und verortet dort die besondere Verantwortung des Staates für behinderte Menschen, unabhängig davon, ob die Regelung originäre Leistungsansprüche begründet. Nach Ansicht im Schrifttum[54] ist das Verbot des Art.3 Abs.3 S.2 GG in Richtung einer ungeschriebenen Staatszielbestimmung zu interpretieren.

Als unbestimmter Verfassungsbegriff umfasst der Begriff der „Behinderung" in Art.3 Abs.3 S.2 GG alle Menschen mit einer Behinderung[55] und damit auch schwerbehinderte und diesen gleichgestellte Menschen. Im Rahmen einer subjektiven Rechtsposition kann der Bürger vom Staat ein Tun oder Unterlassen verlangen[56], obwohl Art.3 Abs.3 S.2 GG wie alle sozialen Verfassungsrechte für sich genommen keine Ansprüche auf staatliche Leistungen im Sinne von ausgleichenden Maßnahmen auslöst[57].

b. Art.3 Abs.3 S.2 GG und die Frage nach dem Status

Bereits im Licht der Regelung des Art.3 Abs.3 S.2 GG wurde die Zulässigkeit der Frage nach Vorliegen der Schwerbehinderteneigenschaft diskutiert[58]. In diesem Fall müsste ihr die klassische Funktion eines Abwehrrechtes zukommen und es sich nicht lediglich um eine objektivrechtliche

---

53 BVerfG Beschl. v. 08.10.1997 – 1 BvR 9/97 –, E 96, 288, 304; Beschl. v. 19.01.1999 – 1 BvR 2161/94 –, E 99, 341, 356f.; Beschl. v. 28.03.2000 – 1 BvR 1460/99 –, NJW 2000, 2658, 2659.

54 *Wolff* in: Hömig/Wolff, HK-GG, 12. Aufl. 2018, Art.3 Rdnr.28; *Welti*, Behinderung und Rehabilitation im sozialen Rechtsstaat, 351f.; *Nußberger* in: Sachs (Hrsg.), GG, 9. Aufl. 2021, Art.3 Rdnr.312; *Degener*, KJ 2000, 425, 427, verortet das Benachteiligungsverbot im Bereich des Sozialstaatsprinzips; *Köhler*, SdL 1996, 357, 368 ersieht weder aus dem Wortlaut noch aus der systematischen Stellung, ob der Regelung echte Grundrechtsqualität zukommt.

55 *Scholz* in: Maunz/Dürig/Herzog/Scholz, Art.3 Abs.3, Rdnr.176 (EL 32, 1996); *Nußberger* in: Sachs (Hrsg.), GG, 9. Aufl. 2021, Art.3 Rdnr.313 verweist auf den Behinderungsbegriff des § 2 Abs.1 S.1 SGB IX und den bislang noch nicht abschließend geklärten „Verfassungsbegriff der Behinderung".

56 Vgl. *Stern*, Staatsrecht, Bd.III/1, § 65 III, S.554ff.

57 Vgl. *Scholz* in: Maunz/Dürig/Herzog/Scholz, Art.3 Abs.3, Rdnr.175 (EL 32, 1996); *Nußberger* in: Sachs (Hrsg.), GG, 9. Aufl. 2021, Art.3 Rdnr.310; *Baer/Markard* in: v. Mangoldt/Klein/Starck, 7. Aufl. 2018, Art.3 Abs.3 GG, Rdnr.541.

58 Vgl. *Pahlen*, RdA 2001, 143; *Käppler*, ZfA 1995, 271, 276.

Funktion handeln. Verpflichteter der Grundrechte im Allgemeinen und damit auch aus Art.3 Abs.3 S.2 GG ist der Staat[59]. Eine Wirkung für den Arbeitgeber als Privatperson setzt voraus, dass die Regelung ihn unmittelbar verpflichtet. Ein Teil des Schrifttums[60] sieht Art.3 Abs.3 S.2 GG nicht lediglich als Staatszielbestimmung. Er begründet ein subjektives Abwehrrecht für die Behinderten[61], wodurch er auch im Verhältnis der Privatrechtssubjekte zueinander eine Schutzfunktion besitzt[62]. Während das Benachteiligungsverbot vereinzelt als Grundrecht mit unmittelbarer Drittwirkung verstanden wird[63], ist demgegenüber von BVerfG[64], Schrifttum[65] und BAG[66] nur die mittelbare Drittwirkung der Grundrechte im Privatrecht anerkannt. Nach einer weiteren Ansicht soll aus dem Menschenwürdegehalt des Art.3 Abs.3 S.2 GG eine zumindest teilweise unmittelbare Wirkung folgen[67].

Mit den herkömmlichen Vorstellungen über die Drittwirkung von Grundrechten kann die besondere Lage der wirtschaftlichen Freiheiten in ihrem Problemgehalt kaum getroffen werden. Das Grundrecht der Berufsfreiheit ist wie kein anderes in der gegenwärtigen arbeitsteiligen Gesellschaft in

---

59 Vgl. *Scholz* in: Maunz/Dürig/Herzog/Scholz, Art.3 Abs.3, Rdnr.174 (EL 32, 1996).

60 *Pahlen*, RdA 2001, 143, 148; a.A. *Günzel*, Kündigungsschutz als Diskriminierungsschutz behinderter Arbeitnehmerinnen und Arbeitnehmer, 184; *Nußberger* in: Sachs (Hrsg.), GG, 9. Aufl. 2021, Art.3 Rdnr.310, der jedoch auf dem Hintergrund des Art.3 Abs.3 S.2 GG das Maß „zivilrechtlich gebotener gegenseitiger Rücksichtnahme [...] grundsätzlich neu und anders zu bestimmen" anregt.

61 Vgl. BT-Drucks. v. 25.09.1996 - 13/5595, 5; *Nußberger* in: Sachs (Hrsg.), GG, 9. Aufl. 2021, Art.3 Rdnr.310; *Fuerst* in: Deinert/Welti, SWK-BehindertenR, 2. Aufl. 2018, Gleichheit, Rdnr.11.

62 *Pahlen*, RdA 2001, 143, 148; BVerfG Beschl. v. 02.05.1996 – 1 BvR 696/96 –, NJW 1996, 2021; vgl. auch *Janker*, AuA 1991, 264, 265.

63 *Badura*, Staatsrecht, 7. Aufl. 2018, C Rdnr.47, 194.

64 BVerfG v. 15.1.1958 – 1 BvR 400/51 –, E 7, 198, 205f. (Lüth); Beschl. v. 14.2.1973 – 1 BvR 112/65 –, E 34, 269, 280; v. 23.4.1974 – 1 BvR 6/74 und 2270/73 –, E 37, 132, 141; Beschl. v. 27.01.1998 – 1 BvL 15/87 –, E 97, 169, 175ff.

65 *Dürig*, FS H. Nawiasky, 156, 157, u. a. 177; *Herdegen* in: Maunz/Dürig/Herzog/ Scholz, Art.1 Abs.3 GG Rdnr.65 (EL 94, 2021); *Badura*, RdA 1999, 8f.; *Erichsen*, Jura 1996, 527, 529ff.; *Neuner*, NJW 2000, 1822, 1823; *Scholz* in: Maunz/ Dürig/Herzog/Scholz, Art.3 Abs.3, Rdnr.174 (EL 32, 1996); *Lücke*, JZ 1999, 377, 381f.

66 BAG v. 03.12.1954 – 1 AZR 150/54 –, E 1, 185, 193f.; v. 10.05.1957 – 1 AZR 249/57 –, E 4, 274, 276f.; v. 23.02.1959 – 3 AZR 583/57 –, E 7, 256, 260; v. 29.06.1962 – 1 AZR 343/61 –, E 13, 168, 174ff. m.w.N.; v. 10.06.1964 – 4 AZR 187/63 –, E 16, 95, 100f.

67 *Neuner*, NJW 2000, 1822, 1823.

kommunikative Zusammenhänge eingebunden.[68] Einer unmittelbaren Wirkung des Art.3 Abs.3 S.2 GG steht zudem entgegen, dass das Konzept einer unmittelbaren Drittwirkung der Grundrechte deren Schutzgedanken verkennt. Die mittelbare Ausstrahlung über die Generalklauseln des bürgerlichen Rechts wird dem eher gerecht[69].

Eine Unzulässigkeit der Frage nach der Schwerbehinderung nach dieser neuen Verfassungslage sollte daraus folgen, dass bei der Interessenabwägung den einfachgesetzlich normierten Pflichten des Arbeitgebers nun eine für den Schwerbehinderten streitende Verfassungsnorm gegenüberstehe[70]. Das BAG[71] hatte im Jahr 1995 jedoch unter Hinweis auf die Gesetzesmaterialien entschieden, dass eine Änderung der Rechtslage im Hinblick auf das Fragerecht des Arbeitgebers nicht eingetreten sei. Hierfür sprechen auch die Materialien, die darauf hinweisen, dass mit der Grundgesetzergänzung ein deutliches Signal in der Öffentlichkeit gesetzt werden und es gleichzeitig ein Aufruf zu einem Bewusstseinswandel in der Bevölkerung sein sollte[72]. Erforderlich ist somit eine Lebensumwelt, in der sich behinderte Menschen unbeschränkt entfalten können[73].

Pahlen[74] weist allerdings nach, dass etwa der Bericht des Rechtsausschusses[75] und die Begründung des Gesetzesentwurfs[76] deutlich machen, dass mit der Grundgesetzänderung nicht nur ein unverbindliches Signal gesetzt werden sollte, sondern vielmehr intendiert war, „eklatanten Fehlgriffen unterer Zivilgerichte im Hinblick auf behinderte Menschen entgegenzutreten“[77]. Der

---

68 *Ossenbühl*, AöR Bd.115 (1990) 1, 8.

69 Vgl. *Kaiser*, Die Problematik des besonderen Kündigungsschutzes für schwerbehinderte Menschen, 35.

70 *Käppler*, ZfA 1995, 271, 276; *Becker* in: Kittner/Zwanziger, ArbRHdb., 4. Aufl. 2007, § 29 Rdnr.49.

71 BAG v. 05.10.1995 – 2 AZR 754/97 –, AP Nr.40 zu § 123 BGB.

72 BT-Drucks. 12/6323 v. 01.12.1993, 11f.

73 ErfK/*Schmidt*, 21. Aufl. 2021, GG Art. 3 Rdnr.78.

74 *Pahlen*, RdA 2001, 143, 148f.

75 BT-Drucks. 12/8165 v. 28.06.1994, 28f.

76 BT-Drucks. 12/6323 v. 01.12.1993, 11ff.

77 *Rädler*, NJW 1998, 1621; ähnlich auch *Hagmann*, Das Verbot der Benachteiligung Behinderter gemäß Art.3 Abs.3 S.2 GG und seine Auswirkungen auf das Zivilrecht, 49; zur appellativen Natur des Art.3 Abs.3 S.2 GG im Zivilrecht vgl. *Leder*, Das Diskriminierungsverbot wegen einer Behinderung, 43.

Wegfall des Fragerechts kann damit nicht begründet werden, da eine dem § 611 a BGB a.F. (in der Fassung bis zum 17.08.2006) vergleichbare einzelgesetzliche Regelung noch fehlte[78].

2. Veränderungen Mitte der 90er Jahre

In seinem Urteil vom 05.10.1995[79] entschied derselbe Senat, der zwei Jahre zuvor offengelassen hatte, ob das uneingeschränkte Fragerecht auch dann gelte, wenn die Eigenschaft keine Auswirkungen für den Vollzug des Arbeitsverhältnisses hat[80], dass nach wie vor von einem uneingeschränkten Fragerecht auszugehen sei. Allerdings sei bezüglich des Fragerechts zwischen der Frage nach einer Behinderung und der Frage nach vorliegender Schwerbehinderteneigenschaft zu differenzieren, da nur die Anerkennung und die damit verbundenen zusätzlichen Belastungen das schutzwürdige Interesse des Arbeitgebers rechtfertigten. Wenn sich ein schwerbehinderter Mensch unter den Schutz des Schwerbehindertengesetzes begeben habe, sei ihm zuzumuten, „den Zugang zu einem Beschäftigungsverhältnis über das gesetzlich geregelte System des SchwbG zu suchen.“[81]

Im Schrifttum stieß diese Ansicht nicht auf ungeteilte Zustimmung. *Kreitner*[82] zweifelt, ob diese Differenzierung zwischen anerkannten und nicht anerkannten schwerbehinderten Menschen eine Wende des BAG hin zur Beschränkung des Rechts zur wahrheitswidrigen Beantwortung unzulässiger Fragen darstellt. Er stellt auch fest, dass das einem Stellenbewerber in st. Rspr. des BAG eingeräumte Recht zur wahrheitswidrigen Beantwortung unzulässiger Fragen durch diese Entscheidung einen bislang nicht vorhandenen negativen Hintergrund erhalten hat.

---

78 So jedenfalls BAG v. 05.10.1995 – 2 AZR 754/97 –, AP Nr.40 zu § 123.

79 BAG v. 05.10.1995 – 2 AZR 754/97 –, AP Nr.40 zu § 123 BGB.

80 BAG v. 11.11.1993 – 2 AZR 467/93 –, AP Nr.38 zu § 123 BGB; dem folgend ArbG Siegburg v. 22.03.1994 – 1 Ca 3454/93 –, NZA 1995, 943.

81 BAG v. 05.10.1995 – 2 AZR 754/97 –, AP Nr.40 zu § 123, Bl.1074.

82 *Kreitner*, EWiR 1996, 441, 442.

3. Situation seit 1998

Mit der Entscheidung vom 03.12.1998[83] hält das BAG an seiner Rspr. fest, nach der die wahrheitswidrige Beantwortung der Frage nach der Schwerbehinderteneigenschaft durch einen Bewerber eine arglistige Täuschung nach § 123 Abs.1 BGB darstellt.

Die Instanzrspr.[84] urteilte im Jahr 2006, dass die Frage nach der Schwerbehinderung bzw. nach der Schwerbehinderteneigenschaft aufgrund der Regelungen des § 81 Abs.2 S.1 und S.2 Nr.1 SGB IX (in der Fassung bis 31.12.2017) unzulässig ist. Dementsprechend ist die Anfechtung des Arbeitsvertrages nach § 123 BGB bei Falschbeantwortung der Frage ausgeschlossen.

4. Das Benachteiligungsverbot des § 81 Abs.2 SGB IX a.F. und das Fragerecht nach der Schwerbehinderteneigenschaft

Mit dem Inkrafttreten des SGB IX im Jahr 2001 fand das umfassende Benachteiligungsverbot des § 81 Abs.2 SGB IX (jetzt: § 164 SGB IX 2018) Eingang in das deutsche Recht.

Die Regelung geht auf die Richtlinie 2000/78/EG vom 27.11.2000 zur Festlegung eines allgemeinen Rahmens für die Verwirklichung der Gleichbehandlung in Beschäftigung und Beruf[85] zurück.[86] Diese Richtlinie wurde auf der Grundlage des Vertrages von Amsterdam erlassen, dessen Art. 13 EGV eine Grundlage im Sinne einer Ermächtigungsnorm für den Erlass von Richtlinien gegen Diskriminierung enthielt[87].

a. Die Richtlinie 2000/78/EG als Grundlage des § 81 Abs.2 SGB IX a.F. bzw. § 164 SGB IX 2018

Die Richtlinie hat ausweislich ihres Art.1 unter anderem den Zweck, einen allgemeinen Rahmen zur Bekämpfung der Diskriminierung wegen einer

---

83 BAG v. 03.12.1998 – 2 AZR 754/97 –, NZA 1999, 584.

84 LAG Hamm v. 19.10.2006 – 15 Sa 740/06 –, Rdnrn.48, 50, 54.

85 Abl. EG Nr.L 303 v. 02.12.2000, 16ff.

86 BT-Drucks. 14/5074 v. 16.01.2001, 113; *Düwell*, BB 2001, 1527, 1529; *Thüsing/Wege*, FA 2003, 296.

87 *Möllers* in: Bottke/Möllers/Schmidt, Recht in Europa, 192; *Hahn*, Altersdiskriminierung, 58f.; ob allerdings Art.13 EGV, der für sich allein nicht rechtfertigt, gemeinschaftsrechtliche Vorschriften zur Bekämpfung von Diskriminierungen zu erlassen, tatsächlich zur Rechtsetzung auf Gemeinschaftsebene herangezogen werden kann, bezweifelt *Bauer*, NJW 2001, 2672f.

Behinderung in Beschäftigung und Beruf hinsichtlich der Verwirklichung des Grundsatzes der Gleichbehandlung in den Mitgliedstaaten zu schaffen. Der Begriff der Behinderung im Sinne der Richtlinie ist weit zu verstehen[88].

Was unter Diskriminierung in diesem Zusammenhang zu verstehen ist, erläutert Art.2 der Richtlinie, der sowohl die unmittelbare als auch die mittelbare Diskriminierung definiert.

Der in Art.3 der Richtlinie definierte Geltungsbereich umfasst nach Abs.1 *lit.* a auch die Bedingungen für den Zugang zu Erwerbstätigkeit einschließlich der Auswahlkriterien und Einstellungsbedingungen.

Art.5 S.1 der Richtlinie fordert, zur Gewährleistung der Anwendung des Gleichbehandlungsgrundsatzes auf Menschen mit Behinderung, angemessene Maßnahmen zu treffen. Nach S.2 sollen die Arbeitgeber geeignete und im jeweiligen Einzelfall erforderliche Maßnahmen treffen, um behinderten Menschen Zugang zur Beschäftigung zu ermöglichen. Dieses Postulat steht gleichwohl unter einem Verhältnismäßigkeitsvorbehalt. Art.5 S.3 der Richtlinie stellt klar, dass eine Belastung nicht unverhältnismäßig ist, sofern sie durch geltende Maßnahmen im Rahmen der Behindertenpolitik des Mitgliedstaates ausreichend kompensiert wird.

b. Die Umsetzung der Richtlinie 2000/78/EG durch § 81 Abs.2 SGB IX (§ 164 SGB IX 2018)

Mit § 81 Abs.2 SGB IX wurde die Richtlinie 2000/78/EG des Rates der Europäischen Union hinsichtlich der schwerbehinderten Menschen umgesetzt. Hierdurch wurde ein umfassendes Verbot der Benachteiligung in Arbeits- und sonstigen Beschäftigungsverhältnissen sowie bei deren Begründung geschaffen. Zudem wurde durch die Regelungen eine Entschädigungspflicht für den Fall eines Verstoßes gegen das Benachteiligungsverbot begründet. Normadressaten sind sowohl die privaten als auch die öffentlichen Arbeitgeber (Dienstherren)[89].

---

88 Vgl. *Thüsing/Wege*, FA 2003, 296, 297; vgl. auch KOM (1999) 565 endg., 1, 7 *sub* 3.2, der den Charakter der Rahmenrichtlinie mit der hierdurch möglichen größeren Flexibilität bei der Umsetzung erklärt.

89 *Rolfs/Paschke*, BB 2002, 1260, 1261.

Im Rahmen des Gesetzgebungsverfahrens wurde das Fragerecht des Arbeitgebers nicht angesprochen[90]. Nachdem weder aus der Norm des § 81 Abs.2 SGB IX (a. F., jetzt: § 164 SGB IX 2018) noch aus dem Wortlaut der Richtlinie direkt ein Frageverbot herauszulesen ist, war zu überlegen, ob sich dieses nicht aus der richtlinienkonformen Auslegung des allgemeinen Benachteiligungsverbotes in § 81 Abs.2 S.1 SGB IX ergibt. Das nationale Recht, das die durch eine Richtlinie geregelte Materie betrifft, ist von den nationalen Gerichten soweit wie möglich unter Berücksichtigung von Wortlaut und Zweck der Richtlinie auszulegen. Diese Verpflichtung leitet der EuGH[91] aus der Umsetzungsverpflichtung her. Sie gilt auch dann noch, wenn die Richtlinie bereits ordnungsgemäß in nationales Recht umgesetzt wurde.[92]

III. Trendwende im Schrifttum

Im Schrifttum herrscht bezüglich des Fragerechts nach der Schwerbehinderteneigenschaft jedoch Uneinigkeit.

1. Nunmehr herrschende Ansicht im Schrifttum

Der überwiegende Teil des Schrifttums[93] sah die bislang zulässige Frage nach der Schwerbehinderteneigenschaft eines Bewerbers aufgrund des § 81 Abs.2 S.2 Nr.1 SGB IX a. F. als nicht länger zulässig an. Dieser sollte in Umsetzung der Richtlinie 2000/78/EG verbieten, dass ein schwerbehinderter Beschäftigter aufgrund seiner Behinderung bei der Begründung eines Arbeitsverhältnisses benachteiligt wird. Die auf der wahrheitsgemäßen Beantwortung der

---

90 So jedenfalls *Düwell*, BB 2001, 1527, 1529.

91 Vgl. EuGH v. 08.11.1990, Rs. C-177/88, Slg. 1990, I-3941, 3976 (E.J.P. Dekker ./. Stichting Vormingscentrum voor Jong Volwassenen (VJV-Centrum)), Rdnr.25f.

92 *Streinz*, Europarecht, 11. Aufl. 2019, Rdnrn. 482 und 485 unter Hinweis auf Art.288 Abs.3 AEUV i.V.m. Art.4 Abs.3 EUV; Däubler/Bertzbach-*Däubler*, HK-AGG, 4. Aufl. 2018, Einleitung Rdnr.83.

93 U. a. KR/*Gallner*, 12. Aufl. 2019, §§ 168-173 SGB IX, Rdnr.23; *Joussen*, NJW 2003, 2857, 2859; *Düwell*, BB 2001, 1527, 1530; *Rolfs/Paschke*, BB 2002, 1260, 1261; *Messingschlager*, NZA 2003, 301, 305; *Hanau/Adomeit*, Arbeitsrecht, 14. Aufl. 2007, Rdnr.624f.; vgl. auch *Hansen*, NZA 2001, 985, 986; *v. Koppenfels-Spies*, AuR 2004, 43, 46; *Trümner*, FA 2003, 34, 35; *Euler*, Zulässigkeit der Frage nach einer Schwerbehinderung nach Einführung des Benachteiligungsverbots des § 81 Abs.2 SGB IX, 124; *Leder*, Das Diskriminierungsverbot wegen einer Behinderung, 171.

Frage beruhende Nichteinstellung eines schwerbehinderten Bewerbers würde diesen aufgrund seiner Behinderung benachteiligen.

Die Frage nach einer Behinderung war weiter uneingeschränkt erlaubt, sofern ihr Fehlen eine wesentliche und entscheidende Voraussetzung für die entsprechende Tätigkeit ist. Nicht gefragt werden durfte vor Begründung des Arbeitsverhältnisses nach der amtlichen Feststellung der Eigenschaft als schwerbehinderter Mensch.[94]

Thüsing/Wege[95] stützen das Frageverbot auf dem Hintergrund der Richtlinie 2000/78/EG, sehen aber ein Fragerecht als zulässig an, wenn der Arbeitgeber seiner Beschäftigungspflicht vollumfänglich nachkommen möchte und er seine Absicht, die Schwerbehinderteneigenschaft als positives Kriterium zu werten, dem Bewerber mitgeteilt hat.

Ausgehend davon, dass das Diskriminierungsverbot zu einer Gleichbehandlung und nicht zu einer Bevorzugung führen soll und die Chancengleichheit auf dem Markt zum Ziel hat, legt *Brors*[96] die Marktsituation des Einstellungsgesprächs zu Grunde. In dieser Situation, in der sich rationale Vertragsparteien zum Zweck des Informationsaustauschs und zur Koordination ihrer individuellen Ziele treffen, strebt der Arbeitgeber danach, denjenigen Bewerber herauszufinden, der im Vergleich zu seinen Mitbewerbern den Anforderungen am offensichtlichsten gerecht wird. Demzufolge umfasst das Benachteiligungsverbot auch das Fragerecht des Arbeitgebers.

Die auf Vermeidung von Kosten gerichtete Frage nach der Schwerbehinderung ist unzulässig[97].

2. Ansicht von *Schaub*

Schaub[98] betrachtet die Frage an sich weiterhin als zulässig, da sie als solche diskriminierungsneutral sei. Aus dem Wortlaut des § 81 Abs.2 S.2 Nr.1 SGB IX a.F., der eine unterschiedliche Behandlung wegen der Behinderung zulässt, sofern eine Vereinbarung oder eine Maßnahme die Art der von dem

---

94 *Thüsing/Lambrich*, BB 2002, 1146, 1149.

95 *Thüsing/Wege*, FA 2003, 296, 299.

96 *Brors*, DB 2003, 1734.

97 *Thüsing/Lambrich*, BB 2002, 1146, 1149 verweisen diesbezüglich auf die Frage nach dem Vorliegen einer Schwangerschaft.

98 *Schaub*, NZA 2003, 299.

schwerbehinderten Beschäftigten auszuübende Tätigkeit zum Gegenstand hat, schließt *Schaub*[99], dass die Frage nach dem Status als schwerbehinderter Mensch im Sinne des SGB IX zulässig ist. Sie sei an sich noch keine Benachteiligung, könne jedoch zur Diskriminierung eingesetzt werden, wenngleich sie nicht notwendig negative Auswirkungen auf die Einstellung haben müsse. Der Arbeitgeber müsse die Möglichkeit von Förderungsmaßnahmen ergründen können, zu denen er aus dem SGB IX in Umsetzung des Art.5 der Richtlinie verpflichtet ist. Ein Wegfall des Fragerechts verleite den Arbeitgeber, einen der Behinderung verdächtigen Bewerber *a priori* abzuweisen. Von einem Arbeitgeber könne kein richtlinienkonformes Verhalten erwartet werden, wenn ihm die hierzu notwendigen Informationen vorenthalten werden. Allerdings sei der Begriff der Diskriminierung im Sinne des Art.2 Abs.2 der Richtlinie 2000/78/EG nicht hinreichend konkret gefasst, als dass die bloße Frage schon als solche gewertet werden könne.

Damit ist nicht die Informationsbeschaffung als solche sanktionsbewehrt, sondern die Verwertung dieser Information zum Nachteil des Betroffenen.

Brors[100] gesteht dieser Argumentation zu, dass es dem Ziel der Gleichstellung zuwiderlaufen würde, wenn der Arbeitgeber im Nachhinein herausfinden müsste, dass eine Anpassung des Arbeitsplatzes mit zumutbaren Mitteln nicht möglich ist. Dass die Ansicht, die Schwerbehinderteneigenschaft sei für die Einstellungsentscheidung des Arbeitgebers unerheblich, unzutreffend sei, zeige allerdings bereits das Erfordernis einer Beschäftigtenquote für schwerbehinderte Menschen, ohne die eine Eingliederung in den Arbeitsmarkt kaum denkbar ist.

3. Argument von *Adlhoch*

Auch *Adlhoch*[101] hält die Frage weiterhin grundsätzlich für zulässig und verweist auf Art.3 Abs.3 S.2 GG, die Rspr. des BAG[102] und das Schrifttum[103], die andeuten, dass einem Bewerber, der den Schutz des Schwerbehindertenrechts für sich durch Antragstellung in Anspruch nimmt, auch zumutbar ist,

---

99 *Schaub*, NZA 2003, 299, 300f.

100 *Brors*, DB 2003, 1734.

101 *Adlhoch* in: Ernst/Adlhoch/Seel, SGB IX, § 81 Rdnr.22, Stand: März 2012.

102 BAG v. 05.10.1995 – 2 AZR 923/94 –, NZA 1996, 371, 373.

103 Vgl. *Bauer*, NJW 2001, 2672, 2673.

dies zu offenbaren. Auch stehen dem Grundrecht aus Art.3 Abs.3 S.2 GG, das für den schwerbehinderten oder gleichgestellten Menschen streitet, das Grundrecht aus Art.2 Abs.1 GG des Arbeitgebers gegenüber, das Vertragsfreiheit und Auswahlermessen schützt.

IV. Meinungsstand bis 2012

Das berechtigte Informationsinteresse und damit das entsprechende Fragerecht des Arbeitgebers wurde von der Rspr.[104] aus der rechtlichen, wirtschaftlichen und betrieblichen Bedeutung des Status hergeleitet.

Eine Ansicht im Schrifttum[105] wollte spätestens nach erfolgter Einstellung eine Offenbarungspflicht des schwerbehinderten Arbeitnehmers sehen, deren Verletzung zu Schadensersatzansprüchen des Arbeitgebers nach § 280 Abs.1 BGB führen sollte. Eine andere Ansicht[106] sah ein Fragerecht des Arbeitgebers mit korrespondierender Offenbarungspflicht nach sechs Monaten, um eine Anrechnung auf die Pflichtquote zu ermöglichen und so den Arbeitgeberinteressen gerecht zu werden. Auch wurde ein tätigkeitsneutrales Fragerecht nach dem Status während der ersten sechs Monate des Beschäftigungsverhältnisses von der Rspr.[107] zunächst anerkannt.

Andererseits wurde angeführt, dass eine solche Einschränkung des arbeitnehmerseitigen Statusverfügungsrechts der gesetzlichen Grundlage bedürfe. Sie könne nicht aus dem Arbeitsvertrag hergeleitet werden, da dessen Gegenstand die Erbringung der Arbeitsleistung durch den Arbeitnehmer ist. Der Arbeitgeber hat kein anerkennenswertes Interesse an der Information über den Status.[108]

---

104 Beispielhaft BAG v. 01.08.1985 – 2 AZR 101/83 –, E 49, 214; v. 05.10.1995 – 2 AZR 923/94 –, E 81, 120, 124.

105 *Thüsing/Lambrich*, BB 2002, 1146, 1149; *Schaub*, NZA 2003, 299, 301; *Braun*, MDR 2004, 64, 69.

106 *Euler*, Zulässigkeit der Frage nach einer Schwerbehinderung nach Einführung des Benachteiligungsverbots des § 81 Abs.2 SGB IX, 162; für eine Offenbarung unmittelbar nach der Einstellung analog zur Gewerkschaftszugehörigkeit: *Thüsing*, Arbeitsrechtlicher Diskriminierungsschutz, 2. Aufl. 2013, Rdnr.699.

107 BAG v. 05.10.1995 – 2 AZR 923/94 –, E 81, 120, 124, mit der Folge der Anfechtung nach § 123 BGB bei unrichtiger Beantwortung.

108 Vgl. Palandt/*Weidenkaff*, 80. Aufl. 2021, BGB § 611 Rdnr.6; *Deinert* in Deinert/Neumann (Hrsg.), Handbuch SGB IX, 2. Aufl. 2009, § 17 Rdnr.29 verweist hinsichtlich einer Kündigung auf die Obliegenheit des Arbeitnehmers zur Offenbarung seines Status.

V. Das Urteil des BAG vom 16.02.2012

Im Urteil vom 16.02.2012 nahm das BAG Stellung zum Fragerecht des Arbeitgebers nach dem amtlich festgestellten Status als schwerbehinderter Mensch[109]. Es begründet die Frageberechtigung nach Eintritt des Sonderkündigungsschutzes, also nach sechsmonatigem Bestehen des Arbeitsverhältnisses, mit den Verpflichtungen des Arbeitgebers zur behinderungsgerechten Beschäftigung, der Zahlung der Ausgleichsabgabe, der Gewährung von Zusatzurlaub und den Pflichten im Vorfeld einer beabsichtigten Kündigung[110]. Der Arbeitnehmer wiederum soll die Frage aufgrund der Rücksichtnahmepflicht aus § 241 Abs.2 BGB wahrheitsgemäß zu beantworten haben[111]. Der konkrete Anlass der Fragestellung muss nicht mitgeteilt werden[112].

VI. Exkurs: Vergleichbarkeit mit der Frage nach dem Vorliegen einer Schwangerschaft

Die Vergleichbarkeit mit der Frage nach dem Vorliegen einer Schwangerschaft drängt sich insofern auf, als § 81 Abs.2 SGB IX a. F. und § 611a BGB a. F. bewusst[113] vom Gesetzgeber nahezu wortgleich gefasst wurden. Da sich die Rspr.[114] auf § 611a BGB a. F. stützte, um die Unzulässigkeit der Frage nach einer bestehenden Schwangerschaft zu begründen, wurde geschlossen, dass es konsequent sei, diese Argumentation auch auf die Schwerbehinderteneigenschaft zu übertragen[115].

---

109 BAG v. 16.02.2012 – 6 AZR 553/10 –, E 141, 1ff.; konkret wurde die Frageberechtigung des Insolvenzverwalters im Insolvenzverfahren bejaht, E 141, 1, 3 Rdnr.13.

110 BAG v. 16.02.2012 – 6 AZR 553/10 –, E 141, 1, 3f. Rdnr.14.

111 BAG v. 16.02.2012 – 6 AZR 553/10 –, E 141, 1, 3 Rdnr.11.

112 BAG v. 16.02.2012 – 6 AZR 553/10 –, E 141, 1, 12 Rdnr.43.

113 Vgl. BT-Drucks. 14/5074 v. 16.01.2001, 113.

114 Vgl. BAG v. 20.02.1986 – 2 AZR 244/85 –, AP Nr.31 zu § 123 BGB; BAG v. 15.10.1992 – 2 AZR 227/92 –, NJW 1993, 1154.

115 So *Rolfs/Paschke*, BB 2002, 1260, 1261; vgl. auch *Thüsing/Wege*, FA 2003, 296, 298.

1. Vergleichbarkeit aufgrund sprachlich paralleler Fassungen

Teile des Schrifttums[116] unterstützen grundsätzlich die Übertragbarkeit der zu den Diskriminierungsverstößen ergangenen Rspr. des EuGH zur Frage nach dem Vorliegen einer Schwangerschaft[117]. *Joussen*[118] sieht die Vergleichbarkeit zum einen systematisch aufgrund der Parallelität der Vorschrift des § 81 Abs.2 SGB IX a.F.[119] mit der des § 611a BGB a.F., zum anderen aufgrund teleologischer Überlegungen auf der Grundlage der Richtlinie 2000/78. *V. Koppenfels-Spies*[120] hingegen verneint die Vergleichbarkeit, da eine Schwangerschaft stets ein vorübergehender Zustand sei und zudem die Frage nur Frauen gestellt werden würde. Sowohl der Gegenstand der Frage als auch der Adressatenkreis sind damit unterschiedlich, eine Vergleichbarkeit damit trotz des ähnlichen Wortlauts der Vorschrift nicht gegeben.

Grundsätzlich kann auch die Schwerbehinderteneigenschaft vorübergehender Natur sein. Sie kann zum einen im Rahmen einer Heilungsbewährung nach schweren Erkrankungen bestehen, zum anderen können sich auch verbesserte Medikamente oder Änderungen der Versorgungsmedizinischen Grundsätze auf die Zuerkennung des GdB auswirken. Es ist jedoch zu bedenken, dass bei einer Rückstufung auf einen GdB von mindestens 30 die Gleichstellung möglich ist und der Arbeitgeber dann weiterhin den Verpflichtungen des SGB IX unterliegt.

2. Die Rechtsprechung des BAG und des EuGH

Seit Inkrafttreten des § 81 Abs.2 SGB IX a. F. (§ 164 Abs.2 SGB IX 2018) trägt die Begründung des BAG[121], das einen Vergleich mit der Schwangerschaft aufgrund fehlender einfachgesetzlicher Schutznorm und lediglich

---

116 Vgl. *Trümner*, FA 2003, 34, 35; *Euler*, Zulässigkeit der Frage nach einer Schwerbehinderung nach Einführung des Benachteiligungsverbots des § 81 Abs.2 SGB IX, 59.

117 EuGH v. 08.11.1990, Rs. C-177/88, Slg.1990, I-3941, 3973 (E.J.P. Dekker ./. Stichting Vormingscentrum voor Jong Volwassenen (VJV-Centrum), Rdnrn.12, 14 und 17f., der EuGH hatte einen Verstoß gegen die Gleichbehandlungsrichtlinie 76/207/EWG bejaht, da denklogisch nur Frauen wegen Schwangerschaft die Einstellung verwehrt werden könne.

118 *Joussen*, NZA 2007, 174, 176f.

119 In der Fassung bis zum 31.12.2017.

120 *V. Koppenfels-Spies*, AuR 2004, 43, 47.

121 BAG v. 05.10.1995 – 2 AZR 923/94 –, AP Nr.40 zu § 123 BGB; v. 03.12.1998 – 2 AZR 754/97 –, AP Nr.49 zu § 123 BGB.

vorübergehender Verpflichtungen gegenüber einer Schwangeren abgelehnt hatte, nicht mehr[122]. Nachdem der § 81 SGB IX a. F. dem § 611 a BGB a. F. nachgebildet wurde, dessen Systematik durch die Rspr. des EuGH mittlerweile klar ausjudiziert ist, ist eine Übertragung dem Sinn nach möglich. Gleichwohl bleibt zu beachten, dass es sich um verschiedenartige Fragegegenstände handelt, deren Vergleichbarkeit im Einzelfall zu entscheiden ist.

Die vom EuGH zu entscheidenden Fälle hatten alle eine mittelbare Diskriminierung der Frauen zum Gegenstand, unmittelbar wurde lediglich an das Geschlecht der Bewerberinnen angeknüpft. Das Fragerecht nach der Schwerbehinderteneigenschaft bezieht sich hingegen unmittelbar auf die Person des Bewerbers. Bei der Frage nach der Schwerbehinderung ist die Situation eindeutiger, da kein Rückgriff auf die mittelbare Diskriminierung erforderlich ist[123].

Auch hinsichtlich vorhandener Schutzvorschriften für beide Personengruppen, die nicht zu deren Nachteil wirken dürfen[124], bietet sich die Vergleichbarkeit an. Nachdem der Rückgriff auf die mittelbare Diskriminierung hier tatsächlich nicht erforderlich ist, kann ein Vergleich mit der Frage nach dem Vorliegen einer Schwangerschaft zumindest hinsichtlich der Rechtsfolgen gezogen werden.

3. Mögliche Rückschlüsse aus Studien

Weiterhin können im Zusammenhang mit dem Frageverbot nach dem Vorliegen einer Schwangerschaft durchgeführte Studien Hinweise auf mögliche Entwicklungen im Bereich der Beschäftigung schwerbehinderter Menschen geben. In beiden Fällen handelt es sich um eine im Regelfall physische Abweichung vom Zustand der Mehrheit der Arbeitnehmer. Zudem unterliegen die Arbeitsverhältnisse in beiden Fällen rechtlichen Besonderheiten, die finanzielle Auswirkungen für den Arbeitgeber haben[125].

---

122 Vgl. auch *Düwell*, BB 2001, 1527, 1530; *Rolfs/Paschke*, BB 2002, 1260, 1261.

123 *Messingschlager*, NZA 2003, 301, 303.

124 EuGH v. 03.02.2000, Rs. C-207/98, Slg. 2000, I-562, 574, Rdnr.27 – Silke-Karin Mahlburg ./. Land Mecklenburg-Vorpommern; vgl. *Thüsing/Lambrich*, BB 2002, 1146, 1149.

125 *Euler*, Zulässigkeit der Frage nach einer Schwerbehinderung nach Einführung des Benachteiligungsverbots des § 81 Abs.2 SGB IX, 59.

In einer Befragung des Instituts der deutschen Wirtschaft[126] waren 75 v. H. der befragten Unternehmen der Ansicht, dass jungen Frauen durch die Möglichkeit, eine bestehende Schwangerschaft im Vorstellungsgespräch zu leugnen, Nachteile erwachsen. Ein Drittel gab zu, sich aufgrund des Mutterschutzes und der Pflicht zur Lohnfortzahlung schon einmal gegen eine Stellenbewerberin entschieden zu haben.

Dieses Verhalten erscheint auch hinsichtlich der möglichen Schwerbehinderteneigenschaft eines Bewerbers nicht gänzlich fernliegend. Allerdings betrifft diese Konstellation nur die Bewerber, denen mangels Offensichtlichkeit ein Leugnen ggf. möglich ist.

VII. Zwischenergebnis

Es war tatsächlich nicht die Aufnahme des Art.3 Abs.3 S.2 GG in die Verfassung, sondern die Umsetzung der Richtlinie 2000/78/EG, die ein grundsätzliches Umdenken hinsichtlich der arbeitgeberseitigen Frageberechtigung nach dem Schwerbehindertenstatus auslöste. Erst der Verweis des § 164 Abs.2 S.2 SGB IX auf das AGG diente großen Teilen des Schrifttums als Grundlage für eine ablehnende Argumentation.

Das BAG hat sich zum Frageverbot nach dem Schwerbehindertenstatus erst im Jahr 2012 geäußert, jedoch die Frage ausdrücklich nach sechsmonatigem Bestehen des Arbeitsverhältnisses zugelassen, da dann der Sonderkündigungsschutz des schwerbehinderten Arbeitnehmers besteht. Eine höchstrichterliche Stellungnahme zum Anbahnungsverhältnis und den ersten sechs Monaten des Beschäftigungsverhältnisses steht noch aus.

B. Das Frageverbot zur Verhinderung von Diskriminierung

Soll das Verbot einer Frage dazu dienen, eine Diskriminierung wegen des Fragegegenstands zu verhindern, ist deren Eignung als Mittel zur Diskriminierung zu betrachten.

---

[126] iwd – Informationsdienst des Instituts der deutschen Wirtschaft Köln, Nr.22 v. 27.05.2004.

I. Eine Frage als Diskriminierung?

Die Frage als mögliches ‚Instrument' einer Benachteiligung ist neben dem Konstrukt der Frage als solcher im Kontext bestehender Regelungen zu beurteilen. Grundsätzlich gehört die Frage zum kommunikativen Basisrepertoire des Menschen. Durch ihre Äußerung versucht der Fragende bewusst und systematisch, eine bei ihm bestehende Wissenslücke zu schließen. Er bezweckt somit einen Wissenstransfer.[127]

II. Die Fragestellung als Mittel zur Wissensveränderung

Im Bereich der psychologischen Methodik des Denkens wird menschliches Wissen als etwas Psychisches anerkannt. Als Gegenstand des Wissens kommt immer ein Sachverhalt in Betracht, der in Sätzen abgebildet wird. Der Inhalt dieser Abbildungen ist nicht zwangsläufig mit der realen oder abstrakten Welt identisch, sondern mit der Vorstellung eines Menschen hiervon. Indem sich ein Mensch so ein Abbild seiner Umwelt schafft, wird sein Verhalten nicht von der realen Umwelt gesteuert, sondern von den Vorstellungen über diese Umwelt.[128]

Die Informationswissenschaft versteht Information als wissensverändernden Prozess. Dieser kann nicht vom konkreten Problem und vom subjektiven Wissen des Akteurs losgelöst werden. Die Relation zum subjektiven Wissen einer Person ergibt, dass auch die Information als solche subjektiv bewertet werden muss. Was für den einen wissensverändernd wirkt, kann für den anderen nicht unbedingt diese Qualität haben. Auch in Form von Reduktion von Ungewissheit erlangt die Information eine Wirkung. Gleichwohl bedeutet Information – obwohl grundsätzliche Wissensveränderung – nicht zwangsläufig eine Reduktion der Ungewissheit.[129]

---

127 Vgl. *Nowak*, Die Kunst des Fragens, VIII.

128 Vgl. *Wessling*, Individuum und Information, 21ff.

129 Vgl. *Wessling*, Individuum und Information, 18ff.; *Bikhchandani/Hirshleifer/Riley*, The Analytics of Uncertainty and Information, 2. Aufl. 2013, 169ff.

III. Der Begriff der Diskriminierung

Der Begriff der Diskriminierung hat kontextabhängig unterschiedliche Bedeutungen. ‚Diskriminieren' und ‚Diskriminierung' leitet sich vom lateinischen *discriminare* ((ab)trennen) her. Das Wort erfuhr inzwischen eine Bedeutungsverschlechterung im Sinne von „aus der (eigenen) Gruppe aussondern"[130] bzw. hat in der des Verbs als z. B. „durch unterschiedliche Behandlung zurücksetzen"[131] durchweg eine negative Konnotation[132].

Diskriminierung ist gemeinhin mit einer fehlenden, die Grundwertigkeit bestimmenden Eigenschaft bei bestimmten Individuen assoziiert[133] und hat einen gänzlichen oder teilweisen Ausschluss von wirtschaftlicher und sozialer Partizipation zur Folge.[134]

IV. Ursachen für Diskriminierung

Die unterscheidende Wahrnehmung anderer Individuen und die daraus folgende Diskriminierung haben vielfältige Ursachen, zu denen u. a. Vorurteile und Stereotype gehören.

Bei Vorurteilen handelt es sich um stabile allgemeine Überzeugungen, die Verhalten oder Eigenschaften anderer Gruppen oder deren Mitglieder zum Gegenstand haben[135]. Ein soziales Vorurteil beinhaltet eine Stellungnahme über Menschen, die eine soziale Abwertung beinhaltet[136]. Psychologisch handelt es sich bei Vorurteilen um emotionale Einstellungen[137].

---

130 *Kluge*, Etymologisches Wörterbuch der deutschen Sprache, 25. Aufl. 2011, 205 *sub* „diskriminieren"; *Adomeit*, NJW 2002, 1622, 1623 weist darauf hin, dass es mit dem Wort *crimen* (Verbrechen) keine Verbindung gibt.

131 Duden – Das Bedeutungswörterbuch, 5. Aufl. 2018, 282 *sub* „diskriminieren" *ad* b).

132 Vgl. auch die Ausführungen von *Plötscher*, Der Begriff der Diskriminierung im Europäischen Gemeinschaftsrecht, 27.

133 *Becker*, The Economics of Discrimination, 2. Aufl. 1971, 15.

134 Vgl. *Markefka*, Vorurteile – Minderheiten – Diskriminierung, 7. Aufl. 1995, 20ff., zur Möglichkeit, Außenseitergruppen zu „produzieren".

135 *Schlöder* in: FS Bergler, 66, 73.

136 *Markefka*, Vorurteile – Minderheiten – Diskriminierung, 7. Aufl. 1995, 63; *Dolinski* in: Joerden, Diskriminierung – Anti-Diskriminierung, 145; *Bozoyan*, Schwer im Nachteil, 65, will Vorurteile nicht als ausschließlich negativ sehen.

137 *Dolinski* in: Joerden, Diskriminierung – Anti-Diskriminierung, 145.

Die diskriminierende Unterscheidung kann ihre Ursache auch in externen Faktoren haben, die nicht unmittelbar der Interaktion entspringen, von der eine diskriminierende Wirkung angenommen wird. Als Beispiel für diskriminierendes Handeln ohne Vorurteilshaltungen soll die Ablehnung bestimmter Individuen gelten, die darauf abzielt, bereits bestehende Geschäftskontakte bzw. Kundenbeziehungen in ihrer bestehenden Form zu erhalten[138]. So könnten Kunden eines Unternehmers, etwa aufgrund einer physischen Entstellung eines Beschäftigten, davon Abstand nehmen, mit diesem in Geschäftsbeziehung zu treten.[139]

Auch Stereotype können die Ursache von Diskriminierungen sein. Sie sind die Summe dessen, was als „Wissen" über die Charakteristika eines Großteils einer bestimmten Gruppierung angenommen wird.[140] Ein diskriminierendes Verhalten kann seine Ursache nicht nur im Vorurteil gegenüber den diskriminierten Personen haben, sondern auch in der Unkenntnis bezüglich bestimmter Merkmale dieser Personengruppe (Ignoranz).[141]
Stereotypisierungen wie mangelnde Belastbarkeit schwerbehinderter Menschen im Arbeitsleben[142] können die Vorstufe zu Vorurteilen sein.

So betrachtet erscheinen Stereotype wie Vorurteile als Verallgemeinerungen, die alle Menschen zur Vereinfachung von Lebensvorgängen nutzen, unabhängig vom eigenen Erleben. Werden diese Geisteshaltungen zur Grundlage des Handelns, kategorisiert dies Individuen im Sinne einer Diskriminierung in

---

138 *Markefka*, Vorurteile – Minderheiten – Diskriminierung, 7. Aufl. 1995, 71; a.A. *Lasmane* in: Joerden, Diskriminierung – Anti-Diskriminierung, 313, wonach der Begriff der Diskriminierung nie wertneutral ist, da mit ihr eine Einschätzung welcher Art auch immer einhergeht.

139 Zu denken ist hier etwa an großflächige Brandnarben bei einem Beschäftigten im Kosmetiksalon oder im Empfangsbereich einer Praxis für ästhetische Chirurgie bzw. an einen Mitarbeiter mit einer sichtbaren Hautveränderung als Verkäufer in einer Kosmetikabteilung. Zum Thema der *customer preferences* als Diskriminierungsgrund vgl. *Thüsing*, RdA 2003, 257, 263.

140 Vgl. *Dolinski* in: Joerden, Diskriminierung – Anti-Diskriminierung, 145; *Bozoyan*, Schwer im Nachteil, 58ff.

141 Vgl. *Becker*, The Economics of Discrimination, 2. Aufl. 1971, 16; *Lechner*, Asymmetrische Information auf dem Arbeitsmarkt, 17.

142 So *Porsche*, Konzept der positiven Maßnahmen nach § 5 AGG, 82.

einer Form, auf welche die Betroffenen keinen Einfluss haben und die in den meisten Fällen für sie nachteilig ist.

Die Diskriminierung schwerbehinderter Menschen wiegt besonders schwer, wenn diese durch das diskriminierende Verhalten anderer davon abgehalten werden, notwendigen Verrichtungen, wie etwa einer Erwerbstätigkeit, nachzugehen.

V. Arten der Diskriminierung

Diskriminierung kann sowohl durch – eher seltene – offene Äußerungen und Handlungen als auch in versteckter Form geschehen.[143] Ebenfalls denkbar ist ein natürliches, nicht negativ besetztes Rückzugsverhalten, das dem Bestreben entspringt, die meist ungewohnte Konfrontation mit einem unbekannten – weil außer der Norm stehenden – Individuum zu vermeiden[144]. Es verbleibt gleichwohl bei der Ablehnung eines Individuums aufgrund von dessen – nicht oder nur eingeschränkt beeinflussbaren – Merkmalen.

1. Individuelle und strukturelle Diskriminierung

Wird ein Individuum aufgrund von Gegebenheiten, die für die sachliche Entscheidung nicht relevant sind, im Vergleich zu Dritten abgelehnt, zurückgesetzt oder sonst benachteiligt[145], spricht man von individueller Diskriminierung.

Anders, wenn die Chancen oder Wahlmöglichkeiten von Angehörigen einer bestimmten Gruppe durch gesamtgesellschaftliche Strukturmerkmale sowie deren Wechselwirkung z. B. mit dem Arbeitsmarkt beschränkt werden. Hier führen die Strukturen und keine individuelle Diskriminierungsabsicht im Ergebnis zu Benachteiligungen einzelner Personen. Die strukturelle Diskriminierung entsteht durch eine Gesamtheit der Rahmenbedingungen und ist nicht

---

143 Vgl. *Lechner*, Asymmetrische Information auf dem Arbeitsmarkt, 17; *Ruebain* in: Breslin/Yee (eds.), Disability rights law and policy, 369, 370, befindet Diskriminierung jedoch in den seltensten Fällen als offensichtlich.

144 Vgl. *Jakubik*, br 1980, 25, 26.

145 *Lechner*, Asymmetrische Information auf dem Arbeitsmarkt, 14.

selten die Folge einer historisch gewachsenen Diskriminierungskultur.[146] Anknüpfungspunkt ist hier die von der Mehrheit vorgegebene „Normalität“[147].

Hier kann sowohl der schwerbehinderte Mensch im Fall einer sichtbaren Einschränkung aufgrund eben dieser als Individuum betroffen sein, er kann aber auch aufgrund der Zuschreibungen der Eigenschaften und seiner Zugehörigkeit zur Gruppe der schwerbehinderten Menschen von einer Diskriminierung betroffen sein.

2. Arbeitsplatzdiskriminierung

Von Arbeitsplatzdiskriminierung ist die Rede, wenn einer Gruppe von Personen trotz gleicher Qualifikation und gleichen Arbeitsangebotsverhaltens kein oder nur erschwerter Zugang zu bestimmten Arbeitsplätzen möglich ist[148]. Dem liegt die Auffassung zu Grunde, dass angenommene Merkmale von Mitgliedern einer bestimmten Gruppe ihren Marktwert beeinflussen, obgleich diese Merkmale keine Auswirkungen auf die Produktivität der Individuen haben. Das kann bei einem Entscheidungsträger dazu führen, dass er eine andere als die diskriminierte Gruppe positiver einschätzt und im Rahmen der Einstellung bevorzugt.[149] Der schwerbehinderte Arbeitnehmer bzw. Bewerber muss sich auf dem Arbeitsmarkt mit den Ansichten zur Beschäftigung schwerbehinderter Menschen, etwa zu

---

146 Vgl. *Lechner*, Asymmetrische Information auf dem Arbeitsmarkt, 15; *Bielefeldt* in: Hormel/Scherr (Hrsg.), Diskriminierung, 21, 30; *Degener*, KJ 2000, 425, 428; *Ruebain* in: Breslin/Yee (eds.), Disability rights law and policy, 369, 374; *Porsche*, Konzept der positiven Maßnahmen nach § 5 AGG, 80, sieht die machttheoretisch zu fassende strukturelle Diskriminierung durch Stereotype und Vorurteile gekennzeichnet.

147 So *Degener*, KJ 2000, 425, 429, für die strukturelle Diskriminierung behinderter Menschen durch Ausschluss von öffentlichen Verkehrsmitteln, Diensten und Einrichtungen.

148 *Lechner*, Asymmetrische Information auf dem Arbeitsmarkt, 24.

149 *Arrow* in: Ashenfelter/Rees, Discrimination in Labor Markets, 3, 6; vgl. auch *Posner*, Economic Analysis of Law, 9. Aufl. 2014, § 12.10, 449ff.; *Becker*, The Economics of Discrimination, 2. Aufl. 1971, 39ff., versucht, die subjektiven Präferenzen des Arbeitgebers in einem Diskriminierungskoeffizienten (*discrimination coefficient*, DC) zu quantifizieren. Hierbei soll der Lohnsatz multipliziert mit dem Diskriminierungskoeffizienten höher eins den Nettolohnsatz ergeben: $\pi(1+d)$. Da der DC aber ständigen Schwankungen unterworfen ist, variiert damit auch die generelle Neigung zur Diskriminierung. Verkürzt dargestellt: der Arbeitgeber versucht, grundsätzlich die Faktorenkombination zu erlangen, die zu den geringsten monetären Kosten führt. Dieses Kriterium ändert nichts an der Minimierung der Nettokosten, so dass das Verhältnis der Grenzprodukte immer noch dem der Nettofaktorkosten entspricht; zu den marktlichen Wirkungen, vgl. *Becker*, The Economics of Discrimination, 2. Aufl. 1971, 43ff.

deren Leistungsfähigkeit, auseinandersetzen und kann durch seine Zugehörigkeit zur dieser Gruppe eine Zurücksetzung erleiden.

3. Statistische Diskriminierung

Die statistische Diskriminierung findet ihren Grund allein in den Informationskosten und einem hierauf bezogenen, rein effizienzorientierten Standpunkt[150]. Aus vermeintlichen Eigenschaften einer bestimmten Arbeitnehmergruppe wird auf ein Individuum aus dieser Gruppe geschlossen.[151] Und als Folge asymmetrischer Information werden Arbeitnehmer aufgrund der fehlenden Beobachtbarkeit ihrer individuellen Eigenschaften anhand der statistischen Daten über die Gruppe, der sie angehören, klassifiziert und damit diskriminiert[152].

Auch hier finden die Ansichten über schwerbehinderte Menschen und ihre Arbeitsleistung meist ihren Niederschlag in der Zurücksetzung des merkmaltragenden Individuums.

4. Faktische Diskriminierung

Nach *Krause*[153] können „arbeitsrechtliche Schutzvorschriften aufgrund realer Wirkungszusammenhänge unter bestimmten Voraussetzungen zum Nachteil der Geschützten ausschlagen und zu einer faktischen Diskriminierung anhand unzulässiger Differenzierungsmerkmale führen [...]". Die vom Staat erlassenen Vorschriften und durch diese getroffenen Regelungen führen zu einer negativen, wenn auch ungewollten Steuerung in Richtung eines Beschäftigungshemmnisses[154] und bieten Anreiz zu diskriminierendem Verhalten gegenüber einer bestimmten Gruppe[155].

---

150 *Posner*, Economic Analysis of Law, 9. Aufl. 2014, § 28.5, 949; vgl. auch *Thüsing*, RdA 2003, 257, 259; *Leder*, Das Diskriminierungsverbot wegen einer Behinderung, 154.

151 *Sesselmeier/Funk/Waas*, Arbeitsmarkttheorien, 3. Aufl. 2010, 153.

152 Vgl. *Lechner*, Asymmetrische Information auf dem Arbeitsmarkt, 26.

153 *Krause*, Schutzvorschriften und faktische Diskriminierung, in: FS Pfarr, 392.

154 BVerfG Beschl. v. 18.11.2003 – 1 BvR 302/96 –, E 109, 64, 90ff., das daraus wiederum einen staatlichen Auftrag zur Verhinderung der Diskriminierung herleitet; *Leisner*, DB 2004, 598; ähnlich Däubler/Bertzbach-*Zimmer*, HK-AGG, 4. Aufl. 2018, § 5 Rdnr.13.

155 *Krause*, Schutzvorschriften und faktische Diskriminierung, in: FS Pfarr, 392, 395; *Burg*, Positive Maßnahmen zwischen Unternehmerfreiheit und Gleichbehandlung, 225, stellt dies ausdrücklich für „Behindertenschutzrechte" fest; vgl. auch *Deinert* in: Deinert/Welti, SWK-BehindertenR, 2. Aufl. 2018, Fragerecht des Arbeitgebers, Rdnr.16.

Zu denken ist hier an die Beschäftigungspflicht, die Ausgleichsabgabe und den besonderen Kündigungsschutz, die sich auf die Bereitschaft zur Beschäftigung schwerbehinderter Menschen auswirken können.

5. Umgekehrte Diskriminierung (*reverse discrimination*)

Aus der bevorzugten Behandlung einer bestimmten Gruppe, etwa durch Quotenvorgaben, (*benign discrimination* oder *affirmative action*) ergibt sich als Folge die Zurücksetzung einer anderen Gruppe, meistens einer Mehrheit (*reverse discrimination*).

Diese Zurücksetzung zur sozialen Zweckerreichung ist juristisch in der Regel gerechtfertigt.[156] Gleichwohl kann die Bevorzugung von Angehörigen einer Minderheit, die sich meist durch äußerliche Merkmale abgrenzt, zu Ressentiments der nunmehr ‚benachteiligten' Mehrheit führen.[157] Diese „Gleichheitsdurchbrechung als Mittel zur Gleichheitsverwirklichung"[158], die meist rechtlich als verbindliche Bevorzugungspflicht ausgestaltet ist, erschwert den Wettbewerb und hebt ihn in manchen Fällen vollständig auf. Geht man davon aus, dass eine Majorität ihre Werte, Ansichten und Bräuche der Gesellschaft als solcher auferlegt und die Existenz anderer Gruppen zumindest theoretisch ignorieren kann[159], wird diese Majorität begrifflich nur dann Opfer von Diskriminierung sein, wenn die Unterscheidung gegenüber der Vergleichsgruppe die Majorität schlechter stellt. Allerdings wird jedes Mitglied der Majorität eine Schlechterstellung als aus *reverse discrimination* resultierend behaupten, sofern es dazu Anhaltspunkte gibt[160]. Zudem wird eingewandt, dass positive Maßnahmen meist die Individuen einer benachteiligten Gruppe fördern, die solcher Hilfe am wenigsten bedürfen[161].

---

156 Das Allgemeine Gleichbehandlungsgesetz (AGG) enthält in § 5 eine ausdrückliche Ermächtigung zu positiven Maßnahmen, die der Verhinderung oder dem Ausgleich bestehender Nachteile dienen sollen.

157 Vgl. *Schlachter*, Wege zur Gleichberechtigung, 352f.; *Mahlmann* in: Rudolf/Mahlmann, Gleichbehandlungsrecht, Kap.1 Rdnr.46ff.

158 *Maidowski*, Umgekehrte Diskriminierung, 44.

159 Vgl. *Koczanowicz* in: Joerden, Diskriminierung – Antidiskriminierung, 305, der sich allerdings nur auf demokratische Gesellschaften bezieht und diese als Widerspruch in sich sieht, 311.

160 Vgl. *Posner*, Economic Analysis of Law, 9. Aufl. 2014, § 28.5, 951.

161 Däubler/Bertzbach-*Zimmer*, HK-AGG, 4.Aufl. 2018, § 5 Rdnr.13.

Im Fall schwerbehinderter Menschen könnte hier eingewandt werden, dass die vergleichsweise (scheinbar) geringer beeinträchtigten Personen, bei denen die vorhandene Einschränkung nicht sofort wahrnehmbar ist, in der Wahrnehmung nicht-behinderter Menschen als unnötige Nutznießer des Schutzes der schwerbehinderten Menschen registriert werden.

VI. Definition durch europäische Antidiskriminierungsrichtlinien

Im Rahmen des EU-Gleichbehandlungsrechts ist durch die Richtlinien 2000/78/EG vom 27.11.2000[162], 2000/43/EG vom 29.6.2000[163] sowie die Richtlinie 2002/73/EG vom 23.9.2002[164] zur Änderung der Richtlinie 76/207/EWG vom 9.2.1976[165] erstmals eine Definition der unmittelbaren Diskriminierung niedergelegt[166]. Diese liegt vor, wenn eine Person wegen des jeweiligen Merkmals, aufgrund dessen sie besonderen Schutzes bedarf, eine weniger günstige Behandlung erfährt, erfahren hat oder erfahren würde.

Ziel ist hier nicht die allgemeine Gleichbehandlung, sondern vielmehr das Verbot bestimmter Verhaltensweisen, die negative Auswirkungen für den geschützten Personenkreis bezwecken oder bewirken[167].

Das hier eingeführte „Vergleichspersonenkonzept“ vermutet eine Diskriminierung dann, wenn eine Person ungünstiger behandelt wird als eine Vergleichsperson. Dies kann durch den Nachweis, dass tatsächlich ein anderer Grund die Differenzierung rechtfertigt, widerlegt werden, sofern dieser Grund keinen Bezug zu dem mutmaßlich diskriminierungskausalen Merkmal hat.[168]

Eine mittelbare Diskriminierung liegt vor, wenn dem Anschein nach neutrale Vorschriften, Kriterien oder Verfahren Personen mit einem bestimmten Merkmal gegenüber anderen Personen in besonderer Weise

---

162 AblEG Nr.L 303 v. 02.12.2000, 16ff.

163 AblEG Nr.L 180 v. 19.07.2000, 22ff.

164 AblEG Nr.L 269 v. 05.10.2002, 15ff.

165 AblEG Nr.L 039 v. 14.02.1976, 40ff.

166 Art.2 Abs.2 lit. a der RL 2000/43 und RL 2000/78; Art.2 Abs.2 1.Spiegelstrich RL 2002/73.

167 EuArbR/*Mohr*, 2. Aufl. 2018, RL 2000/78/EG Art.1 Rdnr.3.

168 *Schiek*, NZA 2004, 873, 874.

benachteiligen können, es sei denn, die Vorschriften etc. sind durch ein rechtmäßiges Ziel sachlich gerechtfertigt, und die Mittel sind zur Erreichung dieses Zieles angemessen und erforderlich.

Alternativ ist der Arbeitgeber oder jede Person oder Organisation im Anwendungsbereich der Richtlinie im Fall von Personen mit einer bestimmten Behinderung aufgrund einzelstaatlichen Rechts verpflichtet, geeignete Maßnahmen entsprechend den in Art.5 der Richtlinie 2000/78/EG enthaltenen Grundsätzen vorzusehen, um die sich durch diese Vorschrift etc. ergebenden Nachteile zu beseitigen[169].

Eine Rechtfertigung diskriminierenden Verhaltens ist lediglich bei mittelbarer Diskriminierung denkbar. Sie kann nur über ausdrücklich formulierte Ausnahmebestimmungen möglich sein, die so sicherstellen, dass die einzigen Grenzen des Diskriminierungstatbestandes im Recht selbst liegen.[170]

VII. Diskriminierung im Allgemeinen Gleichbehandlungsgesetz

Das Allgemeine Gleichbehandlungsgesetz (AGG) definiert Diskriminierung in § 3 AGG. Dass der Begriff der ‚Diskriminierung' durch den Begriff der ‚Benachteiligung' ersetzt wurde, ändert nichts an der Intention des Gesetzgebers, durch das AGG die vier europäischen Antidiskriminierungsrichtlinien umzusetzen.

Eine unmittelbare Benachteiligung im Sinne des § 3 Abs.1 AGG liegt wie in der Richtline vor, wenn eine Person „eine weniger günstige Behandlung erfährt, als eine andere Person in einer vergleichbaren Situation erfährt, erfahren hat oder erfahren würde". Dieses „Vergleichspersonenkonzept" findet sich u. a. auch in Art.2 der Richtlinie 2000/78/EG. Die unmittelbare Benachteiligung erfordert Vorsatz[171].

Eine mittelbare Benachteiligung gem. § 3 Abs.2 AGG bzw. nach Art.2 Abs.2 *lit.* b der Richtlinie 2000/78/EG ist anzunehmen, wenn scheinbar neutrale Vorschriften, Kriterien oder Verfahren Personen aufgrund eines

---

169 Vgl. *Schaub*, NZA 2003, 299, 300.

170 Vgl. hierzu *Plötscher*, Der Begriff der Diskriminierung im Europäischen Gemeinschaftsrecht, 292f.; *Kaehler*, Rechtsprobleme betrieblicher Personalauswahl, 148f., kritisiert, dass der Gesetzgeber die Ausgestaltung der Rechtfertigungsmöglichkeiten weitgehend der Rspr. überlassen hat.

171 *Maier-Reimer*, NJW 2006, 2577, 2579; vgl. auch *Adomeit/Mohr*, NZA 2007, 179, 180.

Differenzierungsgrundes gegenüber anderen Personen in besonderer Weise benachteiligen können. Ausnahmen hiervon stehen allerdings der Rechtfertigung offen. Ein hypothetischer Vergleich ist im Fall mittelbarer Benachteiligung ausreichend[172].

Das BAG[173] sieht zudem die Möglichkeit einer verdeckten unmittelbaren Diskriminierung. Hier erfolgt die Unterscheidung nach einem scheinbar objektiven, nicht-diskriminierenden Kriterium. Dieses Kriterium ist jedoch untrennbar mit einem verbotenen Differenzierungsmerkmal verknüpft, so dass ausschließlich die Träger dieses Merkmals betroffen sind.

VIII. Die Diskriminierung (schwer-)behinderter Menschen

Die Diskriminierung behinderter Menschen beruht auf ihrer Wahrnehmung in der Gesellschaft und hat geschichtliche, kulturelle und soziologische Gründe[174]. Als „biologisch-medizinisches Schicksal" und „Abweichung von der nichtbehinderten erwerbsorientierten Norm" wird Behinderung häufig mit Unfähigkeit und Leid gleichgesetzt und ihr bestenfalls mit Mitleid, oft jedoch mit Abneigung oder Verachtung begegnet.[175]

Die Gruppe der behinderten und damit auch der schwerbehinderten Menschen ist nicht homogen[176]. Zudem ist eine Behinderung in den seltensten Fällen ein gleichbleibender Zustand. Gerade im Bereich der Körperbehinderungen muss in den meisten Fällen von kontinuierlicher Verschlechterung des

172 Vgl. *Wisskirchen*, DB 2006, 1491.

173 BAG v. 19.12.2013, – 6 AZR 190/12 –, E 147, 60, 73, Rdnr.46.

174 Vgl. *Charlton*, Nothing About Us Without Us, 164, der in diesem Zusammenhang sogar von Unterdrückung (*oppression*) spricht und *Welti*, Behinderung und Rehabilitation im sozialen Rechtsstaat, 90, der auf „die gesellschaftliche Gebundenheit und Subjektivität jedes Behinderungsbegriffes" hinweist.

175 So *Degener*, KJ 2000, 425f.; *Ruebain* in: Breslin/Yee (eds.), Disability rights law and policy, 369, 373; vgl. auch *Fuerst* in: Deinert/Welti, SWK-BehindertenR, 2. Aufl. 2018, Gleichheit, Rdnr.1; *Felder*, Inklusion und Gerechtigkeit, 136, führt aus, dass Gemeinschaften Menschen mit Behinderungen oft die Anerkennung verweigern, selbst wenn der rechtliche Status als gleichberechtigte Bürger in einer Gesellschaft faktisch anerkannt ist. Zur Situation behinderter Menschen in der Leistungsgesellschaft: *Jakubik*, br 1980, 25, 27.

176 *Charlton*, Nothing About Us Without Us, 79; *Welti*, Behinderung und Rehabilitation im sozialen Rechtsstaat, 75f.; *Fuerst* in: Deinert/Welti, SWK-BehindertenR, 2.Aufl. 2018, Gleichheit, Rdnr.1 verweist auch auf die Schwierigkeit einer trennscharfen Definition der Behinderung.

Zustandes ausgegangen werden. Bei psychischen Erkrankungen wechseln meist Phasen starker Beeinträchtigung mit beschwerdefreien Zeiträumen.[177]

Aber auch innerhalb der Gruppe der behinderten Menschen bilden sich entsprechend der Behinderungsart Gruppen mit unterschiedlichen Teilhabemöglichkeiten. *Charlton*[178] spricht hier von einer "Hierarchie der Behinderung". Dieser zufolge haben Menschen mit einer – ggfs. auch nur angenommenen – geistigen Behinderung die größten Probleme im Leben, gefolgt von Menschen mit Hörproblemen.

Für schwerbehinderte und diesen gleichgestellten Menschen bestehen große Schwierigkeiten, eine Beschäftigung auf dem regulären Arbeitsmarkt zu erlangen. So dauert etwa die Rückkehr nicht behinderter Menschen aus der Arbeitslosigkeit in eine Erwerbstätigkeit nur halb so lang.[179]

Ursache hierfür kann diskriminierendes Verhalten seitens der Arbeitgeber sein, bei denen oft stereotype Vorurteile hinsichtlich der Leistungsfähigkeit behinderter Menschen bestehen. Diese wirken sich einstellungshemmend bzw. -hindernd aus.[180] Bei einem Menschen mit GdB von 50 oder mehr wird vom Arbeitgeber befürchtet, dass aufgrund der dem GdB zugrunde liegenden Faktoren ein erhöhter krankheitsbedingter Arbeitsausfall sowie weitere Kostenbelastungen zu besorgen sind.[181] Es stehen hier insbesondere wirtschaftliche Erwägungen im Vordergrund.

Im Rahmen der Bewertung gesundheitlicher Faktoren werden körperliche Einschränkungen als ‚Verlust von Arbeitszeit' und geistige Einschränkungen als ‚Verlust von Produktionskapazität während der Arbeitszeit' bewertet.

---

177 *Burchardt*, CASEpaper 36, Februar 2000, 23 und 25.

178 *Charlton*, Nothing About Us Without Us, 97.

179 *Rauch/Brehm*, IAB-Werkstattbericht Nr.6/2003, 13; Jahresbericht 2004/2005 der BIH, 13; *Schröder/Steinwede*, BeitrAB 285, 9.

180 *Pahlen*, RdA 2001, 143, 149; *Großmann*, NZA 1989, 702; ArbG Siegburg v. 22.03.1994, – 1 Ca 3454/93 –, NZA 1995, 943, 944f.; vgl. auch *Welti*, Behinderung und Rehabilitation im sozialen Rechtsstaat, 72, der zutreffend auf den Problemgruppenansatz in der Arbeitsmarktforschung hinweist.

181 Vgl. *Arrow* in: Ashenfelter/Rees, Discrimination in Labor Markets, 3, 23f.; *Euler*, Zulässigkeit der Frage nach einer Schwerbehinderung nach Einführung des Benachteiligungsverbots des § 81 Abs.2 SGB IX, 20; *Klee*, Behindertsein ist schön, 97; *Schmidt*, Schwerbehindertenarbeitsrecht, 3. Aufl. 2019, Rdnrn.185f.; zur Entgeltfortzahlung im Krankheitsfall *Thüsing*, RdA 2003, 257, 258.

C. Wirkungen von Diskriminierung

Nachdem Diskriminierungen offensichtlich zu vermeiden sind, fragt sich, welche Wirkungen sie haben, die ein Verbot erforderlich machen.

I. Ökonomische Wirkungen

Unter wirtschaftlichen Gesichtspunkten sind die Folgen diskriminierenden Verhaltens auf die Möglichkeit der Gewinnerzielung und die Effizienz entscheidend. Es handelt sich um Ressourcenallokation unter den Bedingungen von Ressourcenknappheit und nutzenorientiertem Verhalten.

Posner[182] hat die Kosten diskriminierenden Verhaltens mit den Transportkosten im internationalen Handel verglichen. Je höher diese Kosten sind, desto stärker verringern sie das Handelsvolumen. Wird ein Markt nicht reguliert und kann jeder Marktteilnehmer nach seinen Vorstellungen diskriminierend oder nichtdiskriminierend handeln, so verringert ein diskriminierender Akteur durch sein Verhalten die Zahl seiner potentiellen Vertragspartner. Die Kosten derjenigen Marktteilnehmer, die kein diskriminierendes Verhalten zeigen, sinken aufgrund einer größeren Anzahl potentieller Vertragspartner und erlauben es, einen größeren Marktanteil zu erobern.[183] Ein unregulierter wettbewerblich organisierter Markt wird also aus sich selbst heraus auf eine Minimierung der Diskriminierung hinarbeiten. Wird der Markt jedoch reguliert, zeigt das diskriminierende Verhalten für die Diskriminierenden eine weniger starke Wirkung, da ihr Verlust aufgrund der Regulierung weniger hoch ausfällt[184]. Die Regulierung bewirkt, dass der Mechanismus, durch den die

---

182 *Posner*, The Economics of Justice, 351f. und 136 U.Pa.L.Rev. (1987), 513 unter Bezugnahme auf *Becker*.

183 *Posner*, The Economics of Justice, 352; *Posner*, 136 U.Pa.L.Rev. (1987), 513; ähnlich *Arrow* in: Ashenfelter/Rees, Discrimination in Labor Markets, 3, 10; *Thüsing*, RdA 2003, 257, 259; vgl. auch *Picker* in: Lorenz, Karlsruher Forum 2004, 7, 44ff.

184 *Posner*, The Economics of Justice, 353; a.A. *Donohue*, 134 U.Pa.L.Rev. (1986), 1411, 1426, der annimmt, dass die Regulierung i.S. eines Diskriminierungsverbots diskriminierende Marktteilnehmer noch schneller vom Markt verdrängen wird, da zur ‚Strafe' durch den Markt auch noch die gesetzliche Bestrafung kommt, widerlegt durch *Posner*, 136 U.Pa.L.Rev. (1987), 513, 514, der auf die Höhe der Verwaltungskosten als Widerpart der gesetzlichen Regelung hinweist.

diskriminierenden Akteure aus dem Markt gedrängt wurden, nicht vollumfänglich greift, da diese am Markt nicht mehr diskriminierend auftreten.[185]

Zu bedenken ist jedoch, dass dieses Modell für die Diskriminierung wegen Geschlechts oder Hautfarbe in den Vereinigten Staaten von Amerika entworfen wurde. Da im vorliegenden Problem eine zahlenmäßig deutlich kleinere Gruppe betroffen ist, kann nicht ohne weiteres von einer Übertragbarkeit ausgegangen werden. Im Bereich der wirtschaftlichen Wirkung der Diskriminierung ist die Größe der diskriminierten Gruppe von Bedeutung. Das diskriminierende Verhalten gegenüber einer Gruppe, die einen besonders großen oder finanzkräftigen Teil der Bevölkerung ausmacht, zeigt andere Wirkungen als die Diskriminierung eines geringen Bevölkerungsteils.

II. Wirkungen für den schwerbehinderten Menschen

Die Einschränkungen, denen ein behinderter Mensch unterliegt, werden durch die Einschätzung seiner Umwelt bezüglich dieser Einschränkungen verstärkt[186]. Deren Ansicht übernimmt der behinderte Mensch in Form eines fremd gesteuerten Selbstbildes[187]. Dies wiederum führt oft zu einem von ihrer Umwelt als unnatürlich empfundenen Verhalten der behinderten Menschen, da sie deren Unsicherheit oder Ablehnung bezüglich ihres Andersseins spüren und diesen zu begegnen suchen (Selbstschutzhaltung). Dieses von der Umwelt als unnatürlich empfundene Verhalten ist Grundlage von Vorurteilen[188], die als sog. selbst erfüllende Prophezeiung wiederum auf das wechselseitige Verhalten wirken können.

---

185 Ähnlich *Reichold/Hahn/Heinrich*, NZA 2005, 1270, 1272; *Mahlmann* in: Rudolf/ Mahlmann, Gleichbehandlungsrecht, Kap.1 Rdnr.50, führt an, dass Diskriminierung ökonomisch rational sein kann.

186 *Welti*, Behinderung und Rehabilitation im sozialen Rechtsstaat, 71, verweist hier auf einen Prozess der Stigmatisierung, bei dem in sozialer Interaktion die zugeschriebenen Merkmale die Umwelt der stigmatisierten Person verändern. Dies wiederum führt zu einer Veränderung und Beeinträchtigung der Identität; vgl. auch *Bozoyan*, Schwer im Nachteil, 76.

187 *Klee*, Behindertsein ist schön, 100 und 107; *Ruebain* in: Breslin/Yee (eds.), Disability rights law and policy, 369, 373; *Sesselmeier/Funk/Waas*, Arbeitsmarkttheorien, 3. Aufl. 2010, 150f., weisen darauf hin, dass bereits die Erwartung der Diskriminierung im Arbeitsmarkt ein diesbzgl. *pre-market* Verhalten der Betroffenen hervorruft.

188 Vgl. *Jakubik*, br 1980, 25.

Auch die oft längere Arbeitslosigkeit schwerbehinderter Menschen hat Auswirkungen auf deren Selbsteinschätzung der eigenen Leistungsfähigkeit[189].

D. Handlungsmöglichkeiten zur Verhinderung von Diskriminierung

Während Ignoranz durch empirische Nachweise oder die Verbreitung von Wissen bekämpft werden kann, ist dem Vorurteil schwerer zu begegnen.[190] Letzteres ist nur möglich, wenn der Diskriminierende bereit ist, seine Ansicht in Frage zu stellen und gegebenenfalls zu revidieren.

Wenn diskriminierendes Verhalten auf Vorurteil gründet, bedeutet dies, dass Existenz und Entwicklung der Vorurteile als Ursache der diskriminierenden Handlung zu beseitigen sind[191].

Die bloße Substitution des negativen Vorurteils gegen ein positives Vorausurteil ist hier nicht zielführend. Vielmehr ist der Prozess der Informationsverarbeitung dahingehend zu beeinflussen, dass Sachinformationen als Objekte vorurteilsfreien Verhaltens zur Grundlage des Verhaltens gemacht werden.[192] Persuasive Kommunikation birgt dabei die Gefahr, die vorurteilsbehafteten Einstellungen als solche noch zu verstärken[193]. Erfolgversprechender ist die Veränderung der entsprechenden gesellschaftlichen Werte[194], z. B. durch entsprechende Gesetzgebung [195] , die durch Pönalisierung

[189] *Schröder/Steinwede*, BeitrAB 285, 22.

[190] Vgl. *Mushkin*, 70 J.Pol.Econ./Suppl. (1962), 128, 138; *Leder*, Das Diskriminierungsverbot wegen einer Behinderung, 153; *Treinen*, IAT-Report 2002-07, 4, verweist auf geringe oder gar nicht erst entstehende Vorurteile beim direkten Kontakt mit schwerbehinderten Kollegen.

[191] *Markefka*, Vorurteile – Minderheiten – Diskriminierung, 7. Aufl. 1995, 71f.; *Schlöder*, FS Bergler, 66, 93f.

[192] Vgl. *Schäfer/Six*, Sozialpsychologie des Vorurteils, 258.

[193] Vgl. *Schäfer/Six*, Sozialpsychologie des Vorurteils, 261.

[194] Vgl. *Schäfer/Six*, Sozialpsychologie des Vorurteils, 270; hierfür spricht auch *Charlton*, Nothing About Us Without Us, 81, der hervorhebt, dass soziale Gruppen – wie auch die der behinderten Menschen – die Sammlung derer darstellen, die von der beherrschenden kulturellen Gruppe zur Ausgrenzung ausgewählt wird.

[195] *Allport*, Die Natur des Vorurteils, 474; vgl. auch *Schäfer/Six*, Sozialpsychologie des Vorurteils, 271ff. zur Wirkung der Abschaffung der Rassentrennung auf diskriminierendes Gruppenverhalten.

diskriminierenden Verhaltens oder aber durch Belohnung bestimmter, gegen Diskriminierung gerichteter Verhaltensweisen, Einfluss nehmen kann.[196]

Der interpersonale Austausch, also die direkte Konfrontation mit dem Bezugsobjekt, kann Vorurteile abbauen oder sie aber intensivieren[197]. Er ist in seiner Wirkung nicht vorhersehbar, da die Einflussfaktoren zu komplex sind. Allerdings wird auf diese Weise ein Verhalten (Tun, Dulden oder Unterlassen) möglich, das seine Grundlage im subjektiven Sinn des Handelnden findet und sich nicht als „soziales" Handeln auf das Verhalten anderer bezieht und sich an dessen Ablauf orientiert[198].

Da Diskriminierungen in freiheitlichen Wirtschafts- und Gesellschaftssystemen systemimmanent[199] und Ausdruck der „Freiheit zur Ungleichbehandlung" sind, sollten sie nur in Ausnahme- und Notsituationen, also bei Verstößen gegen die guten Sitten oder bei Zwang zur Bewirtschaftung durch Verbote gesteuert werden.

Die arbeitsrechtlichen Diskriminierungsverbote zielen auf den Schutz der Menschenwürde. Als besondere Diskriminierungsverbote, wie etwa im inzwischen aufgehobenen § 611a BGB a. F.[200] oder § 81 Abs.2 SGB IX a. F., sind sie einer Rechtfertigung aus sachlichen Gründen nicht zugänglich und damit nahezu absolute Differenzierungsverbote.[201] Die ungerechtfertigte Zurücksetzung bestimmter Personengruppen zu verhindern, beruht hier auf ethischen Gründen. Wirtschaftliche Gründe bleiben außen vor[202]. Es handelt sich um ein politisches Programm zum Schutz besonderer Bevölkerungsgruppen[203]. Der Staat nimmt

---

196 *Ruebain* in: Breslin/Yee (eds.), Disability rights law and policy, 369, 373.

197 *Schäfer/Six*, Sozialpsychologie des Vorurteils, 277f.

198 Vgl. *Weber*, Wirtschaft und Gesellschaft, 5. Aufl. 1976, 1.

199 *Picker*, JZ 2003, 540, 544; *Picker* in: Lorenz, Karlsruher Forum 2004, 7, 46.

200 Der § 611a BGB a.F. wurde durch das Gesetz zur Umsetzung europäischer Richtlinien zur Verwirklichung des Grundsatzes der Gleichbehandlung vom 14.08.2006 mit Wirkung zum 18.08.2006 aufgehoben, BGBl. I 2006, 1897, 1909.

201 Vgl. *Thüsing*, ZfA 2002, 249, 253.

202 *Thüsing*, RdA 2003, 257; wenngleich *Posner*, The Economics of Justice, 361, nachweist, dass Diskriminierungsverbote den *net welfare* der Opfer von Diskriminierung erhöhen können.

203 *Wiedemann*, Die Gleichbehandlungsgebote im Arbeitsrecht, 59.

hierdurch seinen Auftrag wahr, soziale Gegensätze auszugleichen und so für eine gerechte Sozialordnung zu sorgen[204].[205]

Akte der Diskriminierung stehen als solche „im Widerspruch zur moralischen Pflicht der Achtung der Personalität der anderen“[206].[207] Gleichwohl handelt es sich bei Diskriminierungsverboten der Sache nach um Interessenpolitik für partikulare Gruppen[208]. Sie verbieten die willkürliche Differenzierung in wesensgleichen Tatbeständen und greifen damit in die freie, d. h. ungebundene, Entscheidung des jeweils Handelnden ein. Ihr Ziel ist es, die Menschen zu verpflichten, die Andersartigkeit anderer Individuen zu „verneben-sächlichen/vergleichgültigen“[209] und die bestehenden Unterschiede als irrelevant für das Miteinander festzuschreiben.

Da Diskriminierungen die Wertgleichheit und Würde der Menschen verletzen, strebt das Antidiskriminierungsrecht bzw. Gleichbehandlungsrecht die Anerkennung und Achtung sowie die Verwirklichung dieser Freiheiten an[210]. Es sollen gesellschaftliche Handlungsweisen verändert und die gesellschaftliche Wirklichkeit umgestaltet werden. Ziel ist hierbei nicht ein marktferner Sozialschutz der Betroffenen, sondern deren Marktintegration[211], ggf. verbunden mit potentiellen Einschränkungen der Vertrags- und Marktfreiheit [212].

---

204 BVerfG v. 18.07.1967 – 2 BvF 3, 4, 5, 6, 7, 8/62; 2 BvR 139, 140, 334, 335/62 –, E 22, 180, 204.

205 Zu den Wirkungen einer solchen Steuerung der Gesinnung für eine freie Gesellschaft und der Bedrohung hierdurch für Pluralismus und Marktmechanismen vgl. *Picker* in: Lorenz, Karlsruher Forum 2004, 7, 27; *Säcker*, ZRP 2002, 286, 287f.; *Picker*, JZ 2003, 540, 541.

206 *Becker* in: Joerden, Diskriminierung – Antidiskriminierung, 8.

207 *Thüsing*, RdA 2003, 257; vgl. auch *Picker* in: Lorenz, Karlsruher Forum 2004, 7, 28; *Schiek*, Differenzierte Gerechtigkeit, 37ff.; *Neuner*, JZ 2003, 57, 58.

208 *Becker* in: Joerden, Diskriminierung – Antidiskriminierung, 1.

209 *Becker* in: Joerden, Diskriminierung – Antidiskriminierung, 8.

210 So *Mahlmann* in Rudolf/Mahlmann, Gleichbehandlungsrecht, 41; zur staatlichen Beteiligung als Institution der Gesellschaft an gesellschaftlichen Prozessen vgl. *Felder*, Inklusion und Gerechtigkeit, 135.

211 *Krause* in: FS Adomeit, 377, 392; *Reichold*, JZ 2004, 384, 387; *Post*, 88 Cal.L.Rev. (2000), 1, 7ff., 12, 15ff., 30ff.; Däubler/Bertzbach-*Blanke*/*Graue*, HK-AGG, 4.Aufl. 2018, Einleitung Rdnrn. 249f.

212 *Reichold*, JZ 2004, 384, 391; Picker, JZ 2003, 540, 544; Däubler/Bertzbach-*Blanke*/*Graue*, HK-AGG, 4. Aufl. 2018, Einleitung Rdnr.249.

Die Frage, ob rechtliche Regelungen zu einer Verhaltenssteuerung geeignet sind, ist im Bereich der Diskriminierungsverbote aufgrund der Heterogenität der Materie schwer zu beantworten.

Im Schrifttum[213] geäußerte Zweifel erscheinen angebracht, jedoch zeigt sich, dass z. B. die rechtliche Verpflichtung zum Aufdruck sog. „Schock-Bilder“[214] auf Zigaretten- und sonstigen Tabakverpackungen bei Jugendlichen negative Einstellungen zum Zigarettenrauchen verstärken und so einen präventiven Effekt haben können[215].

Ein Problem im Bereich der Diskriminierung behinderter Menschen ist, dass eine Behinderung denklogisch jeden treffen kann, da niemand vor Krankheit oder Unfällen gefeit ist. Zum Ende des Jahres 2017 war bei 3 v. H. aller schwerbehinderten Menschen in Deutschland die Schwerbehinderung angeboren, bei 1 v. H. durch einen Unfall oder eine Berufskrankheit erworben und bei 88 v H. durch eine im Verlauf des Lebens erworbene Krankheit verursacht[216].

Die reflexartige Ablehnung durch Nichtbetroffene ist also auch eine Abwehr dessen, was sein könnte. Wird das unterscheidende Verhalten sanktioniert, ist dies ein Zwang für nichtbehinderte Menschen zu einem ihren Reflexen zuwiderlaufenden Verhalten. Hierdurch kann ein Bewusstseinswandel angestoßen werden, der das Anerkennen der schwerbehinderten Menschen als gleichwertige zur Folge hat. Andererseits kann aus dem Diskriminierungsverbot auch eine Viktimisierung der Betroffenen erwachsen. Durch das Verbot,

---

213 BT-Drucks. 16/6316 v. 10.09.2007, 2, *sub* „3. Teilt die Bundesregierung die Auffassung von Bundesjustizministerin Brigitte Zypries: „Rechtspolitisch habe ich Zweifel, ob wir über eine rigide Gesetzgebung bei der Gleichstellungspolitik wirklich weiterkommen. Recht wirkt sicherlich in die Gesellschaft hinein, kann aber einen Bewusstseinswandel nur begleitend unterstützen. (...) Wir dürfen uns hiervon nicht zuviel versprechen“; vgl. auch *Reichold*, JZ 2004, 384, 392f.; *Richardi*, NZA 2006, 881, 887; *Coester-Waltjen*, ZRP 1982, 217, 220.

214 Vgl. Anhang II der Delegierten Richtlinie 2014/109/EU der Kommission vom 10.10.2014 zur Änderung von Anhang II der Richtlinie 2014/40/EU des Europäischen Parlaments und des Rats zwecks Einrichtung der Bibliothek mit bildlichen Warnhinweisen, die auf Tabakerzeugnissen zu verwenden sind, Abl. EU Nr.L 360 v. 17.12.2014, 22, 24.

215 So *Morgenstern/Valenta/Hanewinkel*, IFT-NORD Forschungsbericht, 2 und 7.

216 Jahresbericht 2018/2019 der BIH, 15, bei den fehlenden Vomhundertwerten war keine Zuordnung möglich.

ihnen negativ zu begegnen, werden sie herausgehoben, was sie durch erhöhte Beachtung wiederum angreifbarer macht.

Gesetzliche Diskriminierungsverbote, Inklusionspolitik sowie sozialpolitische Kompensationsangebote können hier die Voraussetzungen für die Anerkennung schaffen[217].

Zum Abbau der Benachteiligung schwerbehinderter und diesen gleichgestellten Menschen bedarf es einer Revision der dieser Gruppe aus vielfältigen Gründen zugeschriebener negativ konnotierter Merkmale.

Aufgrund der Heterogenität der Gruppe und den vielfältigen Gründen der negativen Konnotation des Status ist eine weitergehende Betrachtung der meistgenannten Faktoren erforderlich.

Begreift man – wie oben dargestellt[218] – Diskriminierung als eine gegen eine bestimmte soziale Gruppe gerichtete herabsetzende Handlung, ist tatsächlich zweifelhaft, inwiefern eine auf einen bestimmten rechtlichen Status gerichtete Frage als solche bereits diskriminierend sein kann. Da Ziel der Frage keine Eigenschaft des Bewerbers ist, die für die auszuübende Tätigkeit Relevanz entfaltet, folgt daraus entweder die Irrelevanz des Fragegegenstandes oder die Annahme einer hinter der Frage stehenden Intention des Fragenden.

Nachdem die Frage jedoch auf den Abbau eines Informationsdefizits zielt, ist es unrealistisch, dem Gegenstand der Frage, der begehrten Information, die Bedeutung für den Fragenden abzusprechen. Anders argumentiert kann ein Frageverbot nur dann als Einschränkung empfunden werden, wenn die begehrte Information für den Fragenden werthaltig ist.

Wird nach dem Vorliegen der Schwerbehinderteneigenschaft als Status gefragt, ist es abwegig zu vermuten, dass die Antwort keinen Einfluss auf das weitere Vorgehen des Fragenden hat[219]. Die Frage nach der Schwerbehinderteneigenschaft und der mit der Antwort verbundene Erkenntnisgewinn stellt zumindest einen wichtigen Baustein, wenn nicht gar die notwendige Vorstufe

---

217 *Ruebain* in: Breslin/Yee (eds.), Disability rights law and policy, 369, 373.

218 Vgl. die Ausführungen zu Teil 1 § 2 B. III. ff.

219 Vgl. *Thüsing/Lambrich*, BB 2002, 1146, die in der Frage die Vorbereitung einer diskriminierenden Handlung sehen.

der diskriminierenden Handlung dar. Wird sie nicht gestellt, fehlt einer darauf aufbauenden Diskriminierung die Informationsgrundlage.

Der Grund für die Frage nach einer diskriminierungsrelevanten Eigenschaft im Anbahnungsverhältnis liegt typischerweise in der beabsichtigten Nichteinstellung des jeweiligen Bewerbers[220]. Eine Nichtidentifizierung eines Menschen als Merkmalsträger schützt somit zunächst vor den Risiken entsprechender Diskriminierung. Gleichzeitig wird dem Betroffenen hierdurch – zumindest im Fall der vorliegenden Schwerbehinderteneigenschaft oder Gleichstellung – zunächst der Zugang zu Unterstützungsleistungen, die an die Kenntnis des Status geknüpft sind, verwehrt.

E. Folgerung

Tatsächlich erfährt die Handlungsfreiheit des Arbeitgebers durch die mit dem Status des schwerbehinderten Menschen verknüpften Rechte Einschränkungen. Diese Einschränkungen stehen unter dem Zumutbarkeitsvorbehalt des Art.5 der Richtlinie 2000/78/EG, der für bestehende Arbeitsverhältnisse in § 164 Abs.4 S.3 SGB IX 2018 geregelt ist.

Es stellt sich allerdings die Frage, wo – unterstellt es gäbe kein diesbezügliches Fragerecht – die Zumutbarkeitsgrenze für die Einrichtung des Arbeitsplatzes liegt, wenn der Arbeitgeber einen Arbeitnehmer in Unkenntnis der Umstände einstellt. Weiter ist dann noch zu überlegen, ob die Förderungsmöglichkeiten für die Arbeitgeber ausreichen, den Wegfall des Fragerechts auszugleichen.

Ungeachtet dieser Fragen lässt sich aus dem Text der Richtlinie nicht ableiten, dass das Fragerecht nach der Schwerbehinderteneigenschaft durch die Regelung des § 81 Abs.2 SGB IX a. F. weggefallen sein soll. Erst der Schluss, die Schwerbehinderteneigenschaft stelle ein Hindernis für die Beschäftigung eines Bewerbers dar, lässt die Frage als diskriminierend erscheinen und folglich unzulässig sein.

Die Regelung des Art.3 Abs.3 S.2 GG hat keinen Einfluss auf das Fragerecht nach der Schwerbehinderteneigenschaft. Auch die Einführung des

---

220 Vgl. *Brecht-Heitzmann*, ZTR 2006, 639, 641.

Benachteiligungsverbots aus § 164 Abs.2 SGB IX ändert hieran nichts, wie sich bereits aus der Normenhierarchie ergibt.

Es zeigt sich mithin, dass sich das Schrifttum im Ergebnis weitgehend einig ist. Die Begründungen und insbesondere die diskutierten Ausnahmen vom Frageverbot bedürfen jedoch im Folgenden weiterer Erörterung.

Zwischenfazit Teil 1

Der Begriff der Behinderung ist nach der Implementierung der BRK noch unkonturierter als zuvor. Insbesondere das Merkmal der Teilhabebeeinträchtigung deutet hier auf einen nur schwer fassbaren erheblichen subjektiv-individuellen Anteil hin. Zudem knüpft auch der Inklusionsbegriff an die für das Individuum bestehenden Teilhabemöglichkeiten an, die ebenfalls nicht eindeutig bestimmbar sind.

Die Entwicklung vom defizitorientierten Fürsorgegesetz zur rechtlich unterstützten Partizipation hat auch im Bereich der Frage nach dem Schwerbehindertenstatus Wirkung gezeigt, so dass die Frage mittlerweile nicht länger als grundsätzlich zulässig erachtet wird, wenngleich die Gründe hierfür weit differieren. Die Umsetzung der Richtlinie 2000/78/EG in deutsches Recht zeigt hier ebenso Wirkung wie die Reform des Behinderungsbegriffs als Folge der BRK.

Die Zahl der schwerbehinderten Menschen in Deutschland steigt ständig, wobei der weit überwiegende Teil den Status durch Krankheit im Verlauf des Erwerbslebens erworben hat. Es erhöht sich somit die Zahl der Menschen, deren Eintritt in den Arbeitsmarkt gesamtwirtschaftlich wünschenswert ist.

Gründe für die Benachteiligung schwerbehinderter Menschen im Erwerbsleben können Stereotype bzw. Vorurteile bezüglich der Leistungsfähigkeit und die entsprechenden ökonomischen Erwägungen der Arbeitnehmer sein. Insbesondere die Wahrnehmung der von der ‚Norm' abweichenden Menschen in der Leistungsgesellschaft führt einerseits zur Benachteiligung im Erwerbsleben, andererseits beeinflusst dies das Selbstbild der Betroffenen.

Nur eine Änderung der den Diskriminierungen zugrunde liegenden Einstellungen kann diesen wirksam begegnen. Da Diskriminierungen in freiheitlichen Gesellschaften systemimmanent sind, muss eine steuernde Reaktion generalisiert, etwa mittels Gesetzgebung durch Sanktionierung des unerwünschten Verhaltens oder durch Belohnung des erwünschten Verhaltens geschehen.

Aufgrund der Heterogenität der Gruppe der (schwer-)behinderten Menschen ist es jedoch schwierig, eine diesbezüglich allgemein wirksame Strategie zu finden.

TEIL 2

DAS FRAGERECHT DES ARBEITGEBERS NACH SCHWERBEHINDERTENSTATUS UND GLEICHSTELLUNG

Es ist also zu klären, wie die Frage nach der amtlich festgestellten Schwerbehinderteneigenschaft oder einer vorliegenden Gleichstellung mit einem schwerbehinderten Menschen nunmehr zu bewerten ist.

§ 3 Das arbeitgeberseitige Fragerecht im Allgemeinen

Nach Ansicht des BAG[221] und des Schrifttums[222] ist die Zulässigkeit einer Frage grundsätzlich durch Abwägung der berechtigten und schutzwürdigen Interessen der beteiligten Parteien zu beurteilen. Der Arbeitgeber ist auf Fragen beschränkt, an deren zutreffender Beantwortung er ein berechtigtes, billigens- und schützenswertes Interesse besitzt. Der Bewerber hat auf diese Fragen wahrheitsgemäß zu antworten. Erforderlich ist hier also eine Abwägung des konkreten Informationsinteresses des Arbeitgebers gegen das konkrete Geheimhaltungsinteresse des Arbeitnehmers[223].

In Umkehr zum Fragerecht des Arbeitgebers ist anerkannt, dass einen Bewerber um eine Stelle bzw. einen Arbeitnehmer hinsichtlich bestimmter Tatsachen eine Offenbarungspflicht[224] treffen kann. Dem BAG[225] zufolge soll diese Offenbarungspflicht des Arbeitnehmers jedoch an die Voraussetzung gebunden sein, dass die Umstände dem Arbeitnehmer die Erfüllung seiner arbeitsvertraglichen Verpflichtungen unmöglich machen oder in sonstiger Weise für den zu besetzenden Arbeitsplatz von ausschlaggebender Bedeutung sind. Dies ist insbesondere dann anzunehmen, wenn der Arbeitgeber die Mitteilung nach Treu und Glauben erwarten darf.[226]

---

221 BAG v. 11.11.1993 – 2 AZR 467/93 –, NZA 1994, 407, st. Rspr.; v. 06.07.2000 – 2 AZR 543/99 –, NJW 2001, 701, 703 – MfS-Tätigkeit.

222 Beispielhaft *Linck* in: Schaub, ArbRHdb, 18. Aufl. 2019, § 26 Rdnr.21; MüKoBGB/*Thüsing*, 8. Aufl. 2019, AGG § 11 Rdnr.16.

223 Vgl. *Deinert* in: Deinert/Welti, SWK BehindertenR, 2. Aufl. 2018, Fragerecht des Arbeitgebers, Rdnr.1; BAG v. 05.10.1995 – 2 AZR 923/94 –, E 81, 120, 123; *v. Koppenfels-Spies*, AuR 2004, 43.

224 *Moritz*, NZA 1987, 329, 330 weist zu Recht auf die uneinheitliche Terminologie zur Offenbarungspflicht bzw. Auskunfts- oder Mitteilungspflicht hin. Für diese Arbeit sollen wie bei *Moritz* die Begriffe „Offenbarungspflicht" und „Mitteilungspflicht" die Mitteilungsverpflichtung unabhängig von einer Befragung durch den Arbeitgeber bedeuten, „Auskunftspflicht" hingegen ist die Pflicht zur Beantwortung von Arbeitgeberfragen.

225 BAG v. 25.03.1976 – 2 AZR 136/75 –, AP Nr.19 zu § 123 BGB; v. 05.10.1995 – 2 AZR 923/94 –, NZA 1996, 371, 372; v. 21.02.1991 – 2 AZR 449/90 –, DB 1991, 1934.

226 Vgl. MHdB ArbR/*Benecke*, Bd.1: Individualarbeitsrecht 1, 5. Aufl. 2021, § 33 Rdnr.132; *Moritz*, NZA 1987, 329, 330.

Gemeinhin steht die Offenbarungspflicht im Zusammenhang mit der Frage der Anfechtung des Arbeitsverhältnisses wegen arglistiger Täuschung[227]. Sie wird dogmatisch als vorvertragliche Nebenpflicht begründet, woraus folgt, dass ein unmittelbarer Zusammenhang mit dem Schuldverhältnis bestehen muss.[228] Jedoch bestehen auch ohne späteres Zustandekommen eines Vertrages aus Gesetz wechselseitige Schutzpflichten ohne primäre Leistungspflichten während der Dauer der Vertragsverhandlungen[229], die auf der Gewährung und der Inanspruchnahme von Vertrauen in diesem Zeitabschnitt gründen[230].

Für den Arbeitnehmer streitet das Recht auf informationelle Selbstbestimmung, welches das BVerfG im Bereich des öffentlichen Rechts im Volkszählungsurteil[231] niedergelegt hat. Der Einzelne kann auf der Grundlage des allgemeinen Persönlichkeitsrechts aus Art.2 Abs.1 GG grundsätzlich selbst bestimmen, wann und in welchem Umfang er personenbezogene Daten preisgibt[232]. Das BAG[233] geht auch für das Arbeitsrecht von einer informationellen Selbstbestimmung aus, wenngleich die h. M. im Schrifttum[234] der informationellen Selbstbestimmung im Arbeitsverhältnis lediglich aufgrund mittelbarer Drittwirkung Raum geben will.

Es gilt mithin, im Hinblick auf die Fragestellung dieser Arbeit einen Ausgleich zwischen dem Interesse des Arbeitnehmers an informationeller Selbstbestimmung und dem Interesse des Arbeitgebers an der Kenntnis des Status zu finden.

---

227 Vgl. *Neumann*, DB 1961, 1291.

228 *Moritz*, NZA 1987, 329, 331; BAG v. 07.09.1995 – 8 AZR 828/93 –, AP Nr.24 zu § 242 Auskunftspflicht.

229 St. Rspr., RG v. 22.06.1936 – IV 75/36 –, RGZ 151, 357, 358; BGH v. 08.06.1978 – III ZR 48/76 –, BGH Z 71, 386, 393; v. 20.06.1952 – V ZR 34/51 –, BGH Z 6, 330, 333.

230 BAG v. 16.03.1989 – 2 AZR 325/88 –, AP Nr.12 zu § 276 BGB Verschulden bei Vertragsabschluß; BGH v. 08.06.1978 – III ZR 48/76 –, BGH Z 71, 386, 393; v. 22.02.1973 – VII ZR 119/71 –, BGH Z 60, 221, 223f.

231 BVerfG v. 15.12.1983 – 1 BvR 209, 269, 362, 420, 440, 484/83 –, E 65, 1ff.

232 BVerfG v. 15.12.1983 – 1 BvR 209, 269, 362, 420, 440, 484/83 –, E 65, 1, 42f.; bestätigt u. a. in BVerfG Beschl. v. 28.01.1992 – 1 BvR 1319/91 –, NJW 1992, 1379.

233 BAG v. 14.09.1984 – 1 ABR 23/82 –, NZA 1985, 28ff. (Rank-Xerox); v. 06.06.1984 – 5 AZR 286/81, BB 1984, 2130, 2131.

234 Vgl. u. a. ErfK/*Franzen*, 21. Aufl. 2021, BDSG § 1 Rdnr.2, der das Recht auf informationelle Selbstbestimmung als „datenschutzbezogene Ausprägung des allg. Persönlichkeitsrechts“ sieht; *Gamillscheg*, AcP 164 (1964), 385, 404.

§ 4 Die Frage nach dem Status im Anbahnungsverhältnis

Das Fragerecht des Arbeitgebers im Anbahnungsverhältnis hat für die Begründung eines Arbeitsverhältnisses eine große, wenn nicht gar entscheidende, Bedeutung. Der zukünftige Arbeitgeber hat ein Interesse daran, von dem Bewerber alle für das konkret geplante Arbeitsverhältnis bedeutsamen Umstände und Tatsachen zu erfahren, um den am besten geeigneten Bewerber für die Besetzung des Arbeitsplatzes zu identifizieren. Der Bewerber wiederum will dem zukünftigen Arbeitgeber nur möglichst wenig aus seinem persönlichen Bereich offenbaren, sofern diese Informationen geeignet sein könnten, die Chancen auf den Abschluss des Arbeitsvertrags zu gefährden.

A. Situation im Anbahnungsverhältnis

Spätestens beim ersten Treffen, meist im Rahmen des Vorstellungsgesprächs, erfolgt eine visuelle Wahrnehmung der Person des Bewerbenden. Im Anbahnungsverhältnis werden spätestens dann auch solche Informationen ausgetauscht, die für das Zustandekommen des Arbeitsverhältnisses von Bedeutung sind. Hier ist zu unterscheiden, ob Informationen eigeninitiativ offenbart werden müssen, auf Befragen hin offenzulegen sind oder verschwiegen werden dürfen.

Umstritten ist, ob sich hinsichtlich der Auskunftspflicht bezüglich der Schwerbehinderteneigenschaft mit dem Wegfall des Fragerechts Änderungen ergeben haben[235].

---

[235] *Bauer/Powietzka*, NZA-RR 2004, 505, 508, gehen von einer Unterrichtungspflicht des schwerbehinderten Arbeitnehmers über seinen Status aus, da der Arbeitgeber anderenfalls nicht in der Lage ist seine Beschäftigungsquote und die damit in Verbindung stehenden Ausgleichszahlungen zu überprüfen.

I. Die Interessenlagen im Anbahnungsverhältnis

Es besteht Einigkeit darüber, dass die Entscheidung über die Offenbarung der Schwerbehinderteneigenschaft das Persönlichkeitsrecht des Arbeitnehmers in Form der informationellen Selbstbestimmung betrifft[236]. Dem Betroffenen steht es frei, die amtliche Feststellung und den entsprechenden Schwerbehindertenausweis zu beantragen sowie von letzterem Gebrauch zu machen.

Der Arbeitgeber wiederum unterliegt im Zusammenhang mit dem Status seines Beschäftigten verschiedenen Verpflichtungen[237], die für ihn auch wirtschaftliche Auswirkungen haben. Besteht also die amtlich festgestellte Schwerbehinderteneigenschaft, ist die dann bestehende Interessenkollision aufzulösen.

Deinert[238] fügt dem die weitere und diesem Zusammenhang nicht zu vernachlässigende Dimension des Schutzzwecks des Diskriminierungsrechts hinzu. Diese Erweiterung ist sachgerecht, da sie eine notwendige Begrenzung im Bereich des möglichen Informationsinteresses darstellen kann.

II. Die Offenbarungspflicht bei Behinderung

Sofern ein erkrankter oder körperbehinderter Bewerber erkennt, dass er aufgrund seiner Krankheit oder Körperbehinderung die vorgesehene Arbeit nicht erbringen kann oder seine Leistungsfähigkeit erheblich beeinträchtigt ist, ist er verpflichtet, den Arbeitgeber ungefragt zu informieren[239]. Dasselbe gilt, wenn er zur

---

236 Vgl. BAG v. 06.06.1984 – 5 AZR 286/81 –, BB 1984, 2130, 2131; v. 15.07.1987 – 5 AZR 215/86 –, BB 1987, 2300; BVerfG v. 03.06.1980 – 1 BvR 185/77 –, E 54, 148, 153; BSG v. 26.02.1986 – 9a RVs 4/83 –, E 60, 11 stellt klar, dass die Feststellung einer Behinderung nur auf Antrag des Betroffenen vorgenommen wird; v. 22.10.1986 – 9a RVs 3/84 –, E 60, 284, 285; vgl. auch *Joussen*, NZA 2007, 174, 175f. und *Deinert* in: Deinert/Welti, SWK BehindertenR, 2. Aufl. 2018, Fragerecht des Arbeitgebers, Rdnr.1.

237 Dazu vertiefend Teil 2 § 4 B. I. und II., § 5 A. I. und II. sowie B. II. und III., § 6 A.

238 *Deinert* in: Deinert/Welti, SWK BehindertenR, 2. Aufl. 2018, Fragerecht des Arbeitgebers, Rdnr.15, der zudem darauf hinweist, dass das Frageverbot im Anbahnungsverhältnis der Herstellung der Chancengleichheit dient.

239 BAG v. 28.03.1974 – 2 AZR 92/73 –, DB 1974, 1531; BAG v. 01.08.1985 – 2 AZR 101/83 –, DB 1986, 2238; BAG v. 27.03.1991 – 5 AZR 58/90 –, DB 1991, 2144; *Joussen*, NZA 2007, 174, 175 bei Unmöglichkeit der vertraglichen Verpflichtung oder Umständen, die für den Arbeitsplatz von ausschlaggebender Bedeutung sind; *Adlhoch* in: Ernst/Adlhoch/Seel, 4. Lfg. 05/2003, SGB IX § 81 Rdnr.24; *Kania/ Merten*, ZIP 2007, 8, 12; *Deinert* in: Deinert/Welti, SWK BehindertenR, 2. Aufl. 2018, Offenbarung einer Behinderung, Rdnrn.1 und 4; *Linck* in: Schaub, ArbRHdb, 18. Aufl. 2019, § 26 Rdnr.9 a. E.

vertragsgemäßen Leistungserbringung bestimmter Hilfsmittel bedarf[240]. Die pflichtwidrig unterlassene Offenbarung einer für die Durchführung des Vertrages relevanten Behinderung begründet ein Anfechtungsrecht des Arbeitgebers[241].

III. Hintergrund: der Grad der Behinderung (GdB), der Grad der Schädigungsfolgen (GdS) und die Minderung der Erwerbsfähigkeit (MdE)

Die Schwere der Beeinträchtigung eines Menschen wird durch den Grad der Behinderung (GdB) ausgedrückt. Begutachtet wird anhand der Richtwerte der Versorgungsmedizinischen Grundsätze[242].

Die Höhe des GdB sagt nichts über die Einschränkung der Erwerbsfähigkeit aus. Diese kann gravierend sein oder aber völlig fehlen.[243]

1. Der Grad der Behinderung (GdB) und seine Feststellung

Der GdB wird nach Zehnergraden abgestuft. Nach § 152 Abs.1 S.3 und 4 SGB IX gelten die im Rahmen des § 30 Abs.1 BVG festgesetzten Maßstäbe entsprechend. Die förmliche Feststellung des GdB ist auf Antrag nur zu

---

240 So *Kossens* in: Kossens/von der Heide/Maaß, 4. Aufl. 2015, § 81 SGB IX Rdnr.20, der die diesbezügliche Offenbarungspflicht bezüglich der Einschränkungen als notwendiges Korrelat zur Prüfpflicht des Arbeitgebers sieht.

241 *Deinert* in: Deinert/Welti, SWK BehindertenR, 2. Aufl. 2018, Offenbarung einer Behinderung, Rdnr.3.

242 Versorgungsmedizin-Verordnung vom 10.12.2008, BGBl. I 2008, 2412, zuletzt geändert durch das Gesetz zur Änderung des Bundesversorgungsgesetzes und anderer Vorschriften v. 17.07.2017, BGBl. I 2017, 2541, 2555.

Bis zum 31.12.2008 waren dies die „Anhaltspunkte für die ärztliche Gutachtertätigkeit im sozialen Entschädigungsrecht und im Schwerbehindertenrecht (AHP)“, deren Rechtsnormqualität umstritten ist, die gleichwohl gemeinhin als antizipierte Sachverständigengutachten galten, vgl. *Gaa-Unterpaul*, NZS 2002, 406; BSG v. 29.08.1990 – Az 9a/9 RVs 7/89 –, E 67, 204, 209; *Goedelt*, ZfS 1994, 97, 106; vgl. auch BSG v. 18.09.2003 – B 9 SB 3/02 R –, br 2004, 110; *Frehe*, Forum D – Diskussionsbeitrag Nr.32/2015 –, 1, 6 kritisiert dieses System als „scheinrationale Bewertung“, die „tradierte Vorurteile in ‚Grade der Behinderung‘“ verpackt.

243 Vgl. *Rauch/Brehm*, IAB-Werkstattbericht Nr.6/2003, 5; *Schröder/Steinwede*, BeitrAB 285, 16; *Schorn*, SozSich 2002, 127, 129; *Deinert* in: Deinert/Welti, SWK BehindertenR, 2. Aufl. 2018, Offenbarung einer Behinderung, Rdnr.2; *Treinen*, IAT-Report 2002-07, 6, verweist darauf, dass die amtliche Feststellung die Betroffenen als „Nebenwirkung […] etikettieren“.

treffen, wenn ein GdB von mindestens 20 vorliegt, § 152 Abs.1 S.6 SGB IX. Auch können neben dem GdB spezielle beeinträchtigende gesundheitliche Merkmale festgestellt werden, die wiederum eine Berechtigung bezüglich bestimmter sog. Nachteilsausgleiche auslösen, § 152 Abs.4 SGB IX i.V.m. der SchwerbehindertennachweisVO, § 209 SGB IX.

2. Abgrenzung zur Minderung der Erwerbsfähigkeit (MdE) und dem Grad der Schädigungsfolgen (GdS)

Das BVGÄndG 2007 hat in § 30 Abs.16 BVG eine Ermächtigungsgrundlage für eine Verordnung zur Feststellung des GdS geschaffen[244]. Die auf dieser Grundlage ergangene Versorgungsmedizin-Verordnung (VersMedV) vom 10.12.2008[245] hat in der Anlage zu § 2 den Wertungskatalog der AHP 2008 unverändert übernommen[246]. Hiermit ist nun auch dem Streit über die Rechtsnormqualität der Anhaltspunkte für die ärztliche Gutachtertätigkeit (AHP) die Grundlage entzogen.

Zwar wurden auch in diesem Bereich die AHP zugrunde gelegt, die MdE bestimmte sich jedoch nach versorgungsrechtlichen Gesichtspunkten, da § 30 BVG a. F. nur auf Beeinträchtigungen des allgemeinen Erwerbslebens gerichtet war und das Ausmaß der Schädigungsfolgen darstellte. Der GdB berücksichtigte demgegenüber auch Beeinträchtigungen im gesellschaftlichen Bereich.[247]

Es soll sich bei der vorgenommenen Änderung jedoch lediglich um einen geänderten Sprachgebrauch handeln. Das BVG soll damit nicht nur auf das Erwerbsleben beschränkt sein. Eine materielle Änderung war nicht beabsichtigt.[248]

---

244 BR-Drucks. 541/07 v. 10.08.2007, 16 *sub* i, 66f., 81; BT-Drucks. 16/6541 v. 28.09.2007, 31.

245 BGBl. I 2008, 2412 ff.

246 Kritisiert wurde dieses System der AHP bereits als zu grobmaschig, da es aufgrund der Diagnosen einen bestimmten GdB oder einen Rahmen hierfür zuordnet und hierdurch einer unzureichenden Sachverhaltsaufklärung Vorschub leistet, vgl. *Schorn*, SozSich 2002, 127, 129.

247 Vgl. *Dau* in: Knickrehm (Hrsg.), Gesamtes Soziales Entschädigungsrecht, § 30 BVG Rdnr.6.

248 BT-Drucks. 16/6541 v. 28.09.2007 1, 31; BR-Drucks. 541/07 v. 10.08.2007, 67; *Dau* in: Knickrehm (Hrsg.), SozEntschR, § 30 BVG Rdnr.6; Der GdS bezeichnet einen Grad der Erwerbsminderung z. B. als Folge eines Arbeitsunfalls oder einer Gewalttat. Er entstammt dem Opferentschädigungsgesetz (OEG).

Die Begriffe des GdB und GdS unterscheiden sich durch ihren Ansatzpunkt. Der GdB ist final, also auf die vorliegenden Gesundheitsstörungen, der GdS jedoch kausal, also nur auf die Schädigungsfolgen bezogen[249]. GdB und GdS werden nach denselben Grundsätzen[250] bemessen.

Wurde von einem Sozialversicherungsträger oder einem Gericht ein GdS zuerkannt, liegt immer auch mindestens ein GdB in dieser Höhe vor. Es bedarf keiner erneuten Feststellung des GdB. Aufgrund weiterer, nicht im Rahmen der Feststellung des GdS berücksichtigter, gesundheitlicher Einschränkungen, kann sich jedoch ein höherer GdB als der zuerkannte GdS ergeben (isolierte GdB-Feststellung).[251]

Dau[252] sieht zwischen GdB und GdS nunmehr keinen Unterschied mehr. Die Defizite im Bereich körperlicher, geistiger und seelischer Gesundheit werden lediglich als „Abweichungen", vgl. § 2 Abs.1 S.1 SGB IX, bzw. „Gesundheitsstörungen", § 30 Abs.1 S.1 BVG, bezeichnet.

Bis zum 31.07.1986 wurde die heutige Klassifizierung des GdB als „Minderung der Erwerbsfähigkeit" (MdE)[253] bezeichnet. Für die Beurteilung der Teilnahme am Arbeitsleben wurde der Begriff der „Minderung der Erwerbsfähigkeit" durch den Begriff „Grad der Behinderung" ersetzt[254]. Auch aufgrund dieser Änderung der Nomenklatur dürften Missverständnisse auf Seiten der Arbeitgeber hinsichtlich der Leistungsfähigkeit schwerbehinderter Menschen auftreten. Der Begriff der ‚Minderung der Erwerbsfähigkeit' bezeichnete gem. § 30 Abs.1 S.2 BVG a. F. „um wieviel die Befähigung zur üblichen, auf Erwerb gerichteten Arbeit und deren Ausnutzung im

---

249 *Dau* in: Knickrehm (Hrsg.), Gesamtes Soziales Entschädigungsrecht, § 30 BVG Rdnr.7; vgl. auch § 69 Abs.1 S.5 SGB IX.

250 *Dau* in: Knickrehm (Hrsg.), Gesamtes Soziales Entschädigungsrecht, § 30 BVG Rdnr.10.

251 Vgl. *Dau* in: Knickrehm, Gesamtes Soziales Entschädigungsrecht, § 30 BVG Rdnr.12; *Oppermann* in: Knickrehm, Gesamtes Soziales Entschädigungsrecht, § 69 SGB IX Rdnr.11ff.

252 *Dau* in: Knickrehm, SozEntschR, § 30 BVG Rdnr.7.

253 Inzwischen abgelöst vom Begriff des Grades der Schädigung (GdS). *Semlinger/Schmid*, Arbeitsmarktpolitik für Behinderte, 207, sehen zwar diese „semantische Stigmatisierung durch den MdE-Begriff" als kaum ursächlich für die Ablehnung schwerbehinderter Menschen, sprechen gleichwohl von entsprechenden „Wahrnehmungsklischees".

254 BT-Drucks. 10/3138 v. 03.04.1985, 16.

wirtschaftlichen Leben durch die als Folgen einer Schädigung anerkannten Gesundheitsstörungen beeinträchtigt sind". Die Erwerbsfähigkeit war mithin die körperliche und geistige Befähigung zu gewöhnlicher, auf Erwerb gerichteter Tätigkeit, also die Fähigkeit zur wirtschaftlichen Verwertung der Arbeitskraft im gesamten Bereich des wirtschaftlichen Lebens[255].

Im Jahr 2007 erfolgte für das soziale Entschädigungsrecht die Änderung des Begriffs der „Minderung der Erwerbsfähigkeit", der in Werten vom Hundert bemessen wurde, in „Grad der Schädigungsfolgen", der in Ordnungszahlen bemessen wird.[256] Versteht man die ehemalige MdE als Art und Maß der Versehrtheit, wird deutlich, dass die konkrete Erwerbsfähigkeit hierdurch nicht zwangsläufig beeinträchtigt ist[257]. Das BSG[258] hatte diese möglichen Diskrepanzen bereits im Jahr 1974 erkannt.

IV. Die Schwerbehinderteneigenschaft im Sinne des 3. Teils des SGB IX

Schwerbehindert ist ein Mensch nach § 2 Abs.2 SGB IX und dem 3. Teil des SGB IX, wenn ein Grad der Behinderung von 50 oder mehr festgestellt werden kann. Auf diese Menschen findet der 3.Teil des SGB IX Anwendung. Zum 31.12.2019 waren in Deutschland 7,9 Mio. schwerbehinderte Menschen amtlich anerkannt[259]. Die Zahl der Anträge auf Neufeststellung lag laut einer Erhebung im Jahr 2003 bei rund 1,5 Mio. pro Jahr[260]. Eine entsprechende Bundesstatistik existiert nicht.

Der Prozentsatz der schwerbehinderten Menschen steigt unter der Arbeitsbevölkerung, d. h. der Menschen zwischen 15 und 65 Jahren in Deutschland, ständig. Waren es im Jahr 1999 noch 5,5 v. H., so weist die Statistik für

---

255 *Förster* in: Wilke *et al.*, SozEntschR, 7. Aufl. 1992, § 30 BVG Rdnr.3; *Gelhausen*, Entschädigungsrecht, 2. Aufl. 1998, Rdnr.324.

256 Gesetz zur Änderung des Bundesversorgungsgesetzes und anderer Vorschriften des Sozialen Entschädigungsrechts (BVÄndG 2007) v. 13.12.2007, BGBl. I 2007, 2904; der Begriff der „Minderung der Erwerbsfähigkeit" findet somit nurmehr im Bereich der gesetzlichen Unfallversicherung Anwendung, wobei auch hier die Anpassung erfolgen soll.

257 Vgl. *Goedelt*, ZfS 1994, 97.

258 BSG v. 07.12.1976 – 8 RU 14/76 –, E 43, 53, 54.

259 Statistisches Bundesamt, Statistik der schwerbehinderten Menschen, Kurzbericht 2019, 5.

260 Vgl. BR-Drucks. 746/2/03 v. 19.12.2003, 20, Ziffer 8.

das Jahr 2015 bereits 6,1 v. H. aus.[261]. *Großmann*[262] vermutet, dass nicht erkennbar schwerbehinderte Menschen sich als solche nicht am Arbeitsmarkt zu erkennen geben („Statusanonymität"). Sie versuchen auf diese Weise, sich in den Arbeitsmarkt zu integrieren. Er geht dem entsprechend davon aus, dass die Zahl der schwerbehinderten Menschen deutlich höher ist als die Anzahl der bei den Integrationsämtern erfassten.

1. Rechtsnatur der amtlichen Feststellung

Sofern die gesetzlichen Voraussetzungen in einer Person erfüllt sind, ist die Schwerbehinderteneigenschaft nach dem SGB IX und die damit verbundene Rechtsstellung *per se* gegeben[263]. Die zuerkennende Feststellung ist also rein deklaratorisch[264] und eine reine Statusentscheidung[265], da sie nicht selbst Sozialleistungen zuspricht und sich nur mittelbar auf andere Rechtsbeziehungen auswirkt. Sofern sich ein diesbezüglicher Bescheid also nachträglich als rechtswidrig erweist, ist die Rücknahme für die Vergangenheit gem. § 44 Abs.1 SGB X nicht zwingend. Vielmehr steht die Rücknahme gem. § 44 Abs.2 SGB X im Ermessen der Behörde[266].

2. Verbindlichkeit der Entscheidung über den Status

Die Statusentscheidung hinsichtlich der Schwerbehinderteneigenschaft ist für alle anderen Stellen verbindlich. Ein eigenes Prüfungsrecht besteht für diese nicht. Gleiches gilt für den mittelbar betroffenen Arbeitgeber eines

---

[261] Statistik der Bundesagentur für Arbeit, Analyse Arbeitsmarkt, Menschen mit Behinderung, Deutschland 2017, 3, Tabelle 1.1.

[262] Großmann, NZA 1989, 702, 703.

[263] Vgl. *Weyand/Schubert*, Das neue Schwerbehindertenrecht, 2. Aufl. 2002, 1.2, Rdnr.68.

[264] BSG v. 30.04.1979 – Az 8b RK 1/78 –, E 48, 167; BAG v. 28.01.1982 – 6 AZR 636/79 –, E 37, 379, 381; BVerwG v. 15.12.1988 – BVerwG 5 C 67.85 –, E 81, 84, 86; *Weyand/Schubert*, Das neue Schwerbehindertenrecht, 2. Aufl. 2002, 1.4, Rdnr.73; *Düwell*, FA 2003, 226; LPK-SGB IX/*Dau*, 5. Aufl. 2019, SGB IX § 152 Rdnr.4.

[265] BSG v. 22.10.1986 – 9a RVs 3/84 –, E 60, 284, 285; so auch schon zur Schwerbeschädigteneigenschaft nach dem SchwbG 1953: BAG v. 13.02.1958 – 2 AZR 467/55 –, AuR 1958, 318; BSG v. 19.12.2001 – B 11 AL 57/01 R –, SozR 3-3870 § 2 Nr.2; . *Ritz* in: Deinert/Welti, SWK BehindertenR, 2. Aufl. 2018, Grad der Behinderung, Rdnr.5 führt aus, dass der GdB final, also behinderungsursachenunabhängig, und bezogen auf den Arbeitsmarkt abstrakt, also ohne konkreten Berufsbezug zuerkannt wird. Der GdB trifft keine Aussage über die berufliche Leistungsfähigkeit an einem konkreten Arbeitsplatz.

[266] Für den GdB: BSG v. 29.05.1991 – Az 9a/9 RVs 11/89 –, E 69, 14, 17.

schwerbehinderten Menschen, der auch kein Recht auf Beiladung zum Feststellungsverfahren hat.[267]

3. Der Nachweis des Status

Ist die Schwerbehinderung i.S. des § 2 Abs.2 SGB IX durch einen GdB von mindestens 50 festgestellt, wird auf Antrag ein Ausweis hierüber gem. § 152 Abs.5 SGB IX i.V.m. § 1 Schwerbehindertenausweisverordnung (SchwbAwV) ausgestellt.

Der Schwerbehindertenausweis dient dem Nachweis einer Schwerbehinderung und ist Voraussetzung für die Inanspruchnahme bestimmter Rechte und Nachteilsausgleiche gem. § 152 Abs.4 SGB IX, § 152 Abs.5 S.2 SGB IX, die wiederum Wirkungen für den betroffenen Arbeitnehmer und dessen Arbeitgeber haben können.[268] Einem gültigen Ausweis gegenüber gibt es grundsätzlich keinen zulässigen Gegenbeweis, es sei denn, die Rechtmäßigkeit seiner Erlangung wird bezweifelt.[269] Dem Arbeitgeber steht kein Widerspruchs- oder Klagerecht gegen die Feststellung der Schwerbehinderteneigenschaft durch die zuständige Stelle zu[270].

Weiterhin kann der Nachweis der Schwerbehinderteneigenschaft durch Renten- oder Verwaltungsbescheid erbracht werden, wie auch durch die

---

267 BSG v. 22.10.1986 – 9a RVs 3/84 –, E 60, 284, 285; LPK-SGB IX/*Dau*, 5. Aufl. 2019, SGB IX § 152 Rdnr.4.

268 Vgl. *Stähler/Bieritz-Harder* in HK-SGB IX, 3. Aufl. 2010, § 69 Rdnr.20; *Weyand/ Schubert*, Das neue Schwerbehindertenrecht, 2. Aufl. 2002, 1.2, Rdnr.68, 1.4, Rdnr.73; *Oppermann* in: Knickrehm (Hrsg.), Gesamtes Soziales Entschädigungsrecht, § 69 SGB IX Rdnr.68; *Jeschke* in: Deinert/Welti, SWK BehindertenR, 2. Aufl. 2018, Zusatzurlaub, Rdnr.6; NPGWJ/*Greiner*, 14. Aufl. 2020, SGB IX § 152 Rdnrn.36, 49 ff. verweist hier beispielhaft auf § 228 Abs.1 SGB IX und § 33b EstG; *Winkler* in: Müller-Wenner/Winkler, 2. Aufl. 2011, SGB IX Teil 2, § 69 SGB IX, Rdnr.101; für das Merkzeichen RF vgl. BVerwG v. 17.12.1983 – 7 C 11.81 – E 66, 315, 320; nicht erforderlich ist nach *Düwell*, FA 2003, 226, 227f. der Schwerbehindertenausweis für die Geltendmachung des Urlaubsanspruchs nach § 125 SGB IX a.F., wenngleich der Arbeitgeber einen Nachweis verlangen kann.

269 Vgl. *Gaa-Unterpaul*, NZS 2002, 406; *Winkler* in: Müller-Wenner/Winkler, 2. Aufl. 2011, SGB IX Teil 2, § 69, Rdnr.101; *Kossens* in Kossens/Maaß/Steck/Wollschläger, Grundzüge des neuen Behindertenrechts, Rdnr.349; NPGWJ/*Greiner*, 14. Aufl. 2020, SGB IX, § 152 Rdnr.45.

270 *Westermann* in: Basiskommentar SGB IX, 15. Aufl. 2020, § 152 Rdnr.33; BSG v. 22.10.1986 – 9a RVs 3/84 –, SozR 3870 § 3 Nr.23.

vorläufige Bescheinigung über den GdB. In Streitfällen und wenn die Beeinträchtigung nicht ohne weiteres erkennbar ist, muss der Nachweis nach § 152 SGB IX geführt werden.[271]

V. Die Gleichstellung nach §§ 2 Abs.3, 151 Abs.1, 152 SGB IX

Im Fall einer Gleichstellung gelten aufgrund der Verweisung in § 151 Abs.3 SGB IX die Vorschriften des dritten Teils des SGB IX bis auf wenige Ausnahmen[272] auch für gleichgestellte Personen.

Die Gleichstellung mit einem schwerbehinderten Menschen wird von der Bundesagentur für Arbeit auf Antrag des behinderten Menschen festgestellt, § 151 Abs.2 S.1 SGB IX. Sie dient dazu, einen geeigneten Arbeitsplatz zu sichern oder seine Erlangung zu fördern.

Die Feststellung der Gleichstellung ist nicht lediglich deklaratorisch. Der Schutz gleichgestellter behinderter Menschen tritt erst ein, wenn die Gleichstellung durch Bescheid der Agentur für Arbeit ausgesprochen wurde. Die Gleichstellung wirkt auf den Tag der Antragstellung zurück, § 151 Abs.2 S.2 SGB IX.[273] Nach § 152 Abs.1 S.2 SGB IX kann auf Antrag und bei berechtigtem Interesse auch das Vorliegen des GdB oder gesundheitlicher Merkmale bereits zu einem früheren Zeitpunkt festgestellt werden. Die Darlegungs- und Beweislast für das Vorliegen der Voraussetzungen der Gleichstellung trägt der Antragsteller.

Grund für eine Gleichstellung ist die auf der Behinderung gründende mangelnde Konkurrenzfähigkeit auf dem Arbeitsmarkt, ohne dass ein konkreter Arbeitsplatz bzw. ein konkretes Arbeitsplatzangebot erforderlich ist[274]. So sollen Härten beseitigt werden, die aufgrund der rigiden Regelung des § 2 Abs.2 SGB IX auftreten können[275]. Eine Gleichstellung bei bestehendem Arbeitsverhältnis kommt zudem nur in Betracht, wenn der

---

271 NPGWJ/*Greiner*, 14. Aufl. 2020, SGB IX § 152 Rdnr.49f.; LPK-SGB IX/*Dau*, 5. Aufl. 2019, SGB IX § 152 Rdnr.40.

272 Etwa die Regelung des Kap.13 des 3. Teils des SGB IX (Unentgeltliche Beförderung schwerbehinderter Menschen im öffentlichen Personenverkehr) und § 208 SGB IX (Zusatzurlaub).

273 Vgl. *Stähler/Bieritz-Harder* in: HK-SGB IX, 3. Aufl. 2010, § 68 Rdnr.11.

274 BSG v. 02.03.2000 – B 7 AL 46/99 R –, E 86, 10, 14f.

275 Vgl. BSG v. 19.12.2001 – B 11 AL 57/01 R –, SozR 3-3870 § 2 Nr.2.

Arbeitsplatz gefährdet ist. Für den Kausalzusammenhang zwischen der Erforderlichkeit der Gleichstellung und der Behinderung genügt, „dass der Arbeitsplatz infolge der Gleichstellung mit hinreichender Wahrscheinlichkeit sicherer gemacht werden kann“[276]. Liegt jedoch keine Gefährdung des Arbeitsverhältnisses vor oder verfügt der Antragsteller über einen anderweitigen Kündigungsschutz, verneint die Rspr.[277] daher das Erfordernis einer Gleichstellung.

§ 2 Abs.3 SGB IX soll nicht den Interessen des durch eine Gleichstellung mittelbar betroffenen Arbeitgebers dienen, dem daher auch die für die Anfechtung der Feststellung notwendige Klagebefugnis fehlt.[278] Allerdings ist der Arbeitgeber im Fall einer beabsichtigten Gleichstellung im Rahmen eines bestehenden Beschäftigungsverhältnisses vor Erlass des Gleichstellungsbescheides anzuhören[279].

Grundsätzlich wirkt die Gleichstellung unbefristet. Sie kann nach dem Ermessen der Bundesagentur für Arbeit befristet werden, sofern hierfür ein sachlicher Grund, wie etwa ein möglicher Wegfall der Voraussetzungen für die Gleichstellung, gegeben ist.[280]

Seit dem Jahr 1985 sind Menschen mit einem GdB unter 50 in den Bundesstatistiken nicht mehr erfasst. Im Jahr 2017 wurden bei der Bundesagentur für

---

276 So Bay. LSG v. 25.10.2017 – L 10 AL 107/16 –, br 2018, 98, 100; LSG Saarland v. 22.02.2019 – L 6 AL 4/17 –, br 2019,157 fordert „eine besonders begründete Gefährdung des Arbeitsplatzes“.

277 Vgl. Pressemitteilung des SG Stuttgart v. 03.08.2021 zum Urt. v. 15.07.2020 – S 6 AL 3780/19 –, juris.

278 LSG Sachsen v. 27.09.1995, – L 3 Al 136/94 –; LAG Rheinland-Pfalz v. 19.09.2000 – L 7 Ar 150/98 –, br 2001, 29; BSG v. 19.12.2001 – B 11 AL 57/01 R –, SozR 3-3870 § 2 Nr.2; vorinstanzlich a.A. LSG NRW v. 20.06.2001 – L 12 AL 50/00 –; wie auch BVerwG v. 17.05.1973 – BVerwG V C 60.72 –, E 42, 189, 195.

279 So jedenfalls *Winkler* in: Müller-Wenner/Winkler, 2. Aufl. 2011, SGB IX Teil 2, § 68 Rdnr.12 unter Hinweis auf § 24 Abs.1 SGB X.

280 Vgl. § 151 Abs.2 S.3 SGB IX; *Winkler* in: Müller-Wenner/Winkler, 2. Aufl. 2011, SGB IX Teil 2, § 68 Rdnr.23 weist jedoch auf den Ausnahmecharakter einer zeitlichen Begrenzung hin; *Westermann* in: Basiskommentar SGB IX, 15. Aufl. 2020, § 151 Rdnr.7.

Arbeit 71.613 Anträge auf Gleichstellung gestellt, von denen 41.976 (fast 59 v. H.) bewilligt wurden. In 1.251 Fällen wurde eine Zusicherung erteilt.[281]

Es zeigen sich hier mehrere Schwachstellen des Gleichstellungsbegriffs. Stellt ein Arbeitnehmer im bestehenden Arbeitsverhältnis den Antrag auf Gleichstellung, erfährt der Arbeitgeber zwangsläufig im Rahmen der Anhörung vom vorhandenen GdB. Erteilt die Bundesagentur für Arbeit dem Gleichstellungsersuchen dann eine Absage, hat der Arbeitgeber Kenntnis von dem vorliegenden GdB, dem Antragsteller ist jedoch der Zugang zur den Rechten schwerbehinderter oder gleichgestellter Menschen nach dem SGB IX verwehrt. Dies ist weder interessengerecht, noch kann es vom Gesetzgeber gewollt sein.

B. Die Frageberechtigung zur Erfüllung der Arbeitgeberpflichten

Die Frage nach dem Status des Bewerbenden oder des Beschäftigten kann ihren Grund auch im Bestreben des Arbeitgebers haben, seinen gesetzlichen Pflichten aus dem SGB IX nachzukommen.

Sollen die Pflichten jedoch die Frage nach dem Schwerbehindertenstatus rechtfertigen, sind Rechtsnatur und Funktion der in Rede stehenden Pflichten zu klären. Drohen dem (ggf. potentiellen) Arbeitgeber bei Nichterfüllung Sanktionen, kann die Bewertung anders ausfallen als bei der Verletzung reiner Ordnungsvorschriften.

I. Die Frage zur Vermeidung der Ausgleichsabgabe

Die Beschäftigungspflicht nach § 154 SGB IX ist eine öffentlich-rechtliche Pflicht des Arbeitgebers[282]. Die Ausgleichsabgabe betrifft jedoch lediglich die beschäftigungspflichtigen Arbeitgeber, § 154 Abs.1 SGB IX.

---

281 Bundesagentur für Arbeit, Vorgänge nach dem Schwerbehindertenrecht über Gleichstellungen nach § 68 Abs.2 SGB IX, Stand: 23.01.2018.

282 NPGWJ/*Greiner*, 14. Aufl. 2020, SGB IX § 154 Rdnr.2; LPK-SGB IX/*Joussen*, 5. Aufl. 2019, SGB IX § 154 Rdnr.5.

Im Jahr 2003 waren insgesamt 131.527 Arbeitgeber beschäftigungspflichtig, hiervon kamen 38.868 (29,55 v. H.) ihrer Beschäftigungspflicht überhaupt nicht nach[283].

Von den 160.220 beschäftigungspflichtigen Arbeitgebern im Jahr 2016 beschäftigten 40.925 (25,54 v. H.) keinen schwerbehinderten oder gleichgestellten Arbeitnehmer[284]. In diesem Jahr waren 265.735 (24,38 v. H.) der 1.089.978 Soll-Pflichtarbeitsplätze unbesetzt[285].

Im Jahr 2002 kamen 20.385 (ca.13,42 v. H.) beschäftigungspflichtige Arbeitgeber ihrer Beschäftigungspflicht überhaupt nicht nach, im Jahr 2015 waren dies schon 40.000 Arbeitgeber (25,64 v. H.)[286].

Zweck der Ausgleichsabgabe ist es, eine Antriebs- und Ausgleichsfunktion wahrzunehmen[287]. Da die Beschäftigungspflicht fortbesteht, vgl. § 160 Abs.1 S.2 SGB IX, und der Arbeitgeber zudem die Ausgleichsabgabe als betriebliche Aufwendungen nach § 275 Abs.2 Nr.6 *lit.* b HGB (soziale Abgaben[288]) im Rahmen der Gewinnermittlung bilanzieren kann[289], ist sehr zweifelhaft, ob dieses Argument zur Begründung der Frage im Anbahnungsverhältnis herangezogen werden kann.

283 Statistik der Bundesagentur für Arbeit – Arbeitsmarkt in Zahlen, Schwerbehinderte Menschen in Beschäftigung (Anzeigeverfahren SGB IX), Statistik aus dem Anzeigeverfahren gem. § 80 Abs.2 SGB IX, 2003, Tabelle 7.

284 Statistik der Bundesagentur für Arbeit – Arbeitsmarkt in Zahlen, Schwerbehinderte Menschen in Beschäftigung (Anzeigeverfahren SGB IX), Statistik aus dem Anzeigeverfahren gem. § 80 Abs.2 SGB IX, 2016, Tabelle 7.

285 Bundesagentur für Arbeit (Hrsg.), Arbeitsstatistik 2016 – Jahreszahlen (ANBA 2015/2016) (Erscheinungsdatum: 31.07.2017), 64, Tabelle 261.

286 Jahresbericht 2003/2004 der BIH, 12; Jahresbericht 2016/2017 der BIH, 22.

287 *Kossens* in: Kossens/von der Heide/Maaß, 4. Aufl. 2015, SGB IX § 77 Rdnr.2; OVG Münster v. 24.02.2009, – 12 A 3220/08 –, juris, Rdnr.9ff.

288 Nach MüKoHGB/*Reiner*, 4. Aufl. 2020, § 275 HGB Rdnr.60 sind dies die gesetzlichen Pflichtzahlungen des Unternehmens.

289 *Schmidt/Kliem* in: Beck'scher Bilanz-Kommentar, 12. Aufl. 2020, § 275 Rdnr.133.

II. Die Frage zur Erfüllung der Prüfungs-, Konsultations- und Beteiligungspflichten

Das SGB IX sieht eine Reihe von Prüfungs-, Konsultations- und Beteiligungspflichten vor, die der Arbeitgeber teilweise bereits im Vorfeld einer geplanten Einstellung zu erfüllen hat.

1. Prüfungspflicht nach § 164 Abs.1 S.1 SGB IX

Nach § 164 Abs.1 S.1 SGB IX ist jeder Arbeitgeber unabhängig von einer Beschäftigungspflicht nach § 154 SGB IX verpflichtet zu prüfen, ob bei der Besetzung freier Arbeitsplätze schwerbehinderte Menschen berücksichtigt werden können. Es handelt sich dabei um die Beschäftigung unter normalen Arbeitsbedingungen[290]. Eine Frageberechtigung nach dem Status eines Bewerbers lässt sich nicht herleiten[291], zumal die Prüfung an sich noch keine Kontaktaufnahme zu einem Merkmalsträger erfordert.

2. Konsultationspflichten

Auch bestehen Konsultationspflichten mit der Bundesagentur für Arbeit, den Integrationsfachdiensten und den Interessenvertretungen im Betrieb.

a. Bundesagentur für Arbeit und Integrationsfachdienste

Die Bundesagentur für Arbeit oder ein Integrationsfachdienst schlägt dem Arbeitgeber geeignete schwerbehinderte Menschen vor, § 164 Abs.1 S.3 SGB IX. Weder dies noch die hierzu erforderliche frühzeitige Kontaktaufnahme nach § 164 Abs.1 S.2 SGB IX sind geeignet, eine Frage des – ggf. potentiellen – Arbeitgebers an einen Bewerber zu rechtfertigen.

b. Interessenvertretungen

Von den beteiligten Interessenvertretungen ist insbesondere die Schwerbehindertenvertretung (SBV) neben dem Betriebs- bzw. Personalrat von Bedeutung.

---

290 Vgl. NPGWJ/*Greiner*, 14. Aufl. 2020, SGB IX § 154 Rdnr.2.

291 Die Verletzung dieser teilweise als Obliegenheit, vgl. ErfK/*Rolfs*, 21. Aufl. 2021, SGB IX § 164 Rdnr.4, eingestuften Verhaltenspflicht ist ein ausreichendes Indiz für eine Benachteiligung nach § 22 AGG, vgl. BAG v. 13.10.2011 – 8 AZR 608/10 – AP Nr.9 zu § 15 AGG Rdnr.37 für unterbliebene Prüfung und Ausschreibung über die BA.

aa. Die Schwerbehindertenvertretung

Die SBV ist eine eigenständige Einrichtung, die weder Arbeitgeber noch Personalrat untergeordnet ist[292].

Die Beteiligungspflichten der SBV machen nur Sinn, wenn der Arbeitgeber Kenntnis vom Status des Bewerbers bzw. Beschäftigten hat. Funktion der Beteiligungspflicht der SBV ist es, die Interessen der schwerbehinderten Menschen zu wahren[293]. Nachdem auch die Ablehnung der Beteiligung der SBV nach § 164 Abs.1 S.10 SGB IX nur durch einen bekannt schwerbehinderten Menschen erfolgen kann, kann aus den Beteiligungsrechten der SBV keine Frageberechtigung des Arbeitgebers vor Begründung des Arbeitsverhältnisses abgeleitet werden.

bb. Betriebsrat/ Personalrat

Gleiches gilt für Betriebs- bzw. Personalrat. Nach § 92 Abs.3 S.2 BetrVG hat der Arbeitgeber den Betriebsrat über alle Maßnahmen zu unterrichten, die er zur Eingliederung schwerbehinderter Menschen plant.

Nach § 80 Abs.1 Nr.13 BPersVG bestimmt der Personalrat über Maßnahmen zur Vermeidung von Benachteiligungen von Menschen mit Behinderung mit, soweit keine gesetzliche oder tarifliche Regelung besteht.

Hierzu ist im Anbahnungsverhältnis jedoch keine Kenntnis vom Status eines Bewerbers erforderlich, insofern kann dies nicht zur Begründung eines Fragerechts herangezogen werden.

3. Beteiligungspflichten

Die Beteiligungspflichten der Interessenvertretungen können nicht für eine Frageberechtigung im Anbahnungsverhältnis herangezogen werden. Sie kommen erst zum Tragen, wenn der Arbeitgeber positive Kenntnis vom Schwerbehindertenstatus eines Bewerbers hat, z. B. § 164 Abs.1 S.4 2.Alt. SGB IX (Vorliegen der Bewerbungen schwerbehinderter Menschen).

---

[292] *Däubler* in: Deinert/Welti, SWK BehindertenR, 2. Aufl. 2018, Schwerbehindertenvertretung – Überblick und Aufgaben, Rdnr.3.

[293] Vgl. *Däubler* in: Deinert/Welti, SWK BehindertenR, 2. Aufl. 2018, Schwerbehindertenvertretung – Überblick und Aufgaben, Rdnrn.4 und 22.

4. Ansprüche aus § 164 Abs.4 Nrn.1 bis 5 SGB IX

Die Ansprüche aus § 164 Abs.4 Nrn.1 bis 5 SGB IX setzen ein bestehendes Arbeitsverhältnis voraus[294]. Insofern können sie vom Arbeitgeber im Rahmen des Anbahnungsverhältnisses nicht als Grundlage für die Frage nach dem Status fruchtbar gemacht werden.

5. Zwischenergebnis

Die Prüfungs-, Konsultations- oder Beteiligungspflichten des Arbeitgebers sind nicht geeignet, ein Fragerecht nach dem Status eines Bewerbers zu begründen. Nachdem diese Verpflichtungen generell auf die Verbesserung der Gruppe der (schwer-)behinderten Menschen zielen, streitet der individuelle Status eines Bewerbers hier nicht für ein Fragerecht.

III. Mögliche Rechtfertigung der Frage aus dem AGG

Der § 81 SGB IX a. F. übertrug inhaltsgleich die Regelungen des § 14 SchwbG unter Hinzunahme der Ergänzung des Benachteiligungsverbots in seinen Abs.2[295].

Zeitgleich mit der Einführung des AGG wurde der § 81 Abs.2 S.2 SGB IX 2006 als bloßer Hinweis auf die Regelungen des AGG neu gefasst[296]. Die bislang in S.2 Nr.1 bis 5 enthaltenen Spezialregelungen sollten damit entbehrlich sein[297].

Die Verweisung des § 164 Abs.2 S.2 SGB IX 2018 umfasst neben dem Begriff der Benachteiligung auch sämtliche diesbezüglichen Regelungen des AGG. Somit stehen auch die Rechtfertigungsmöglichkeiten des AGG offen.

1. Rechtfertigung aus § 5 AGG

Als Rechtfertigung der Frage nach dem Status als schwerbehinderter Mensch kommt zunächst die positive Maßnahme nach § 5 AGG in Betracht.

---

294 *Arg. ex* § 164 Abs.4 S.1 SGB IX „gegenüber ihren Arbeitgebern".

295 BT-Drucks. 14/5074 v. 16.01.2001, 113.

296 BT-Drucks. 16/1780 v. 08.06.2006, 18 *sub* Art.3 Abs.10 Nr.2.

297 BT-Drucks. 16/1780 v. 08.06.2006, 28.

a. Das Konzept der positiven Maßnahmen

Positive Maßnahmen sind faktisch formale Ungleichbehandlungen, die der Rechtfertigung bedürfen[298]. Sie zielen auf materielle Gleichheit ab und richten sich dabei auf die Herstellung bzw. Wahrung von Chancengleichheit, die Verhinderung von Diskriminierung oder die Förderung gleichberechtigter Teilhabe hin aus[299]. Es handelt sich um „differenzsensible Maßnahmen"[300] mit aktiver oder proaktiver Komponente, die ein positives Tun verlangen. Als Ausnahme vom Grundsatz der Gleichbehandlung richten sie sich gegen eine bestimmte Benachteiligungslage einer Gruppe.[301]

Es wird zwischen weichen und mittleren sowie harten positiven Maßnahmen unterschieden, wobei erstere in Form von zusätzlichen arbeitgeberseitigen Angeboten und Bemühungen bestehende Diskriminierungen im Unternehmen aufzeigen oder auch die merkmalsbezogenen bestehenden Nachteile kompensieren können. Die genannten Maßnahmen betreffen allein die Arbeitsbedingungen und nicht den Zugang zur Arbeit. Ebenso zu den weichen positiven Maßnahmen zählen solche, die versuchen, den Anteil der Mitglieder einer unterrepräsentierten benachteiligten Gruppierung in der Belegschaft zu erhöhen. Diese strukturell benachteiligten Personen werden, etwa durch die Formulierung in Stellenanzeigen, gezielt angesprochen. Die Einstellungsentscheidung wird jedoch hierdurch nur mittelbar beeinflusst. Auch zählen Maßnahmen, welche die Rahmenbedingungen für benachteiligte Gruppierungen mit dem Ziel zu verändern suchen, ausschließende Hemmnisse abzubauen und zusätzliche Chancen zu eröffnen, zu den weichen positiven Maßnahmen. Die Einstellungsentscheidung des Arbeitgebers bleibt dabei weiterhin frei.[302]

---

[298] Vgl. Schiek/*Schiek*, AGG, § 5 Rdnr.4.

[299] Vgl. *Rabe-Rosendahl*, Angemessene Vorkehrungen für behinderte Menschen im Arbeitsrecht, 47.

[300] So bezeichnet von *Rabe-Rosendahl*, Angemessene Vorkehrungen für behinderte Menschen im Arbeitsrecht, 45.

[301] *Porsche*, Konzept der positiven Maßnahmen nach § 5 AGG, 451; *Rabe-Rosendahl*, Angemessene Vorkehrungen für behinderte Menschen im Arbeitsrecht, 45.

[302] *Schmidt*, Quotenorientierte Einstellungs- und Beförderungsentscheidungen nach § 5 AGG, 8ff.; vgl. auch EuGH v. 28.03.2000, Rs. C-158/97, Slg.2000, I-1902, I-1927f, Rdnrn.54f. (Georg Badeck u. a.).

Im Rahmen der sog. harten positiven Maßnahmen erfolgt eine direkte und unmittelbare Festlegung der zu erreichenden Zielgröße. Ein Beispiel hierfür soll die Beschäftigungsquote nach § 154 SGB IX (§ 71 SGB IX 2001) sein. Sie legt zwar kein bestimmtes Einstellungsverhalten fest, gibt aber eine allgemeine Zielgröße vor[303].

Positive Maßnahmen zugunsten behinderter Menschen, die eine Schlechterstellung nichtbehinderter Menschen zur Folge haben, stellen nach Art.5 Abs.4 BRK keine Diskriminierung dar.

b. Positive Maßnahmen für behinderte Menschen nach Art.7 der Richtlinie 2000/78/EG

Fördermaßnahmen werden in der Richtlinie 2000/78/EG in zwei Facetten angesprochen. Art.5 verpflichtet die Arbeitgeber zu angemessenen Vorkehrungen für Menschen mit Behinderung. Art.7 Abs.2 hingegen erlaubt Eingliederungsmaßnahmen zugunsten der behinderten Menschen. Diese gehen ebenfalls mit dem Ziel materieller Gleichheit wie das Verbot mittelbarer Diskriminierung über eine rein formale Gleichheit hinaus. Solche positiven und spezifischen Maßnahmen dienen einerseits präventiv der Verhinderung und andererseits reaktiv dem Ausgleich von Benachteiligungen bestimmter Gruppen. Hieraus folgt ein ergebnisbezogenes Gleichheitsverständnis.[304]

c. Abgrenzung zu den angemessenen Vorkehrungen

Die angemessenen Vorkehrungen nach Art.5 der Richtlinie 2000/78/EG sind von den positiven Maßnahmen nach Art.7 zu unterscheiden. Diese für den öffentlichen wie den privaten Bereich anwendbare Regelung umfasst auch den Zugang zur Erwerbstätigkeit und damit auch Bewerber[305]. Es handelt sich um vom Arbeitgeber zu ergreifende Maßnahmen, die im konkreten Fall erforderlich, geeignet[306] und verhältnismäßig sind, um behinderten Menschen den Zugang zu Beschäftigung, Ausübung eines Berufes, beruflichen

---

303 *Schmidt*, Quotenorientierte Einstellungs- und Beförderungsentscheidungen nach § 5 AGG, 12.

304 EuArbR/*Mohr*, 2. Aufl. 2018, RL 2000/78/EG Art.7 Rdnr.2.

305 *Rabe-Rosendahl*, Angemessene Vorkehrungen für behinderte Menschen im Arbeitsrecht, 134.

306 Also wirksam und tatsächlich praktikabel, vgl. Erwägungsgrund 20.

Aufstieg und Teilnahme an Aus- und Weiterbildungsmaßnahmen zu ermöglichen.[307]

Aus den Erwägungsgründen 20 und 21 ergibt sich, dass hier individuelle Barrieren angegangen werden sollen[308].

Maßnahmen nach Art.5 der Richtlinie 2000/78/EG beschränken sich auf die Anwendung des Gleichbehandlungsgrundsatzes[309] und ermöglichen so eine Vergleichbarkeit, indem sie einen Ausgleich zu den Nichtbetroffenen schaffen[310]. Das Schrifttum[311] begreift Art.5 der RL 2000/78/EG als Entscheidung für eine über die Gleichbehandlung hinausgehende Gleichstellung. Die angemessenen Vorkehrungen ermöglichen die Anwendung des Gleichbehandlungsgrundsatzes. Die Verpflichtung zur Schaffung angemessener Vorkehrungen in Form konkret-individueller Maßnahmen ist damit eine „Spezialform des Diskriminierungsverbots“[312]. In seiner Wirkung ist das Konzept der angemessenen Vorkehrungen konkret-individuell, wenngleich es auch generelle Wirkung entfaltet[313]. *Porsche*[314] sieht darin „eine vorgelagerte materiell-gleichheitsrechtliche Pflicht“, durch die eine formale Gleichbehandlung erst möglich wird.

---

307 Der EuGH fasst in seinem Urteil vom 11.04.2013, verb. Rs. C-335/11 und C-337/11 (HK Danmark) Rdnr.54 auch die „Beseitigung der verschiedenen Barrieren“, welche die volle und wirksame Teilhabe behindern, unter den Begriff der angemessenen Vorkehrungen.

308 Der 20. Erwägungsgrund der Richtlinie 2000/78/EG fordert geeignete, d.h. wirksame und praktikable, Maßnahmen, um den Arbeitsplatz der Behinderung entsprechend einzurichten. Beispielhaft sind eine entsprechende Gestaltung der Räumlichkeiten, die Anpassung des Arbeitsgeräts, des Arbeitsrhythmus, der Aufgabenverteilung oder des Angebots an Ausbildungs- und Einarbeitungsmaßnahmen genannt. Die Aufzählung ist laut *Porsche*, Konzept der positiven Maßnahmen nach § 5 AGG, 442 nicht abschließend.

309 EuArbR/*Mohr*, 2. Aufl. 2018, RL 2000/78/EG Art.5 Rdnr.4.

310 EuArbR/*Mohr*, 2. Aufl. 2018, RL 2000/78/EG Art.5 Rdnr.5.

311 *Thüsing*, ZfA 2001, 397, 403f.; *Thüsing*, Arbeitsrechtlicher Diskriminierungsschutz, 2. Aufl. 2013, Rdnr.405.

312 So *Schiek*, NZA 2004, 873, 875.

313 *Porsche*, Konzept der positiven Maßnahmen nach § 5 AGG, 437 und 442.

314 *Porsche*, Konzept der positiven Maßnahmen nach § 5 AGG, 450; *Bauer/Krieger/Günther*, AGG, 5. Aufl. 2018, § 5 Rdnr.3, geben zu bedenken, dass der Begriff der „positiven Maßnahmen“ wörtlich aus dem englischen Recht übernommen ist. Der korrespondierende Begriff der *„affirmative actions“* trägt jedoch eher den Sinngehalt „fördernd“ als „positiv“.

Der individuelle und gänzlich einzelfallbezogene Charakter der angemessenen Vorkehrungen ist somit vom gruppenbezogenen Ansatzpunkt der positiven Maßnahmen zu unterscheiden.

Da die angemessenen Vorkehrungen erst bei der individuellen Bewerbung ansetzen[315], unterfallen Handlungen im Vorfeld der Beschäftigung, die sich an eine Gruppe potentieller und noch nicht individualisierter und auch noch nicht individualisierbarer Adressaten richten, den positiven Maßnahmen.

d. Abgrenzung zum Verbot mittelbarer Diskriminierung

Die angemessenen Vorkehrungen und das Verbot der mittelbaren Diskriminierung haben den Abbau struktureller Benachteiligungen und scheinbar neutraler Barrieren zum Ziel[316]. Das Verbot mittelbarer Diskriminierung wendet sich dabei gegen faktische Nachteile, die ihren Ursprung in der Sphäre des Arbeitgebers haben[317].

Die Vorschriften über positive Maßnahmen sind nicht auf die Fälle unmittelbarer Diskriminierung beschränkt, so dass eine Rechtfertigung grundsätzlich möglich wäre[318]. *Burg*[319] weist jedoch nach, dass im Fall einer zulässigen Fördermaßnahme, die sachlich durch einen Grund gerechtfertigt werden kann, kein Rückgriff auf die Beurteilung als positiver Maßnahme erforderlich ist.

e. Stellungnahme

Den Konzepten ist gemein, dass sie durch ein rechtlich mehr oder weniger rigide gesteuertes Verhalten des Arbeitgebers die Möglichkeiten des betroffenen – hier schwerbehinderten – Menschen erweitern und seine Teilhabe befördern sollen. Sie beseitigen jedoch Nachteile für einzelne Beschäftigte. Im Gegensatz dazu sieht der gruppenbezogene Ansatz der positiven Maßnahmen

---

315 *Rabe-Rosendahl*, Angemessene Vorkehrungen für behinderte Menschen im Arbeitsrecht, 171.

316 *Rabe-Rosendahl*, Angemessene Vorkehrungen für behinderte Menschen im Arbeitsrecht, 204ff.; *Burg*, Positive Maßnahmen zwischen Unternehmerfreiheit und Gleichbehandlung, 69.

317 *Burg*, Positive Maßnahmen zwischen Unternehmerfreiheit und Gleichbehandlung, 77.

318 *Burg*, Positive Maßnahmen zwischen Unternehmerfreiheit und Gleichbehandlung, 48.

319 *Burg*, Positive Maßnahmen zwischen Unternehmerfreiheit und Gleichbehandlung, 49.

gezielte Anstrengungen in Richtung der betroffenen Personengruppe vor, die eben nicht rechtlich vorgeschrieben und damit freiwillig sind. In der Bewerbungs- und Einstellungsphase finden sich viele Berührungspunkte zwischen positiven Maßnahmen und angemessenen Vorkehrungen, so dass es einer Einzelbetrachtung der jeweiligen Handlung des Arbeitgebers bedarf.

2. Positive Maßnahmen im Sinne des § 5 AGG

Art.7 Abs.2 der RL 2000/78/EG als Grundlage des § 5 AGG regelt spezifische Maßnahmen für behinderte Menschen. Positive Maßnahmen zu Gunsten behinderter Menschen nach Art.7 Abs.2 2.HS der RL 2000/78/EG sind Quotensysteme, Kündigungsschutzvorschriften, Ausgleiche bei Leistungsminderung oder finanzielle Beschäftigungsanreize für Arbeitgeber[320].

Die Vorschrift des § 5 AGG ist systematisch als eigenständiger Rechtfertigungsgrund ausgelegt[321]. Sie trägt der Besonderheit aller Antidiskriminierungsrichtlinien Rechnung, eine Benachteiligung zu gestatten, wenn dies zugleich der Förderung einer ebenfalls geschützten Personengruppe dient.[322] Weiter müssen die ergriffenen Maßnahmen objektiv zur Zielerreichung geeignet und angemessen sein. Einen absoluten Vorrang der zu fördernden Gruppe können positive Maßnahmen im Sinne des § 5 AGG jedoch nicht begründen, da im konkreten Fall die Abwägung mit Rechtspositionen der negativ Betroffenen erforderlich ist[323].

Eine positive Maßnahme im Sinne des § 5 AGG ist zwar dem Anschein nach diskriminierend, soll jedoch tatsächlich eine in der gesellschaftlichen Wirklichkeit bestehende faktische Ungleichheit verringern oder bestenfalls

---

[320] *Porsche*, Konzept der positiven Maßnahmen nach § 5 AGG, 461.

[321] *Bauer/Krieger/Günther*, AGG, 5. Aufl. 2018, § 5 Rdnr.4; *Nollert-Borasio et al.*, Basiskommentar AGG, 5.Aufl. 2019, § 5 Rdnr.5; *Schmidt*, Quotenorientierte Einstellungs- und Beförderungsentscheidungen nach § 5 AGG, 178; *Rupp* in: Henssler/Willemsen/Kalb, Arbeitsrecht Kommentar, 9. Aufl. 2020, § 5 AGG Rdnr.1.

[322] Vgl. *Bauer/Krieger/Günther*, AGG, 5. Aufl. 2018, § 5 Rdnrn.1, 4; *Joussen*, NZA 2007, 174, 177; zur möglichen Rechtsnatur des § 5 AGG als Präzisierung des allgemeinen Gleichbehandlungsgebots, Ausnahme vom Gleichbehandlungsgrundsatz oder speziellen Rechtfertigungsgrund für Ungleichbehandlungen, vgl. Däubler/Bertzbach-*Zimmer*, HK-AGG, 4. Aufl. 2018, § 5 Rdnr.5.

[323] BT-Drucks. 16/1780 v. 08.06.2006, 34; EuGH v. 17.10.1995, Rs. C-450/93, Slg.1995, I-3051, 3076f., Rdnrn.15f. (Eckhard Kalanke ./. Freie Hanse Stadt Bremen); *Rühl/Schmid/Viethen*, Allgemeines Gleichbehandlungsgesetz, 25.

beseitigen[324]. Sie ist auch aus Gemeinwohlinteresse zulässig. Der Arbeitgeber muss nicht notwendig betriebliche Interessen verfolgen.[325]

a. Der Schwerbehindertenstatus als Nachteil im Sinne des § 5 AGG?

Die Schwerbehinderteneigenschaft als Status setzt jedenfalls eine Behinderung im Sinne des § 1 AGG voraus, der schwerbehinderte Mensch ist damit Teil des geschützten Personenkreises. Nachteile sind alle Umstände, die bei Merkmalsträgern nach dem § 1 AGG eine bestehende Chancenungleichheit hinsichtlich Positionen, Gütern oder Leistungen zur Folge haben[326], sofern der Nachteil unmittelbar mit der Merkmalseigenschaft zusammenhängt[327].

Nachdem Menschen mit Behinderung in den EU-Gleichbehandlungsrichtlinien als besonders schutzbedürftige Personengruppe definiert sind[328], unterfällt ein schwerbehinderter Mensch grundsätzlich auch diesem Schutz, da der amtlich festgestellte Status eine auf der Behinderung fußende Teilhabebeeinträchtigung dokumentiert. Auch aufgrund dieser Teilhabebeeinträchtigung kann z. B. ein Arbeitgeber von der Beschäftigung des Statusbetroffenen absehen.

Auch die Unterrepräsentanz (schwer-)behinderter Menschen auf dem ersten Arbeitsmarkt ist ein Anhaltspunkt für einen eigenschaftsbedingten Nachteil. Im Rahmen der Beweislast nach § 22 AGG können Statistiken bei der richterlichen Beweiswürdigung als „tatsächliche Anhaltspunkte" dienen[329]. Die Indizwirkung der Unterrepräsentanz ist im Bereich der Geschlechterdiskriminierung anerkannt[330]. Im Schrifttum wird ebenfalls vertreten, dass bei

---

324 EuGH v. 11.11.1997 – Rs. C-409/95 – Slg. 1997, I-6363, 6391, Rdnr.26 (Hellmut Marschall ./. Land Nordrhein-Westfalen).

325 Staudinger/*Richardi/Fischinger*, BGB (2020), § 611a Rdnr.476.

326 Däubler/Bertzbach-*Zimmer*, HK-AGG, 4.Aufl. 2018, § 5 Rdnrn.21f.; differenzierend nach der Zielrichtung (abstrakt geringere Möglichkeiten bzw. geringere Chancen im Wettbewerb um Arbeitsplätze): *Schmidt*, Quotenorientierte Einstellungs- und Beförderungsentscheidungen nach § 5 AGG, 180.

327 *Schmidt*, Quotenorientierte Einstellungs- und Beförderungsentscheidungen nach § 5 AGG, 179 und 181.

328 Vgl. BT-Drucks. 16/1780 v. 08.06.2006, 23.

329 BT-Drucks. 16/1780 v. 08.06.2006, 47.

330 Däubler/Bertzbach-*Zimmer*, HK-AGG, 4.Aufl. 2018, § 5 Rdnr.24; *Schmidt*, Quotenorientierte Einstellungs- und Beförderungsentscheidungen nach § 5 AGG, 187; auch EuGH v. 28.03.2000, Rs. C-158/97, Slg.2000, I-1902, I-1920, Rdnr.29 (Georg Badeck u. a.).

behinderten Menschen von einer Unterrepräsentanz im Arbeitsleben auszugehen ist[331] und bereits aus der Einführung und dem Festhalten an der Beschäftigungsquote für schwerbehinderte Menschen auf eine bestehende Chancenungleichheit im Sinne eines strukturellen Nachteils geschlossen werden kann.[332]

Schwerbehinderte Menschen sind häufiger von Arbeitslosigkeit betroffen und benötigen mehr Zeit, um ins Erwerbsleben zurückzukehren als nichtbehinderte Menschen[333].[334]

Im Jahr 2017 waren 162.373 schwerbehinderte Menschen arbeitslos gemeldet. Ihre Arbeitslosigkeit veränderte sich nur wenig und lag 2017 nur zwei Prozent unter dem Niveau von 2008. Im selben Zeitraum ging die Arbeitslosigkeit nicht-schwerbehinderter Menschen um fast ein Viertel zurück. Insbesondere bei den schwerbehinderten Menschen zwischen 55 und 65 Jahren stieg die Arbeitslosigkeit von 2008 bis 2017 um 52 v. H. an. Bei nicht-schwerbehinderten Menschen derselben Alterskohorte betrug der Anstieg 21 v. H..[335]

Die Benennung der Unterrepräsentanz als Indiz eines Nachteils im Sinne des § 5 AGG erfordert angesichts des weitreichenden funktionellen Anwendungsbereichs des § 5 AGG die besondere Beachtung der Bezugsgrößen zur Feststellung der Unterrepräsentanz[336]. Der gruppenbezogene Ansatz der

---

331 *Burg*, Positive Maßnahmen zwischen Unternehmerfreiheit und Gleichbehandlung, 227.

332 Vgl. BT-Drucks. 16/1780 v. 08.06.2006, 24 hinsichtlich der überdurchschnittlich häufigen Arbeitslosigkeit schwerbehinderter Menschen.

333 Vgl. BT-Drucks. 16/1780 v. 08.06.2006, 24; *Schröder/Steinwede*, BeitrAB 285, 9, die auch darauf hinweisen, dass die Arbeitslosigkeit schwerbehinderter Menschen durchschnittlich doppelt so lang dauert wie die nicht behinderter Menschen; Jahresbericht 2016/2017 der BIH, 22f.; *Schatzschneider*, NJW 1986, 2873 sieht grds. verringerte Einstellungschancen schwerbehinderter Menschen; nach *Bernell* in: Salkever/Sorkin (Hrsg.), The Economics of Disability, 229, gilt das auch für den amerikanischen Arbeitsmarkt.

334 Die Beschäftigungsstatistik der schwerbehinderten Menschen ist arbeitgeberbezogen und basiert auf Daten, die von der Bundesagentur für Arbeit aus dem Anzeigeverfahren nach § 163 Abs.2 SGB IX jährlich erhoben werden. Die Veröffentlichung erfolgt mit einer 15-monatigen Latenz.

335 Statistik der Bundesagentur für Arbeit, Analyse Arbeitsmarkt, Menschen mit Behinderung (2017), 15, Tabelle 4.1; Statistik der Bundesagentur für Arbeit, Berichte: Blickpunkt Arbeitsmarkt – Situation schwerbehinderter Menschen (2018), 10f.

336 *Schmidt*, Quotenorientierte Einstellungs- und Beförderungsentscheidungen nach § 5 AGG, 187.

positiven Maßnahmen macht eine weitere Datengrundlage, die eine Unterrepräsentanz sowohl branchenspezifisch als auch tatsächlich belegen könnte, allerdings entbehrlich. Zu bedenken ist zudem, dass im Rahmen der Behindertendiskriminierung sowohl Vorurteile als auch wirtschaftliche oder tatsächliche Gründe im Bereich der Erbringung der Arbeitsleistung Ursachen für eine statistische Unterrepräsentanz sein können[337].

Von einem Nachteil im Sinne des § 5 AGG ist bei Vorliegen des Schwerbehindertenstatus somit auszugehen.

b. Die statusbezogene Frage als Maßnahme im Sinne des § 5 AGG?

Die Frage nach einer in § 1 AGG genannten Eigenschaft ist als solche grundsätzlich keine Maßnahme im Sinne des § 5 AGG, da sie keine Ungleichheit verringert oder beseitigt. Der Begriff der Maßnahme ist zwar weit auszulegen und umfasst alle denkbaren Handlungsmöglichkeiten[338], unklar ist jedoch, inwiefern die Frage nach dem Schwerbehindertenstatus eine positive Maßnahme im Sinne des § 5 AGG sein kann.

Dies ist im Grunde nur denkbar, wenn die Frage als Mittel zum Nachteilsausgleich dient, also allein aus der positiven Kenntnis des Arbeitgebers bezüglich des rechtlichen Status eine automatische Verbesserung der Position im Bewerbungsverfahren folgt.

Wie bereits dargelegt[339], wird mit dem Stellen einer Frage der Ausgleich eines Kenntnisdefizits bezweckt. Im Schrifttum wird vertreten, dass die Frage nach dem Vorliegen einer Schwerbehinderung und damit nach dem Status „diskriminierungsrechtlich uneingeschränkt zulässig“[340] ist, sofern der Arbeitgeber deutlich macht und auch beweisen kann, dass es ihm um eine Bevorzugung im Sinne des § 5 AGG geht[341]. Da die Frage im Zweifel wohl jedem Bewerber gestellt würde, könnte von einer positiven Maßnahme ausgegangen werden.

---

337 Vgl. *Burg*, Positive Maßnahmen zwischen Unternehmerfreiheit und Gleichbehandlung, 224f.

338 *Bauer/Krieger/Günther*, AGG, 5. Aufl. 2018, § 5 Rdnrn.6f.

339 Vgl. Teil 1 § 2 B. I. und II.

340 MüKoBGB/*Thüsing*, 8. Aufl. 2018, AGG § 5 Rdnr.19.

341 BAG v. 07.07.2011 – 2 AZR 396/10 – NZA 2012, 34, 37; v. 13.10.2011 – 8 AZR 608/10 – br 2012, 169, 174; *Joussen*, NZA 2007, 174, 178.

Hier ist jedoch Vorsicht geboten. Macht der Arbeitgeber lediglich öffentlich, dass er eine Bevorzugung im Sinne des § 5 AGG intendiert, ist für den betreffenden Bewerber bzw. Arbeitnehmer nichts gewonnen. Vielmehr bestünde mit der Erklärung des Arbeitgebers ein Feigenblatt, das ihm das Ziel der Statuskenntnis ermöglicht.

3. Die Frage als ‚(zulässige) Vorbereitungshandlung' einer positiven Maßnahme?

Eine Qualifizierung der Frage nach dem Schwerbehindertenstatus als ‚(zulässige) Vorbereitungshandlung' für eine vom Arbeitgeber intendierte positive Maßnahme im Sinne des § 5 AGG erscheint zunächst naheliegend. Um hier jedoch die Zulässigkeitsschwelle zu überschreiten, bedarf es klarer Voraussetzungen, welche die Preisgabe des Status durch den Bewerber erforderlich machen können. Ferner muss in Folge der Preisgabe ein signifikanter Vorteil des Preisgebenden bestehen. Diese Frage in guter Absicht wird im Schrifttum daher als „Scheinproblem" bewertet[342].

Um der reinen Lehre zu genügen, muss die Frage gestellt werden, um dem *telos* des § 5 AGG, der Verhinderung bzw. dem Ausgleich von Nachteilen, zu dienen.

Hinsichtlich des Verhinderns kann dies im Einstellungsverfahren schon deshalb nicht geschehen, da ein etwa bestehender Nachteil in seiner Genese nicht berührt ist. Ein „Ausgleich" kommt nur dann in Betracht, wenn eine rechtsverbindliche Selbstverpflichtung des Arbeitgebers vorliegt[343].

Auch hier kann eine lediglich intendierte Bekämpfung der Unterrepräsentanz schwerbehinderter Menschen bei einem Arbeitgeber dessen statusbezogene Frage nach § 5 AGG nicht rechtfertigen. Das BAG[344] fordert zusätzlich zu Statistiken, die grundsätzlich Indizien für eine Benachteiligung sein können, einen konkreten Bezug zum jeweiligen Arbeitgeber und eine Aussagekraft bezüglich dessen Verhaltens. Hier dürfte es wiederum zu Beweisproblemen kommen.

---

342 *Deinert* in: Deinert/Welti, SWK-BehindertenR, 2. Aufl. 2018, Fragerecht des Arbeitgebers, Rdnr.14.

343 Hinsichtlich der damit verbundenen Probleme vgl. Teil 2 § 4 B. III. 2. b.

344 BAG v. 22.07.2010 – 8 AZR 1012/08 –, NZA 2011, 93, 99, Rdnr.68ff. für Geschlechterdiskriminierung.

4. Die positive Maßnahme als Konsequenz der Frage?

Wird die positive Maßnahme als mittelbare und unmittelbare Folge der wahrheitsgemäß zutreffenden Beantwortung der Frage nach dem Schwerbehindertenstatus verstanden, fragt sich, ob sich daraus eine Rechtfertigung der Frage ergeben kann.

Weiterhin ist jedoch erforderlich, dass die Fragestellung überhaupt notwendig ist. Die Annahme einer sog. proaktiven Maßnahme im Sinne einer arbeitsmarktpolitisch gewollten Fördermaßnahme, die keiner Rechtfertigung bedarf[345], geht in diesem Zusammenhang fehl. Nach § 164 Abs.1 S.1 und 2 SGB IX kann der Arbeitgeber bei der Agentur für Arbeit in Erfahrung bringen, ob es geeignete Arbeitsuchende für die zu besetzende Stelle gibt. Es erscheint kaum praktikabel, einem Bewerber den Nachweis, dass die Agentur für Arbeit keinen Bewerber vorschlagen kann, als Rechtfertigung für die Frage vorzulegen. Derartige Spezialkenntnisse können zum einen beim Bewerber nicht erwartet werden, zum anderen handelt es sich um eine Überrumpelung, die zumindest als unseriös, wenn nicht gar aufgrund des fehlenden Einstellungsanspruchs als rechtswidrig zu qualifizieren ist.

5. Die Frage zur Erfüllung der Quote

Im Schrifttum[346] wird die Frage nach dem Vorliegen der Schwerbehinderteneigenschaft als nach § 5 AGG zulässig diskutiert, sofern sie gestellt wurde, um schwerbehinderte Menschen zur Erfüllung der Quote nach § 154 SGB IX einzustellen. Jedoch ist zweifelhaft, ob daraus eine Frageberechtigung desjenigen Arbeitgebers nach § 5 AGG folgen kann, der die Pflichtquote noch nicht erfüllt hat und zukünftig zu erfüllen gedenkt.

---

345 Vgl. *Nollert-Borasio et al.*, Basiskommentar AGG, 5.Aufl. 2019, § 5 Rdnr.4; Schiek/*Schiek*, AGG, § 5 Rdnr.3.

346 *Mohr*, br 2008, 34, 46; *Düwell*, BB 2006, 1741, 1743; *Messingschlager*, NZA 2003, 301, 304; klar ablehnend *Brecht-Heitzmann*, ZTR 2006, 639, 641; auch a.A. *Deinert* in: Deinert/Welti, SWK BehindertenR, 2. Aufl. 2018, Rdnr.6, der ein Fragerecht aufgrund gesetzlicher Verpflichtungen des Arbeitgebers im Widerspruch zum Chancengleichheitsgebot des Art.3 Abs.3 S.2 GG sieht; vgl. auch *Mahlmann* in: Rudolf/ Mahlmann, Gleichbehandlungsrecht, § 3 Rdnr.124, der sich ausdrücklich für die Übertragbarkeit von Quotenregelungen aus dem Bereich der Geschlechterdiskriminierung ausspricht.

So soll die Frage zulässig sein, wenn der Arbeitgeber seine Quote nach dem SGB IX erfüllen möchte und er seine Absicht, die Schwerbehinderteneigenschaft als positives Kriterium zu werten, dem Bewerber mitgeteilt hat.[347] Durch das Frageverbot im Rahmen der Begründung des Arbeitsverhältnisses wäre dem Arbeitgeber in dieser Konstellation die Grundlage für eine positive Maßnahme genommen.

Die Zulässigkeit der Frage im Licht des § 5 AGG setzt allerdings voraus, dass der Arbeitgeber eine Art Selbstverpflichtung zur Einstellung eines behinderten oder schwerbehinderten Menschen eingeht[348]. Neben der offensichtlichen Benachteiligung aller anderen in § 1 AGG genannten Gruppierungen[349] ist die Praktikabilität einer solche Selbstverpflichtung zweifelhaft, da der Arbeitgeber spätestens dann in Erklärungsnot kommt, wenn sich mehrere behinderte und/oder schwerbehinderte Menschen bewerben. Zudem hätte er dann die Möglichkeit, den seiner Ansicht nach am wenigsten Eingeschränkten auszuwählen.

Selbst wenn man eine Frage hier als geeignet sehen würde, scheitert die Annahme der positiven Maßnahme jedenfalls an der Erforderlichkeit, da der Arbeitgeber hier auf die Konsultationspflichten nach § 164 Abs.1 S.1 bis 3 SGB IX zu verweisen ist.

Vor Begründung des Arbeitsverhältnisses kann die Frage nach dem Status nur allgemein – etwa als Hinweis in der Stellenausschreibung, dass schwerbehinderte Menschen ausdrücklich zur Bewerbung aufgefordert werden – gestellt werden.

Zwar wird in Zusammenschau mit der Bußgeldvorschrift des § 238 SGB IX bezweifelt, ob die „beharrliche Verletzung der Pflicht zur Beschäftigung“ als Ordnungswidrigkeit zutreffend bewertet ist, da hier „mehr als nur

347 *Thüsing/Wege*, FA 2003, 296, 299; *Mohr*, br 2008, 34, 46 verlangt in diesem Zusammenhang entsprechende Hinweise in den Stellenausschreibungen.

348 Ähnlich *Joussen*, NZA 2007, 174, 177f., der hierfür etwa eine mögliche Integrationsvereinbarung zwischen dem Arbeitgeber und der Schwerbehindertenvertretung sowie dem Betriebs- bzw. Personalrat anführt; *Hitzig*, Das Fragerecht des Arbeitgebers, 262, sieht hier kein Problem, da es an der Vergleichsgruppe der nichtschwerbehinderten Menschen fehlen soll. Dies verkennt jedoch, dass auch die behinderten Menschen unter dem Schutz des AGG zu berücksichtigen sind.

349 Diese Benachteiligung einer anderen nicht begünstigten Gruppe soll nach Däubler/Bertzbach-*Zimmer*, HK-AGG, 4.Aufl. 2018, § 5 Rdnr.5 a. E. jedenfalls nicht vorliegen, sofern die Voraussetzungen des § 5 AGG erfüllt sind.

ein Verstoß gegen technische Verwaltungsnormen" vorliegt[350], jedoch erlaubt auch die Qualifizierung als Ordnungswidrigkeit keinen Rückschluss auf eine mögliche Frageberechtigung.

6. Die Frage bei Vorliegen einer einschlägigen Inklusionsvereinbarung

Im Schrifttum[351] wird vertreten, dass das Vorliegen einer Inklusionsvereinbarung (bis Ende 2016 „Integrationsvereinbarung") die Zulässigkeit der Frage begründen kann.

In einer Integrationsvereinbarung kann das Ziel, die Quote schwerbehinderter Menschen im Betrieb zu erhöhen, vereinbart werden[352]. *Porsche*[353] fordert hier zutreffend unter Hinweis auf die Missbrauchsanfälligkeit einer solchen Regelung, dass eine ein Fragerecht begründende Inklusionsvereinbarung eine konkrete und verpflichtende Regelung zur Erhöhung der Beschäftigtenquote enthält sowie eine Pflicht des Arbeitgebers, über die Umstände der Frage umfassend zu informieren sowie eine Beteiligung der Schwerbehindertenvertretung. Aus dem Transparenzgedanken gegenüber tatsächlichen und potentiellen Bewerbern soll auch folgen, dass bereits die Stellenausschreibung einen ausdrücklichen Hinweis enthalten kann, dass die Bewerbung schwerbehinderter Menschen ausdrücklich erwünscht ist[354]. Eine Inklusionsvereinbarung soll somit nur bei Vorliegen der genannten Kriterien ein Fragerecht des Arbeitgebers hinsichtlich der Schwerbehinderteneigenschaft eines Bewerbers begründen können.

Diese Argumentation begegnet jedoch großen Bedenken.

---

350 NPGWJ/*Pahlen*, 14. Aufl. 2020, SGB IX § 238 Rdnr.6.

351 So *Joussen*, NZA 2007, 174, 177f.; Däubler/Bertzbach-*Zimmer*, HK-AGG, 4.Aufl. 2018, § 5 Rdnr.59; *Böhm* in Böhm/Poppelreuther, Personal Recruitment, Rdnr. 395; *Rupp* in: Henssler/Willemsen/Kalb, Arbeitsrecht Kommentar, 9. Aufl. 2020, § 7 AGG Rdnr.3; *Deinert* in Deinert/Welti, SWK-BehindertenR, 2. Aufl. 2018, Benachteiligungsverbot, Rdnr.44, werten das Vorliegen einer Integrationsvereinbarung „als starkes Indiz für die Absicht positiver Diskriminierung"; vgl. auch BT-Drucks. 16/1780 v. 08.06.2006, 33f.

352 *Müller-Wenner* in: Müller-Wenner/Winkler, 2. Aufl. 2011, SGB IX, § 83 Rdnr.16; *Bauer/Krieger/Günther*, AGG, 5. Aufl. 2018, § 5 Rdnr.18.

353 *Porsche* in: Busch/Feldhoff/Nebe, Übergänge im Arbeitsleben und (Re)Inklusion auf dem Arbeitsmarkt, 39, 46ff.

354 *Porsche* in: Busch/Feldhoff/Nebe, Übergänge im Arbeitsleben und (Re)Inklusion auf dem Arbeitsmarkt, 39, 48.

a. Die Rechtsnatur der Inklusionsvereinbarung

Die Rechtsnatur der Inklusionsvereinbarung ist umstritten. Aus der Bezeichnung als „verbindlich“, der Regelung betrieblicher Normen und der Beteiligung des Betriebsrates wird von einem Teil des Schrifttums auf eine Betriebsvereinbarung geschlossen [355]. Aufgrund des fehlenden Abschlusszwangs, Schriftformerfordernisses und der fehlenden Sanktion bei Verstößen soll die Inklusionsvereinbarung einer freiwilligen Betriebsvereinbarung gleichzustellen sein[356].

Andere sehen in der Inklusionsvereinbarung einen mehrseitigen kollektivrechtlichen Vertrag *sui generis*[357]. Dieser besitzt aber keinen normativen Charakter und wirkt nicht unmittelbar auf die individuellen Arbeitsverträge. Gleichwohl soll er verbindlichen Charakter für den Arbeitgeber besitzen, der sein Verhalten an den vereinbarten Integrationszielen auszurichten hat.[358]

Auch wird vertreten, dass es sich bei einer Inklusionsvereinbarung um eine bloße Regelungsabrede handelt. Die Rspr.[359] lehnt dies aufgrund der Verpflichtung des § 166 Abs.1 SGB IX allerdings ab.

b. Wirkung der Inklusionsvereinbarung im Anbahnungsverhältnis

Zum einen kann nicht erwartet werden, dass ein Bewerber detaillierte Kenntnis bezüglich der jeweils im Betrieb geschlossenen Integrationsvereinbarungen hat, zum anderen besteht auch hier ein Problem, wenn sich mehrere schwerbehinderte Bewerber auf eine ausgeschriebene Stelle melden. In diesem Fall könnten sehr detaillierte Regelungen in der Integrationsvereinbarung

---

355 *Oluk*, Forum B, Beitrag B1-2012; 1, 3; *Kossens* in: Kossens/von der Heide/Maaß, 4. Aufl. 2015, SGB IX § 83 Rdnr.4 weisen auf die Bezeichnung als „verbindlich“ hin und stützen ihre Ansicht auf die Beteiligung des Betriebsrates und die Regelung betrieblicher Normen.

356 LAG Hamm Beschl. v. 19.01.2007, – 13 TaBV 58/06 –, br 2007, 200, 201f.

357 LAG Hessen v. 17.01.2012, – 15 Sa 549/11 – , juris, Rdnr.45; LPK-SGB IX/*Düwell*, 5. Aufl. 2019, SGB IX § 199 Rdnr.10; *Müller-Wenner* in: Müller-Wenner/Winkler, 2. Aufl. 2011, SGB IX Teil 2, § 83 Rdnr.8; wohl auch ErfK/*Rolfs*, 21. Aufl. 2021, SGB IX § 166 Rdnr.1, der auf das fehlende Schriftformerfordernis abhebt, um die Annahme einer Betriebsvereinbarung zu widerlegen.

358 *Müller-Wenner* in: Müller-Wenner/Winkler, 2. Aufl. 2011, SGB IX Teil 2, § 83 Rdnr.8.

359 Vgl. LAG Hessen v. 17.01.2012, – 15 Sa 549/11 –, juris, Rdnr.45, das von einer Verpflichtung zum Treffen einer Integrationsvereinbarung nach § 83 Abs.1 SGB IX 2017 ausgeht.

erforderlich sein, um diese Situation zufriedenstellend zu lösen[360]. Selbst wenn der Arbeitgeber sich verpflichtet hat, den Anteil schwerbehinderter Arbeitnehmer im Unternehmen zu erhöhen, ist zudem fraglich, ob sich hieraus ein subjektives Recht eines Bewerbers ergeben kann[361]. Der Arbeitgeber ist zudem auf die Konsultationspflicht nach § 164 Abs.1 S.1 und 2 SGB IX zu verweisen[362].

c. Stellungnahme

Aus dem Vorliegen einer entsprechenden Integrationsvereinbarung lässt sich keine Verpflichtung des Bewerbers zur wahrheitsgemäßen Beantwortung der Frage nach dem Vorliegen einer Schwerbehinderteneigenschaft herleiten. Auch scheidet die arbeitgeberseitige Anfechtung wegen Täuschung im Fall eines unerkannt schwerbehinderten Bewerbers aus.

Dem Arbeitgeber steht die Möglichkeit offen, sich geeignete Bewerber von der Agentur für Arbeit vorschlagen zu lassen.

7. Zwischenfazit

Wenngleich auf den ersten Blick einige Konstellationen geeignet erscheinen, die Frage nach dem Status des Bewerbers oder Arbeitnehmers nach § 5 AGG gerechtfertigt erscheinen zu lassen, offenbart die nähere Betrachtung, dass in fast allen Fällen die Handlungen des Arbeitgebers als angemessene Vorkehrungen zu werten sind. Eine Rechtfertigung nach § 5 AGG ist damit ausgeschlossen.

Da durch die Information über den Status des Bewerbers kein Nachteil verhindert oder ausgeglichen wird, ist eine Rechtfertigung der Frage nach § 5 AGG nicht möglich. Die Absicht, die durch die Frage gewonnene

---

360 *Porsche* in: Busch/Feldhoff/Nebe, Übergänge im Arbeitsleben und (Re)Inklusion auf dem Arbeitsmarkt, 39, 47 fordert hier klare Aussagen, die über den Gesetzeswortlaut hinausgehen und beispielsweise eine Mindestbeschäftigungsquote schwerbehinderter Menschen vorsehen.

361 Ablehnend *Müller-Wenner* in: Müller-Wenner/Winkler, 2. Aufl. 2011, SGB IX Teil 2, § 83 Rdnr.8, da die Betriebsvereinbarung als Steuerungs- und Planungsinstrument einer integrativen Personalpolitik keine individuellen subjektiven Rechtsansprüche hervorbringen kann.

362 *Porsche*, Konzept der positiven Maßnahmen nach § 5 AGG, 503, verweist darauf, dass die Beteiligung der Agentur für Arbeit den Zugang zu deren Ressourcen und Sachverstand ermöglichen soll.

Information zu Gunsten des Bewerbers zu werten, kann zwar durch den Arbeitgeber kommuniziert werden, dieser hätte dann aber die Möglichkeit, in nur begrenzt überprüfbarer Weise selbst die Rechtfertigung für sein Verhalten zu schaffen.

Auch erscheint hier kaum die Verhältnismäßigkeit der positiven Maßnahme nach § 5 AGG gegeben. Hierzu muss die konkrete positive Maßnahme unmittelbar und gezielt auf den Bereich wirken, in dem der Nachteil besteht[363]. Die Frage nach der Schwerbehinderteneigenschaft selbst zieht noch nicht notwendig die Einstellung des Befragten nach sich, selbst wenn dieser die Frage wahrheitsgemäß bejaht.

Zweifelhaft ist auch, ob die Frage das mildeste Mittel zur Zielerreichung ist[364]. Angesichts der arbeitgeberseitigen Verpflichtung zur Kontaktaufnahme zur Agentur für Arbeit nach § 164 Abs.1 S.1 und 2 SGB IX, muss dies verneint werden.

IV. Die Rechtfertigung der Frage aus § 8 AGG

Der § 8 AGG sieht eine Rechtfertigungsmöglichkeit einer unterschiedlichen Behandlung vor, sofern dieser Grund wegen der Art der auszuübenden Tätigkeit oder der Bedingungen ihrer Ausübung eine wesentliche und entscheidende berufliche Anforderung darstellt. Der Zweck muss hierbei rechtmäßig und die Anforderung angemessen sein.

Da die konkreten betrieblichen Anforderungen verbreitete – tatsächliche oder vorgeschobene – Einstellungshemmnisse für schwerbehinderte Menschen sind[365], ist zu klären, inwiefern der Status des Beschäftigten Einfluss auf die Erfordernisse des Betriebes hat bzw. haben kann. So beschäftigen beispielsweise im Gastgewerbe, Baugewerbe und Verkehr über die Hälfte der Betriebe keine schwerbehinderten Menschen[366].

---

363 *Schmidt*, Quotenorientierte Einstellungs- und Beförderungsentscheidungen nach § 5 AGG, 182; MüKoBGB/*Thüsing*, 8. Aufl. 2018, AGG § 5 Rdnr.12 nennt dies den funktionalen Nexus zwischen positiver Maßnahme und faktischer Benachteiligung.

364 Zum Erfordernis des mildesten Mittels vgl. *Bauer/Krieger/Günther*, AGG, 5. Aufl. 2018 § 5 Rdnr.14.

365 Vgl. *Schröder/Steinwede*, BeitrAB 285, 91.

366 *Schröder/Steinwede*, BeitrAB 285, 73.

1. Die Frage nach dem individuellen Leistungsvermögen

Die Frage nach einer Behinderung oder gesundheitlichen Einschränkung aufgrund eines spezifischen Arbeitsablaufs oder der Art der Ausübung der Tätigkeit begegnet keinen Bedenken[367].

Auch der Fall, in dem der Bewerber nicht in der Lage ist, die geforderte Arbeitsleistung so zu erbringen, dass diese für den Arbeitgeber sinnvoll nutzbar ist[368], unterfällt hinsichtlich der Frage nach dem Status nicht dem § 8 Abs.1 AGG. Hier ist nicht der Status, sondern die in der Person des Bewerbers liegende Fähigkeit zur Leistungserbringung Gegenstand der Frage. Diese Frage ist zulässig, wenn der Arbeitgeber *a priori* Zweifel an der Eignung des Bewerbers hat. Die diesbezügliche Frage hat dann die Leistungsfähigkeit des Bewerbers zum Gegenstand und nicht dessen möglichen Status als schwerbehinderter Mensch.

Im Übrigen kommen hier auch die Anfechtung des Arbeitsvertrages oder eine Kündigung in Betracht.

2. Die tätigkeitsbezogene Frage nach einer Behinderung

Die tätigkeitsbezogene Frage wird nur dann als nach § 8 Abs.1 AGG zulässig anerkannt, „wenn in ihr selbst schon die relative Erfüllbarkeit der beruflichen Anforderungen unter Zuhilfenahme angemessener Vorkehrungen zum Ausdruck kommt“[369]. Denkbar soll etwa die Frage „Sind Sie nach Ihrer eigenen Einschätzung in der Lage, die Stellenanforderungen mit oder ohne (geringfügige) Hilfsmittel zu erfüllen?“ sein[370]. Insofern handelt es sich lediglich um

---

367 *Joussen*, NZA 2007, 174, 176; vgl. noch zur überkommenen Rechtslage BAG v. 05.10.1995 – 2 AZR 923/94 –, NJW 1996, 2323 für eine auf einem Auge erblindete Reinigungskraft; *Schmidt*, Schwerbehindertenarbeitsrecht, 3. Aufl. 2019, Rdnr.117; *Deinert* in: Deinert/Welti, SWK-BehindertenR, 2. Aufl. 2018, Fragerecht des Arbeitgebers, Rdnr.4; *Thüsing/Lambrich*, BB 2002, 1146, 1149 verneinen jedenfalls die Frageberechtigung nach der Schwerbehinderteneigenschaft.

368 Vgl. *Nollert-Borasio et al.*, Basiskommentar AGG, 5. Aufl. 2019, § 8 Rdnr.6; ähnlich *Bauer/Krieger/Günther*, AGG, 5. Aufl. 2018, § 8 Rdnrn.33f., die zudem auf eine mögliche Gefährdung Dritter hinweisen.

369 *Porsche* in Busch/Feldhoff/Nebe, Übergänge im Arbeitsleben und (Re)Inklusion in den Arbeitsmarkt, 39, 45; *Deinert* in: Deinert/Welti, SWK BehindertenR, 2. Aufl. 2018, Fragerecht des Arbeitgebers, Rdnr.4 lässt „bloße Eignungsbeeinträchtigungen, die noch kein Eignungshindernis bedeuten“ nicht genügen.

370 Vgl. *Bauer/Krieger/Günther*, AGG, 5. Aufl. 2018, § 8 Rdnr.23 unter Hinweis auf US-amerikanische Praxis.

eine Variante der Frage nach dem individuellen Leistungsvermögen in Bezug auf die geplante Tätigkeit. Zu beachten ist allerdings, dass die konkreten betrieblichen Anforderungen zumeist durch den Arbeitgeber statuiert werden.

Das tätigkeitsbezogene Fragerecht ist im Rahmen des § 8 Abs.1 AGG immer im Zusammenhang mit der Pflicht des Arbeitgebers zu sehen, angemessene Vorkehrungen im Sinne des Art.5 RL 2000/78/EG zu schaffen. Diese Pflicht besteht gegenüber den schwerbehinderten Menschen bereits durch die Regelung des § 164 Abs.4 S.1 Nr.4 und 5 SGB IX. Das Unterlassen dieser Vorkehrungen ist ein eigener Diskriminierungstatbestand[371]. Die Berechtigung zur Frage nach dem Status lässt sich daraus nicht ableiten.

Die Frage nach dem Status als schwerbehinderter Mensch könnte auch einfach jedem Bewerber oder Mitarbeiter gestellt werden. Mit einer möglichen, durch § 8 AGG gerechtfertigten präventiven Fragestellung, ist dem Schutzzweck des AGG[372] nicht gedient. Benachteiligt sind in dieser Situation diejenigen Bewerber, deren Behinderung offensichtlich ist.

Von den über 7,9 Mio. schwerbehinderten Menschen in Deutschland entfallen 3.237.045 (40,96 v. H.) auf die Alterskohorte der 15- bis 65-jährigen Menschen, also der potentiellen Arbeitnehmer. Bei 668.248 Personen (20,64 v. H. der Alterskohorte) wiederum ist als schwerste Behinderung eine solche ausgewiesen, die äußerlich erkennbar ist[373].[374]

---

371 Däubler/Bertzbach-*Brors*, HK-AGG, 4.Aufl. 2018, § 8 Rdnr.33; *Porsche* in Busch/Feldhoff/Nebe, Übergänge im Arbeitsleben und (Re)Inklusion in den Arbeitsmarkt, 39, 44f.

372 Schutz aller Menschen vor Diskriminierung, BT-Drucks. 16/1780 v. 08.06.2006, 1.

373 So liegen bei 21.398 Menschen ein Verlust oder Teilverlust von Gliedmaßen vor, bei 236.710 Menschen bestehen Funktionseinschränkungen von Gliedmaßen, bei 193.303 Menschen bestehen Funktionseinschränkungen der Wirbelsäule und des Rumpfes oder eine Deformierung des Brustkorbes, bei 92.025 Menschen sind Blindheit oder eine Sehbehinderung gegeben, bei 111.472 Menschen liegen Sprach- oder Sprechstörungen, Taubheit, Schwerhörigkeit und/oder Gleichgewichtsstörungen vor, bei 1.005 Menschen ist Kleinwuchs gegeben, bei 1.459 Menschen sind eine Entstellung oder belästigende bzw. abstoßende Absonderungen oder Gerüche festgestellt und bei 10.876 Menschen liegt eine Querschnittlähmung vor.

374 Statistisches Bundesamt, Statistik der schwerbehinderten Menschen, Kurzbericht 2019, Tabelle 2.1 Schwerbehinderte Menschen am 31.12.2019 nach Art der schwersten Behinderung und Altersgruppen, 7f.

Ziel der arbeitgeberseitigen Frage muss vielmehr sein, ob eine Beeinträchtigung vorliegt, die Auswirkungen auf die Erbringung der Arbeitsleistung hat. So soll der Arbeitgeber eine nachteilige Entscheidung mit der Behinderung des betroffenen Menschen begründen können, sofern dieser nicht in der Lage ist, die beruflichen Anforderungen im Sinne des § 8 Abs.1 AGG zu erfüllen. Der Anwendungsbereich dieser auf Art.4 Abs.1 der Richtlinie 2000/78/EG fußenden Regelung soll in der Praxis „kaum denkbar“[375] sein, da es sich um das jeweilige Berufsbild prägende Anforderungen handeln muss[376]. Erforderlich ist zudem, dass der Arbeitgeber seinerseits das Beschäftigungshindernis nicht durch angemessene Vorkehrungen im Sinne des Art.5 der Richtlinie 2000/78/EG beseitigen kann.[377]

a. Die wesentliche und entscheidende berufliche Anforderung

Die durch § 8 Abs.1 AGG gerechtfertigte Ungleichbehandlung durch den Arbeitgeber muss geschehen, weil das Merkmal der Behinderung „wesentlich, entscheidend und angemessen für die Art der Tätigkeit oder die Bedingungen der Ausübung“[378] ist. Die konkrete Tätigkeit muss ohne Vorliegen des Merkmals nicht durchgeführt werden können[379], wobei die diskriminierungsfreie Verkehrsauffassung entscheidend ist[380]. Anknüpfungspunkt ist die konkret vom Arbeitnehmer auszuübende Tätigkeit, die sich nach dem vom Arbeitgeber festgelegten Unternehmenskonzept richtet[381]. Wesentlich ist das vom

---

375 *Kaehler*, ZfA 2006, 519, 537.

376 *Bauer/Krieger/Günther*, AGG, 5. Aufl. 2018, § 8 Rdnr.21; bloße Eignungsbeeinträchtigungen, die nicht das Gewicht eines Eignungshindernisses erreichen, genügen nicht, vgl. *Deinert* in: Deinert/Welti, SWK BehindertenR, 2. Aufl. 2018, Fragerecht des Arbeitgebers, Rdnr.4; *Brecht-Heitzmann*, ZTR 2006, 639, 644.

377 *Thüsing*, Arbeitsrechtlicher Diskriminierungsschutz, 2. Aufl. 2013, Rdnr.353; *Kania/Merten*, ZIP 2007, 8, 12; *Däubler/Bertzbach-Brors,* HK-AGG, 4.Aufl. 2018, § 8 AGG, Rdnrn.33f.; *Däubler*, AiB 2007, 22, 24.

378 Palandt/*Weidenkaff*, 80. Aufl. 2021, AGG § 8 Rdnr.2.

379 BAG v. 18.03.2010 – 8 AZR 77/09 –, NZA 2010, 872, 875, Rdnrn. 29 ff. hinsichtlich eines männlichen Bewerbers auf die Stelle einer kommunalen Gleichstellungsbeauftragten, deren Aufgabenschwerpunkt die Integrationsarbeit mit zugewanderten muslimischen Frauen sein soll.

380 Däubler/Bertzbach-*Brors*, HK-AGG, 4.Aufl. 2018, § 8 Rdnr.3; BAG v. 19.08.2010 – 8 AZR 466/09 –, NZA 2011, 203, 205, Rdnr.36.

381 BAG v. 28.05.2009 – 8 AZR 536/08 –, NJW 2009, 3672 ff. bzgl. der fehlenden Eignung eines männlichen Bewerbers um eine Stelle in einem Mädcheninternat, die auch Nachtdienste einschließt.

Arbeitgeber geforderte Merkmal, wenn es eine prägende Bedeutung hat und für die Erreichung des unternehmerischen Zwecks erforderlich ist.[382] Welchen Zweck der Arbeitgeber verfolgt, kann er aufgrund der in Art.12 GG geschützten Unternehmerfreiheit grundsätzlich frei bestimmen[383]. Er ist damit wieder einmal in der Position, durch sein Verhalten im angemessenen Rahmen die Anforderungen festzulegen.

Weiterhin muss die Beschäftigung einer Person mit dem Merkmal des § 1 AGG zu einem unzumutbaren Nachteil für den Arbeitgeber führen. Der vom Arbeitgeber verfolgte Zweck der Unterscheidung hinsichtlich der Tätigkeit muss weiterhin rechtmäßig und die gestellten Anforderungen müssen angemessen sein.[384] Inwiefern dies vom rechtlichen Status eines Menschen, der keine Aussage über das Erbringen der Arbeitsleistung zulässt, abhängen soll, ist nicht erkennbar.

b. Der Status als berufliche Anforderung im Sinne des § 8 Abs.1 AGG?

Nun ist schwerlich vorstellbar, dass der Status als schwerbehinderter oder gleichgestellter Mensch bzw. genauer: dessen Fehlen eine wesentliche und entscheidende Anforderung im Rahmen eines Arbeitsverhältnisses sein soll. Selbst im Rahmen von Beratungstätigkeiten für (schwer-)behinderte Menschen ist er nicht als wesentlich und entscheidend zu werten.

Bestenfalls bei der Entwicklung spezieller Hilfsmittel und der damit verbundenen Tätigkeiten als Tester kann eine bestimmte gesundheitliche Einschränkung wesentlich und entscheidend sein. Der Status als schwerbehinderter Mensch ist davon jedoch nicht berührt.

V. Rechtfertigung nach § 8 Abs.1 AGG aufgrund unternehmerischen Konzepts oder Kundenwünschen?

Berufliche Anforderungen wirken dann rechtfertigend, wenn sie objektiv für die Ausübung der übertragenen Tätigkeiten notwendig, also deren

---

382 BAG v. 18.03.2010 – 8 AZR 77/09 –, NZA 2010, 872, 875.

383 BAG v. 26.09.2002, – 2 AZR 636//01 –, E 103, 31, 35f.

384 *Nollert-Borasio et al.*, Basiskommentar AGG, 5.Aufl. 2019, § 8 Rdnr.6.

tatsächliche oder rechtliche Voraussetzung sind[385]. Grundlegend für jede Form des Geschäftsbetriebs ist die Zufriedenheit der Kunden und die Profiterzielung bzw. -maximierung[386].

In Rede stehen hier insbesondere die diskriminierenden Wünsche Dritter, namentlich der Kunden (*customer preferences*), die Ursache diskriminierenden Verhaltens der Arbeitgeber sein können. Dogmatisch stellt sich hier die Frage, ob und gegebenenfalls inwiefern Kundenerwartungen als „tätigkeitsbezogen" im Sinne des § 8 Abs.1 AGG zu sehen sind.

Zu differenzieren sind hierbei das unternehmerische Konzept, das seine Grundlage einzig in der Sphäre des Arbeitgebers hat, und die Kundenwünsche, die an den Arbeitgeber herangetragen werden. Letztere macht der Arbeitgeber dann aus seinen persönlichen Erwägungen heraus zur Grundlage seiner Entscheidungen.

1. Unternehmerisches Konzept

Im Rahmen des unternehmerischen Konzeptes erstellt der Arbeitgeber aufgrund seiner Unternehmerfreiheit aus Art.12 GG ein Geschäftskonzept, mit dem er werbend am Markt auftreten will. Die im Rahmen des § 8 Abs.1 AGG zu betrachtenden beruflichen Anforderungen sind somit vom Arbeitgeber gestellt. Dieser legt die Anforderungen an den zu besetzenden Arbeitsplatz fest[387]. Entspricht ein Bewerber diesen Anforderungen nicht, gefährdet dies den Erfolg der vertraglich geschuldeten Leistung[388] bzw. die Erbringung der marktlich beworbenen Leistung ist in der beabsichtigten Form nicht möglich. Die berufliche Anforderung im Sinne des § 8 Abs.1 AGG muss jedoch als solche für den Unternehmenserfolg „erweislich entscheidend", also für die vertragsgemäße Erfüllung der Arbeitsleistung erforderlich sein.[389]

---

385 Vgl. HessLAG v. 06.03.2008 – 9 TaBV 251/07 –, AuR 2008, 315, 316; ErfK/*Schlachter*, 21. Aufl. 2021, AGG § 8 Rdnr.4.

386 *Post*, 88 Cal.L.Rev. (2000), 1, 20.

387 Vgl. *Duchstein*, NJW 2013, 3066, 3068.

388 ErfK/*Schlachter*, 21. Aufl. 2021, AGG § 8 Rdnr.4f.

389 ErfK/*Schlachter*, 21. Aufl. 2021, AGG § 8 Rdnr.6; *Duchstein*, NJW 2013, 3066, 3068.

a. Das Gewicht wirtschaftlicher Erwägungen des Arbeitgebers

Hier wird nun argumentiert, dass wenn eine Beendigung des Arbeitsverhältnisses aus wirtschaftlichen Gründen möglich ist (z. B. Kündigung wegen Auftragsmangels, § 1 Abs.1, Abs.2 S.1, Abs.3 KSchG), dies auch für die Begründung gelten müsse[390]. Vorliegend ist die Position des schwerbehinderten Menschen auf dem Hintergrund seiner Menschenwürde geschützt. Für wirtschaftliche Erwägungen des Arbeitgebers bleibt demgegenüber kein Raum.

b. Das Problem der sog. *testimonials*

Diskriminierung aufgrund eines ästhetischen Zustandes ist nicht durch das AGG untersagt[391]. Problematisch sind in diesem Zusammenhang insbesondere Dienstleistungsunternehmen der Gesundheits- und Wellnessbranche, in denen die Mitarbeitenden bereits durch ihr Erscheinungsbild als Werbeträger (sog. *testimonials*) ihres Unternehmens fungieren.

Zu bedenken ist, dass Anknüpfungspunkt der Betrachtung einzig die Tätigkeit selbst sein kann. Ist lediglich die ‚optische Kundenakquise' und Präsentation des Geschäftskonzepts[392] Gegenstand des Arbeitsverhältnisses, kann die Unterscheidung gerechtfertigt sein. Sollen jedoch auch andere Tätigkeiten ausgeübt werden, ist deren Umfang in der Gesamtschau zu beurteilen. Der unternehmerische Zuschnitt auf den erwünschten Kundenkreis und dessen Vorlieben kann kein Rechtfertigungsgrund im Sinne einer beruflichen Anforderung sein[393].

Lediglich eine tatsächliche Bestandsgefährdung des Unternehmens könnte eine Benachteiligung rechtfertigen[394]. Ob die Kausalität zwischen einer

---

390 *Rothballer*, Berufliche Anforderungen im AGG, 214.

391 BT-Drucks. 16/1780 v. 08.06.2006, 1, 30; *Duchstein,* NJW 2013, 3066, 3067.

392 *Duchstein*, NJW 2013, 3066, 3068, der zudem darauf hinweist, dass die Präsentation des Unternehmenskonzepts primär den Arbeitgeber und nicht den Kunden interessiert.

393 Vgl. EuGH v. 10.04.1984, Rs. C-79/83, Slg. 1984, 1921, 1924, 1942 – Dorit Harz ./. Deutsche Tradax GmbH, in der der Arbeitgeber argumentierte, dass im Vertrieb landwirtschaftlicher Erzeugnisse nur Männer tätig seien und er zudem Handelsbeziehungen nach Saudi-Arabien pflege, wo eine Frau als Verhandlungspartner nicht ernst genommen würde; *Duchstein*, NJW 2013, 3066, 3067f.; Staudinger/*Richardi*/ *Fischinger*, BGB (2020), § 611a Rdnr.473.

394 *Thüsing*, NJW 2003, 405, 406; MüKoBGB/*Thüsing*, 8.Aufl. 2018, AGG § 8 Rdnr.17; *Rothballer*, Berufliche Anforderungen im AGG, 216.

unterlassenen Benachteiligung und der Bestandsgefährdung sich jedoch nachweisen lässt, muss bezweifelt werden.

Spätestens im Rahmen des rechtmäßigen Zweckes des § 8 Abs.1 AGG sieht *Krause*[395] eine „Kontrolle der vorgelagerten Zwecksetzung" als erforderlich an. Damit soll die Konzeption selbst am Antidiskriminierungsrecht zu messen sein, sofern sie auf untersagten Differenzierungen aufbaut. Anknüpfungspunkt ist jedoch nicht der Kundenwunsch selbst, sondern die Frage, ob der Arbeitgeber sich die von den Kunden geäußerten Präferenzen zu eigen machen darf. Es handelt sich damit um ein Problem der Rechtmäßigkeit des Zwecks.

Dem Arbeitgeber soll durch das Gleichbehandlungsrecht kein bestimmtes unternehmerisches Konzept auferlegt werden. Er erfährt lediglich bestimmte Reglementierungen bei der Einstellungsentscheidung. Ist seine Unternehmung in ihrem Bestand nur durch Benachteiligung zu erhalten, ist sie nicht schutzwürdig. Die unternehmerische Freiheit muss hier hinter den überragenden kollidierenden Interessen zurücktreten.[396]

2. Rechtfertigung aufgrund von (antizipierten) Kundenpräferenzen?

Der Arbeitgeber befindet sich „an der Schnittstelle zweier Marktbeziehungen"[397]. Im Fall der Kundenpräferenzen werden ihm die Auswahlkriterien zunächst vom Markt vorgegeben. Sie kommen somit nicht primär aus seiner Sphäre. Es gibt hier allerdings keinen grundsätzlichen Vorrang der Arbeitsbeziehung (intern) oder der Kundenbeziehung (extern). Vielmehr soll zunächst das gesetzlich ausdrücklich geregelte Antidiskriminierungsrecht zur Anwendung kommen. Erst dann sollen die gegenläufigen Interessen und Wertungen in die Interpretation der Vorschriften einfließen.[398] *Post*[399] weist in diesem Zusammenhang darauf hin, dass diskriminierende unternehmerische Entscheidungen, die auf Kundenzufriedenheit gründen, den durch die Antidiskriminierungsgesetzgebung intendierten Veränderungen zuwiderlaufen. Nichts anderes kann für die tatsächlichen oder gemutmaßten Kundenwünsche gelten.

---

395 *Krause* in: FS Adomeit, 377, 387.

396 Vgl. *Duchstein*, NJW 2013, 3066, 3068; *Rothballer*, Berufliche Anforderungen im AGG, 218.

397 *Krause* in: FS Adomeit, 377, 378.

398 So *Krause* in: FS Adomeit, 377, 385f.

399 *Post*, 88 Cal.L.Rev. (2000), 1, 20.

Die Betrachtung dieses Wirkungsgeflechts ist gleichwohl vonnöten, da es für den Arbeitgeber ein Leichtes ist, sich auf die Präferenzen seiner Kunden zu berufen. Gerade im unmittelbaren Kundenkontakt kann ein sichtbar schwerbehinderter Mensch gegenüber nicht-behinderten Menschen im Nachteil sein.

a. Vorurteile der Kunden

Die dem Schwerbehindertenstatus eines Mitarbeiters zugrundeliegende Behinderung kann Einfluss auf das ohnehin bestehende Spannungsverhältnis der Vertragsfreiheit des Kunden als Auftraggeber bzw. Dienstleistungsnehmer und die Dispositionsbefugnis des Arbeitgebers als Leistungserbringer nehmen.

Problematisch sind hier Konstellationen, in denen der Kunde aufgrund eigener Vorurteile eine Nähebeziehung mit dem Arbeitnehmer ablehnt, etwa weil von dessen offensichtlicher Beeinträchtigung abgestoßen wird.[400] Insbesondere bei Tätigkeiten, die auf das Aussehen abheben, können körperlich eingeschränkte Menschen Schwierigkeiten haben. Aber auch nicht ansteckende sichtbare Erkrankungen wie Schuppenflechte (L40.0 bis L40.9 ICD-10) können zur Ablehnung durch Kunden führen.

Weiterhin ist auch denkbar, dass der Kunde aufgrund einer wahrnehmbaren Beeinträchtigung eines Mitarbeiters auf eine vergleichsweise schlechtere oder weniger zügige Erledigung seines Auftrages schließt, selbst wenn weder eine herabgesetzte physische Belastbarkeit noch ein besonderer Anleitungsbedarf vorliegt.

b. Wirkung diskriminierender Kundenpräferenzen

Vor dem Hintergrund eines Diskriminierungsverbots besteht zwar die Möglichkeit von Umsatzeinbußen bei Arbeitgebern, jedoch unterliegen die Konkurrenten demselben Gleichbehandlungsgebot. Auch ist zweifelhaft, ob und inwiefern diese ökonomischen Zwänge nachprüfbar sind.

Eine diesbezügliche, dem AGG zuwiderlaufende Marktausrichtung zu ermöglichen, würde zudem bedeuten, „das im Markt vorhandene tradierte

---

[400] Schiek/*Schiek*, AGG, § 3 Rdnr.15, weist darauf hin, dass die Zielsetzung der Diskriminierungsverbote auch die Überwindung der Diskriminierung in der sozialen Realität ist und der Arbeitgeber, an den der Wunsch diskriminierenden Verhaltens herangetragen wird, selbst Opfer von Diskriminierung ist.

Rollenverständnis unmittelbar in den Rang von wesentlichen und entscheidenden beruflichen Anforderungen im Sinne des § 8 Abs.1 AGG zu erheben“[401].

Das Schrifttum[402] lehnt diskriminierende Präferenzen oder Erwartungen Dritter als Rechtfertigung für die Durchbrechung von Diskriminierungsverboten grundsätzlich ab. Auch die Rspr. des EuGH[403] lässt nicht darauf schließen, dass diskriminierende Kundenwünsche rechtfertigend wirken können.

3. Kundenwünsche als relevante Tätigkeitsanforderung im Sinne des § 8 Abs.1 AGG?

Der EuGH[404] hat klargestellt, dass subjektive Erwägungen wie der Wille des Arbeitgebers, besonderen Kundenwünschen zu entsprechen, keine wesentliche und entscheidende berufliche Anforderung sein kann. Diese wird allein von der Art der betreffenden beruflichen Tätigkeit oder den Bedingungen ihrer Ausübung objektiv vorgegeben.

Dem BAG[405] zufolge können diskriminierende Wünsche und Erwartungen Dritter, namentlich Kunden, eine Ungleichbehandlung grundsätzlich nicht rechtfertigen. Der Arbeitgeber kann sich nur auf die Rechtfertigungsgründe des AGG berufen[406]. Die diskriminierende Einstellung der Kunden einfach zu übernehmen und ihnen damit noch mehr Raum zu geben, läuft der Intention des AGG zuwider.

Allerdings sind Fallgruppen anerkannt, die eine merkmalsbezogene Unterscheidung, etwa aufgrund der besonderen Situation im Beschäftigungsverhältnis zulassen. Die Kundenpräferenzen selbst sind dann in die rechtliche

---

401 So *Annuß*, BB 2006, 1629, 1633.

402 *Thüsing*, RdA 2003, 257, 263; *Rothballer*, Berufliche Anforderungen im AGG, 193; *Wisskirchen*, DB 2006, 1491, 1493 für die optische Wahrnehmbarkeit der ethnischen Zugehörigkeit der Beschäftigten.

403 EuGH v. 10.07.2008 – C-54/07 –, Slg. 2008, I-5187 Rdnr.23ff (Centrum voor gelijkheid van kansen en voor racismebestrijding ./.Firma Feryn NV), NZA 2008, 929, 930ff. Rdnr.23ff insb. Rdnr.25.

404 EuGH v. 14.03.2017 – C-188/15 – curia.europa.eu, (Asma Bougnaoui, Association de défense des droits de l'homme (ADDH) ./. Micropole SA, vormals Micropole Univers SA), Rdnr.40.

405 BAG v. 18.03.2010 – 8 AZR 77/09 –, NZA 2010, 872, 876f.

406 Schiek/*Schiek*, AGG, § 3 Rdnr.15.

Kontrolle einzubeziehen. So ist zu klären, ob der Arbeitgeber die ihm vom Kunden vorgegebenen Zwecke zur Grundlage seiner Entscheidungen machen darf oder nicht.[407]

Abseits extremer Fälle sind hier bestimmte Fallgruppen denkbar und erleichtern eine Bewertung[408]. Im Zusammenhang mit der Diskriminierung wegen einer (Schwer-)Behinderung kommen insbesondere die Fallgruppen der vertrauensbezogenen, der authentizitätsbezogenen und der anreizbezogenen Kundenpräferenzen in Betracht.

a. Vertrauensbezogene Kundenpräferenzen

In der Fallgruppe der vertrauensbezogenen Kundenpräferenzen zeichnet sich die auszuübende Tätigkeit durch das Erfordernis einer Vertrauensbeziehung zwischen dem Arbeitnehmer und dem Kunden aus. Hierzu zählen insbesondere Bereiche in denen die physische und/oder psychische Integrität des Kunden in Gefahr geraten könnte.[409] Auch Gründe des Schamgefühls können hier eine Rolle spielen und eine Ungleichbehandlung rechtfertigen[410]. Das Vorliegen einer besonderen Vertrauensbasis im Verhältnis von Arbeitnehmer und Kunden soll hier entscheidend sein[411].

aa. Sicherheit und physische/psychische Integrität

Diese Vertrauensbeziehung kann in Bereichen vorliegen, in denen die körperliche Unversehrtheit und das Sicherheitsgefühl des Kunden betroffen sind.

---

407 *Krause* in: FS Adomeit, 377, 387, weist weiter darauf hin, dass es keinen Unterschied machen kann, ob der Arbeitgeber lediglich auf Kundenwünsche reagiert oder deren Genese durch ein entsprechendes Angebot erst befördert. Schiek/*Schiek*, AGG, § 3 Rdnr.15 hingegen sieht in der Berücksichtigung angenommener oder tatsächlicher Vorurteile Dritter aufgrund eines Diskriminierungsmerkmals eine direkte Anknüpfung an das Merkmal selbst und damit als unmittelbare Diskriminierung.

408 So *Krause* in: FS Adomeit, 377, 388; *Thüsing*, RdA 2001, 319, 321ff.

409 *Krause* in: FS Adomeit, 377, 388.

410 Vgl. LAG Köln v. 19.07.1996, – 7 Sa 499/96 – , AuR 1996, 504 zum Erfordernis einer Verkäuferin im Bereich der Damenoberbekleidung; *Bauer/Krieger/Günther*, AGG, 5. Aufl. 2018, § 8 Rdnr.29; BAG v. 28.05.2009 – 8 AZR 536/08 –, NJW 2009, 3672, 3676, Rdnr.45. zur Intimsphäre der Kunden bei einem männlichen Bewerber für den Nachtdienst im Mädcheninternat.

411 *Krause* in: FS Adomeit, 377, 388f.

Zu denken ist im Bereich der Beschäftigung schwerbehinderter Menschen an eine Handprothetik als Busfahrer oder eine Körperbehinderung bei einem Bergführer, der auch die Sicherung der Seilschaft verantwortet. Eine offensichtliche Einschränkung der generellen Handlungsmöglichkeiten des Mitarbeiters kann hier dazu führen, dass der Kunde vom Vertragsschluss Abstand nimmt, selbst wenn der Arbeitnehmer zu der erforderlichen Handlung tatsächlich vollumfänglich in der Lage ist.

Allerdings kann eine solche Konstellation möglicherweise eine Frage nach der der Schwerbehinderteneigenschaft zugrunde liegenden Behinderung und der Leistungsfähigkeit rechtfertigen, sofern diese offensichtlich ist. Ansonsten ist der Arbeitgeber auf die Frage nach der behinderungsunabhängigen Möglichkeit der Erbringung der vertraglichen Arbeitsleistung zu verweisen. Die Frage nach dem Status des Bewerbenden kann keinesfalls gerechtfertigt werden.

bb. Intimsphäre

Bei Kontakt mit der Intimsphäre oder spezifischen Tätigkeiten für Personen in Problemlagen sollen laut *Schlachter*[412] subjektive Erwartungen oder Empfindlichkeiten Dritter von Bedeutung sein.

Dies mag sich bei einer geschlechtsbezogenen Unterscheidung nachvollziehen lassen[413], im Bereich der Beschäftigung schwerbehinderter Menschen kann es sich jedoch wohl nur um sichtbare Einschränkungen wie entstellende Veränderungen der sichtbaren Haut oder das Fehlen bzw. die Schwierigkeiten im Gebrauch von Gliedmaßen handeln. Eine solche Ablehnung fußt jedoch auf persönlichen Präferenzen aufgrund ästhetischer Ansichten und kann grundsätzlich kein legitimer Grund einer Diskriminierung sein.

b. Authentizitätsbezogene Kundenpräferenzen

Die authentizitätsbezogenen Kundenpräferenzen setzen eine „besondere Nähebeziehung zwischen dem Produkt bzw. der Dienstleistung und dem Arbeitnehmer“ voraus. Diese verleiht dem Produkt/der Dienstleistung eine

412 ErfK/*Schlachter*, 21. Aufl. 2021, AGG § 8 Rdnr.1.

413 Beispielhaft BAG v. 28.05.2009 – 8 AZR 536/08 -, NJW 2009, 3672, 3676, Rdnr.41 für eine weibliche Betreuungsperson in einem Mädcheninternat.

entsprechende „Glaubwürdigkeit".[414] Die Andersartigkeit macht hier den besonderen Charakter des Produkts/der Dienstleistung aus[415]. Die Notwendigkeit des geforderten Merkmals muss zur Authentizität der Aufgabenwahrnehmung legitim sein und es darf ihr kein diskriminierender Charakter innewohnen[416]. Somit finden sich Fälle der Authentizitätswahrung im Bereich der Diskriminierung etwa bezüglich des Geschlechts[417] und der ethnischen Herkunft[418].

Zwar kann die Zugehörigkeit von Arbeitnehmer und Kunden zur gleichen Gruppe sich als Vorteil erweisen, etwa kann ein Rollstuhlfahrer einen anderen wesentlich authentischer beraten als sein diesbezüglich nicht eingeschränkter Kollege, eine solche Konstellation unterfiele jedoch dem § 5 AGG. Einer Frage bedarf es hier zudem aus Offensichtlichkeitsgründen nicht.

c. Anreizbezogene Kundenpräferenzen

Im Rahmen anreizbezogener Kundenpräferenzen wird die besondere Attraktivität einer Personengruppe für die Anbahnung von Kundenbeziehungen ausgenutzt[419].

Als Beispiele mögen hier die optisch anziehende Empfangsperson in einem Fitness-Studio oder einer Wellness-Einrichtung und die Beschäftigte in einem Kosmetiksalon oder einer Praxis für ästhetische Chirurgie dienen.

Auch hier ist die dem Status zugrunde liegende Behinderung/Entstellung die Ursache für eine Ablehnung des Bewerbers. Der Status ist irrelevant.

Selbst wenn es hier eine – zugegeben schwer vorstellbare – berufliche Verbindung zwischen dem Gegenstand des Unternehmens und dem

---

414 *Krause* in: FS Adomeit, 377, 389; *Bauer/Krieger/Günther*, AGG, 5. Aufl. 2018, § 8 Rdnrn.30, 35 verweisen auf die Präsentation von Damenmode durch männliche Models bzw. die Besetzung der Rolle eines jugendlichen Liebhabers durch einen betagteren Herrn.

415 *Krause* in: FS Adomeit, 377, 389.

416 BAG v. 18.03.2010 – 8 AZR 77/09 –, NZA 2010, 872, 877; *Bauer/Krieger/Günther*, AGG, 5. Aufl. 2018, § 8 Rdnr.29; *Krause* in: FS Adomeit, 377, 389 fordert eine aus Sicht eines verständigen Kunden erforderliche besondere Nähebeziehung zwischen dem Produkt/der Dienstleistung und dem Arbeitnehmer.

417 *Wisskirchen*, DB 2006, 1491, 1492, führt beispielhaft an, dass eine Sopranrolle nur von einer Frau gesungen werden kann.

418 *Annuß*, BB 2006, 1629, 1633, sieht hier den Verein zur Förderung sorbischer Sprache und den nichtsorbischen Bewerber um den Geschäftsführerposten.

419 *Krause* in: FS Adomeit, 377, 389.

gewünschten ‚makellosen' Aussehen des Bewerbers gibt, scheidet eine Rechtfertigung der Frage nach Schwerbehinderteneigenschaft oder Gleichstellung aus.

Eine Ungleichbehandlung kann grundsätzlich keine Rechtfertigung erfahren, da die an die Rollenerwartung anknüpfende Wertung ohne legitimierenden Zweck eine verbotene Differenzierung darstellt[420]. Sie läuft der gesetzgeberischen Intention zuwider.

4. Stellungnahme

Weder ein auf bestimmte Äußerlichkeiten ausgerichtetes Konzept, noch die ästhetischen Präferenzen seiner Kunden können eine Frage des Arbeitgebers nach dem Status des Bewerbers rechtfertigen. Eine Übernahme der Kundenwünsche durch den Arbeitgeber läuft dem Ziel des Antidiskriminierungsrechts zuwider und ist zudem geeignet, bestehende Vorbehalte zu perpetuieren.

Nachdem die marktlichen Reaktionen den Arbeitgeber wie auch seine Konkurrenz betreffen, überwiegt hier klar das Statusverfügungsrecht des Bewerbers.

VI. Rechtfertigung aufgrund zwingender Gründe bei Dritten?

Denkbar ist jedoch, dass der Bewerber eine sichtbare Einschränkung zeigt, die seinen Einsatz für die vorgesehene Arbeit ausschließt.

Die erforderliche Wesentlichkeit bezieht sich dabei auf den Arbeitsbereich, der von der dem Status zugrunde liegenden (Schwer-)Behinderung betroffen sein muss. Im Verhältnis zu den gesamten Arbeitsanforderungen muss der betroffene Bereich ein prägendes Ausmaß besitzen[421].

So kann ein Mensch etwa mit einer sichtbaren Hauterkrankung für die Arbeit mit psychisch kranken Menschen, deren Ängste oder Zwangserkrankungen in Beziehung zu Krankheitserwartungen stehen (etwa

---

420 *Krause* in: FS Adomeit, 377, 389; *Bauer/Krieger/Günther*, AGG, 5. Aufl. 2018, § 8 Rdnr.29; Däubler/Bertzbach-*Brors*, HK-AGG, 4.Aufl. 2018, § 8 Rdnrn.15f.

421 *Bauer/Krieger/Günther*, AGG, 5. Aufl. 2018, § 8 Rdnr.21; so BAG v. 28.05.2009 – 8 AZR 536/08 – NJW 2009, 3672, 3675, Rdnr.38 bezüglich eines männlichen Bewerbers um eine Stelle in einem Mädcheninternat.

hypochondrische Störung, F45.2 ICD-10 oder Waschzwang, F42.1 ICD-10), ungeeignet sein. Sofern nicht eine Konfrontationstherapie angestrebt wird, ist der Arbeitnehmer zwar aufgrund der einer möglichen anerkannten Schwerbehinderteneigenschaft zugrunde liegenden Erkrankung für die Tätigkeit nicht geeignet, der Status als solcher spielt dabei jedoch keine Rolle.

VII. Statusbezogene Offenbarungspflicht nach Wegfall des Fragerechts?

Bis vor einigen Jahren wurde dem Arbeitgeber noch das Recht zugestanden, nach Schwerbehinderteneigenschaft oder Gleichstellung zu fragen. Der Arbeitnehmer hatte die Pflicht, hierauf wahrheitsgemäß zu antworten. Das berechtigte Informationsinteresse des Arbeitgebers wurde von der Rspr.[422] aus der rechtlichen, wirtschaftlichen und betrieblichen Bedeutung des Status hergeleitet[423]. Zwischenzeitlich mehren sich jedoch die Stimmen in Rspr. und Schrifttum, die den Schwerbehindertenschutz in seiner jetzigen Prägung nicht mit dieser Ansicht vereinbar sehen[424]. Da die Pflicht zur Offenbarung das Korrelat zum Fragerecht des Arbeitgebers darstellt, soll sich mit dem Wegfall des Fragerechts[425] auch die Offenbarungspflicht im vorvertraglichen Bereich erledigt haben[426].

Es besteht also aufgrund des Statusverfügungsrechts keine generelle Verpflichtung eines Bewerbers, seine Schwerbehinderteneigenschaft mitzuteilen, wenn die (Schwer-)Behinderung seine Leistungsfähigkeit

422 Beispielhaft BAG v. 01.08.1985 – 2 AZR 101/83 –, E 49, 214; v. 05.10.1995 – 2 AZR 923/94 –, E 81, 120, 124.

423 A. A. im Schrifttum etwa ErfK/*Dieterich*, 1. Aufl. 1998, Art.3 GG Rdnr.91, der nach Einführung des Art.3 Abs.3 S.2 GG für die Frage nach der Schwerbehinderteneigenschaft keinen Raum mehr und die Annahme einer Falschbeantwortung als arglistige Täuschung durch die Gerichte als verfassungswidrig sah.

424 Für das Schrifttum: *Müller-Wenner* in: Müller-Wenner/Winkler, 2. Aufl. 2011, SGB IX Teil 2, § 85 Rdnr.58 ff.; für die Rspr.: AG Siegburg v. 22.03.1994 – 1 Ca 3454/93, NZA 1995, 943, 944; LAG Hessen v. 24.03.2010 – 6/7 Sa 1373/09, SAE 2011, 39ff.; LAG Baden-Württemberg v. 06.09.2010 – 4 Sa 18/10 –, juris, Rdnr.58.

425 *Arg. e* BAG v. 16.02.2012 – 6 AZR 553/10 –, E 141, 1, 3 Rdnrn.11 und 13.

426 *Husemann*, RdA 2014, 16, 17; HessLAG v. 24.03.2010 – 6/7 Sa 1373/09 –, juris, Rdnrn. 46ff.

voraussichtlich nicht beeinträchtigen wird[427]. Jedoch stellt sich die Frage, ob und wenn ja zu welchem Zeitpunkt ein schwerbehinderter Arbeitnehmer gleichwohl verpflichtet sein kann, sich seinem Arbeitgeber bzgl. seines Status zu offenbaren.

1. Statusbezogene Offenbarungspflicht bei Bedarf der behinderungsgerechten Anpassung des Arbeitsplatzes?

Die Schwerbehinderteneigenschaft erwächst erst dann zum geschützten Rechtsstatus, wenn sich der Betroffene im Rechtsverkehr darauf beruft. Eine Pflicht zur Offenbarung der Schwerbehinderteneigenschaft ist ausgeschlossen, sofern die ihr zugrunde liegende Beeinträchtigung keine Auswirkungen auf die Eignung des Bewerbers für die ausgeschriebene Stelle hat.

Da echte eigenständige Aufklärungspflichten des Bewerbers auch ohne Befragung bestehen, sofern es sich um Umstände handelt, welche die Erfüllung der vertraglichen Leistungspflicht unmöglich machen oder in sonstiger Weise für die Entscheidung des Arbeitgebers erkennbar von entscheidender Bedeutung sind[428], fragt sich, inwiefern sich die Offenbarungspflicht des Bewerbers auch auf solche Umstände erstreckt, die geeignet sind, seine Schwerbehinderteneigenschaft zu entdecken. Problematisch ist hier insbesondere der Fall, in dem ein Arbeitnehmer die Arbeitsleistung als solche zwar erbringen kann, jedoch bestimmter Hilfsmittel – etwa zur Rückenschonung – bedarf, um eine bestehende körperliche Beeinträchtigung, aufgrund derer die Schwerbehinderteneigenschaft festgestellt wurde, nicht zu verschlimmern.

Da der Hilfsmittelbedarf grundsätzlich geeignet ist, die Durchführung des Arbeitsvertrages zu beeinflussen und der Status des Bewerbers dem Arbeitgeber zudem Fördermöglichkeiten eröffnet, spricht ab einem stark erhöhten Unterstützungsbedarf viel für eine statusbezogene Offenbarungspflicht.

---

427 BAG v. 01.08.1985 – 2 AZR 101/83 –, DB 1986, 2238f.; *Ehrich*, DB 2000, 421, 424; *Winkelmann* in: Deinert/Heuschmid/Zwanziger, ArbRHdb., 10. Aufl. 2019, § 111 Rdnr.49; *Deinert* in: Deinert/Welti, SWK BehindertenR, 2. Aufl. 2018, Fragerecht des Arbeitgebers, Rdnr.4; a.A. *Voggenreiter* in Rudolf/Mahlmann, Gleichbehandlungsrecht, Kap.8 Rdnr.108; auch *Schrader/Siebert*, ArbRAktuell 2012, 157, 158, die einen Tätigkeitsbezug für die Frageberechtigung nach dem Status anerkennen.

428 BAG v. 25.03.1976 – 2 AZR 136/75 –, AP Nr.19 zu § 123 BGB; v. 11.11.1993 – 2 AZR 467/93 –, NZA 1994, 407; *Deinert* in: Deinert/Welti, SWK BehindertenR, 2. Aufl. 2018, Offenbarung einer Behinderung, Rdnr.1.

Es erscheint jedoch vertretbar, diese zu verneinen. Ist die Frage nicht statthaft, weil die Arbeitsleistung grundsätzlich erbracht werden kann, muss es dem betroffenen Bewerber überlassen sein, sich bereits im Anbahnungsverhältnis zu decouvrieren.

Es ist Sache des Arbeitgebers, bei Zweifeln eine rechtmäßige Frage nach der Fähigkeit zur Erbringung der gewünschten Arbeitsleistung zu stellen.

2. Obliegenheit zur Offenbarung?

Bei der vorvertraglichen Information über die amtlich festgestellte Schwerbehinderteneigenschaft spricht viel für eine Obliegenheit des Bewerbers hinsichtlich der Offenbarung seines Status. Die Information ist weder geschuldet, noch einklag- oder vollstreckbar und im Fall der Nichthandlung droht eine Einbuße an der eigenen Rechtsposition.[429] Legt der Bewerber seinen Status nicht offen, begibt er sich der Möglichkeit, wegen Diskriminierung Schadenersatz zu erlangen.[430] Hat der Arbeitgeber keine Kenntnis vom Status, kann dieser nicht Grundlage einer entsprechenden Diskriminierung sein.

Ein Interessenausgleich mit gleichwertigen Grundrechten des Arbeitgebers[431] soll nicht vonnöten sein, da die fehlende Kenntnis vom Status des schwerbehinderten Menschen und die damit fehlende Anrechenbarkeit auf die Pflichtquote keine Anfechtung des Arbeitsvertrages erlaubt[432]. Auch die beabsichtigte Beantragung einer Gleichstellung muss nicht offenbart werden[433].

Selbst wenn der Arbeitgeber seine Bereitschaft, den Status als Pluspunkt des Bewerbers zu werten, kundgetan hat, verbleibt es beim Bewerber, sich im Bewerbungsverfahren zu offenbaren.

---

429 Vgl. MüKoBGB/*Ernst*, 8. Auflage 2019, BGB Einl. SchuldR Rdnr.14.

430 So *Husemann*, RdA 2014, 16, 19.

431 Vgl. BVerfG v. 05.06.1973 – 1 BvR 536/72 –, E 35, 202, 221; BGH v. 24.10.1961 – VI ZR 204/60 –, Z 36, 77, 82f.; BAG v. 18.12.1984 – 3 AZR 389/83 –, AP Nr.8 zu § 611 BGB Persönlichkeitsrecht.

432 Vgl. bereits *Großmann*, NZA 1989, 702, 708.

433 LAG Hamm v. 22.05.1973 – 3 Sa 181/73 –, DB 1973, 1306.

3. Art der (freiwilligen) Mitteilung

Entscheidet sich der Arbeitnehmer zur Mitteilung, muss diese in einer Form erfolgen, die eine Kenntnisnahme auch ermöglicht.[434] Laut BAG[435] hat ein schwerbehinderter Bewerber den angestrebten Arbeitgeber über seinen Status in geeigneter Form zu unterrichten. Aufgrund der Pflicht zur gegenseitigen Rücksichtnahme auf die Interessen des Vertragspartners aus § 241 Abs.2 BGB i.V.m. § 311 Abs.2 Nr.1 BGB muss eine eindeutige Information erfolgen.

4. Stellungnahme

Somit kann es sich bei einer Auskunft durch den schwerbehinderten oder gleichgestellten Bewerber im Anbahnungsverhältnis nur um eine Obliegenheit handeln. Das Interesse des Bewerbers an der Gleichbehandlung mit nicht-behinderten Konkurrenten überwiegt klar das Interesse des Arbeitgebers am Erhalt der statusbezogenen Information vor Begründung des Arbeitsverhältnisses.

Jedoch ist zu bedenken, dass gerade schwerbehinderte Bewerber faktisch oft keine Dispositionsmöglichkeit über die Information des Status haben. Wie bereits gezeigt[436], ist bei einem Fünftel der schwerbehinderten Menschen der arbeitsmarktrelevanten Alterskohorte die Beeinträchtigung offensichtlich. Diese ohnehin in der Gruppe der schwerbehinderten Bewerber benachteiligten Personen können vom Frageverbot nicht profitieren, es sei denn, der Arbeitgeber plant ausdrücklich, einen schwerbehinderten Menschen zu beschäftigen. In einem solchen Fall ist jedoch davon auszugehen, dass der Arbeitgeber sich an die Agentur für Arbeit wendet, § 164 Abs.1 S.2 SGB IX.

---

434 BAG v. 26.09.2013 – 8 AZR 650/12 –, NZA 2014, 258, 261, Rdnr.30; *Thies* in: Henssler/Willemsen/Kalb, Arbeitsrecht Kommentar, 9. Aufl. 2020, § 164 SGB IX Rdnr.13.

435 BAG v. 18.09.2014 – 8 AZR 759/13 –, ZTR 2015, 216, 217, Rdnr.37, stellt fest, dass „eingestreute“ oder unauffällige Informationen oder indirekte Hinweise keine ordnungsgemäße Information des angestrebten Vertragspartners sind.

436 Vgl. Teil 2 § 4 B. IV. 2.

C. Zwischenfazit

Im Anbahnungsverhältnis überwiegen die Interessen des Bewerbers an der Erlangung eines Arbeitsvertrags. Der Arbeitgeber kann weder aus § 5 AGG, noch aus § 8 AGG ein Fragerecht nach dem Status des Bewerbers herleiten.

Die Berücksichtigung von Kundenpräferenzen als Rechtfertigung einer Frage nach dem Status ist nicht möglich. Zum einen ist nicht ersichtlich, wie der Status eine „wesentliche und entscheidende berufliche Anforderung" im Sinne des § 8 AGG sein soll, zum anderen finden sich wiederum diejenigen schwerbehinderten Menschen benachteiligt, deren Einschränkungen offensichtlich sind und die damit in einem mutmaßlichen Konflikt mit der Ware oder Dienstleistung stehen, die sie am Markt vertreiben sollen. Dem Arbeitgeber ist dieser Konflikt jedoch zuzumuten, da seine Konkurrenten sich in derselben Situation befinden.

Weitere Gründe, welche die Frage nach dem Status eines Beschäftigten rechtfertigen könnten, lassen sich nicht auf das AGG stützen. In allen Fällen ist nicht der Status selbst, sondern die diesem zugrunde liegende Behinderung Grundlage der Annahmen, Bewertungen oder Befürchtungen des Arbeitgebers.

§ 5 Die Frage nach dem Status im bestehenden Beschäftigungsverhältnis

Die Frage nach dem Schwerbehindertenstatus kann auch im Rahmen eines bestehenden Arbeitsverhältnisses zum Thema werden.

Im Urteil vom 16.02.2012 nahm das BAG Stellung zum Fragerecht des Arbeitgebers nach dem amtlich festgestellten Status als schwerbehinderter Mensch[437].

A. Die Frage während der ersten sechs Monate des Arbeitsverhältnisses

Das genannte Urteil schweigt zur Frage in den ersten sechs Monaten des Beschäftigungsverhältnisses.

Im Schrifttum[438] wird eine solche Frageberechtigung mit der zu entrichtenden Ausgleichsabgabe begründet. Hierbei wird verkannt, dass zu Unrecht gezahlte Ausgleichsabgabe erstattet werden kann. Auch der als Maßstab anerkannten Abwägung der Interessen[439] wird diese Ansicht nicht gerecht. Es muss dem Arbeitnehmer möglich sein, auf den Schwerbehindertenschutz zu verzichten[440]. Hier überwiegt das Interesse des Arbeitnehmers, der in den ersten sechs Monaten noch keinen Kündigungsschutz genießt, vgl. § 1 Abs.1 KSchG bzw. § 173 Abs.1 Nr.1 SGB IX.

---

437 BAG v. 16.02.2012 – 6 AZR 553/10 –, E 141, 1ff.; konkret wurde die Frageberechtigung des Insolvenzverwalters im Insolvenzverfahren bejaht, E 141, 1, 3 Rdnr.13.

438 *Rolfs/Feldhaus*, SAE 2012, 85, 88; a.A. *Deinert* in: Deinert/Welti, SWK BehindertenR, 2. Aufl. 2018, Fragerecht des Arbeitgebers, Rdnr.20.

439 Vgl. *Deinert* in: Deinert/Welti, SWK BehindertenR, 2. Aufl. 2018, Fragerecht des Arbeitgebers, Rdnr.1; BAG v. 06.07.2000 – 2 AZR 543/99 –, NJW 2001, 701 zum Verschweigen der MfS-Tätigkeit; *Pahlen*, RdA 2001, 143f.

440 So zutreffend *Deinert* in: Deinert/Welti, SWK BehindertenR, 2. Aufl. 2018, Fragerecht des Arbeitgebers, Rdnr.19, der in Rdnr.20 ein Fragerecht generell ablehnt; vgl. auch *Schmidt*, Schwerbehindertenarbeitsrecht, 3. Aufl. 2019, Rdnr.121.

I. Pflicht zur behinderungsgerechten Beschäftigung

Mit der Verpflichtung zur behinderungsgerechten Gestaltung des Arbeitsplatzes nach § 164 Abs.4 Nr.4 und 5 SGB IX kann die statusbezogene Offenbarungspflicht nur begründet werden, wenn evtl. benötigte Arbeitsmittel aufgrund derjenigen Beeinträchtigungen, die dem Status zugrunde liegen, erforderlich sind.

Im Schrifttum[441] wird argumentiert, dass erst die Befragung dem Arbeitgeber die Abwägung ermöglicht, ob angemessene Vorkehrungen für die Beschäftigung behinderter Menschen erforderlich und (finanziell) zumutbar sind. Dem wird entgegengehalten, dass hier im Zweifel das Integrationsziel des § 164 Abs.4 SGB IX die Frage verbietet und der Arbeitgeber bei fehlender Eignung zur Leistungserbringung auf die Anfechtung wegen Eigenschaftsirrtums zu verweisen ist[442].

Zu bedenken ist hier jedoch, dass diese Verpflichtung des Arbeitgebers bereits während der ersten sechs Monate des Arbeitsverhältnisses besteht. Zudem ist davon auszugehen, dass der Arbeitnehmer, der einer entsprechenden Gestaltung seines Arbeitsumfeldes bedarf, seinen Status und den damit einhergehenden Rechtsanspruch früher mitteilen wird. Er muss dabei den Status als Grundlage seines Rechtsanspruchs offenbaren.

Eine Frage, die sich auf die Verpflichtung nach § 164 Abs.4 Nrn. 4 und 5 SGB IX stützt, gründet also entweder auf einem statusbezogenen ‚Anfangsverdacht' des Arbeitgebers oder dient unter dem Deckmantel der Fürsorge der Ausforschung des Arbeitnehmers.

Auch der Unzumutbarkeitsvorbehalt des § 164 Abs.4 S.3 SGB IX lässt sich hier nicht fruchtbar machen, da dieser Vorbehalt allenfalls ein Anfechtungsrecht begründen könnte. Sofern der Arbeitnehmer jedoch bereits sechs Monate tätig war, mutet dies – da ja bis dahin keine Anpassung vonnöten gewesen zu sein scheint – eigentümlich an.

---

441 Vgl. *Lingscheid*, Antidiskriminierung im Arbeitsrecht, 195ff.

442 *Deinert* in: Deinert/Welti, SWK BehindertenR, 2. Aufl. 2018, Fragerecht des Arbeitgebers, Rdnr.4; vgl. auch *Kania/Merten*, ZIP 2007, 8, 12.

II. Zahlung der Ausgleichsabgabe

Die Frage nach dem Status zur Vermeidung der Ausgleichsabgabe nach § 160 SGB IX ist als Argument grundsätzlich anzuerkennen. Die monetären Interessen des Arbeitgebers können hier ausschließlich durch die Frage gewahrt werden und der Arbeitnehmer besitzt das relevante Wissen.

Kritisch ist hierbei der Mechanismus, der die Frage rechtfertigt und damit die informationelle Selbstbestimmung des Arbeitnehmers beschränkt. Hier leistet eine finanzielle Belastung des Arbeitgebers aufgrund einer Regelung, die zum Schutz und zur Förderung schwerbehinderter Menschen geschaffen wurde, faktisch der Diskriminierung dieses Personenkreises Vorschub[443]. Auch weiß der Arbeitnehmer in den wenigsten Fällen, ob sein Betrieb die Beschäftigungsquote erfüllt. Als Argument für eine Offenbarungspflicht des Arbeitnehmers taugt die Beschäftigungspflicht des § 154 Abs.1 SGB IX und die damit zusammenhängende Ausgleichsabgabe nach § 160 SGB IX nicht.

Eine Frage nach dem Status des Arbeitnehmers in den ersten sechs Monaten des Beschäftigungsverhältnisses kann auch aufgrund der Erstattungsmöglichkeit für die Ausgleichsabgabe nach § 160 Abs.4 S.8 SGB IX nicht mit dieser begründet werden.

III. Exkurs: Datenschutz

Das BAG sah keine Verletzung der datenschutzrechtlichen Bestimmungen[444]. Die Begründung mit den Verpflichtungen des Arbeitgebers aus dem SGB IX blieb jedoch als Grundlage der Datenerhebung im Schrifttum nicht unwidersprochen. Nach § 26 BDSG ist das Fragerecht des Arbeitgebers eine Frage zulässiger Datenerhebung[445]. Laut *Deinert*[446] „lässt sich kein Recht des Arbeitgebers zur Datenerhebung aus Verpflichtungen des SGB IX herleiten". Er verweist in diesem Zusammenhang darauf, dass die Verpflichtung mangels

---

443 Vgl. *Leuchten*, NZA 2002, 1254, 1256; vgl. auch Teil 1 § 2 B. V. 4.

444 BAG v. 16.02.2012 – 6 AZR 553/10 –, E 141, 1, 3 Rdnr.13 a. E.

445 *Deinert* in: Deinert/Welti, SWK BehindertenR, 2. Aufl. 2018, Fragerecht des Arbeitgebers, Rdnr.1.

446 *Deinert* in: Deinert/Welti, SWK BehindertenR, 2. Aufl. 2018, Fragerecht des Arbeitgebers, Rdnr.1 unter Verweis auf *Husemann*, RdA 2014, 16, 24f.

Kenntnis des Status nicht erfüllbar ist. Zu einem Recht zur Informationserhebung schweigt das SGB IX, so dass auf die Interessenabwägung zu rekurrieren ist.

IV. Stellungnahme

Eine dem Fragerecht entsprechende Offenbarungspflicht aufgrund der arbeitgeberseitigen Verpflichtungen in Zusammenhang mit dem Status als schwerbehinderter oder gleichgestellter Mensch erscheint zunächst naheliegend. Indes ist zweifelhaft, ob diese Punkte ein Fragerecht begründen können. Es bedarf daher einer näheren Betrachtung der Interessenlagen der Vertragsparteien.

Für den Arbeitnehmer streitet hier die Möglichkeit, sich in der Zeit, in der er jedenfalls keinen Kündigungsschutz genießt, in selbst gewählter Statusanonymität auf der Stelle zu bewähren, wohingegen auf Seiten des Arbeitgebers reversible Schäden, wie z. B. die zu Unrecht gezahlte Ausgleichsabgabe für die sechs Monate stehen.

Nachdem die Position des Arbeitnehmers hier deutlich schwächer ist, kann von ihm keine Mitteilung seines Status erwartet werden.

Innerhalb der ersten sechs Monate des Arbeitsverhältnisses besteht kein Fragerecht des Arbeitgebers und auch keine Offenbarungspflicht des Arbeitnehmers. Sofern das Arbeitsverhältnis innerhalb der ersten sechs Monate beendet wird, ist es dem Arbeitgeber zuzumuten, zur Erfüllung der Anzeigepflicht nach § 173 Abs.4 SGB IX nach dem Status des zu kündigenden Mitarbeiters zu fragen.

B. Das Fragerecht nach sechsmonatigem Bestehen des Arbeitsverhältnisses

Denkbar ist, dem Arbeitgeber aufgrund der an den Status des Arbeitnehmers anknüpfenden Verpflichtungen im länger als sechs Monate bestehenden Arbeitsverhältnis ein entsprechendes Fragerecht zuzugestehen.

I. Die Rücksichtnahmepflicht aus § 241 Abs.2 BGB

Aus der Rücksichtnahmepflicht aus § 241 Abs.2 BGB soll eine wahrheitsgemäße Antwort auf die Frage des Arbeitgebers nach sechs Monaten folgen[447].

Diese vertraglichen Nebenpflichten (Schutz-, Mitwirkungs- und Aufklärungspflichten) zielen auf ein sonstiges Interesse des Gläubigers[448], die Rücksichtnahmepflichten aus § 241 Abs.2 BGB sind jedoch nicht so weitgehend, dass vom Arbeitnehmer eine ungefragte Offenbarung verlangt werden kann. Die der Regelung zugrunde liegende Idee, durch bestimmte Pflichten das Durchsetzungsinteresse bezüglich der Vertragserfüllung zu fördern[449], ist nicht anwendbar. Bei Erbringen der geschuldeten Arbeitsleistung durch den schwerbehinderten Arbeitnehmer liegt eine Vertragserfüllung vor. Eine Durchsetzung derselben muss daher nicht gefördert werden.

Zu den Rücksichtnahmepflichten im Sinne des § 241 Abs.2 BGB gehören zwar auch Informationspflichten, da es sich aber nicht um Leistungspflichten handelt, sind es keine klagbaren Aufklärungspflichten. Ihre Verletzung löst lediglich Schadenersatzverpflichtungen aus, da die dem Arbeitgeber vorenthaltene Information für diesen im Nachhinein wertlos ist.[450]

Auch die Ansicht, dass arbeitsrechtliche Beziehungen heute idealerweise nicht mehr durch Über- und Unterordnung, sondern durch ein partnerschaftliches Miteinander von Arbeitgebern und Beschäftigten geprägt sind[451], lässt sich für eine Verpflichtung aus § 241 Abs.2 BGB nicht fruchtbar machen. Gäbe es ein solches Miteinander, hätten sich die Regelungen zur Teilhabe schwerbehinderter Menschen weitgehend erübrigt.

Dem Arbeitnehmer muss es möglich sein, in der Statusanonymität zu verbleiben und die geforderte Arbeitsleistung zu erbringen, ohne sich seinem Arbeitgeber aktiv offenbaren zu müssen. Da die Interessenabwägung im

[447] BAG v. 16.02.2012 – 6 AZR 553/10 –, E 141, 1, 3 Rdnr.11.

[448] MüKoBGB/*Bachmann*, 8. Aufl. 2019, BGB § 241 Rdnr.33.

[449] Vgl. Staudinger/*Olzen*, BGB (2019), § 241 Rdnr.176; Palandt/*Grüneberg*, 80. Aufl. 2021, BGB § 241 Rdnr.7, bezeichnet die Regelung zu Recht als wenig konkrete „Blankettnorm"; *Linck* in: Schaub, ArbRHdb, 18. Aufl. 2019, § 53 Rdnr.3 spricht von „dem Schutz und der Förderung des Vertragszwecks".

[450] Vgl. Palandt/*Grüneberg*, 80. Aufl. 2021, BGB § 241 Rdnr.7; MüKoBGB/*Bachmann*, 8. Aufl. 2019, BGB § 241 Rdnr.59.

[451] So jedenfalls BT/Drucks. 14/8796 v. 17.04.2002, 24.

Einzelfall entscheidend ist[452], ist hier eine eigeninitiative Frage des Arbeitgebers zu fordern, dem zuzumuten ist, seine Interessen aktiv zu verfolgen.

II. Fragerecht zur Erfüllung der Quote aus § 154 Abs.1 SGB IX

Wie bereits dargetan[453], hat das BAG nach sechsmonatigem Bestehen des Arbeitsverhältnisses ein Fragerecht anerkannt.

Da diese Frage zulässigerweise gestellt werden kann, um den Arbeitgeberpflichten aus dem SGB IX nachzukommen, kann auch die Frage zur Bestandsaufnahme der schwerbehinderten und deren gleichgestellten Mitarbeitenden gestellt werden, um hierdurch der Verpflichtung aus § 154 Abs.1 SGB IX nachzukommen und dem Bußgeldtatbestand nach § 238 Abs.1 Nr.1 SGB IX zu entgehen.

Eine selbständige Mitteilungspflicht des Beschäftigten scheidet aus, da er in den seltensten Fällen Kenntnis von der Beschäftigungsquote in seinem Unternehmen haben dürfte.

Es erscheint hier zumutbar, die Pflicht zu Erforschung des Status dem Arbeitgeber aufzuerlegen. Da für diesen die möglicherweise rechtsgrundlose Zahlung der Ausgleichsabgabe zu tragen ist, ist es an ihm, den Zustand durch Eigeninitiative zu klären. Verneint der Beschäftige wahrheitswidrig die Frage, wird er schadenersatzpflichtig hinsichtlich der gezahlten Ausgleichsabgabe[454].

Hat der Arbeitgeber innerhalb der ersten sechs Monate des Beschäftigungsverhältnisses keine Leistungsminderung des Arbeitnehmers festgestellt, erhält er neben einem offensichtlich leistungsfähigen Mitarbeiter ggf. noch die Möglichkeit, die Zahlung der Ausgleichsabgabe zu verringern.

---

452 BAG v. 16.02.2012 – 6 AZR 553/10 –, E 141, 1, 3 Rdnr.12.

453 Vgl. Teil 2 § 5 B.

454 *Schrader/Siebert*, ArbRAktuell 2012, 157, 159; *Koch* in: Schaub, ArbRHdb., 18. Aufl. 2019, § 179 Rdnr.51 a. E.

Auch im Zusammenhang mit dem Inklusionsgedanken[455] der BRK[456] erscheint die grundsätzliche Offenbarungspflicht im Arbeitsverhältnis, selbst wenn sie nur auf Nachfrage besteht, zweifelhaft[457]. *Deinert*[458] moniert somit zu Recht, dass mit einem generellen Fragerecht der Inklusionsansatz der BRK verfehlt wird, da dem schwerbehinderten Arbeitnehmer die Möglichkeit genommen wird, wie jeder andere Arbeitnehmer behandelt zu werden. Auch muss der Arbeitnehmer das Recht haben, durch Verschweigen seines Status auf die damit einhergehenden Schutzmöglichkeiten zu verzichten[459].

Zieht man die BRK zur Auslegung und Konkretisierung des deutschen Rechts im konkreten Fall heran, fragt sich, inwiefern das hohe Abstraktionsniveau geeignet ist, den ‚umgebenden' Implikationen des Fragerechts gerecht zu werden.

III. Arbeitgeberpflichten aus § 164 Abs.3 bis 5 SGB IX

Um überhaupt in den Bereich einer zulässigen Frage zu gelangen, ist bei vom Arbeitgeber behaupteten Pflichten nach Begründung des Arbeitsverhältnisses zu differenzieren, ob diese Verpflichtungen als angemessene Vorkehrungen oder als positive Maßnahmen im Sinne des § 5 AGG zu sehen sind bzw. ob sie ihrer Rechtsnatur nach geeignet sind, einen klagbaren Auskunftsanspruch des Arbeitgebers zu begründen.

---

455 *Felder*, Inklusion und Gerechtigkeit, 130 und 132 sieht soziologisch zwei Sphären von Inklusion: die zwischenmenschliche, die sich etwa durch affektive Wertschätzung zeigt, und die gesellschaftliche, die sich nicht auf interpersonale Zusammenhänge beschränken lässt.

456 Hierbei ist umstritten, ob der Gedanke der Inklusion, also der sozialen Partizipation außerhalb von Sonderstrukturen, grundlegend für die UN-BRK ist, *Roller*, NZS 2019, 368, 369; *Schmitt*, NZS 2018, 247, 248.

457 Zur Rechtsnatur der UN-BRK und ihrer Stellung in der Rechtsanwendung, *Roller*, NZS 2019, 368, 369; *Schmitt*, NZS 2018, 247, 248.

458 *Deinert* in: Deinert/Welti, SWK BehindertenR, 2. Aufl. 2018, Fragerecht des Arbeitgebers, Rdnr.19.

459 *Schmidt*, Schwerbehindertenarbeitsrecht, 3. Aufl. 2019, Rdnrn.121f.; *Müller-Wenner* in: Müller-Wenner/Winkler, 2. Aufl. 2011, SGB IX Teil 2, § 85 Rdnr.62; ähnlich *Klocke*, SR 2015, 99, 110.

1. Dauerhafte Besetzung der Pflichtarbeitsplätze, § 164 Abs.3 SGB IX

Die Pflicht zur Sicherstellung der Mindestbeschäftigung aus § 164 Abs.3 SGB IX ist ein Eingriff in die Organisationsfreiheit des Arbeitgebers[460], der für die Mindestzahl der Pflichtplätze eine behinderungsgerechte Ausstattung sicherstellen muss[461]. Da sich aus § 164 Abs.3 SGB IX ein unmittelbar klagbarer Anspruch des schwerbehinderten Menschen auf Ausstattung seines Arbeitsplatzes ergibt[462], ist hier von einer angemessenen Vorkehrung auszugehen. Eine Rechtfertigung aus § 5 AGG scheidet aus.

Eine langfristig planbare Besetzung der freien Stellen ist zudem problematisch, da die Gültigkeitsdauer des Schwerbehindertenausweises zu befristen ist, § 152 Abs.5 S.3 SGB IX, und die Befristung höchstens fünf Jahre beträgt, § 6 Abs.2 S.1 SchwbAwV. Sofern keine Änderung der gesundheitlichen Verhältnisse zu erwarten ist, kann eine unbefristete Gültigkeit in Betracht kommen, § 6 Abs.2 S.2 SchwbAwV.

Die Gleichstellung wirkt grundsätzlich unbefristet, kann jedoch nach dem Ermessen der Bundesagentur für Arbeit befristet werden, sofern hierfür ein sachlicher Grund, wie etwa ein möglicher Wegfall der Voraussetzungen für die Gleichstellung, gegeben ist.[463]

Seit dem Jahr 1985 sind Menschen mit einem GdB unter 50 in den Bundesstatistiken nicht mehr erfasst. Im Jahr 2017 wurden bei der Bundesagentur für Arbeit 71.613 Anträge auf Gleichstellung gestellt, von denen 41.976 (fast 59 v. H.) bewilligt wurden. In 1.251 Fällen wurde eine Zusicherung erteilt.[464]

Es ergäbe sich somit bei Annahme einer Frageberechtigung die paradoxe Situation, dass eine dauerhafte Planung eher mit Arbeitnehmern mit geringerem GdB, denen die Gleichstellung zuerkannt wurde, als mit schwerbehinderten Menschen möglich ist. Zudem könnte bei dieser Personengruppe das

---

460 LPK-SGB IX/*Düwell*, 5. Aufl. 2019, SGB IX § 164 Rdnr.175.

461 *Feldes* in Basiskommentar SGB IX, 15. Aufl. 2020, § 164 Rdnrn.37ff. kritisiert die Norm als zu unbestimmt und unkonkret.

462 NPGWJ/*Greiner*, 14. Aufl. 2020, SGB IX § 164 Rdnr.3, 59ff.

463 Vgl. § 151 Abs.2 S.3 SGB IX; *Winkler* in: Müller-Wenner/Winkler, 2. Aufl. 2011, SGB IX Teil 2, § 68 Rdnr.23 weist jedoch auf den Ausnahmecharakter einer zeitlichen Begrenzung hin; *Westermann* in: Basiskommentar SGB IX, 15. Aufl. 2020, § 151 Rdnr.7.

464 Bundesagentur für Arbeit, Vorgänge nach dem Schwerbehindertenrecht über Gleichstellungen nach § 68 Abs.2 SGB IX, Stand: 23.01.2018.

Investitionsvolumen zur behinderungsgerechten Einrichtung des Arbeitsplatzes geringer sein. Dies kann von der Rechtsordnung so nicht gewollt sein.

Eine Frageberechtigung des Arbeitgebers nach dem Status eines Arbeitnehmers lässt sich aus der Regelung des § 164 Abs.3 SGB IX nicht herleiten.

2. Ansprüche der Arbeitnehmer aus § 164 Abs.4 und Abs.5 SGB IX

Nach Art.5 der Richtlinie 2000/78/EG und dem folgend § 164 Abs.4 S.1 Nr.4 und 5 SGB IX ist der Arbeitgeber verpflichtet, die Arbeitsstätte behindertengerecht einzurichten und mit den erforderlichen technischen Hilfsmitteln auszustatten.

a. Rechtsnatur der Arbeitgeberpflichten

Im Schrifttum werden die „angemessenen Vorkehrungen" im Sinne des § 164 Abs.1 und 4 SGB IX unter Bezugnahme auf Art.5 der Richtlinie 2000/78/EG unzutreffend zu den positiven Maßnahmen gezählt[465]. Die gesetzlichen Regelungen zum Schutz schwerbehinderter Menschen unterfallen jedoch nicht dem § 5 AGG[466]. Bereits die Stellung innerhalb der Regelungssystematik lässt die Annahme von Art.7 Abs.1 der RL 2000/78/EG als Konzept und Art.5 der RL 2000/78/EG als dessen Unterfall „wenig überzeugend"[467] erscheinen.

Im Gegensatz zu den positiven Maßnahmen ist der Arbeitgeber zum Treffen der angemessenen Vorkehrungen verpflichtet[468]. Die schwerbehinderten Mitarbeiter besitzen einen entsprechenden Rechtsanspruch[469]. Somit liegt in der Schaffung angemessener Vorkehrungen für behinderte Menschen nach Art.5 der Richtlinie 2000/78/EG bzw. § 164 Abs.4 und 5 SGB IX keine positive Maßnahme im Sinne des § 5 AGG. Es fehlt hier an der Eignung der

---

465 *Adomeit/Mohr*, AGG, 2. Aufl. 2011, § 5 Rdnr.28; *Mohr*, br 2008, 34, 41.

466 So zutreffend *Stein* in: Wendeling-Schröder/Stein, AGG, § 5 Rdnr.23.

467 *Porsche*, Konzept der positiven Maßnahmen nach § 5 AGG, 452.

468 Auch hier ist die Nomenklatur nicht eindeutig, vgl. *Klein*, La discrimination des personnes handicapées, 89f., die das Vorhalten eines Spezial-PCs für einen blinden Mitarbeitenden als *mesure positive* wertet. Zur Typologie der möglichen angemessenen Vorkehrungen vgl. auch *Rabe-Rosendahl*, Angemessene Vorkehrungen für behinderte Menschen im Arbeitsrecht, 166f.; auch *Fuerst* in: Deinert/Welti, SWK-BehindertenR, 2. Aufl. 2018, Gleichheit, Rdnr.6 sieht Braille-Beschriftungen und Rampen als angemessene Vorkehrungen.

469 *Gutzler* in: Hauck/Noftz, SGB 11/17, § 164 SGB IX, Rdnr.2.

Maßnahme zur Benachteiligung anderer Gruppen. Vielmehr stellt das Fehlen solcher Vorkehrungen eine Benachteiligung der (schwer-) behinderten Menschen durch Unterlassen dar.[470]

Eine statusbezogene Frageberechtigung lässt sich hieraus nicht herleiten. Vielmehr bedarf es der Mitteilung des Status durch den Arbeitnehmer, wenn dieser eine behinderungsgerechte Veränderung seines Arbeitsplatzes wünscht.

b. Das Problem der unverhältnismäßigen Aufwendungen, § 164 Abs.4 S.3 SGB IX

Der Umfang, in dem angemessene Vorkehrungen zu treffen sind, findet seine Grenze im Einwand der Unverhältnismäßigkeit, vgl. Art.5 S.2 und 3 der Richtlinie 2000/78/EG bzw. § 164 Abs.4 S.3 SGB IX.

Nach dem 21. Erwägungsgrund sollen der finanzielle und sonstige Aufwand sowie die Größe, die finanziellen Ressourcen und der Gesamtumsatz des Arbeitgebers sowie die Verfügbarkeit von öffentlichen Mitteln oder anderen Unterstützungsmöglichkeiten Berücksichtigung finden.

Es sind somit wirtschaftliche Leistungsfähigkeit und monetär nicht exakt messbarer Aufwand (Organisation, Arbeitsabläufe), aber auch die Rahmenbedingungen (Größe, Gesamtumsatz) in die Überlegungen mit einzubeziehen. Eine Eigenbeteiligung des Arbeitgebers ist dabei nicht ausgeschlossen[471]. Die europäische Gesetzgebung geht nicht von der vollständigen Kompensation der vom Arbeitgeber zu erbringenden Aufwendungen aus[472].

Nun könnte argumentiert werden, dass der Arbeitgeber die Grenze der unverhältnismäßigen Aufwendungen nach § 164 Abs.4 S.3 SGB IX nur dann abschließend prüfen kann, wenn ihm der Status seines Mitarbeiters bekannt ist. Problematisch ist dabei, dass sich diese Kosten nicht automatisch erschließen, wenn der Arbeitgeber den Status des Bewerbers kennt. Auch ist nicht

---

[470] Vgl. *Nollert-Borasio et al.*, Basiskommentar AGG, 5.Aufl. 2019, § 5 Rdnr.3; *Rabe-Rosendahl*, Angemessene Vorkehrungen für behinderte Menschen im Arbeitsrecht, 162 und 215 qualifiziert die Versagung einer angemessenen Vorkehrung als Diskriminierung *sui generis*; a.A. Däubler/Bertzbach-*Zimmer*, HK-AGG, 4.Aufl. 2018, § 5 Rdnr.12 und EuArbR/*Mohr*, 2. Aufl. 2018, RL 2000/78/EG Art.1 Rdnr.30, welche die Maßnahmen nach § 164 Abs.4 und 5 jedenfalls als positive Maßnahmen im Sinne des § 5 AGG sehen.

[471] ErfK/*Rolfs*, 21. Aufl. 2021, SGB IX § 164 Rdnr.14; LPK-SGB IX/*Düwell*, 5. Aufl. 2019, SGB IX § 164 Rdnr.205.

[472] *Porsche*, Konzept der positiven Maßnahmen nach § 5 AGG, 444.

bekannt, welche Unterstützungsleistungen im Einzelfall von Rentenversicherung, Integrationsamt bzw. Agentur für Arbeit zu erwarten sind.

Daher kann die Besorgnis der unverhältnismäßigen Aufwendungen die Frage nach dem Status nicht rechtfertigen. Dies gilt auch, wenn die Frage gestellt wird, um die Möglichkeit der Unterstützung durch die vorgenannten Sozialversicherungsträger zu prüfen[473]. Die Diskriminierung ist in diesem Fall evident, da die Frage unmittelbar an die – wohl dann offensichtliche – (Schwer-)Behinderteneigenschaft des Bewerbers anknüpft.

Nach Begründung des Arbeitsverhältnisses ist eine mögliche Frageberechtigung in diesem Zusammenhang ohnehin Glasperlenspiel, da sich der betroffene Arbeitnehmer – sofern er der entsprechenden Hilfsmittel bedarf, um seine Tätigkeit ausüben zu können – eigeninitiativ offenbaren wird.

3. Förderung von Teilzeitarbeitsplätzen, § 164 Abs.5 SGB IX

Schwerbehinderte Menschen haben einen Anspruch auf Teilzeitbeschäftigung, wenn dies wegen Art und Schwere der Behinderung notwendig ist. Dieser individualrechtliche Anspruch auf tatsächliche Beschäftigung bei verringerter Arbeitszeit entsteht unmittelbar bei Vorliegen der gesetzlichen Voraussetzungen[474]. Bereits aus der Natur des Anspruchs ist von einer angemessenen Vorkehrung im Sinne des Art.5 der RL 2000/78/EG zur weiteren Ausübung der Beschäftigung auszugehen[475]. Insofern scheidet eine Rechtfertigung der Frage nach § 5 AGG aus. Da das Recht der betroffenen Mitarbeiter auf Verkürzung ihrer Arbeitszeit an den Nachweis des Status geknüpft ist, bedarf es hier keines arbeitgeberseitigen Fragerechts.

---

473 Vgl. auch *Deinert* in: Deinert/Welti, SWK BehindertenR, 2. Aufl. 2018, Fragerecht des Arbeitgebers, Rdnr.4, der auf das Integrationsziel des § 164 Abs.4 SGB IX hinweist.

474 BAG v. 14.10.2003 – 9 AZR 100/03 –, E 108, 77, 83; *Porsche*, Konzept der positiven Maßnahmen nach § 5 AGG, 583f.; eine dreimonatige Wartezeit oder eine Mindestbeschäftigtenzahl ist anders als für § 8 TzBfG nicht erforderlich, *Kossens* in: Kossens/von der Heide/Maaß, 4. Aufl. 2015, SGB IX § 81 Rdnrn.99 und 102.

475 So EuGH v. 11.04.2013, Rs. C-335/11, C-337/11, NZA 2013, 553, 556, Rdnr.48 ff. insb. 52 und 55 – HK Danmark, handelnd für Jette Ring/Dansk almennyttigt Boligselskab und – HK Danmark, handelnd für Lone Skouboe Werge/Dansk Arbejdsgiverforening, handelnd für die Pro Display A/S in Konkurs (C-337/11).

4. Verzeichnisführungs- und Nachweispflicht

Eine weitere Verpflichtung des Arbeitgebers ist die Verzeichnisführungs- und Nachweispflicht des § 163 SGB IX, die in Verbindung mit den Bußgeldvorschriften des § 238 Abs.1 SGB IX zu sehen ist.

a. Verstoß gegen Verzeichnisführungspflicht, § 163 Abs.1 SGB IX

Hiernach muss ein Arbeitgeber laufend ein Verzeichnis der bei ihm beschäftigten anrechnungsfähigen Personen führen. Dieses ist der Agentur für Arbeit oder dem Integrationsamt auf Verlangen vorzulegen.[476]

Eine Aufnahme in das Verzeichnis scheidet denklogisch aus, wenn der Arbeitgeber keine Kenntnis vom Status des Beschäftigten hat.

Der Verstoß gegen die Vorschrift ist nach § 238 Abs.1 Nr.2 SGB IX als Ordnungswidrigkeit bußgeldbewehrt.

b. Anzeigepflicht des § 163 Abs.2 SGB IX

Der Arbeitgeber hat die Daten bis zum 30. Juni vollständig und richtig anzuzeigen. Hieraus jedoch eine Frageberechtigung *per se* herzuleiten, scheitert an der Rechtsnatur der Vorschrift. Diese soll den Dienststellen der Bundesagentur für Arbeit und den Integrationsämtern Informationen über die betrieblichen Verhältnisse sowie die Beschäftigung der schwerbehinderten Menschen dort liefern[477]. Ein Verstoß gegen die Anzeigepflicht ist als Ordnungswidrigkeit nach § 238 Abs.1 Nr.3 SGB IX bußgeldbewehrt. Da die notwendigen Daten jedoch nicht hinreichend konkretisiert sind, wird im Schrifttum bereits die Grundlage für die Ahndung des Verstoßes als Ordnungswidrigkeit bezweifelt[478].

c. Die Bußgeldvorschriften des § 238 SGB IX

Die Bußgeldvorschriften des § 238 Abs.1 Nr.2 bis Nr.5 SGB IX setzen ein rechtswidriges und vorwerfbares (vorsätzliches und fahrlässiges) Verhalten des Arbeitgebers voraus[479]. Hat dieser jedoch keine Kenntnis vom Status des Beschäftigten,

---

[476] *Krämer* in: Basiskommentar SGB IX, 15. Aufl. 2020, § 163 Rdnr.2f.

[477] NPGWJ/*Greiner*, 14. Aufl. 2020, SGB IX § 163 Rdnr.10; LPK-SGB IX/*Dau*, 5.Aufl. 2019, SGB IX § 163 Rdnr.4.

[478] So NPGWJ/*Pahlen*, 14. Aufl. 2020, SGB IX § 238 Rdnr.28.

[479] NPGWJ/*Pahlen*, 14. Aufl. 2020, SGB IX § 238 Rdnrn.4, 13 und 17.

kann er nicht belangt werden. Dem grundsätzlich denkbaren Einwand, bei einer offensichtlichen Einschränkung könnte ein Fahrlässigkeitsvorwurf in Betracht kommen, ist zu entgegnen, dass hier das Persönlichkeitsrecht des Mitarbeiters entgegensteht. Dieses gebietet einem Investigativverhalten des Arbeitgebers zumindest während der ersten sechs Monate des Arbeitsverhältnisses Einhalt.

Sofern aus der Bußgeldandrohung ein Fragerecht hergeleitet werden soll, fragt sich allerdings, ob hier nicht sogar eine Fragepflicht anzudenken ist, da sonst der Fahrlässigkeitsvorwurf gegenüber dem Arbeitgeber im Raum steht.

Derartige Mechanismen entsprechen nicht dem Ziel des Antidiskriminierungs- bzw. Schwerbehindertenrechts, das die Teilhabe der betroffenen Menschen befördern soll.

5. Gewährung von Zusatzurlaub

Das BAG[480] hält weiterhin den Zusatzurlaub nach § 208 SGB IX für ein Argument, das die arbeitgeberseitige Frage nach dem Status des Mitarbeiters rechtfertigen soll. Auch hier ist ein Berufen unter Hinweis auf den (nicht notwendig bereits amtlich festgestellten) Status erforderlich[481]. Der Arbeitgeber muss den Zusatzurlaub nicht anbieten, solange er den Status des Arbeitnehmers nicht kennt[482]. Hieraus auf ein Fragerecht des Arbeitgebers und eine korrespondierende Aufklärungspflicht des Arbeitnehmers zu schließen, erscheint daher zweifelhaft. Es ist dem Arbeitnehmer vielmehr zuzumuten, seinen Status im Rahmen der Geltendmachung des Zusatzurlaubs zu offenbaren, da er anderenfalls dieses Recht nicht wahrnehmen kann. Dies spricht vorliegend für eine Obliegenheit des Arbeitnehmers.

Eine Aufklärungspflicht zur Ermöglichung eines rechtstreuen Verhaltens des Arbeitgebers kann sich hier nicht ergeben.

---

480 BAG v. 16.02.2012 – 6 AZR 553/10 – E 141, 1, 4 Rdnr.14.

481 BAG v. 28.01.1982 – 6 AZR 636/79 –, AP Nr.3 zu § 44 SchwbG; NPGWJ/*Pahlen*, 14. Aufl. 2020, SGB IX § 208 Rdnr.8; ErfK/*Rolfs*, 21. Aufl. 2021, SGB IX § 208 Rdnr.1.

482 NPGWJ/*Pahlen*, 14. Aufl. 2020, SGB IX § 208 Rdnr.9.

6. Beteiligungsrechte der Interessenvertretungen

Nach § 176 SGB IX fördern u. a. Betriebs- und Personalräte die Eingliederung schwerbehinderter Menschen. Die Beteiligungsrechte der Interessenvertretungen dienen der Interessenwahrung der schwerbehinderten Beschäftigten[483].

Die Generalklausel des § 178 Abs.1 S.1 SGB IX legt die Grundsätze der Aufgaben der SBV im Sinne einer Helfer- und Beraterfunktion für den einzelnen schwerbehinderten Menschen fest[484]. Ein Fragerecht des Arbeitgebers nach dem Status eines Arbeitnehmers kann sich daraus jedoch nicht ergeben. Es muss hier genügen, wenn der Arbeitgeber den Arbeitnehmer darauf hinweist, dass er ggf. die Hilfe der SBV in Anspruch nehmen kann. Anderenfalls ergäbe sich eine Hintertür zur Ausforschung der Arbeitnehmer, die so nicht gewollt sein kann.

Selbst in Fällen des § 178 Abs.2 SGB IX, in denen „die schwerbehinderten Menschen als Gruppe" betroffen sind, wäre die Frage an ein Individuum gerichtet. Eine darauf aufbauende Frageberechtigung des Arbeitgebers nach dem individuellen Status seiner Beschäftigten im Kontext des § 5 AGG setzt voraus, dass die Gruppe der schwerbehinderten Beschäftigten als Ganzes betroffen ist. Eine solche Konstellation ist kaum denkbar, zumal dann auch die Arbeitnehmervertretung zu beteiligen ist[485].

C. Befristetes Beschäftigungsverhältnis

Im Schrifttum wird die Frage im befristeten Arbeitsverhältnis vereinzelt abgelehnt[486]. Laut *Husemann*[487] ergeben sich bei befristeten Arbeitsverhältnissen keine Besonderheiten. Im Zeitpunkt des Vertragsschlusses ist der Arbeitgeber nicht berechtigt, nach einem möglicherweise vorliegenden Schwerbehindertenstatus zu fragen. Nach sechsmonatigem Bestehen soll der Arbeitgeber

---

483 ErfK/*Rolfs*, 21. Aufl. 2021, SGB IX § 178 Rdnr.1; NPGWJ/*Pahlen,* 14. Aufl. 2020, SGB IX § 178 Rdnr.5.

484 *Rehwald* in: Basiskommentar SGB IX, 15. Aufl. 2020, § 178 Rdnr.4f.

485 Zur Bedeutung der Arbeitnehmervertretungen im Bereich des Arbeitnehmerschutzes vgl. *Reichold*, FS 50 Jahre BAG, 153, 171.

486 So *Brecht-Heitzmann*, ZTR 2006, 639, 645.

487 *Husemann*, RdA 2014, 16, 22.

dann zulässigerweise nach dem Status fragen dürfen (Verzeichnisführung). Der Ansicht, dass eine spätere Entfristung in Kenntnis des Status in Rede steht, sei „dann im Interesse eines bestehenden Systems hinzunehmen“[488], kann allerdings nicht gefolgt werden.

Die Zahl der befristeten Arbeitsverhältnisse hat sich von 863.000 im Jahr 1994 auf 2,78 Mio. im Jahr 2014 verdreifacht, wovon 48 Prozent ohne Sachgrund befristet sind.[489] Für das Jahr 2016 weist das Statistische Bundesamt[490] 37,04 Mio. abhängig Erwerbstätige aus, von denen 4,856 Mio. befristet beschäftigt sind. Hiervon entfallen allein 3 Mio. auf die Alterskohorte der 20 bis 40 Jahre alten Erwerbstätigen.

Nachdem die Auskunftsverpflichtung laut BAG[491] keine übermäßige Belastung für den Arbeitnehmer darstellen darf, greift hier wiederum die Betrachtung der widerstreitenden Interessen unter Berücksichtigung des Verhältnismäßigkeitsgrundsatzes. Jedenfalls zulässig ist daher die Frage, wenn das Arbeitsverhältnis über den Zeitpunkt hinaus geht, zu dem eine Rückforderung zu Unrecht gezahlter Ausgleichsabgabe erfolgen kann, vgl. § 160 Abs.4 S.8 SGB IX.

Im Fall eines befristeten Arbeitsverhältnisses besteht für den Arbeitnehmer die Gefahr, durch Offenbarung seines Status eine mögliche Weiterbeschäftigung bei demselben Arbeitgeber zu gefährden. Die genannten Zahlen zeigen, dass befristete Beschäftigungsverhältnisse gerade zu Beginn der Erwerbsbiographie verbreitet sind. Sie dienen hier auch als verlängerte Probezeit[492]. Auf Seiten des Arbeitgebers kann hier die rechtsgrundlos entrichtete Ausgleichsabgabe für eine Offenbarungsverpflichtung des Arbeitnehmers streiten. Da die Unkenntnis des Arbeitnehmerstatus aufgrund der Befristung nur im Fall einer außerordentlichen Kündigung Wirkung entfaltet, ist zu überlegen, ob die Offenbarungspflicht hier sach- und interessengerecht sein kann.

---

488 *Husemann*, RdA 2014, 16, 22.

489 BT-Drucks. 18/12354 v. 16.05.2017, 1.

490 Statistisches Bundesamt, Bevölkerung und Erwerbstätigkeit 2016, 2.14.1, 3, www.destatis.de.

491 So BAG v. 07.09.1995 – 8 AZR 828/93 –, NZA 1996, 637, 638.

492 Vgl. *Gürtzgen/Kubis/Küfner*, IAB-Kurzbericht 17/2019, 9, die neben der Deckung des kurzfristigen Arbeitskräftebedarfs bei 85 v. H. der Befristungen eine längerfristige Perspektive sehen.

Nachdem das Integrationsamt auch im Rahmen einer außerordentlichen Kündigung zu hören ist, ist in einem solchen Fall auf die Ausführungen zur Kündigung zu verweisen[493]. Offenbart sich der Arbeitnehmer nicht rechtzeitig, kann er sich nicht im Nachhinein auf die Schutzvorschriften des SGB IX berufen (Verwirkung).

Es ist somit sachgerecht, eine Fragestellung bei einer Vertragsdauer von unter sechs Monaten als unzulässig einzustufen.

D. Das Problem der Statusänderung im bestehenden Beschäftigungsverhältnis

Der Ausformung der Kriterien für die Bildung des GdB liegen die gesellschaftlichen Rahmenbedingungen behinderter Menschen für eine selbstbestimmte und gleichberechtigte Teilhabe zugrunde. Daher kann sich eine Verbesserung der Lebenssituation dieser Personengruppe gemäß den Zielen des SGB IX und des BGG auf die Höhe des GdB im Einzelfall auswirken, sofern durch sie eine Beseitigung von Benachteiligungen und damit eine gleichberechtigte Teilnahme am Leben in der Gesellschaft mit selbstbestimmter Lebensführung erreicht wurde.[494]

Der Ablauf einer Heilungsbewährung, etwa nach einer Krebserkrankung ohne Rezidiv, stellt eine Änderung der tatsächlichen Verhältnisse i.S. des § 48 SGB X dar[495]. Verringert sich der GdB auf weniger als 50, verliert der behinderte Mensch den Schutz als schwerbehinderter Mensch gem. § 199 Abs.1 SGB IX erst, nachdem die Verringerung durch Bescheid festgestellt wurde und dieser Bescheid unanfechtbar geworden ist. Zudem besteht nach Eintritt der Unanfechtbarkeit eine Auslauffrist, sog. „Schonfrist“ [496], von drei

---

493 Vgl. Teil 2 § 6.

494 *Schorn*, SozSich 2002, 127, 128f.; *Schulte*, ZESAR 2012, 112, 113 und 117 weist darauf hin, dass die Höhe des GdB ausschlaggebend für die Möglichkeit ist, Nachteilsausgleiche zur Gewährung sozialer Inklusion in Anspruch zu nehmen.

495 LSG NRW v. 18.08.2002 – L 7 SB 70/02 –, NZS 2002, 671.

496 *Winkler* in: Müller-Wenner/Winkler, 2. Aufl. 2011, SGB IX Teil 2, § 116 SGB IX, Rdnr.6; LPK-SGB IX/*Dau*, 5. Aufl. 2019, SGB IX § 199 Rdnr.13 a. E.; *Bieritz-Harder* in HK-SGB IX, 3. Aufl. 2010, § 116 Rdnr.6.

Monaten, nach deren Ablauf der Betroffene den Schutz als schwerbehinderter Mensch verliert.[497]

Für gleichgestellte Menschen gilt die entsprechende Regelung des § 199 Abs.2 SGB IX.

Ändert sich der Status eines Beschäftigten im bestehenden Beschäftigungsverhältnis, besteht für den Arbeitgeber die Möglichkeit, nach sechsmonatigem Bestehen des Arbeitsverhältnisses nach dem Status zu fragen. Eine unbegründete Offenbarung von Seiten des Arbeitnehmers kann von diesem nicht erwartet werden, sofern die dem Status zugrunde liegende Behinderung seine Arbeitsleistung nicht beeinträchtigt.

Eine Offenbarung bei Wegfall des Status im bestehenden Arbeitsverhältnis würde dem Arbeitgeber eine Erstattung der zu Unrecht entrichteten Ausgleichsabgabe ermöglichen. Jedoch ist zu besorgen, dass das Vertrauensverhältnis zu dem entsprechenden Arbeitnehmer empfindlich gestört sein kann und ein grundsätzliches Misstrauen gegenüber seiner Leistungsfähigkeit durch die Information über den ehemals bestehenden Status geweckt werden kann.

E. Stellungnahme

Im bestehenden Beschäftigungsverhältnis liegt es im Interesse des schwerbehinderten Arbeitnehmers, dessen Beeinträchtigungen ihn bislang noch nicht gezwungen haben, seinen Status zu offenbaren, diesen weiterhin vor dem Arbeitgeber zu verbergen. Dies ermöglicht dem Arbeitnehmer die reibungslose Eingliederung in den Arbeitsprozess, dessen Anforderungen er offenbar erfüllen kann.

Der Arbeitgeber wiederum hat ein Interesse an der Kenntnis des Status seines Arbeitnehmers, da er mit dieser Information nachweisen kann, in welchem Umfang er die Beschäftigungspflicht erfüllt. Die monetäre Auswirkung

---

[497] Vgl. *Winkler* in: Müller-Wenner/Winkler, 2. Aufl. 2011, SGB IX Teil 2, § 116 SGB IX, Rdnr.6; *Kossens* in Kossens/von der Heide/Maaß, 4. Aufl. 2015, SGB IX § 116 SGB Rdnr.2f.

der Unkenntnis ist hier die rechtsgrundlose Zahlung der Ausgleichsabgabe. Es ist also ein nicht in der Person des Arbeitnehmers liegender Faktor, der diesen zur wahrheitsgemäßen Beantwortung der Frage des Arbeitgebers nach dem Status zwingt. In welcher Form der Arbeitgeber aus dieser Information weitergehende Schlüsse bezüglich des Arbeitnehmers zieht, ist für den Arbeitnehmer weder kontrollier- noch beeinflussbar.

Somit erwächst aus einer Regelung, die ursprünglich der Integration schwerbehinderter Menschen ins Arbeitsleben dienen sollte, ein Nachteil, der mit dem wirtschaftlichen Interesse des Arbeitgebers begründet wird.

§ 6 Die Frage bei Beendigung des Arbeitsverhältnisses

Das BAG[498] stellte fest, dass den schwerbehinderten Menschen nach der Rechtslage bis zum 21.12.2003 die Obliegenheit traf, seinen Arbeitgeber innerhalb eines Monats auf den besonderen Kündigungsschutz hinzuweisen. Anderes sollte nur bei Kenntnis von oder Offensichtlichkeit der Schwerbehinderung gelten.

A. Die Frage bei beabsichtigter Kündigung

Die Kündigung eines schwerbehinderten Menschen soll aufgrund dessen Behinderung einer höheren Hemmschwelle begegnen als die bloße Nichteinstellung[499].

Da Schwerbehinderteneigenschaft oder Gleichstellung eine Behinderung voraussetzen, sind sie auch bei der Beendigung von Arbeitsverhältnissen zu berücksichtigen, § 2 Abs.1 Nr.2 AGG. Da § 2 Abs.4 AGG ausschließlich die Regelungen zum allgemeinen und besonderen Kündigungsschutz für anwendbar erklärt[500], werden vorliegend nur diese betrachtet.

I. Die Frage zur Vorbereitung einer Kündigung

Mit der statusbezogenen Frage im Vorfeld einer beabsichtigten Kündigung versucht der Arbeitgeber sich rechtstreu zu verhalten[501]. Dies gilt sowohl für die Anforderungen des § 1 Abs.3 KSchG als auch den Sonderkündigungsschutz des SGB IX und das Zustimmungserfordernis durch das

---

498 BAG v. 20.01.2005 – 2 AZR 675/03 –, NZA 2005, 689.

499 *Husemann*, RdA 2014, 16, 22.

500 Die Vereinbarkeit dieser Regelung mit dem EU-Recht ist umstritten, vgl. ErfK/*Oetker*, 21. Aufl. 2021, KSchG § 1 Rdnr.90a.

501 So *Schrader/Siebert*, ArbRAktuell 2012, 157, 159.

Integrationsamt. Das BAG hat den Verweis auf ein Negativattest[502] zutreffend verneint[503]. Gleichwohl ist der Arbeitnehmer nicht zur ungefragten Auskunft verpflichtet[504].

Die wahrheitswidrige Beantwortung der Frage führt jedoch nach Rspr.[505] und Schrifttum[506] zur Verwirkung des Sonderkündigungsschutzes. Es handelt sich mithin um eine Obliegenheit des Arbeitnehmers zur Offenbarung seines Status[507].

II. Die Frage zur Erfüllung der Beteiligungspflichten

Bei der Beendigung eines Arbeitsverhältnisses sind die Interessenvertretungen und das Integrationsamt zu beteiligen.

1. Betriebliche Interessenvertretungen

Um dieser Verpflichtung zur Beteiligung von Betriebs- bzw. Personalrat und SBV zum Schutz des Arbeitnehmers entsprechen zu können, muss der Arbeitgeber die Möglichkeit haben, den Status des Beschäftigten in Erfahrung bringen zu können.

Der Personalrat wirkt gem. § 85 Abs.1 BPersVG bei der ordentlichen Kündigung durch den Arbeitgeber mit. Eine ohne Anhörung des Betriebsrats erfolgte Kündigung ist unwirksam, § 102 Abs.1 BetrVG, ebenso wie eine ohne Beteiligung der SBV ausgesprochene Kündigung, § 178 Abs.2 S.3 SGB IX. Der Arbeitgeber kann allerdings auch erst durch die der Kündigung widersprechende Stellungnahme des Betriebsrats nach § 102 BetrVG von der Schwerbehinderung oder Antragstellung Kenntnis erlangen[508].

---

502 Das Negativattest ist ein Bescheid des Integrationsamtes, der einen Antrag des Arbeitgebers auf Zustimmung zur Kündigung eines schwerbehinderten oder gleichgestellten Menschen mangels Vorliegens des entsprechenden Status als unzulässig abweist.

503 BAG v. 16.02.2012 – 6 AZR 553/10 –, E 141, 1, 4 Rdnr.16.

504 *Deinert* in: Deinert/Welti, SWK BehindertenR, 2. Aufl. 2018, Fragerecht des Arbeitgebers, Rdnr.19 unter Hinweis auf die Obliegenheit zur Offenbarung des Status durch den Arbeitnehmer.

505 BAG v. 16.02.2012 – 6 AZR 553/10 –, E 141, 1, 2f. und 14 Rdnrn.10 und 52f.

506 *Schrader/Siebert*, ArbRAktuell 2012, 157, 159.

507 *Deinert* in: Deinert/Welti, SWK BehindertenR, 2. Aufl. 2018, Fragerecht des Arbeitgebers, Rdnr.19.

508 BAG v. 20.01.2005 – 2 AZR 675/03 –, NZA 2005, 689.

2. Integrationsamt

Die Beteiligung des Integrationsamtes bei Beendigung des Arbeitsverhältnisses dient dem Arbeitsplatzschutz des individuellen schwerbehinderten Mitarbeiters[509]. Der Arbeitgeber hat also die Pflicht, die Zustimmung des Integrationsamts zur Kündigung einzuholen, § 168 SGB IX.

Um dieser Verpflichtung zur Beteiligung gerecht werden zu können und damit auch Schutzmechanismen für den schwerbehinderten Arbeitnehmer auszulösen, muss es dem Arbeitgeber möglich sein, sich über den Status zu informieren. Hier überwiegt somit das Interesse des Arbeitgebers.

III. Berücksichtigung bei der Sozialauswahl

Eine Berücksichtigung bei der Sozialauswahl setzt eine Feststellung nach § 152 SGB IX voraus[510]. Der Arbeitgeber kann zwar grundsätzlich vorsorglich den Antrag auf Zustimmung nach § 168 SGB IX stellen und damit ein Negativattest erwirken. Jedoch kann dies – abhängig von den wirtschaftlichen Umständen – zu einem derart erhöhten Arbeitsanfall bei den Integrationsämtern führen, dass eine sachgerechte Bearbeitung der begründeten Anträge nur eingeschränkt möglich ist. Insofern kann der Arbeitgeber den Status des Arbeitnehmers zulässig erfragen. Es ist dann auch nicht zu beanstanden, wenn der Schwerbehinderung nach Maßgabe des GdB differenziert Rechnung getragen wird[511].

IV. Kündigung innerhalb der ersten sechs Monate des Beschäftigungsverhältnisses

Erfolgt die Kündigung innerhalb der ersten sechs Monate des Beschäftigungsverhältnisses, ist der Arbeitgeber verpflichtet, die Beendigung des Arbeitsverhältnisses nach § 173 Abs.4 SGB IX dem Integrationsamt innerhalb von vier Tagen anzuzeigen.

---

509 ErfK/*Rolfs*, 21. Aufl. 2021, SGB IX § 168 Rdnr.1; NPGWJ/*Neumann*, 14. Aufl. 2020, SGB IX, § 168 Rdnr.1.

510 BAG v. 20.01.2005 – 2 AZR 675/03 –, NZA 2005, 689, 690.

511 ErfK/*Oetker*, 21. Aufl. 2021, KSchG § 1 Rdnr.334.

Die Anzeige führt nicht zur Zustimmungsbedürftigkeit der Kündigung und dient der Prüfung möglicher Schadenersatzansprüche des Integrationsamts[512]. Insofern kann diese Vorschrift für sich genommen keine Frageberechtigung begründen.

B. Zwischenergebnis

Im Hinblick auf eine beabsichtigte Kündigung eines Arbeitnehmers begegnet die Frageberechtigung des Arbeitgebers keinen Bedenken. Zum einen benötigt der Arbeitgeber die Information über den Status, um sich rechtstreu zu verhalten, zum anderen dient die Information hier auch dem Schutz des schwerbehinderten Arbeitnehmers, der durch die Interessenvertretungen und das Integrationsamt Unterstützung erhalten kann. Sofern der Arbeitnehmer es vorzieht, zu seinem Status zu schweigen, verwirkt er diesen Schutz.

512 *Rehwald* in: Basiskommentar SGB IX, 15. Aufl. 2020, § 173 Rdnr.19.

§ 7 Die Folgen der unzutreffenden Beantwortung der Frage

Welche Wirkungen die unzutreffende Beantwortung der Frage nach dem Status des Bewerbenden bzw. Arbeitnehmers hat, hängt davon ab, ob der Arbeitgeber die Frage stellen durfte.

A. Zulässige Fragen

Wie bereits gezeigt[513] ist eine zulässig gestellte Frage wahrheitsgemäß zu beantworten. Bei unzutreffender Beantwortung einer zulässigen Frage besteht ein Anfechtungsrecht des Arbeitgebers nach den §§ 119, 123 BGB[514] bzw. Schadenersatzansprüche.

B. Unzulässige Fragen

Sind dem Arbeitgeber bestimmte Fragen ihrem Inhalt oder ihrer Art nach untersagt, muss es für den Stellenbewerber/Beschäftigten auch Möglichkeiten geben, unzulässigen Fragen zu begegnen, ohne seine Bewerbungs- bzw. Beschäftigungschancen zu verringern oder sich damit ins Unrecht zu setzen.

Da ein Bewerber durch die Nichtbeantwortung einer unzulässig gestellten Frage zwangsläufig den Eindruck hervorruft, er habe etwas zu verbergen, wird ihm in diesem Fall ein sog. „Recht zur Lüge“[515] zugestanden[516].

---

513 So Teil 2 § 3.

514 Vgl. *Linck* in: Schaub, ArbRHdb, 18. Aufl. 2019, § 26 Rdnr.21.

515 Urspr. so benannt von *Larenz*, Anm. zu BAG v. 22.09.1961 – 1 AZR 241/60 –, AP Nr.15 zu § 123 BGB, Bl.1255f.

516 *Wohlgemuth*, AuR 1992, 46, 49f.; *Ehrich*, DB 2000, 421; *Deinert* in Deinert/Neumann, Hdb. SGB IX, 2. Aufl. 2009, § 17 Rdnr.3; MHdB ArbR/*Benecke*, Bd.1: Individualarbeitsrecht 1, 5. Aufl. 2021, § 33 Rdnr.142 mit der Klarstellung, dass dieses ‚Recht zur Lüge‘ lediglich bedeutet, dass bei unzulässiger Frage eine unrichtige Auskunft nicht als arglistige Täuschung iSd. § 123 BGB angelastet werden kann; *Weyand/Schubert*, Das neue Schwerbehindertenrecht, 2. Aufl. 2002, 3.3, Rdnr.154; *Joussen*, NJW 2003, 2857, 2859; a.A. einst BAG v. 22.09.1961 – 1 AZR 341/60 –, AuR 1961, 346; *Oetker*, RdA 2004, 8, 14, kritisiert den Begriff des „Rechts der Lüge“ als zu plakativ.

Moritz[517] will dieses „Recht zur Lüge“ grundsätzlich nicht anerkennen, relativiert diesen Standpunkt jedoch, indem er dem Arbeitgeber im Falle der unrichtigen Beantwortung unzulässig gestellter Fragen keine Schadensersatzansprüche gegen den Arbeitnehmer und keine Anfechtungsmöglichkeit nach den §§ 119, 123 BGB zuerkennt. Ein anderer Teil des Schrifttums[518] wiederum sieht das „Recht zur Lüge“ als Teil des präventiven Diskriminierungsschutzes durch Frageverbot.

Jedenfalls berechtigt die wahrheitswidrige Beantwortung einer unzulässig gestellten Frage nicht zur Anfechtung des Arbeitsvertrags wegen Täuschung, da es dieser an der erforderlichen Rechtswidrigkeit oder aber der Arglist fehlt[519].

Die somit anerkannte Regelung stellt also faktisch ein „Recht zur Lüge“ dar, wenngleich dessen Rechtsnatur zweifelhaft ist.

Das BAG[520] hat im Fall der Frage nach der Schwerbehinderteneigenschaft anders als bei der Frage nach einer Schwangerschaft ein „Recht zur Lüge“ abgelehnt. Es gebe außer dem gesetzlich eröffneten keinen weiteren inoffiziellen Weg zur „unauffälligen Integration in den Arbeitsprozess“[521]. *Kreitner*[522] schließt sich dieser Argumentation an, wonach bei einem „Recht zur Lüge“ bei Beantwortung einer unzulässig gestellten Frage diejenigen schwerbehinderten Menschen ohne ersichtlichen Grund bevorzugt würden, deren Schwerbehinderung nicht äußerlich erkennbar ist[523]. Andere Teile im Schrifttum[524] wollen in der unzulässigen Frage einen rechtswidrigen Angriff des Arbeitgebers auf das Persönlichkeitsrecht des Bewerbers sehen und damit

---

517 *Moritz*, NZA 1987, 329, 336.

518 *Von Koppenfels-Spies*, AuR 2004, 43; *Käppler*, ZfA 1995, 271, 276.

519 *Ehrich*, DB 2000, 421; *Joussen*, NJW 2003, 2857, 2858.

520 U. a. BAG v. 01.07.1993 – 2 AZR 25/93 –, AP Nr.36 zu § 123 BGB mit Anm. *Wank*; v. 01.07.1993 – 2 AZR 25/93 –, EzA § 123 BGB Nr.39.

521 BAG v. 05.10.1995 – 2 AZR 754/97 –, E 81, 120, 128.

522 *Kreitner*, EWiR 1996, 441, 442.

523 Vgl. hierzu *Charlton*, Nothing About Us Without Us, 97, der in diesem Zusammenhang von einer „Hierarchie der Behinderungen” spricht.

524 *Walker*, DB 1987, 273; *Neumann-Duesberg*, JR 1967, 1, 3; *v. Lübtow*, FS Bartholomeyczik (1973), 249, 275; *Linnenkohl*, AuR 1983, 129, 133; kritisch dazu *Leipold*, AuR 1971, 161, 163, der weder einen notwehrfähigen Eingriff in die Intimsphäre durch eine bloße Frage anerkennen will, noch die Notwehr durch Lüge, da eine schlichte Verweigerung der Beantwortung hierfür ausreichend sei.

die wahrheitswidrige Beantwortung unter dem Gesichtspunkt der Notwehr rechtfertigen.

Schwerdtner[525] stellte jedoch zutreffend fest:

> „Die Limitierung des Fragerechts bleibt solange rein verbal fortschrittlich, wie der Bewerber bei unzulässigen Fragen nicht die Courage besitzt, zu lügen.“

Auch kann ein Recht zur Lüge, wie *Fleischer*[526] richtig darlegt, nur dann ein Frageverbot unterstreichen, wenn die übermittelten Informationen nicht nachprüfbar sind.

C. Sonderfall: Die wahrheitswidrige Bejahung der statusbezogenen Frage

Bei der wahrheitswidrigen Bejahung der Frage nach dem Vorliegen der Schwerbehinderteneigenschaft ist die Möglichkeit der Anfechtung interessengerecht[527]. Die Frage dürfte dabei regelmäßig auf den administrativ festgestellten GdB und die so amtlich festgestellte Schwerbehinderteneigenschaft zielen. Sofern diese lediglich subjektiv vom Gefragten als möglicherweise vorliegend angesehen wird, steht der Weg der Anfechtung offen.

Ist bereits der Antrag auf Feststellung des GdB oder auf Gleichstellung gestellt, so ist dies auf zulässige Nachfrage zu offenbaren. Der Gefragte, der sich unzutreffender Weise den Schutz als schwerbehinderter Mensch erschleicht, ist nicht schutzwürdig.

---

525 *Schwerdtner*, Arbeitsrecht I, 29.

526 *Fleischer*, Informationsasymmetrie im Vertragsrecht, 130.

527 *Husemann*, RdA 2014, 16, 18.

D. Folgen unzulässiger Fragestellung für den Arbeitgeber

Mit dem Benachteiligungsverbot des § 164 SGB IX und der damit verbundenen Intention des Gesetzgebers, die Benachteiligung schwerbehinderter Bewerber und Beschäftigter zu verhindern[528], ist auch die tätigkeitsneutrale Frage nach dem Status eines Bewerbers bereits logisch ausgeschlossen.[529] Fragt der Arbeitgeber unzulässiger Weise nach der Schwerbehinderteneigenschaft, kann dies ein Indiz für eine Benachteiligung wegen der dem Status zugrunde liegenden Behinderung darstellen[530]. Die daraus folgenden Rechte (§ 15 AGG) lassen sich so möglicherweise leichter durchsetzen.

Schon die Annahme einer Behinderung durch den Arbeitgeber als Grund einer Benachteiligung löst den Schadenersatz nach § 15 Abs.2 AGG aus[531]. Wurde dann noch eine statusbezogene Frage gestellt, greift die Beweislastumkehr des § 22 AGG.

Zwischenfazit Teil 2

Das Fragerecht nach dem Vorliegen von Gleichstellung oder amtlich festgestellter Schwerbehinderteneigenschaft hat mit dem Inkrafttreten des SGB IX eine grundlegende Wandlung erfahren.

Das nunmehr bestehende Frageverbot im Anbahnungsverhältnis ist geeignet, schwerbehinderten Bewerbern die Teilhabe am Arbeitsleben zu ermöglichen, ohne die mit dem Status in Verbindung stehenden Sicherungsstandards zu

---

528 Vgl. BT-Drucks. 14/5074 v. 16.01.2001, 113 noch zur inhaltsgleichen Vorgängernorm des § 81 SGB IX a.F.

529 *Mohr*, br 2008, 34, 45; LPK-SGB IX/*Düwell*, 5. Aufl. 2019, SGB IX § 164 Rdnr.36; *Bayreuther*, NZA 2010, 679, 682 weist darauf hin, dass eine entsprechende Frage daher nicht zutreffend beantwortet werden muss; a.A. *Schrader/Siebert*, ArbRAktuell 2012, 157, 158, welche die Frage nach dem Status im Hinblick auf die geplante Tätigkeit zulassen wollen.

530 *Deinert* in: Deinert/Welti, SWK BehindertenR, 2. Aufl. 2018, Fragerecht des Arbeitgebers, Rdnr.3 und Benachteiligungsverbot, Rdnr.44.

531 BAG v. 17.12.2009 – 8 AZR 670/08 – NZA 2010, 383.

verringern. Eine Rechtfertigung der Frage aus § 5 AGG oder aus § 8 AGG ist nicht möglich.

Wie gezeigt, verfangen lediglich die Beschäftigungsquote bzw. die Ausgleichsabgabe und die Pflichten im Vorfeld einer beabsichtigten Kündigung als Argumente für eine Frageberechtigung des Arbeitgebers im bestehenden Arbeitsverhältnis. Die Ausgleichsabgabe als Argument ist jedoch unter dem Gesichtspunkt des Antidiskriminierungsrechts mit Vorsicht zu betrachten, stellt diese doch eine Sanktion für die Nichterfüllung der Beschäftigungspflicht dar.

Dass der konkrete Anlass der Fragestellung dem Arbeitnehmer nicht mitgeteilt werden muss, ist auf dem Hintergrund des Inklusionsgedankens der BRK nicht nachvollziehbar.

Besitzt der Arbeitgeber keine Kenntnis vom Status seines Arbeitnehmers, bestehen auch keine entsprechenden Schutzpflichten. Ein generelles Frageverbot außerhalb des Bereichs der beabsichtigten Beendigung des Arbeitsverhältnisses erscheint unter diesem Gesichtspunkt zumindest diskussionswürdig.

Die Frage nach dem Vorliegen der Schwerbehinderteneigenschaft oder Gleichstellung während eines bestehenden Beschäftigungsverhältnisses ist nach Ansicht des BAG aufgrund einer sonst möglicherweise rechtsgrundlosen Zahlung der Ausgleichsabgabe durch den Arbeitgeber gerechtfertigt. Mit der Begründung der dem Arbeitgeber staatlich auferlegten Ausgleichsabgabe wird den betroffenen Arbeitnehmern die Möglichkeit der statusanonymen Teilhabe bzw. Teilnahme am wirtschaftlichen und gesellschaftlichen Leben verwehrt.

Die Schwerbehinderteneigenschaft hat als Eigenschaft des Arbeitnehmers aber keine Auswirkung auf die Leistungserbringung. Im Fall eines voll leistungsfähigen Arbeitnehmers stehen sich die wirtschaftlichen Interessen des Arbeitgebers aufgrund einer möglichen Nichterfüllung der Beschäftigungsquote und der damit verbundenen rechtsgrundlosen Entrichtung der Ausgleichsabgabe und die Privatsphäre des Arbeitnehmers gegenüber.

Die Ausgleichsabgabe als Argument für eine solche Offenbarungspflicht heranzuziehen, erscheint fragwürdig.

Dass die zu Unrecht entrichtete Ausgleichsabgabe faktisch diese Arbeitsleistung verteuert, kann nicht Grundlage einer Offenbarungspflicht sein. Die ohne Rechtsgrund entrichtete Ausgleichsabgabe kann zudem unter bestimmten Voraussetzungen erstattet werden, *arg. ex* § 160 Abs.4 S.8 SGB IX.

Sofern der Arbeitnehmer leistungseingeschränkt ist und dies Auswirkungen auf die vertraglich geschuldete Leistung hat, trifft den Arbeitnehmer diesbezüglich eine Offenbarungspflicht.

Problematisch ist hierbei jedoch, dass auf diese Weise eine gerade als Motivation zur Beschäftigung schwerbehinderter oder gleichgestellter Menschen geschaffene Abgabe zur Offenbarung des Status und damit zur Einschränkung der Selbstbestimmung des Beschäftigten führt.

Die Kenntnis über den Status des Arbeitnehmers wiederum kann zu dessen Diskriminierung führen. Wenn bereits im Einstellungsprozess davon ausgegangen wird, dass die Kenntnis des Arbeitgebers von der Schwerbehinderteneigenschaft oder Gleichstellung eines Bewerbers diskriminierend ist, da sie sich negativ auf dessen Einstellungschancen auswirkt, ist nicht einsichtig, warum diese Kenntnis des Status, die während des Beschäftigungsverhältnisses erworben wird, nunmehr positiv oder zumindest neutral in ihrer Wertung sein soll.

In der bestehenden Rechtslage ist es einem schwerbehinderten oder gleichgestellten Menschen verwehrt, sich in den Arbeitsprozess einzugliedern ohne seinen Status, der bekanntlich auf einer Einschränkung im Sinne einer Behinderung fußt, dauerhaft für sich behalten zu können.

Die Verpflichtung zur statistischen Datenerhebung mag unter dem Gesichtspunkt der Planbarkeit der Förderung noch als Argument in Betracht gezogen werden. Die staatlich veranlasste Ausgleichsabgabe als Fragegrund deutet eher in Richtung einer nicht intendierten Diskriminierung durch bestehende Regelungen.

Nicht zu beanstanden ist die Frage nach dem Status im Rahmen einer Sozialauswahl oder in Fällen, in denen ein Arbeitnehmer etwa die Umgestaltung seines Arbeitsplatzes wünscht. Hier sind die (hauptsächlich monetären)

Interessen des Arbeitgebers in einem Ausmaß betroffen, das die Frage rechtfertigt.

Auch bei Kündigungen oder im Insolvenzverfahren überwiegen klar die Interessen des Arbeitgebers an der rechtmäßigen Abwicklung des Arbeitsverhältnisses.

Anzudenken ist im Rahmen der Interessenabwägung, dass bei einer sachgrundlosen Befristung erst zur Beendigung des Arbeitsverhältnisses ein Fragerecht nach dem Status in Betracht kommen kann, wenn klar ist, dass eine Fortführung der Arbeitsbeziehung ausgeschlossen ist.

TEIL 3

DAS FRAGEVERBOT IM ÖKONOMISCHEN KONTEXT

Im Rahmen ökonomischer Überlegungen zeigt der Wegfall des Fragerechts ebenfalls Wirkung, da sich auch hier die widerstreitenden Interessen des schwerbehinderten Menschen und die des wirtschaftlich planenden Arbeitgebers gegenüberstehen. Zu der bereits bestehenden „ausgeprägten Skepsis gegenüber der Einstellung von Menschen mit Behinderungen“[532] beansprucht der Bereich der Behinderung erhebliche Kapazitäten in der Personalarbeit[533].

Sind Vertragspartner über relevante Eigenschaften der Leistung und Gegenleistung in unterschiedlichem Maß informiert und ist damit offen, welche Verpflichtungen die Vertragsparteien eingehen, wird dies als Informationsasymmetrie bezeichnet[534].

Die Bedeutung des Frageverbots für die Entscheidungsmechanismen und -strategien des Arbeitgebers wird insbesondere vor dem Hintergrund der Bedeutung von Arbeit und Information erkennbar. Eine zunehmende Beschränkung des arbeitgeberseitigen Informationsbegehrens vergrößert für diesen die mit einer Einstellung verbundenen Unwägbarkeiten[535]. Im Zweifel führt dies zum Absehen von einem ursprünglich intendierten Vertragsschluss.

---

532 *Klatta et al.*, Unternehmensbefragung „Dialog zwischen Integrationsamt und Betrieben“, 29.

533 *Klatta et al.*, Unternehmensbefragung „Dialog zwischen Integrationsamt und Betrieben“, 29.

534 Vgl. *Walwei* in Kleinhenz, BeitrAB, 95, 98.

535 *Thüsing/Lambrich*, BB 2002, 1146, 1152.

§ 8 Die Bedeutung der Personalauswahl

Die menschliche Arbeitskraft stellt neben Gütern, Finanzmitteln und organisatorischen Ressourcen einen unverzichtbaren Faktor in der Wirtschaftswelt dar.[536] Handelt ein Arbeitgeber also ressourcenorientiert, folgt hieraus die Bedeutung der Arbeitsleistung neben Sach- und Finanzmitteln als Grundlage für das Erreichen der wirtschaftlichen Ziele seines Unternehmens. Er erwartet von der Neueinstellung eines Arbeitnehmers eine Erhöhung der Produktivität und mithin seines Gewinns. Zwar ist Letzterer noch von weiteren Faktoren abhängig, für die Verbesserung der Produktivität versucht der Arbeitgeber durch die Auswahl unter den Stellenbewerbern jedoch zumindest eine geeignete Grundlage zu schaffen.[537]

Der Arbeitnehmer seinerseits erwirtschaftet durch seine Tätigkeit die Grundlage seines Lebensunterhalts und ist hierzu in der Regel auf das Beschäftigungsverhältnis angewiesen. Daher hat er als Stellenbewerber kein Interesse daran, Sachverhalte zu offenbaren, die (möglicherweise) dem Abschluss eines Arbeitsvertrages entgegenstehen.

Aus der Bedeutung des Faktors Arbeit folgt die Bedeutung der Auswahl der Arbeitnehmer, die diese Arbeit verrichten (sollen). Wie unter anderem im Rahmen der *Human Resource Management* (HRM)-Ansätze[538] deutlich wird, sind die Mitarbeiter der wichtigste Erfolgsfaktor und Quelle nachhaltiger Wettbewerbsvorteile, die es gilt, im und für den Wettbewerb zu gewinnen. Da Planung und Organisation dieses Produktionsfaktors für Unternehmen entscheidend sind, wird die Personalabteilung faktisch zu einer Art

---

536 Vgl. *Häberle*, JZ 1984, 345, 354; *Liebig* in: Liebig/Lengfeld/Mau, Verteilungsprobleme und Gerechtigkeit in modernen Gesellschaften, 197, 207; *Ridder/Conrad/Schirmer/Bruns*, Strategisches Personalmanagement, 39.

537 Vgl. *Lechner*, Asymmetrische Information auf dem Arbeitsmarkt, 126; vgl. *Borgaes*, Der Informationsschutz des Arbeitsplatzbewerbers, 7, hins. des Gedankens der Gewinnmaximierung als Richtschnur unternehmerischen Handelns bezüglich des Einsatzes und der Nachfrage nach menschlicher Arbeitskraft; vgl. *Thommen/Achleitner et al.*, Allgemeine Betriebswirtschaftslehre, 9. Aufl. 2020, 433f.

538 *Oechsler/Paul*, Personal und Arbeit, 11. Aufl. 2019, 86ff, weisen darauf hin, dass die Hauptschwächen des HRM-Ansatzes in der einseitigen Interessenorientierung in Richtung der Arbeitgeberinteressen liegen.

‚Wertschöpfungszentrum' des Unternehmens.[539] Ihr obliegt es, im Rahmen von Personalwerbung und -auswahl diejenigen Bewerber auszuwählen, welche die Anforderungen der zu besetzenden Stelle am besten erfüllen.[540] Durch Planung des Personalbedarfs wird die bestmögliche Nutzung der verfügbaren Arbeitskräfte erreicht und so eine langfristige Grundlage der Unternehmensexistenz und dessen Wettbewerbsfähigkeit gesichert[541]. Der Mensch ist hierbei ein entscheidender Faktor zur Erreichung des Unternehmensziels.[542] Die Bedeutung von Beschaffung und Auswahl variieren in Abhängigkeit des Konjunkturverlaufs. Dieser und der global verschärfte Wettbewerb erfordern schnelle Reaktionen auf veränderte Gegebenheiten im Umfeld eines Unternehmens, so dass auch im Personalmanagement neue wirtschaftlichkeits- und effizienzorientierte Konzepte entworfen und umgesetzt werden.[543]

Die Kosten-Nutzen-Analyse bei der Personalauswahl berücksichtigt aktuelle Kosten, die unmittelbar mit der Auswahl und dem Auswahlverfahren verbunden sind, und potentielle Kosten, die auf falschen Auswahlentscheidungen beruhen. Letztere entstehen etwa dadurch, dass ungeeignete Bewerber eingestellt oder geeignete abgewiesen werden.[544]

---

[539] *Ridder/Conrad/Schirmer/Bruns*, Strategisches Personalmanagement, 25; *Poppelreuter* in: Böhm/Poppelreuter, Personal Recruitment, 8. Aufl. 2015, Rdnrn.4f.; *Oechsler/Paul*, Personal und Arbeit, 11. Aufl. 2019, 88; *Ladensack*, AuA 1994, 11 und 12; *Schreyögg*, Die Unternehmung 53 (1999), 387, 402, weist darauf hin, dass eine ressourcenbasierte Unternehmenstheorie mit dem Schwerpunkt auf Personal und Organisation einen Bereich als Ausgangspunkt strategischer Wettbewerbsvorteile hervorhebt, der bislang nicht als solcher gewertet wurde.

[540] Vgl. *Thommen/Achleitner et al.*, Allgemeine Betriebswirtschaftslehre, 9. Aufl. 2020, 438f.; *Ladensack*, AuA 1994, 11, 12; *Oechsler/Paul*, Personal und Arbeit, 11. Aufl. 2019, 83.

[541] *Poppelreuter* in: Böhm/Poppelreuter, Personal Recruitment, 8. Aufl. 2015, Rdnrn.3, 5f.

[542] *Schuhmacher*, Personalplanung in der Praxis, 5; gleichwohl bekennt *Neuberger*, Personalwesen 1, 22, dass das beliebte Motto des Personalwesens, der Mensch stehe im Mittelpunkt, lediglich als Slogan ein leerer Behälter ist, „in den jeder die Bedeutung füllen kann, die ihm lieb ist". Der ‚Mensch' in diesem Sinn sei nicht das Individuum, sondern vielmehr das Gattungswesen oder die Idee des Menschen.

[543] Vgl. *Wunderer/von Arx*, Personalmanagement als Wertschöpfungs-Center, 3. Aufl. 2002, 25f.

[544] *Poppelreuter* in: Böhm/Poppelreuter, Personal Recruitment, 8. Aufl. 2015, Rdnrn.6, 7; *Thommen/Achleitner et al.*, Allgemeine Betriebswirtschaftslehre, 9. Aufl. 2020, 439f.

Zentrales Problem der Personalauswahl ist die Unvollständigkeit und Ungewissheit der über die Bewerber vorliegenden Informationen. Diese sind Grundlage für den Personaleinsatz innerhalb der betrieblichen Organisation, der den Qualifikationen der Arbeitnehmer am besten entsprechen muss, um so einen optimalen Arbeitsablauf und damit die volle Ausschöpfung aller vorhandenen Kapazitäten zu gewährleisten.[545]

---

545 Vgl. *Drumm*, Personalwirtschaft, 6. Aufl. 2008, 299ff.; *Thommen/Achleitner et al.*, Allgemeine Betriebswirtschaftslehre, 9. Aufl. 2020, 439; *Staehle*, Management, 8. Aufl. 1999, 671ff.

§ 9 Die Bedeutung von Wissen und Information im ökonomischen Kontext

Nach ökonomischer Sicht soll Information das unvollkommene Wissen eines Individuums in einem Entscheidungsprozess verändern. Der ökonomische Informationsbegriff erklärt Information als den durch Abbildung der Umwelt bestimmten Prozess der Veränderung des Wissens eines Individuums und die damit verbundene Wirkung auf das zielgerichtete Handeln. Damit beschränkt sich der ökonomische Informationsbegriff auf das zielgerichtete Handeln.[546]

Definiert als zweckorientiertes Wissen können Informationen eine bedeutende Produktivkraft darstellen[547]. Im Verhältnis zum Wissen stellt die Information eine die Bestandsgröße Wissen verändernde Stromgröße dar[548]. Wissen kann insbesondere produktiv sein, wenn der Einsatz des Wissens bei Entscheidungen zu einem Nettowohlfahrtsgewinn, etwa einer *Pareto*-Verbesserung[549] oder *Kaldor-Hicks*-Verbesserung[550] führt[551].

---

546 *Wessling*, Individuum und Information, 26f.; vgl. auch *Akerlof*, 84 Q.J.Econ. (1970), 488, der auf die Verwendung von Marktstatistiken zur qualitativen Beurteilung der Handlungen, etwa zukünftiger Käuferaktivitäten, hinweist.

547 *Gemünden*, Information, in: Handwörterbuch der Betriebswirtschaft, 5. Aufl. 1993, 1725; *Schäfer/ Ott*, Ökonomische Analyse des Zivilrechts, 6. Aufl. 2020, 602; vgl. hierzu auch die Diskussion über die Gütereigenschaften von Informationen bei *Fleischer*, Informationsasymmetrie im Vertragsrecht, 154ff.

548 *Wessling*, Individuum und Information, 27.

549 Eine ökonomische Konstellation ist nach *Pareto*, Manual of Political Economy, insb. Kap.III und VI, effizient, wenn keine Möglichkeit besteht, mindestens ein Individuum besser zu stellen, ohne ein anderes schlechter zu stellen. Das bedeutet im Umkehrschluss, dass *Pareto*-Ineffizienz vorliegt, wenn es noch eine Alternative gibt, mindestens ein Individuum besser zu stellen, ohne dass dies die Benachteiligung eines anderen zur Folge hat, vgl. hierzu auch *Varian*, Grundzüge der Mikroökonomik, 9. Aufl. 2016, 15f., der die Pareto-Effizienz auch als „ökonomische Effizienz" bezeichnet.

550 Eine ökonomische Effizienz nach *Kaldor*, 49 EJ (1939), 549, 551f. und *Hicks*, 49 EJ (1939), 696ff., insb. 709ff. ist gegeben, wenn die Maßnahme für zumindest ein Individuum eine Verbesserung zur Folge hat und die durch die Maßnahme benachteiligten Individuen theoretisch durch die Individuen kompensiert werden könnten, denen die Maßnahme nutzt. Zur Weiterentwicklung des *Kaldor-Hicks* Kriterium, vgl. *de Scitovszky*, 9 Review of Economic Studies (1941), 77ff., insb. 83, 86ff.

551 *Schäfer/ Ott*, Ökonomische Analyse des Zivilrechts, 6. Aufl. 2020, 500.

Informationen über gesamt- und einzelwirtschaftliche Daten mit Bezug zu Gegenwart und Zukunft sind die Grundlage für die zielgerichtete Planung ökonomischer Aktivitäten [552]. Bei ungleicher Informationsverteilung zwischen Marktteilnehmern besteht daher die Möglichkeit, dass die verschiedenen Wirtschaftssubjekte ihre Informationsvorteile zur Stärkung der eigenen Markt- bzw. Wettbewerbsposition nutzen. Dies geschieht auf Kosten der unzureichend informierten Kontrahenten.[553]

A. Information in der Einstellungssituation

Im Fall eines Einstellungsgesprächs treten sich der potentielle Arbeitgeber und der potentielle Arbeitnehmer (Bewerber) gegenüber. Sie sind rationale Vertragsparteien, die in Form der Einigung ein effizientes Mittel besitzen, ihre individuellen Ziele zu verfolgen. Das Vorstellungsgespräch dient hierbei der Koordination der gegenseitigen Erwartungen und dem Informationsaustausch. Einstellen wird der Arbeitgeber jeweils den Bewerber, der seinen Anforderungen im Vergleich zu den anderen Aspiranten am ehesten gerecht wird.[554] Ohne die Möglichkeit, bestimmte Eigenschaften des Bewerbers zu erfragen, besitzt der Arbeitgeber bezüglich dieser Eigenschaften ein Informationsdefizit. Dieses gewinnt an Bedeutung, wenn die in Frage stehenden Informationen geeignet sind, Zustandekommen, Inhalt und Beendigung des Arbeitsverhältnisses entscheidend zu prägen. Das Informationsdefizit steuert so den Zugang zum Arbeitsmarkt.

---

552 *Pieper*, Koordination individueller wirtschaftlicher Aktivitäten unter unvollkommener Information, 3.

553 Vgl. *Pieper*, Koordination individueller wirtschaftlicher Aktivitäten unter unvollkommener Information, 3; *Schmidt*, Informationsasymmetrie im Prozess der Personalauswahl, 5.

554 Vgl. *Brors*, DB 2003, 1734.

B. Die ökonomische Grundlage des Informationsbedarfs

Ein wesentlicher Grund für langfristige Verträge sind beziehungsspezifische Investitionen. Diese Investitionen stellen Kapital dar, dessen Rentabilität von der (Fort-)Dauer der Beziehung abhängt. Langfristige Beziehungen stellen hierbei sicher, dass die Amortisationsinteressen der Beteiligten während des laufenden Vertrages nicht gefährdet sind, da die Beendigung der Beziehung den unwiederbringlichen Verlust der Investitionen zur Folge hätte (sog. *sunk costs*).[555]

Typische wechselseitige Informationsmängel im Bereich eines Arbeitsverhältnisses finden sich im impliziten Leistungsversprechen des Arbeitnehmers und dem diesem gegenüberstehenden impliziten Karriereversprechen des Arbeitgebers.[556], wobei dieser nicht erkennen kann, ob der Arbeitnehmer nicht in der Lage ist, eine höhere Arbeitsleistung zu erbringen oder sich vor der Arbeit drückt (sog. *shirking*).

C. Kontrollprobleme aufgrund fehlender Informationen

Die Unkenntnis persönlicher Eigenschaften des Bewerbers oder Mitarbeiters, die dessen tatsächliche Eignung für den Arbeitsplatz beeinflussen, führt zur Informationsasymmetrie zu Lasten des potentiellen Arbeitgebers.

Die Möglichkeit und Fähigkeit, wirtschaftlich richtige Entscheidungen zu treffen, hängt von der Möglichkeit ab, sich über die entscheidungsrelevanten Umstände zu informieren. Die Unsicherheit über mögliche Eigenschaften eines Bewerbers oder Mitarbeiters, die sich auf seine Einsatzmöglichkeiten auswirken können, bedingt das Verhalten des Arbeitgebers, z. B. im Bereich der Lohn- bzw. Preispolitik. Ist für den Arbeitgeber nicht überschaubar, welche Investitionen [557] auf ihn zukommen, beeinflusst dies sowohl sein

[555] *Walwei* in: Kleinhenz, BeitrAB, 95, 100.

[556] *Okun*, Prices and quantities, 27ff.; *Walwei* in: Kleinhenz, BeitrAB, 95, 98.

[557] Z. B. für beeinträchtigungsgerechte Arbeitsplätze, Betriebsstätten, etc.

Einstellungsverhalten als auch seine Preispolitik hinsichtlich der von ihm angebotenen Waren oder Dienstleistungen.

Im Kontext der (fehlenden) Information über den Status eines Bewerbers oder Mitarbeiters treten neben die ökonomisch nachvollziehbaren Überlegungen nach § 164 Abs.4 S.1 Nr.4 SGB IX bzw. § 207 SGB IX zur Schichtarbeit, Nachtarbeit, Überstunden, Mehrarbeit etc. auch die vorurteilsbehafteten Ansichten bezüglich der Merkmalsträger.

D. Arten des Informationsdefizits und der Informationskosten

Die klassische Mikroökonomie nimmt eine bestimmte Kombination von Wissen und Nichtwissen an. Absolutes Wissen herrscht bezüglich der Preise und Qualitäten der angebotenen Güter, absolutes Unwissen bezüglich der Präferenzen und der sozialen Lage anderer Marktteilnehmer. Nachdem letztere Annahme die Möglichkeit strategischen Verhaltens ausschließt, wird über den Markt ein gesamtgesellschaftlicher Zustand der *Pareto*-Effizienz erzielt.[558]

In der Realität sind Preise und Qualität angebotener Güter für den Nachfrager in der Regel unbekannt. Dieser ist gezwungen, sich – soweit möglich – über diese Eigenschaften Kenntnis zu verschaffen. Ausgangsüberlegung sind Tauschbeziehungen, in denen ein Marktpartner besser informiert ist als sein Marktpartner auf der Gegenseite.

Grundsätzlich werden zwei Arten von Informationsmängeln unterschieden, Unkenntnis und Unsicherheit. Unkenntnis[559] liegt vor, wenn Marktteilnehmer unzureichend informiert sind, jedoch die Möglichkeit besteht, dieses Defizit durch entsprechende Informationsbeschaffung zu beseitigen. Unsicherheit

---

558 *Schäfer/Ott*, Ökonomische Analyse des Zivilrechts, 6. Aufl. 2020, 601, 604f.

559 *Fritsch*, Marktversagen und Wirtschaftspolitik, 10. Aufl. 2018, 249f., zieht den Ausdruck der ‚Unkenntnis' dem der ‚unvollkommenen Information' vor, da er ein Marktversagen nicht nur als Folge quantitativ fehlender Information, sondern auch infolge qualitativer Mängel der Informationen sieht. Zudem suggeriere der Terminus der ‚unvollkommenen' Information, dass vollkommene, also vollständige, Information ein erstrebenswerter Zustand sei. Da Informationsgewinnung jedoch auch eine Frage der Kosten sei, könne nur ‚optimale' Information ein sinnvolles Ziel darstellen.

hingegen bezieht sich auf die zukünftige Entwicklung, die auch unter größtem Aufwand nicht mit vollkommener Gewissheit prognostiziert werden kann.[560]

Hiervon unterschieden werden unproduktive Informationen, die zwar für den Einzelnen, nicht aber für die Gesellschaft insgesamt vorteilhaft sind[561]. Im Fall des Frageverbots nach der festgestellten Schwerbehinderteneigenschaft besteht für den Arbeitgeber im Vorfeld des Arbeitsvertrags sowie in den ersten sechs Monaten des Arbeitsverhältnisses keine legale Möglichkeit, das Informationsdefizit auszuräumen. Da auch die Produktivität des schwerbehinderten Arbeitnehmers und die Entwicklung des Arbeitsverhältnisses sich der exakten Vorhersage entziehen[562], herrscht hier Unsicherheit.

Hinsichtlich der asymmetrischen Verteilung der Information sind mehrere Formen der Informationsdefizite denkbar.

I. Preisunsicherheit

Der Preis ist gewöhnlich die wichtigste Vertragskondition[563]. Er oder die tatsächlichen Kosten einer Ware oder Dienstleistung sind aber nicht immer zum Zeitpunkt des Vertragsschlusses voll erfassbar.

Nach dem Modell von *Nermuth*[564] ergeben sich verschiedene Varianten bei Preisunsicherheit. Sind alle Nachfragenden über alle Angebotspreise umfassend informiert, stellt sich ein einheitlicher Gleichgewichtspreis, der Wettbewerbspreis, ein. Das Fehlen jeglicher Preisinformation führt ebenfalls zu

---

560 *Fritsch*, Marktversagen und Wirtschaftspolitik, 10. Aufl. 2018, 249f.

561 *Schäfer/Ott*, Ökonomische Analyse des Zivilrechts, 6. Aufl. 2020, 602; *Hirshleifer*, 61 AER (1971), 561, 564f.

562 Die Höhe des GdB sagt nichts über die Einschränkung der Erwerbsfähigkeit aus. Diese kann gravierend sein oder aber völlig fehlen, vgl. *Rauch/Brehm*, IAB-Werkstattbericht Nr.6/2003, 5; *Schröder/Steinwede*, BeitrAB 285, 16; *Schorn*, SozSich 2002, 127, 129; *Deinert* in: Deinert/Welti, SWK BehindertenR, 2. Aufl. 2018, Offenbarung einer Behinderung, Rdnr.2.

563 *Adomeit*, FS Konzen, 1, 9.

564 *Nermuth*, Information Structures in Economics, 64 f., 71 ff., 84 ff., 90 ff.

einem einheitlichen Gleichgewichtspreis, der jedoch nicht dem Wettbewerbs-, sondern dem Monopolpreis entspricht. Bei gleichmäßig unvollständiger Information der Nachfragenden bildet sich im Gleichgewicht ein Preis genau zwischen Wettbewerbs- und Monopolpreis. Besitzt lediglich eine Gruppe von Nachfragenden die vollständige Information über alle Angebotspreise und fehlt den restlichen Nachfragenden jegliche Preisinformation, existiert kein Preisgleichgewicht, sofern die Anbieter nicht zwischen den beiden Gruppen diskriminieren können.[565]

Die auf dem Arbeitsmarkt nachfragenden Unternehmen suchen bei den anbietenden Individuen das Gut Arbeitskraft nach. Über den Marktpreis hierfür, den Lohn, besteht meist tarifbedingt Einigkeit, nicht jedoch bzgl. der im Gegenzug gebotenen Produktivität des Individuums, also der „Qualität der auf dem Markt vorhandenen Arbeitskraft".[566] Es kann privatwirtschaftlich rentabel sein, hohe Suchkosten aufzuwenden, die gesamtwirtschaftlich erheblich sind. Funktionale Äquivalente, welche die Höhe der aufzuwendenden Informationskosten reduzieren, können daher produktionssteigernd sein. Es ist mithin auch bei Unwissenheit möglich, sich nutzenmaximierend zu verhalten.[567]

Die Preisunkenntnis bezieht sich vorliegend sowohl auf die Kosten, die dem jeweiligen Arbeitnehmer über die Lohnkosten hinaus anhaften können, als auch auf jene Kosten, die mit der Nichterfüllung der Pflichtquote in Form der Ausgleichsabgabe[568] entstehen.

Das statusbezogene Frageverbot führt für den Arbeitgeber zu einer Unsicherheit hinsichtlich der tatsächlichen Kosten der Beschäftigung eines Arbeitnehmers. Diese Kosten fallen jedenfalls in Form der Ausgleichsabgabe an, wenn der Arbeitnehmer schwerbehindert oder gleichgestellt ist und seinen Status nicht offenbart. Aufgrund gesetzlicher Festlegung sind diese Kosten jedoch kalkulierbar.

---

565 Vgl. auch *Bernholz*, Grundlagen der politischen Ökonomie, Bd.1, 3. Aufl. 1993, 170ff.

566 Vgl. *Schmidt*, Informationsasymmetrie im Prozess der Personalauswahl, 7.

567 Vgl. *Stigler*, 69 J.Pol.Econ. (1961), 213, 215ff.; *Schäfer/Ott*, Ökonomische Analyse des Zivilrechts, 6. Aufl. 2020, 605, f.

568 Die Verfassungsmäßigkeit der Ausgleichsabgabe wurde durch das BVerfG im Urt. v. 26.05.1981 – 1 BvL 56, 57, 58/78 –, E 57, 139, 170 und Beschl. v. 01.10.2004 – 1 BvR 2221/03 –, NJW 2005, 737 bestätigt.

Offenbart der Arbeitnehmer seinen Status, um in den Genuss der Vergünstigungen und gegebenenfalls Fördermöglichkeiten des SGB IX zu kommen, erhöhen sich diese Kosten für den Arbeitgeber[569]. Dass im Fall einer Unzumutbarkeit der Beschäftigung die Anfechtung des Arbeitsvertrages möglich ist, reduziert die Preisunsicherheit dabei ebenso wenig wie die Kündigungsmöglichkeit ohne Zustimmungserfordernis innerhalb der ersten sechs Monate. Letztere birgt zudem das Risiko weiterer Kosten, da die Kündigung direkt nach oder mit Bezug auf die Offenbarung als mögliche Diskriminierung aufgrund der Behinderung weitere Zahlungen bzw. gegebenenfalls einen monetär wirksamen Imageschaden des Unternehmens auslösen kann.

II. Qualitätsunsicherheit und Nutzenunkenntnis

Die Qualitätsunsicherheit ist ein typisches Problem des Nachfragenden, hier also des Arbeitgebers. Sie liegt insbesondere dann vor, wenn ein Handelnder die Qualität eines Gutes nur relativ schlecht oder gar nicht einschätzen kann[570].

Nach *Nelson*[571] wird zwischen zwei Güterkategorien, den *inspection goods* und den *experience goods* unterschieden. Bei ersteren genügt die Betrachtung, bei letzteren zeigt sich die Qualität erst beim Gebrauch bzw. Verbrauch. Eine weitere Unterscheidungsmöglichkeit ist die in Suchgüter (*search goods*), Erfahrungsgüter (*experience goods*) und Glaubensgüter (*credence goods*)[572].

Bei Suchgütern kann der Käufer die Qualitätsunsicherheit vor der Kaufentscheidung durch Produktinformationsaufwand reduzieren, die Qualität wird aber erst nach dem Erwerb offenbar[573]. Die Qualität ist zu geringen Kosten erfassbar, die Informationsasymmetrie eher gering.

---

569 Z. B. durch das Erfordernis der behinderungsgerechten Einrichtung des Arbeitsplatzes.

570 Vgl. *Fritsch*, Marktversagen und Wirtschaftspolitik, 10. Aufl. 2018, 251; *Fleischer*, Informationsasymmetrie im Vertragsrecht, 118.

571 *Nelson*, 78 J.Pol.Econ. (1970), 311, 312ff. insb. 317f.

572 *Schäfer/Ott*, Ökonomische Analyse des Zivilrechts, 6. Aufl. 2020, 606; vgl. *Fritsch*, Marktversagen und Wirtschaftspolitik, 10. Aufl. 2018, 254ff.

573 *Schäfer/Ott*, Ökonomische Analyse des Zivilrechts, 6. Aufl. 2020, 606; *Pieper*, Koordination individueller wirtschaftlicher Aktivitäten unter unvollkommener Information, 3.

Bei einer geplanten Arbeitsbeziehung besteht die Qualitätsunkenntnis in der Unwissenheit über die Qualifikation des Bewerbers[574], dessen Einsetzbarkeit bzw. Leistungsfähigkeit und der daraus resultierenden Kosten für das Unternehmen. Dieser Qualitätsunsicherheit kann durch einen Suchprozess begegnet werden, der aber je nach nachgefragtem Arbeitnehmer zu unterschiedlich hohen Informationskosten führen kann.

Im Fall der Beschäftigung eines schwerbehinderten Menschen kann das Informationsdefizit grundsätzlich durch vorhandene Ausbildungsabschlüsse, Arbeitsproben, Referenzen oder Zeugnisse etc. reduziert werden (Arbeitskraft als Suchgut). Letztere können jedoch nur vorliegen, wenn der Bewerber bereits gearbeitet hatte.

Bei Erfahrungsgütern ist der Erwerber gezwungen, dem Anbieter zu vertrauen, er kann aber bei Lieferung schlechter oder mangelhafter Qualität reagieren. Die prohibitiv hohen Produktinformationskosten werden durch Vertrauen in Anbieter oder Hersteller des nachgefragten Gutes ersetzt. Dieses Vertrauen ist volkswirtschaftlich enorm produktiv, da es neben dem Gewährleistungsrecht Voraussetzung dafür ist, dass Erfahrungsgüter überhaupt angeboten werden können. Die Informationsasymmetrie nimmt hier ein vergleichsweise mittleres Ausmaß an.[575]

Betrachtet man die Arbeitskraft als Erfahrungsgut, kann der Arbeitgeber auch innerhalb der Probezeit bzw. innerhalb der ersten sechs Monate des Arbeitsverhältnisses reagieren, sofern die erbrachte Arbeitsleistung nicht den Anforderungen entspricht.

Glaubensgüter hingegen stehen der Qualitätsbeurteilung weder vor noch nach dem Erwerb offen, etwa eine ärztliche Dienstleistung, die als solche zur Genesung eines Kranken geführt haben kann, der jedoch möglicherweise auch spontan gesundet ist[576]. Der Grad der Unkenntnis, die Informationsasymmetrie, ist also hoch. Wird die Arbeitskraft als Glaubensgut gewertet, besteht im Grunde kein Unterschied zwischen der Arbeitskraft eines

574 Vgl. *Spremann*, ZfB 1990, 561, 567.

575 *Schäfer/Ott*, Ökonomische Analyse des Zivilrechts, 6. Aufl. 2020, 606f.

576 *Schäfer/Ott*, Ökonomische Analyse des Zivilrechts, 6. Aufl. 2020, 606; *Pieper*, Koordination individueller wirtschaftlicher Aktivitäten unter unvollkommener Information, 3.

schwerbehinderten und eines nichtbehinderten Menschen. In beiden Fällen ist eine zufriedenstellende Arbeitserbringung weder ausgeschlossen noch in jedem Fall anzunehmen.

Bei Nutzenunkenntnis sind die Nachfrager zwar hinreichend über die Qualität des angebotenen Gutes informiert, schätzen aber den Nutzen des Gutes falsch ein und konsumieren infolge dessen eine zu große oder zu geringe Menge des entsprechenden Gutes[577].

Sofern der schwerbehinderte Arbeitnehmer die Anforderungen des Arbeitsplatzes erfüllt, ist die Nutzenunkenntnis im Fall der Beschäftigung in Unkenntnis der amtlich festgestellten Schwerbehinderteneigenschaft zu vernachlässigen.

III. Anwendbarkeit auf die Informationsdisparität im Einstellungsvorgang

Der Einstellungsvorgang ist gewöhnlich geprägt vom Bestreben des Arbeitgebers, den für die beabsichtigte Tätigkeit fähigsten Bewerber auszuwählen. Die Konzeption der Preis- und der Qualitätsunsicherheit ist nur begrenzt anwendbar, da sich auf Arbeitsmärkten anders als auf Gütermärkten keine standardisierten Produkte finden. Die Produktivität eines konkreten Arbeitnehmers kann vom Arbeitgeber weder antizipiert noch nach Einstellung desselben umfassend beobachtet werden. Die einstellende Instanz kann also keine Unterscheidung zwischen den entsprechenden Bewerbern oder Arbeitnehmern treffen, wohingegen der Bewerber/Arbeitnehmer seine Produktivität kennt.[578]

Nur in Fällen, in denen die Schwerbehinderteneigenschaft des Bewerbers nicht offensichtlich ist, kann eine über die jedenfalls bestehende Unsicherheit

---

577 *Fritsch*, Marktversagen und Wirtschaftspolitik, 10. Aufl. 2018, 250, weist zudem darauf hin, dass der Unterschied zur Qualitätsunkenntnis in der unzutreffenden Einschätzung bzgl. des Nutzens in völliger Gewissheit hinsichtlich der Qualität des Angebots liegt.

578 Vgl. *Milde*, Einzelwirtschaftliche Lohn- und Beschäftigungspolitik bei Informationsasymmetrie, 1ff. Zu bedenken ist darüber hinaus, dass die Produktivitätsparameter schwer zu bestimmen und zu bewerten sind, da die eigene Produktivität vom einzelnen Arbeitnehmer individuell-subjektiv eingeschätzt wird.

hinausgehende Ungewissheit beim Arbeitgeber überhaupt entstehen. Das Frageverbot im Einstellungsprozess entfaltet somit lediglich in den Fällen nicht offensichtlicher Schwerbehinderung seine Wirkung.

Gleichwohl ist zu bedenken, dass in diesen Fällen ein Generalverdacht gegenüber allen nicht *prima vista* ‚schwerbehinderungsverdächtigen' Bewerbern anzunehmen ist. Die Unsicherheit bezüglich der zu erwartenden Produktivität besteht grundsätzlich bei nichtbehinderten und (schwer-) behinderten Bewerbern gleichermaßen.

§ 10 Die Wirkungen des Frageverbots auf den Einstellungsvorgang anhand der Theorien zur Entscheidung bei asymmetrischer Information

Für den Arbeitgeber ist die Beschäftigung eines ihm bislang unbekannten Arbeitnehmers aufgrund der damit verbundenen z. T. weit reichenden Investitionen eine bedeutsame Personalentscheidungen[579]. Das Dauerschuldverhältnis des Arbeitsvertrages birgt dabei für ihn schwer kalkulierbare Risiken, die er durch Informationsgewinnung im Rahmen des Anbahnungsverhältnisses zu minimieren sucht. Dies nicht zuletzt, da je nach Qualitätsstufe des neuen Mitarbeiters die Einstellungskosten zwischen 50 v. H. und 200 v. H. eines Jahresgehalts liegen können[580].

Begreift man die Ökonomik als „die Wissenschaft des auf dem Tauschprinzip basierenden, von Kosten-Nutzen-Überlegungen geleiteten, menschlichen Handelns“[581] und somit als Handlungswissenschaft, zeigt sich, dass der Wegfall des Fragerechts zwangsläufig Auswirkungen auf das unternehmerische Handeln haben muss, da Kosten-Nutzen-Überlegungen als Grundlage eine geeignete Informationsbasis erfordern.

Auf dem Hintergrund des Kriteriums der Nutzenmaximierung betrachtet ein rational handelnder Arbeitgeber seine Arbeitnehmer und die Stellenbewerber[582]. Mit Hilfe der ihm vorliegenden Informationen wägt er seine Handlungsmöglichkeiten ab und trifft auf dieser Grundlage seine Wahl zwischen mehr oder weniger vorzugswürdigen Varianten.

Eine Ungleichbehandlung gründet auf unvollkommener Information oder zumindest unvollkommener Informationsverarbeitung. Selbst wenn der Arbeitgeber die wirtschaftliche Gleichwertigkeit der Arbeitskräfte erkennt,

---

579 Vgl. *Picot/Maier* in: Preßmar (Hrsg.), Informationsmanagement, SzU Band 49, 31, 35f.

580 Vgl. *Lorenzen/Westermann* in: Wagner/Zander/Hauke, Handbuch der Personalleitung, 571, 572.

581 So *Wessling*, Individuum und Information, 6.

582 Vgl. *Thüsing*, RdA 2003, 257, 259.

besteht die Möglichkeit, dass er aus individuellen Vorlieben oder Antipathien heraus den Willen zur Ungleichbehandlung jenseits aller ökonomischen Erwägungen hat. Die Einstellungsentscheidung ist damit grundsätzlich ein Informationsproblem.[583]

Die Einschränkung der Prüfungsmöglichkeit des Arbeitgebers hinsichtlich des Einsatzes seiner Ressourcen im Arbeitsprozess wirkt sich unmittelbar auf den Preis der Ressource Arbeit aus. Die Personalsuche beinhaltet hierbei neben der Identifizierung potentieller Arbeitnehmer auch Überlegungen zu Einarbeitungskosten und die hierdurch entstehende niedrigere Produktivität für einen gewissen Zeitraum[584].

Durch den Wegfall des Fragerechts ist der Arbeitgeber in seiner Informationsgewinnung bzgl. der Person des zukünftigen Arbeitnehmers eingeschränkt. Hinzu kommt, dass in Zeiten hoher Arbeitslosigkeit fachliche Qualifikationen als selbstverständlich vorausgesetzt werden. Andere Eigenschaften des Bewerbers, wie Motivation, Arbeitsverhalten, aber auch äußeres Erscheinungsbild und Sprachverhalten, gewinnen dann überproportional an Bedeutung.[585] Als Ausschlusskriterien kommen folglich alle Eigenschaften in Betracht, welche die Einsatzfähigkeit, die Produktivität oder die Kosten-Nutzen-Relation eines Arbeitnehmers beeinträchtigen oder beeinträchtigen können.

A. Effizienz als Ziel wirtschaftlichen Handelns

Jeder wirtschaftlich Handelnde hat das Ziel, Gewinn zu generieren[586]. Dies erfordert die größtmögliche Nutzung der ihm zur Verfügung stehenden knappen Ressourcen zur Produktions- und damit Gewinnmaximierung und mithin zu einem möglichst hohen Maß an Bedürfnisbefriedigung[587].

---

583 *Thüsing*, RdA 2003, 257, 259; vgl. auch *Böhm*, in: Böhm/Poppelreuter, Personal Recruitment, 8. Aufl. 2015, Rdnr.113; *Ichino*, RdA 1998, 271, 273.

584 *Stigler*, 70 J.Pol.Econ. Suppl. (1962), 94, 102, weist insbesondere darauf hin, dass mit steigender Spezialisierung auch höhere Einarbeitungskosten veranschlagt werden müssen.

585 Vgl. *Borgaes*, Der Informationsschutz des Arbeitsplatzbewerbers, 48.

586 Vgl. *Göbel*, Neue Institutionenökonomik, 59.

587 *Sieben/Schildbach*, Betriebswirtschaftliche Entscheidungstheorie, 4. Aufl. 1994, 5.

Bei der theoretischen Auseinandersetzung mit der Nutzung der Ressourcen zum Zweck der Gewinnmaximierung ist in Bezug auf den Wegfall des Fragerechts nach der Schwerbehinderteneigenschaft von Bedeutung, welchen Stellenwert Information im jeweiligen Theorienkomplex einnimmt.

I. Die neoklassische Theorie

In der neoklassischen ökonomischen Theorie treffen sich am Markt die Anbieter und Nachfrager eines Gutes zum Zweck des Gütertauschs. Die entscheidenden Institutionen sind hier der Markt und das Unternehmen[588]. Arbeit ist eine Stromgröße, die nicht gelagert werden kann und beliebig teilbar ist[589].

Unter der Grundannahme vollkommener Information besitzen die Marktteilnehmer vollkommenes Wissen und vollkommene Voraussicht, die sie sofort kostenfrei erhalten und in ihre Planungen einbeziehen können. Auf diesen vollkommenen Märkten werden vertragliche Schuldverhältnisse durch den Wettbewerb kontrolliert.[590] Diskriminierung ist in dieser ökonomischen Theorie nur unter Aufgabe einer der Annahmen der vollkommenen Konkurrenz möglich.

Diese Annahme vollkommener Information ist jedoch realitätsfern. Die genannten Annahmen lassen erkennen, dass die neoklassische Theorie bezüglich der Funktionsweise von Arbeitsmärkten[591] unzureichend ist.

---

588 *Richter/Furubotn*, Neue Institutionenökonomik, 4. Aufl. 2010, 147.

589 *Schrüfer*, Ökonomische Analyse individueller Arbeitsverhältnisse, 32.

590 *Richter/Furubotn*, Neue Institutionenökonomik, 4. Aufl. 2010, 147; *Fleischer*, Informationsasymmetrie im Vertragsrecht, 93. In diesem kompetitiven Umfeld führen Arbeitsangebot und -nachfrage und somit Lohn und Beschäftigung langfristig zu einem stabilen, markträumenden Gleichgewicht. Jeder Arbeitnehmer, der bereit ist, zu den vorherrschenden Konditionen Arbeit anzubieten, wird eine Beschäftigung finden. Langfristig tendiert dieser Markt zur Vollbeschäftigung. Die unfreiwillige Arbeitslosigkeit wird nach dieser Theorie durch externe Interventionen wie Staatseingriffe, hohen gewerkschaftlichen Organisationsgrad und Branchenumstrukturierungen bedingt, vgl. *Fehr/Renninger*, NZZ v. 13.01.2001, 27.

591 Nach *Schrüfer*, Ökonomische Analyse individueller Arbeitsverhältnisse, 32, entspricht das Verhältnis Arbeitgeber-Arbeitnehmer einem unpersönlichen diskreten Tausch von Arbeit gegen Lohn. Dieser Tausch erfolgt gleichzeitig und ist, da für beide vorteilhaft, freiwillig. Da sich im Rahmen der Arbeitsbeziehung selbst bei deren längerem Bestand keine für ein individuelles Arbeitsverhältnis kennzeichnenden Merkmale (z. B. Vertrauen) entwickeln, besitzen Arbeitgeber und Arbeitnehmer keine persönlichen Präferenzen.

Die Unterscheidung des Arbeitsmarktes von den Gütermärkten (im Sinne von Warenmärkten) ist zwingend, da die stilisierten Theorien letzterer auf den Arbeitsmärkten nur begrenzt Anwendung finden können.[592] Dies ergibt sich unter anderem aus dem sog. „Faktor Mensch".

Auch die Erweiterung der Theorie um die Faktoren der beschränkten Rationalität, welche die Begrenzten kognitiven Fähigkeiten der Akteure und die Möglichkeit opportunistischen Verhaltens würdigt[593], hilft hier nicht weiter.

Für die möglichen Auswirkungen des Frageverbots bezüglich des Status als schwerbehinderter oder gleichgestellter Mensch lässt sich die neoklassische Theorie nicht fruchtbar machen.

II. Die neue Institutionenökonomie

Die Erkenntnis, dass die Informationen der Wirtschaftssubjekte oft unvollständig und asymmetrisch verteilt sind, ist grundlegend für den Theorienkomplex der Neuen Institutionenökonomie (*New Institutional Economics*). Diese befasst sich mit der Analyse und den Auswirkungen von Information und Kommunikation auf Institutionen (Verträge, Organisationen, Unternehmen usw.) im weitesten Sinne und das menschliche Verhalten innerhalb dieses institutionellen Umfeldes. Ziel ist es, eine Erklärung für die Existenz von Unternehmen und Arbeitsverträgen und deren Ineffizienzen zu finden.
Aufgrund ihrer Annahme, dass Angebots- und Nachfrageüberschüsse nicht als vorübergehende Erscheinungen zu begreifen sind, wird die Neue Mikroökonomik als eine Ungleichgewichtstheorie bezeichnet[594].

III. Das Individuum und sein Verhalten

In der neoklassischen Theorie und in der neuen Institutionenökonomik werden dem Verhalten der Beteiligten bestimmte Annahmen zugrunde gelegt. Auf diesen Annahmen gründen die jeweiligen Theorien.

---

592 *Rothschild*, 31 KYKLOS (1978), 21, 31.

593 *Williamson*, 87 AJS (1981), 548, 553f.; vgl. auch *Simon*, Entscheidungsverhalten in Organisationen, 3. Aufl. 1981, 33f.

594 Vgl. *Schumann/Meyer/Ströbele*, Grundzüge der mikroökonomischen Theorie, 9. Aufl. 2011, 466f.

1. Der *homo oeconomicus*

Dem Menschen in der Wirtschaftswissenschaft wird gemeinhin das Verhalten eines *homo oeconomicus* unterstellt, dessen Ziel die Optimierung des persönlichen wirtschaftlichen Nutzens ist. Der *homo oeconomicus* besitzt jedoch in den meisten Theorien ein umfassendes Wissen[595], was sich für die vorliegende Konstellation, welche die Unkenntnis des Arbeitgebers über bestimmte Eigenschaften des Bewerbers zum Gegenstand hat, nicht fruchtbar machen lässt. Damit bleibt er hier außen vor.

2. Der *homo oeconomicus institutionalis*

Die institutionenökonomische Forschung entwickelte das klassische Modell zum *homo oeconomicus institutionalis* weiter. Dieser ist neben seiner strikten Nutzenorientierung jedoch in seinen Präferenzen modifizierbar und lässt sich in seiner Auswahl der Handlungsoptionen beeinflussen. Es fließen nun auch kognitive Grenzen, habituelles Verhalten und die Möglichkeit exogener Präferenzen in die Betrachtung ein.[596] Er ist ein Akteur, dessen Motivationslage und damit dessen Verhalten durch einen veränderten rechtlichen Rahmen beeinflusst werden kann.

3. Das Arrow/Debreu-Modell

Im sog. *Arrow/Debreu*-Modell[597] sind die Individuen voll informiert, rational, berücksichtigen jedes zukünftig mögliche, das Vertragsergebnis berührende Ereignis und sehen hierfür vollständige Regelungen vor. Die zu betrachtende Situation des Informationsdefizits im Einstellungsvorgang erfüllt diese Voraussetzungen nicht. Auch die von *Radner*[598] vorgeschlagene Modifizierung dahingehend, dass die Handelnden zwar unvollständige Informationen besitzen, jedoch alle dieselben, ist für die gegebene Situation nicht fruchtbar zu machen.

---

595 Vgl. *Simon*, 87 Q.J.Econ. (1955), 99.

596 So *Bizer/Führ*, Responsive Regulierung für den homo oeconomicus institutionalis, 6, 34 und 46.

597 *Arrow*, 31 Review of Economic Studies (1969), 91ff.; *Debreu*, Theory of Value, Kapitel 7 *sub* 7.2ff., 98ff.; zur Rationalität und Irrationalität ökonomischer Entscheidungen vgl. auch *Posner*, Economic Analysis of Law, 9. Aufl. 2014, § 1.3 und § 1.4, 17ff.

598 Vgl. *Radner*, 60 AER P&P (1970), 454, 456.

4. Beschränkte Rationalität

Das Individuum als Entscheidungsträger besitzt nur begrenzte Möglichkeiten der Informationsgewinnung und -verarbeitung.[599] Daher wird von begrenzter oder eingeschränkter (*bounded rationality*), wenn nicht gar „intendierter“[600] Rationalität ausgegangen. Der Handelnde hat die Möglichkeit, zwischen einer gegebenen Zahl von Handlungsvarianten zu wählen. Sind alle entscheidenden Informationen bekannt, wird von sicheren Entscheidungen gesprochen. Besteht unvollkommenes Wissen hinsichtlich der Eintrittswahrscheinlichkeit von Umweltzuständen, liegt Risiko vor. Ist es gänzlich unmöglich, die Eintrittswahrscheinlichkeit eines Umweltzustandes zu bestimmen, wird von Ungewissheit gesprochen.[601] Die begrenzte Rationalität wirkt sich auf den Preisbildungsmechanismus aus, der in einem vollkommenen Markt normalerweise ein Marktgleichgewicht bedingt, das wiederum eine effiziente Allokation der Ressourcen zur Folge hat.

5. Stellungnahme

Der *homo oeconomicus institutionalis* kann als grundsätzlich beeinflussbares Individuum als Modell zur Erklärung herangezogen werden. Die dem Arbeitgeber bewusste Wissenslücke bezüglich des Status eines Bewerbers stellt eine kognitive Grenze dar. Er kann auch nur beschränkt rational handeln, da die Rechtslage ihn am Schließen der ihm bewussten Wissenslücke hindert.

In der Situation des Einstellungsvorgangs ist die Preisbildung nicht nur um die Kosten erweitert, die dem schwerbehinderten Arbeitnehmer statusbedingt selbst „anhaften“, wie etwa die Kosten für die beeinträchtigungsgerechte Einrichtung des Arbeitsplatzes oder für Zusatzurlaub. Es sind vielmehr auch Kosten, die in Form von grundlos entrichteter Ausgleichsabgabe entstehen, die der Arbeitgeber in Unkenntnis der Schwerbehinderteneigenschaft des Arbeitnehmers abführt. Weitergehend können sogar die Kosten des Verwaltungsaufwands bei der möglichen Beendigung des Arbeitsverhältnisses als Faktoren der Preisbildung in die Überlegungen mit einzubeziehen sein.

---

599 *Simon*, 87 Q.J.Econ. (1955), 99, 114.

600 So *Bamberg/Coenenberg/Krapp*, Betriebswirtschaftliche Entscheidungslehre, 16. Aufl. 2019, 7.

601 *Fleischer*, Informationsasymmetrie im Vertragsrecht, 110.

B. Der Arbeitsvertrag in den institutionenökonomischen Theorien

Auch für die Konzeption des (Arbeits-)Vertrages finden sich verschiedene Ansätze. Diese unterscheiden sich hinsichtlich des Kenntnisstandes der Vertragsparteien und der Durchsetzungsmöglichkeiten.

I. Der unvollständige Vertrag

Nach dem Konzept des unvollständigen Vertrages sind Verträge in Beschäftigungsbeziehungen relational und damit notwendig unvollständig. Nach dem Weisungsrecht steht es dem Arbeitgeber frei, innerhalb bestimmter Grenzen die Arbeitsabläufe und damit die Leistungserbringung seiner Arbeitnehmer den äußeren Bedingungen anzupassen. Ohne diese Möglichkeit müssten Arbeitsverträge dergestalt abgefasst sein, dass alle denkbaren Situationen erfasst sind. Solche sog. „vollständigen" Verträge wären in einer Welt mit positiven Transaktionskosten[602] prohibitiv teuer und nahezu unmöglich zu formulieren.[603] Diese unvollständigen Verträge werden durch Maßnahmen des Human Resources Management ergänzt, die auch für ihre Erfüllung sorgen. Es ist praktisch unmöglich, einen effizienten Arbeitsvertrag zu schließen.[604]

II. Der psychologische Vertrag

Die Theorie psychologischer Verträge[605] erhebt keinen Anspruch auf eine allgemein umfassende Erklärung von Verträgen bzw.

602 Also Kosten, die infolge des Tauschprozesses entstehen, vgl. Teil 3 § 11 B. I.

603 *Williamson*, Die ökonomischen Institutionen des Kapitalismus, 78ff.; *Richter/Furubotn*, Neue Institutionenökonomik, 4. Aufl. 2010, 159; *Reichold*, FS Adomeit, 583, 587; *Reichold*, FS 50 Jahre BAG, 153, 167f.; *Sadowski*, Personalökonomie und Arbeitsmarkt, 77ff.; vgl. auch *Wagner/Jahn*, Neue Arbeitsmarkttheorien, 2. Aufl. 2004, 178; *Hart*, Firms, Contracts and Financial Structure, 76; *Kreps*, A Course in Microeconomic Theory, 751, bezeichnet den Arbeitsvertrag als „hierarchischen Vertrag".

604 *Eigler* in: Jost, Transaktionskosten, 337, 344.

605 *Marr/Fliaster*, Jenseits der „Ich AG", 56, weisen als synonyme Begriffe je nach gewähltem Schrifttum auch ‚*Psychological Contract*', ‚Moralischer Kontrakt', ‚*Social Contract*' und ‚*Employment Contract*' aus.

Beschäftigungsbeziehungen[606]. Der von *Argyris*[607] begrifflich eingeführte psychologische Vertrag („*psychological work contract*“) beschreibt die Beziehung zwischen Vorarbeiter und Arbeiter. Beide respektieren die Bedürfnisse gegenseitig, um so einen optimalen Produktionsablauf zu gewährleisten. Auch der psychologische Vertrag ist ein unvollständiger Vertrag[608].

Das Individuum hat eine Vielzahl von Erwartungen gegenüber der Organisation und umgekehrt[609]. Die Beschäftigungsbeziehung, und damit der psychologische Vertrag, gründen darauf, dass die Erwartungen der jeweils anderen Partei erfüllt werden. Der psychologische Vertrag ist nur dann gerecht, wenn die Vertragspartner ihr Engagement und ihren Ertrag als gleichwertig erleben.[610] Die Weiterentwicklung des Konzepts führt zu einem mentalen Modell seitens des Individuums, durch das die Vertragsinhalte auf die Verpflichtungen beschränkt sind, die Arbeitgeber gegenüber Arbeitnehmern eingehen.[611] Aus dem subjektiven Wahrnehmungsmuster der Mitarbeiter, das eine entscheidende verhaltenslenkende Funktion hat, ergibt sich, dass im Rahmen der Anreizsysteme im psychologischen Vertrag der Schwerpunkt auf den ungeregelten Anreizmechanismen liegt, die nicht explizit im Arbeitsvertrag geregelt sind[612].

III. Der *stakeholder*-Ansatz

Ein weiterer Erklärungsansatz deutet sich in Form eines *stakeholder*-Ansatzes an, in dessen Rahmen der Arbeitnehmer, repräsentiert durch das von ihm gewählte Organ betrieblicher Mitbestimmung, dem Arbeitgeber nahezu auf Augenhöhe begegnet und somit mittelbar die Beteiligungsmöglichkeit an

606 Vgl. *Raeder/Grote* in: Schreyögg/Conrad, Gerechtigkeit und Management, 139, 145.

607 *Argyris*, Understanding organizational behavior, 96.

608 Vgl. *Raeder/Grote* in: Schreyögg/Conrad, Gerechtigkeit und Management, 139, 144.

609 *Schein*, Organizational Psychology, 2. Aufl. 1970, 12.

610 *Raeder/Grote* in: Schreyögg/Conrad, Gerechtigkeit und Management, 139, 142; *Marr/Fliaster*, Jenseits der „Ich AG“, 55; *Rousseau*, Psychological Contracts in Organizations, 9.

611 Vgl. *Raeder/Grote* in: Schreyögg/Conrad, Gerechtigkeit und Management, 139, 142; *Rousseau*, Psychological Contracts in Organizations, 10.

612 Vgl. *Marr/Fliaster*, Jenseits der „Ich AG“, 80; *Raeder/Grote* in: Schreyögg/Conrad, Gerechtigkeit und Management, 139, 144.

Maßnahmen und Entscheidungen des Arbeitgebers erhält.[613] Dieser Ansatz fußt überwiegend auf dem Gedanken der Kooperation aufgrund gleicher Mächtigkeit im Verhandlungsfall und daraus folgender Wirkungen für Entscheidungsprozess und -ergebnisse.

IV. Stellungnahme

Vorliegend können *cum grano salis* alle genannten Ansätze im Arbeitsvertrag mit einem schwerbehinderten Menschen repräsentiert gesehen werden.

Der Arbeitgeber ist sich der Rechtslage und damit des erzwungenermaßen im Punkt der Statuskenntnis unvollständigen Vertrages bewusst.

Eine Art psychologischer Vertrag kann im Vertrauen des Arbeitgebers auf eine anforderungsentsprechende Arbeitsleistung des Beschäftigten bzw. dem Vertrauen des Beschäftigten auf eine faire im Sinne vorurteilsfreier Behandlung, Entlohnung und Karriereoption gesehen werden.

Der *stakeholder*-Ansatz wiederum hat im BTHG durch die Stärkung der Position der Schwerbehindertenvertretung einen Anker gefunden. Deren Möglichkeiten sind zwar nach wie vor begrenzt, dem schwerbehinderten Beschäftigten steht aber jedenfalls eine gesetzlich gestützte Interessenvertretung zur Seite.

V. Zwischenergebnis

Die dargestellten institutionenökonomischen Ansätze machen deutlich, dass Unsicherheit im Sinne eines einseitigen Informationsdefizits zwischen Arbeitgeber und Arbeitnehmer/Bewerber jedem Arbeitsvertragsverhältnis inhärent ist. Da jedoch alle Modelle die Tauschbeziehungen bezogen auf die geschuldeten Leistungen zum Gegenstand haben, ist die Schwerbehinderteneigenschaft als Status insofern von Bedeutung, als er Auswirkungen auf die Durchführung des Arbeitsverhältnisses und die damit verbundenen Kosten haben kann.

Im Rahmen der Beschäftigung schwerbehinderter Menschen zeigt sich eine große Bandbreite möglicher finanzieller Belastungen des Arbeitgebers.

---

[613] *Wächter*, Mitbestimmung, in: Handwörterbuch des Personalwesens, 3. Aufl. 2004, Sp.1242ff.; *Reichold*, FS Adomeit, 583, 585, verweist zutreffend auf die Bedeutung von Kollektivvereinbarungen als „solides Auffangnetz gegen die Willkür des Arbeitgebers“.

Die Auswirkungen des Frageverbots im Rahmen der verschiedenen gedanklichen Ansätze bedürfen damit einer besonderen Betrachtung.

C. Die Prinzipal-Agent-Theorie

Im institutionellen Organisationsbegriff sind Unternehmen soziale, zielgerichtete Gebilde, in denen zwei oder mehr Personen miteinander kooperieren, um ein bestimmtes Organisationsziel zu erreichen.[614] Individuelle Entscheidungen, die von den Mitgliedern der Organisation getroffen werden, bestimmen das Ausmaß der Zielerreichung, wobei es zur Realisierung des Gesamtzieles der Organisation der Koordination dieser Einzelentscheidungen bedarf. Erschwert wird diese Koordination, da sich die an der Erledigung bestimmter Teilaufgaben beteiligten Personen im Unternehmen nicht ausschließlich der Verfolgung des Unternehmensziels unterwerfen. Sie verfolgen individuelle Ziele und sind bei zunehmender Unternehmensgröße in ihren Aktionen nur schwer bzw. kostenintensiv zu beobachten. Auch ermöglichen stark unterschiedliche Informationsstände der Beteiligten die opportunistische Ausnutzung eines Informationsvorsprunges.[615]

Der Prinzipal-Agent-Ansatz lässt sich als allgemeine Theorie asymmetrischer Informationsverteilung bei Verträgen auffassen[616]. Sie hat die Beziehung zwischen einem Auftraggeber, dem Prinzipal, und dessen Auftragnehmer, dem Agenten, zum Gegenstand[617]. Aufgrund der besseren Fähigkeit des Agenten, bestimmte Aufgaben zu lösen, delegiert der Prinzipal diese Aufgaben an den Agenten, der im Rahmen der gestellten Aufgabe Entscheidungsfreiheit besitzt[618]. Für die Ausführung der Aufgabe wiederum erhält der

---

614 Vgl. *Laux/Liermann*, Grundlagen der Organisation, 6. Aufl. 2005, 1; *Kah*, Profitcenter-Steuerung, 1.

615 Vgl. *Picot/Dietl/Franck/Fiedler/Royer*, Organisation, 8. Auflage 2020, 106f.; *Kah*, Profitcenter-Steuerung, 1 ff.; *Backes-Gellner/Wolff* in: Jost, Die Prinzipal-Agenten-Theorie, 395ff.; *Fleischer*, Informationsasymmetrie im Vertragsrecht, 138ff.; *Fritsch*, Marktversagen und Wirtschaftspolitik, 10. Aufl. 2018, 260ff.

616 Vgl. *Fritsch*, Marktversagen und Wirtschaftspolitik, 10. Aufl. 2018, 260; *Bamberg/Coenenberg/Krapp*, Betriebswirtschaftliche Entscheidungslehre, 16. Aufl. 2019, 144f.

617 Vgl. *Kah*, Profitcenter-Steuerung, 16.

618 *Pfaff/Zweifel*, WiSt 1999, 184; *Mensch*, WISU 1999, 686.

Agent einen monetären Ausgleich bzw. Lohn. Der Nutzenmaximierung durch Entlohnung und Tätigkeit beim Agenten steht das Interesse des Prinzipals in Form der Nutzenmaximierung, also des Ergebnisses (Umsatz, Gewinn), gegenüber.[619]

Da sich die Individuen hier in ihrem Verhalten gegenseitig beeinflussen, ist jedes Arbeitsverhältnis zugleich eine Prinzipal-Agent-Beziehung[620].

I. Agency-Kosten

In der dargelegten Konstellation sind die Ziele von Arbeitgeber und Bewerber/Arbeitnehmer inkongruent. Der Agent bedenkt zunächst den eigenen ökonomischen Nutzen, der sich nur teilweise mit dem des Prinzipals deckt. Das Spannungsverhältnis zwischen diesen unterschiedlichen Zielen verursacht sog. *agency costs*.

Zunächst entstehen Kosten für den Prinzipal aus der Überwachung von Quantität und Qualität der Arbeit seines Agenten (*monitoring costs*), dann sog. *bonding costs*, die aufgrund von Berichterstattung an den Prinzipal während der Arbeitszeit entstehen und der *residual loss*, der weitere aus dem Delegationsverhältnis entstandene Kosten bezeichnet (Wohlfahrtsverlust)[621].

Im Einstellungsvorgang selbst besteht nach Wegfall des Fragerechts noch keine Prinzipal-Agent-Beziehung. Diese und die ihr zuzuordnenden Kosten entstehen mit Eingehen des Arbeitsverhältnisses, d.h. mit Abschluss des Arbeitsvertrages.

Die Agency-Kosten bei der Beschäftigung eines schwerbehinderten Menschen erwachsen – anders als bei einem nichtbehinderten Beschäftigten – aus den gesetzlichen Regelungen, die direkt an den Status des Arbeitnehmers anknüpfen. Für den Prinzipal kommt erschwerend hinzu, dass der Agent – sofern er keines der sich unmittelbar aus dem Status ergebenden Rechte geltend macht – diesen Status zunächst vor dem Prinzipal verbergen darf. Entschließt

---

619 *Pfaff/Zweifel*, WiSt 1999, 184, 185; *Mensch*, WISU 1999, 686, 687; *Jost* in: Jost, Die Prinzipal-Agenten-Theorie, 11, 15f.; *Göbel*, Neue Institutionenökonomik, 105.

620 Vgl. *Göbel*, Neue Institutionenökonomik, 98; *Reichold*, RdA 2002, 321, 327; *Bergen/Dutta/Walker*, 56 Journal of Marketing (July 1992), 1; *Fritsch*, Marktversagen und Wirtschaftspolitik, 10. Aufl. 2018, 261.

621 *Jensen/Meckling*, 3 Journal of Financial Economics (1976), 305, 308.

sich der Prinzipal zu investigativen Maßnahmen, etwa der Befragung nach sechsmonatigem Bestehen des Arbeitsverhältnisses, haben diese wiederum einen Kostenaufwand zur Folge.

Bereits aus dieser knappen Darstellung ist ersichtlich, dass die Agency-Kosten notwendige Folge von Informationsasymmetrien sind. Das Bestreben der Prinzipal-Agent-Theorie ist es, die *agency costs* zu reduzieren.[622]

II. Entscheidung und Informationsdefizit

Der Arbeitgeber (Prinzipal) muss die Entscheidung für einen der Bewerber (Agenten) treffen, da er selbst die dem Agenten zu übertragende Tätigkeit nicht oder nicht so effizient verrichten kann. Die Auswahl des Agenten stellt angesichts fehlender Informationen bezüglich des Bewerbers ein Risiko dar.

1. Informationsdefizit vor Vertragsschluss

Vor dem intendierten Vertragsschluss besteht beim Prinzipal Unsicherheit über die Intentionen und Eigenschaften des Agenten. Gleichwohl unterliegt sowohl das Verhalten des Prinzipals als auch das des Agenten einer egoistischen Motivation[623].

a. Hidden intention

Da die Absichten des Agenten dem Prinzipal nicht zugänglich sind, ergibt sich das Problem der *hidden intention.* Der Prinzipal kann vor Vertragsabschluss nicht abschätzen, wie fair oder ehrlich sich der Agent bei Interessenkonflikten verhalten wird.[624]

Der schwerbehinderte oder gleichgestellte Bewerber, dessen Status nicht offensichtlich ist, kann somit durch Verbergen seines Status das Zustandekommen des Arbeitsvertrages befördern.

---

622 *Göbel*, Neue Institutionenökonomik, 125; vgl. auch *Fleischer*, Informationsasymmetrie im Vertragsrecht, 139f.

623 *Jensen/Meckling*, 3 Journal of Financial Economics (1976), 305, 308; *Bikhchandani/Hirshleifer/Riley*, The Analytics of Uncertainty and Information, 2. Aufl. 2013, 308; vgl. auch Teil 3 § 10 C.

624 Vgl. *Göbel*, Neue Institutionenökonomik, 103; *Fleischer*, Informationsasymmetrie im Vertragsrecht, 140ff.

aa. Opportunistisches Verhalten

Eine Folge asymmetrischer Information ist im Fall des Arbeitsvertrages der sog. Opportunismus vor Vertragsschluss als Facette der individuellen Nutzenmaximierung[625]. Arbeitskräfte auf Stellensuche kennen ihre Fähigkeiten und Eigenschaften in der Regel besser als die entsprechenden Arbeitgeber. Damit können Bewerber ihren potentiellen Arbeitgebern Fähigkeiten und Leistungsvermögen in irreführender Weise darstellen[626].

Da sich der Status als schwerbehinderter Mensch nicht zwangsläufig auf das Leistungsvermögen auswirkt, ist das Frageverbot nach dem Status nicht unmittelbar geeignet, Opportunismus vor Vertragsschluss zu befördern. Dies wäre nur anzunehmen, wenn der Status selbst ein Hindernis für die Einstellung darstellt und der Bewerber den Status und den diesem zugrundeliegenden Sachverhalt verheimlichen kann.

bb. Gefahr des opportunistischen Hold up

Der opportunistische Hold up gründet nicht in der Informationsasymmetrie zwischen den Vertragsparteien, also hier Bewerber und potentieller Arbeitgeber, sondern in der Beziehung zwischen Vertragsparteien und Dritten, etwa Gerichten[627]. Die Gefahr des opportunistischen Hold up besteht insbesondere bei unvollständigen Informationen und dadurch transaktionsspezifischen, irreversiblen Investitionen. Ein Vertragspartner legt die Vereinbarung einseitig zum eigenen Vorteil aus und fordert etwa eine größere Gegenleistung oder enthält einen Teil der Leistung vor. Die Informationsasymmetrie besteht hier darin, dass die Wahrscheinlichkeit für solches Hold up-Verhalten im Zeitpunkt des Vertragsschlusses nicht genau abschätzbar ist.[628]

Da das unerwünschte Verhalten zwar innerhalb bestimmter Grenzen erkennbar, gleichwohl nicht sanktionierbar ist, führt die Hold Up-Gefahr dazu,

---

625 Vgl. *Picot/Dietl/Franck/Fiedler/Royer*, Organisation, 8. Auflage 2020, 105.

626 Vgl. *Richter/Furubotn*, Neue Institutionenökonomik, 4. Aufl. 2010, 160; *Sadowski*, Personalökonomie und Arbeitspolitik, 80; *Eger* in: Sadowski/Walwei, BeitrAB 259, 45, 48; opportunistisches Verhalten ist nach *Williamson*, Die Institutionen des Kapitalismus, 34, definiert als „*self-interest seeking with guile*“, also „Verfolgung des Eigeninteresses unter Zuhilfenahme von List“.

627 *Picot/Dietl/Franck/Fiedler/Royer*, Organisation, 8. Auflage 2020, 109.

628 Vgl. *Spremann*, ZfB 1990, 561, 568.

dass Verträge unterbleiben, was wiederum ein Marktversagen zur Folge hat, das sich im Rahmen der Thematik dieser Arbeit etwa darin zeigen kann, dass Arbeitsverhältnisse nicht begründet werden.

Reichold[629] konstatiert, dass ein Arbeitgeber durch die nunmehr rechtlich festgeschriebene *political correctness* bei der Fragestellung im Anbahnungsverhältnis gehindert ist, die Eignung eines Bewerbers im Sinn eines effizienten Vertrages realistisch abzuschätzen.

Problematisch ist hier, dass ein Teil des Hold up durch den Bewerber verursacht werden kann und der andere Teil durch Rechtsreflexe aufgrund des Status des Bewerbers bzw. Arbeitnehmers als schwerbehinderten Menschen erwächst. Ein Arbeitgeber, der nicht nach der festgestellten Schwerbehinderteneigenschaft des Bewerbers fragen darf, läuft Gefahr, einen Arbeitnehmer einzustellen, den er neben dem fünftägigen Zusatzurlaub auch noch im Bereich evtl. anfallender Mehrarbeit entbehren muss. Weiterhin ist der Arbeitsplatz entsprechend behinderungsgerecht einzurichten, wobei hier ggf. sowohl Beratungs- als auch Umbauleistungen zu berücksichtigen sind. Auch ist ein Abbruch der vertraglichen Beziehung nach den ersten sechs Monaten und einer dann erfolgten Offenbarung nur unter erhöhtem Aufwand möglich. Die hierbei entstehenden Kosten müssen als *sunk costs* verbucht werden.

Erklärt der eingestellte schwerbehinderte Bewerber seinen Status nicht, muss der Arbeitgeber weiterhin die Ausgleichsabgabe entrichten.

cc. Gegenstrategien bei Problemen der Informationsasymmetrie

Als Folgen der Informationsasymmetrie wurden zur Vermeidung der genannten Probleme Gegenstrategien entwickelt, welche die Informationsdisparität auf Seiten des Arbeitgebers (Prinzipals) verringern oder gegebenenfalls aufheben sollen. Sind diese Strategien erfolgreich, werden nutzensteigernde Transaktionen möglich.

---

629 *Reichold*, RdA 2002, 321, 327.

(1) Adverse selection

Eine Folge von Problemen der Informationsasymmetrie ist die *adverse selection*[630]. Hier besteht die asymmetrische Informationslage bereits im Zeitpunkt des Vertragsschlusses und führt auf dem jeweils betrachteten Markt regelmäßig zu unerwünschten Ergebnissen. Adverse Auslese ist potentiell in allen Versicherungsaktivitäten präsent[631].

Im Bereich von Beschäftigungsverhältnissen wird meist davon ausgegangen, dass ein potentieller Arbeitgeber von jedem neuen Arbeitnehmer – bis auf einen solchen, der neu auf dem Arbeitsmarkt ist – zumindest weiß, dass dieser entweder gerade seinen letzten Arbeitsplatz verlassen hat oder dabei ist, dies zu tun. In diesem Fall stellt sich die Frage, ob ein Arbeitgeber willens ist, einen solchen Arbeitnehmer zu beschäftigen, da für den Arbeitgeber ein Arbeitnehmer, der den Job wechselt, möglicherweise weniger fähig erscheint. Anderenfalls hätte der frühere Arbeitgeber ihn gehalten.[632] Auch die ausreichende Qualifizierung des Bewerbers steht *ex ante* nicht fest[633].

Vom Hold up unterscheidet sich die adverse Auswahl durch die Unkenntnis der uninformierten Partei, die über den Vertragsschluss hinausgeht[634], also nicht nur im Zeitpunkt des Vertragsschlusses besteht.

Durch den Wegfall des Fragerechts nach der Schwerbehinderteneigenschaft ist die bestehende Informationslage bezüglich der Schwerbehinderteneigenschaft des Bewerbers zementiert. Sie kann sich ohne Zutun des Betroffenen zunächst nicht verändern.

Die Offenbarungspflicht trifft den Arbeitnehmer erst sechs Monate nach Bestehen des Beschäftigungsverhältnisses und selbst dann erst auf

---

630 Auch adverse Selektion, negative Risikoauslese, Negativauslese oder Gegenauslese. Der Begriff der Selektion ist im Zusammenhang mit Menschen vor dem Hintergrund der deutschen Geschichte nicht unproblematisch. Gleichwohl handelt es sich bei der Selektion im Kontext dieser Arbeit um einen ökonomischen Terminus, der auch ausschließlich soweit möglich in neutralem Zusammenhang gebraucht wird.

631 *Bikhchandani/Hirshleifer/Riley*, The Analytics of Uncertainty and Information, 2. Aufl. 2013, 321ff.; *Akerlof*, 84 Q.J.Econ. (1970), 488, 493: beispielhaft hierfür ein 65 Jahre alter Mensch, der versucht, eine Krankenversicherung abzuschließen; vgl. auch *Picot/Dietl/Franck/ Fiedler/Royer*, Organisation, 8. Auflage 2020, 92.

632 So *Greenwald*, Adverse Selection in the Labor Market, 1.

633 Vgl. *Backes-Gellner/Wolff* in: Jost, Die Prinzipal-Agenten-Theorie, 396.

634 Vgl. *Spremann*, ZfB 1990, 561, 571.

Nachfrage des Arbeitgebers[635]. Nur so ändert sich die Informationslage nach Vertragsschluss.

(2) Signaling

Das Signaling wiederum ist eine Form der Informationsübertragung aus den privaten oder marktlichen Lösungsansätzen. Charakteristisch ist, dass die besser informierte Marktseite die Initiative zum Abbau der Informationsasymmetrie ergreift.[636] Die besser informierte Partei nutzt sog. Signale, um der schlechter informierten Seite Informationen zu übermitteln. Dies können Eigenschaften oder Aktivitäten sein, die anderen Marktteilnehmern Informationen vermitteln und dadurch möglicherweise deren Einschätzungen oder Erwartungen in Bezug auf den Gegenstand der Transaktion verändern.[637]

Das Modell von *Spence*[638] zeigt am Beispiel des Arbeitsmarktes, wie der Signalingmechanismus abläuft. Der Arbeitnehmer/Bewerber besitzt private Informationen über seine Grenzproduktivität, d. h. seine Arbeitskraft. Dies lässt sich insbesondere durch Qualifikationsnachweise[639], wie z. B. die Ausbildung, dem potentiellen Arbeitgeber zur Kenntnis bringen. Problematisch ist hierbei jedoch, dass sich weniger qualifizierte Bewerber den Anschein einer höheren Qualifikation geben, was wiederum einer kostenintensiven Überprüfung bedarf[640]. Der Arbeitgeber ist nur über die durchschnittliche, nicht jedoch über die individuelle Produktivität der angebotenen Arbeit unterrichtet. Es wird gleichwohl vertreten, dass die Produktivität einer Arbeitskraft relativ kostengünstig zu überwachen sei[641].

---

635 So BAG v. 16.02.2012 – 6 AZR 553/10 –, E 141, 1, 3 Rdnr.11ff.

636 Vgl. *Donges/Freytag*, Allgemeine Wirtschaftspolitik, 3. Aufl. 2009, 213; *Fritsch*, Marktversagen und Wirtschaftspolitik, 10. Aufl. 2018, 266f.; *Picot/Dietl/Franck/Fiedler/Royer*, Organisation, 8. Auflage 2020, 111.

637 Vgl. *Spence*, Market Signaling, 1; vgl. *Spence*, 92 AER (2002), 434, 436 und 439ff.; auch *Bikhchandani/Hirshleifer/Riley*, The Analytics of Uncertainty and Information, 2. Aufl. 2013, 359ff.

638 *Spence*, 87 Q.J.Econ. (1973), 355, 356ff.

639 Vgl. *Spence*, 92 AER (2002), 434, 436 und 439.

640 Vgl. *Jost* in: Jost, Die Prinzipal-Agenten-Theorie, 11, 29; vgl. auch *Schumacher*, Unvollkommene Information, 44.

641 *Layard/Psacharopoulos*, 82 J.Pol.Econ. (1974), 985, 994f.

Nach *Spence*[642] besitzt der Erwerb einer Ausbildung als solcher keine Qualifikationswirkung im Sinne einer Produktivitätssteigerung, sondern lediglich eine Signalwirkung. Investitionen zum Zweck des Signaling werden vom Arbeitnehmer nur dann getätigt, wenn die zu erwartende Rendite die Investitionskosten übersteigt.

Weiterhin kann Vertrauen in Form von Reputation, Garantieversprechen, Vereinbarung von Selbstbehalten oder Schadensfreirabatten aufgebaut werden. Im Fall des hier in Rede stehenden Arbeitsverhältnisses versagen diese Mechanismen jedoch größtenteils, da diese für den Versicherungsmarkt oder den Gütermarkt zwar praktikabel sind, in Bezug auf die Schwerbehinderteneigenschaft entsprechende Regelungen für ein Arbeitsverhältnis bzw. die Transaktionen auf dem Arbeitsmarkt nicht realisierbar sind. Als Reputation können lediglich Qualifikationsnachweise gelten, die aber nur derjenige schwerbehinderte Bewerber bzw. Beschäftigte erwerben kann, der hierzu die Gelegenheit hat. Auch bei einem Arbeitszeugnis ist Voraussetzung für den Aufbau der Reputation, dass der betreffende Arbeitnehmer auch tatsächlich seinen Fähigkeiten gemäß beschäftigt wurde und dementsprechend Leistung erbringen konnte bzw. ihm ein den Tatsachen entsprechendes Zeugnis ausgestellt wurde.

Als Signal könnte dagegen gelten, was durch Untersuchungen oder Fragebögen ermittelt wurde. Nach dem Wegfall des Fragerechts geben diese jedoch bestenfalls Auskunft über die generelle Eignung des Bewerbers.

Als Aktivitäten oder Informationen, die als Signale verwendet werden können, kommen nunmehr „private" Tatsachen wie sportliche Leistungen o. ä. in Betracht. Diese zeigen dem potentiellen Arbeitgeber etwa, ob körperliche Fitness vorliegt. Der Bewerber muss sich im Bereich der Eigenwerbung selbst engagieren und seinerseits Tatsachen in den Bewerbungsprozess einbringen, da diese Punkte eher selten Teil eines Anforderungsprofils sind.

Für schwerbehinderte Menschen ergeben sich im Bereich des Signaling besondere Probleme. Während sich Qualifikationen und Ausbildung relativ problemlos nachweisen lassen, stellt sich bei der tatsächlich erreichbaren

[642] Vgl. *Spence*, 92 AER (2002), 434, 436 und 439; *Spence*, Market Signaling, 26; vgl. auch *Spence*, 90 Q.J.Econ. (1976), 591, 592.

Arbeitsleistung die Frage der Nachweisbarkeit. Eine Möglichkeit wäre hier der Nachweis vorangegangener Beschäftigung. Sofern jedoch beim vorhergehenden Arbeitgeber nachgefragt wird, muss der Bewerber befürchten, dass sein möglicherweise dort offenbarter Status als schwerbehinderter oder gleichgestellter Mensch offenbar wird, selbst wenn dies rechtlich nicht zulässig ist.

Die Investition in dieses Unterscheidungsmerkmal von anderen Bewerbern stellt für den nicht erkennbar schwerbehinderten oder gleichgestellten Menschen folglich keinen unmittelbaren Vorteil dar, solange er nicht effektiv über die Offenbarung seines Status disponieren kann. Auch ist das Signaling für einen Berufseinsteiger nur begrenzt möglich.

b. Hidden characteristics

Vor Vertragsschluss sind die Eigenschaften des Vertragspartners (Agenten) und die Qualität der von ihm angebotenen Leistungen für den Prinzipal oft nicht genau erkennbar.[643]

Unmittelbare Folge hiervon ist der von *Akerlof*[644] beschriebene „Markt für Zitronen" mit dem Qualitätswettlauf nach unten. Dieser kann dazu führen, dass Märkte ganz zusammenbrechen, sich gar nicht erst bilden oder auf ihnen nur minderwertige Waren angeboten werden[645].

Akerlof erläutert dies am Beispiel des Gebrauchtwagenmarktes, bei dem die Verkäufer über die Qualität der Fahrzeuge orientiert sind, für die Käufer jedoch lediglich die Durchschnittsqualität, nicht aber die individuellen Eigenschaften der Fahrzeuge erkennbar sind (*hidden characteristics*). Es gibt keine Möglichkeit zum Informationsaustausch zwischen den Marktteilnehmern. Folge dieses Modells ist, dass die Fahrzeuge alle zum Durchschnittspreis, der dem Wert eines durchschnittlichen Fahrzeugs entspricht, gehandelt werden. Anbieter mit Fahrzeugen, die im Wert über diesem Durchschnittspreis liegen, werden nicht bereit sein, zu diesem Preis zu verkaufen und sich dementsprechend vom Markt zurückziehen.

---

643 Vgl. *Göbel*, Neue Institutionenökonomie, 101; *Mensch*, WISU 1999, 686, 687; *Jost* in: Jost, Die Prinzipal-Agenten-Theorie, 11, 28.

644 *Akerlof*, 84 Q.J.Econ. (1970), 488, 489f.

645 *Schäfer/Ott*, Ökonomische Analyse des Zivilrechts, 6. Aufl. 2020, 412, 608.

Dieses Modell lässt sich allerdings nicht direkt auf den Wegfall des Fragerechts übertragen. Anders als bei einem schlechten Gebrauchtwagen[646] handelt es sich bei einem schwerbehinderten Stellenbewerber nicht notwendig um eine ungenügende Arbeitskraft. Zudem ist eine derartige Analogie moralisch mehr als nur fragwürdig.

Zwar gibt es nicht die Möglichkeit, etwa durch Garantien oder Gewährleistungsrechte der Annahme eines Makels entgegenzutreten, dies kann jedoch etwa durch Arbeitsproben geschehen oder anhand der Arbeitszeugnisse[647] hergeleitet werden. Voraussetzung letzterer ist jedoch zunächst die Aufnahme einer Beschäftigung bzw. eines Probearbeitens.

Auch diese Konstellation löst eine Negativauslese (*adverse selection*) aus.

dd. Lösungsmöglichkeit: Screening

Das Screening ist ein Modell der Informationsbeschaffung, bei dem der Nachfragende versucht, seine Ungewissheit durch Tests abzubauen. Die hierdurch gefundene quantifizierbare Messzahl soll einen zuverlässigen Indikator für die unbeobachtbare Höhe des Verlustrisikos darstellen[648]. Da die Kosten der Testverfahren indirekt den Preis für das nachgefragte Gut erhöhen, ist die Grenze dann erreicht, wenn das Ausmaß der Informationsbeschaffung einen Kostenaufwand zur Folge hat, der den Nutzen der Information übersteigt.[649]

Screening ist nicht immer möglich und besteht vielfach lediglich in der Auswertung dessen, was mittels Signaling an Eigenschaften transportiert wurde. Screening ist wie auch Signaling im Fall von *hidden characteristics* ein mit Kosten verbundener Lösungsansatz[650].

Testverfahren und damit die Informationsbeschaffung über Dritte unterfallen der Sache nach dem Screening. Diese Verfahren bergen jedoch das Risiko

---

646 In der amerikanischen Umgangssprache „*lemon*", Gegenbegriff für gute Gebrauchtwagen: „*peach*".

647 Vgl. Teil 3 § 10 C. II. 1. a. cc. (2).

648 Vgl. *Fleischer*, Informationsasymmetrie im Vertragsrecht, 124; *Backes-Gellner/Wolff* in: Jost, Die Prinzipal-Agenten-Theorie, 395, 397; *Fritsch*, Marktversagen und Wirtschaftspolitik, 10. Aufl. 2018, 265f.

649 Vgl. *Donges/Freytag*, Allgemeine Wirtschaftspolitik, 3. Aufl. 2009, 212f.; *Bikhchandani/Hirshleifer/Riley*, The Analytics of Uncertainty and Information, 2. Aufl. 2013, 327ff.

650 *Wessling*, Individuum und Information, 92.

eines weiteren Prinzipal-Agent-Problems, da das Verhalten der sachverständigen Agenten zum einen nicht kostenneutral ist und zum anderen möglicherweise auch hier Kontrollkosten für eine dritte Instanz anfallen können. Diese erhöhen wiederum die Transaktionskosten.[651]

Das Screening kann beim Wegfall des Fragerechts nach der Schwerbehinderteneigenschaft in den zulässigen Grenzen geschehen[652]. Die Eigenschaft selbst, d.h. der Status als schwerbehinderter oder gleichgestellter Mensch, lässt sich hierdurch jedoch nicht ermitteln. Lediglich die Arbeitsleistung bzw. deren Qualität wird einer – mit Kosten verbundenen – Überprüfung zugänglich.

ee. Lösungsmöglichkeit: Selbstselektion

Das Verfahren der Selbstselektion ist ein Sonderfall des Screening[653], das auf Kredit-, Versicherungs- und Arbeitsmärkten Anwendung findet[654]. Es wird wie das Signaling vom Bewerber selbst angestoßen. Dieser weiß um die Möglichkeiten der Befragung und deren Grenzen, gibt dennoch freiwillig Informationen über sich preis, welche die Entscheidung des Arbeitgebers beeinflussen sollen. Im Bereich der Personalgewinnung bietet der Arbeitgeber Anreize, die geeignet sind, die Auswahl von fähigen und motivierten Bewerbern sicherzustellen[655], etwa im Bereich der Vergütung. Ebenfalls eine Selbstselektion auslösend können Probezeiten oder eine leistungsbezogene Vergütung (etwa Stücklöhne) wirken[656].

Auch hier dürfen die vom Arbeitgeber gebotenen Anreize die Grenze des Zulässigen nicht überschreiten. Für den Bewerber besteht dabei die Gefahr, dass er im Bestreben, sich für den angebotenen Arbeitsplatz zu empfehlen, weit mehr offenbart als gut für ihn ist. Er übersieht möglicherweise nicht mehr, zu welchen

---

651 *Donges/Freytag*, Allgemeine Wirtschaftspolitik, 3. Aufl. 2009, 213; *Picot/Dietl/Franck/Fiedler/Royer*, Organisation, 8. Auflage 2020, 111f.

652 Z. B. betriebsärztliche Untersuchungen, die jedoch lediglich eine positive oder negative Aussage über die Eignung des Bewerbers für die geplante Arbeit zum Ergebnis haben können.

653 Vgl. *Wessling*, Individuum und Information, 92f.

654 *Fleischer*, Informationsasymmetrie im Vertragsrecht, 125; *Rothschild/Stiglitz*, 90 Q.J.Econ. (1976), 629ff.

655 Vgl. *Bergen/Dutta/Walker*, 56 Journal of Marketing (July 1992), 1, 7.

656 *Backes-Gellner/Wolff* in: Jost, Die Prinzipal-Agenten-Theorie, 395, 400 und 403.

Auskünften er überhaupt verpflichtet ist und dass der Arbeitgeber aus seinen Angaben Schlüsse zieht, die für ihn nachteilig sind.

Gerade Bewerber, die ihren Status zu verbergen suchen, sind hier in der Gefahr, sich über ihre Grenzen hinaus zu belasten und dauerhaft Schaden zu nehmen.

2. Das Informationsdefizit nach Vertragsschluss

Mit dem Vertragsschluss stehen dem Prinzipal nicht automatisch alle Informationen des Agenten und über den Agenten offen. Es bestehen immer noch Konstellationen mit Informationsdefizit.

a. Hidden action/hidden information/hidden intention

Die *hidden action* beschreibt die Situation, in der der Prinzipal das Ergebnis einer Handlung beobachten kann, jedoch nicht die Handlung selbst. Das Anstrengungsniveau des Agenten kann ebenso wenig erfasst werden wie etwaige Umwelteinflüsse, die in Beziehung zu dem fassbaren Ergebnis stehen. Eine zutreffende Leistungsbeurteilung ist in diesem Fall kaum möglich. Die Kosten hierfür sind prohibitiv hoch.[657]

Denkbar sind auch hier die selbstausbeuterischen Verhaltensweisen, mit denen die Betroffenen ihr Arbeitspensum zu übertreffen suchen, um die Probezeit zu überstehen.

Können die Handlungen des Agenten zwar vom Prinzipal beobachtet, aber nicht bewertet werden, liegt eine Situation der *hidden information* vor[658]. Der Agent besitzt private, d.h. dem Prinzipal nicht zugängliche Informationen, etwa über seine Leistungsfähigkeit. Diese wiederum ist Grundlage der Zufriedenheit des Prinzipals in der vertraglichen Beziehung. Zu nennen ist hier etwa die Kenntnis vom eigenen Schwerbehindertenstatus, der dem Arbeitgeber die Anrechnung auf die Pflichtquote ermöglicht.

---

657 Vgl. *Mensch*, WISU 1999, 686, 687; *Bergen/Dutta/Walker*, 56 Journal of Marketing (July 1992), 1, 3f.; *Schäfer/Ott*, Ökonomische Analyse des Zivilrechts, 6. Aufl. 2020, 475; *Jost* in: Jost, Die Prinzipal-Agenten-Theorie, 11, 25.

658 Vgl. *Schäfer/Ott*, Ökonomische Analyse des Zivilrechts, 6. Aufl. 2020, 475; *Göbel*, Neue Institutionenökonomik, 102, gesteht zu, dass der Begriff der *Hidden Information* irreführend ist, da die für den Prinzipal nicht erkennbare Information letztlich Grundlage aller *Agency*-Probleme ist.

Das Problem der *hidden intention* nach Vertragsschluss ist eine Fortsetzung der Situation, in der der Prinzipal *ex ante* keine Kenntnis von den Absichten des Agenten hat. Diese Unkenntnis setzt sich auch im weiteren Verlauf der Auftragsbeziehung fort.

Hier kann der Prinzipal nach sechsmonatigem Bestehen des Arbeitsverhältnisses den Status seines Arbeitnehmers erfahren. Es liegt damit in der Verantwortung des kostentragenden Prinzipals, die Unkenntnis eigeninitiativ zu beseitigen.

b. Opportunismus nach Vertragsschluss

Der bereits behandelte Opportunismus kann im Arbeitsverhältnis auch nach Vertragsschluss infolge asymmetrischer Information oder spezifischer Investitionen auftreten, die einen beliebigen Wechsel der Vertragspartner ausschließen[659]. Nutzt der Agent seinen Informationsvorsprung oder seine aus der Besonderheit der Information erwachsende Macht opportunistisch, besteht die Gefahr des Hold up. Tätigte der Prinzipal unrentable Investitionen, die sich also nicht amortisieren, ist er vom Agenten abhängig. Gleiches gilt, wenn ein interessenkonformes Verhalten des Agenten *ex post* nicht durchgesetzt werden kann.[660]

Nachdem der Rahmen ökonomischer Aktivität variabel und vielfach interdependent ist, kann dem Problem nicht mit dem Konzept der Wahrscheinlichkeitsrechnung begegnet werden[661], da sich auch die Motivation des Agenten im Verlauf des Arbeitsverhältnisses ändern kann.

Jedoch wird die Prämisse des Opportunismus auch in Zweifel gezogen, da neben Opportunismus auch Reziprozität als Grundlage erfolgreichen Verhaltens zu beobachten ist[662].

Für den schwerbehinderten Arbeitnehmer bestehen in Folge der Offenbarung seines Status nach den ersten sechs Monaten die Teilhaberechte nach dem SGB IX. Insofern kann der Informationstransfer nach Vertragsschluss aus opportunistischen Gründen geschehen. Für den Arbeitgeber folgt daraus,

---

659 *Richter/Furubotn*, Neue Institutionenökonomik, 4. Aufl. 2010, 160; *Göbel*, Neue Institutionenökonomik, 133.

660 Vgl. *Göbel*, Neue Institutionenökonomik, 103.

661 So *Pieper*, Koordination individueller wirtschaftlicher Aktivitäten unter unvollkommener Information, 4.

662 So *Drumm*, Personalwirtschaft, 6. Aufl. 2008, 14.

dass er den Arbeitnehmer auf seine Pflichtquote anrechnen kann, wenngleich er im Gegenzug diesem die Vergünstigungen des SGB IX zu gewähren hat.

c. Moral hazard

Anders als bei Qualitätsunsicherheit unterliegt das Verhalten des Agenten der freien Willensbildung. Die Gefahr, dass ein Vertragspartner (Agent) seinen Informationsvorsprung zu Lasten des Prinzipals ausnutzt *(hidden action* bzw. *hidden intention*), wird als moralisches Risiko (*moral hazard*) bezeichnet. Der Prinzipal weiß vor Delegation der Aufgabe nicht, wie der Agent sich bei Delegation der Aufgabe verhalten wird.[663] Im Lichte der Gefahr opportunistischen Verhaltens beim Agenten können *agency costs* dadurch entstehen, dass der Prinzipal einen anderen Agenten hätte auswählen können, der seine Stellung weniger eigennützig ausgeübt hätte. Um dieser Gefahr zu begegnen, kann die Delegation von Aufgaben nur an Agenten erfolgen, die vertrauenswürdig sind.

Die als Folge der Unsicherheit betriebene adverse Auslese führt zu den Problemen des moralischen Risikos (*moral hazard*). Bei dieser Form nicht durch Informationsbeschaffung reduzierbaren oder kontrollierbaren Unsicherheit kann eine Seite nach Vertragsschluss relevante Fakten zu Lasten des Transaktionspartners verändern, ohne dass dies für die andere Seite erkennbar ist (sog. *hidden action*). Das moralische Risiko stellt das Gegenstück zur *adverse selection* dar. Ziel des Prinzipals ist es, dieses Risiko durch einen geeigneten Vertrag zu begrenzen.[664]

Agency costs, die mit dem *moral hazard* in Zusammenhang stehen, können durch Anreize an den Agenten, die übertragenen Aufgaben im Sinne des Prinzipals auszuführen, gesenkt werden (z. B. Leistungslohn). Eine ständige Überwachung birgt dabei das Problem, dass auch die Überwacher ihrerseits überwacht werden müssten.

Kostenauslösender Faktor für den Arbeitgeber im Zeitpunkt des Vertragsschlusses und in den ersten sechs Monaten des

---

663 Vgl. *Fleischer*, Informationsasymmetrie im Vertragsrecht, 138ff.

664 *Jost* in: Jost, Die Prinzipal-Agenten-Theorie, 11, 26; *Eger* in: Sadowski/Walwei, BeitrAB 259, 45, 48; *Picot/Dietl/Franck/Fiedler/Royer*, Organisation, 8. Aufl. 2020, 109.

Beschäftigungsverhältnisses ist der nicht überprüfbare Status des Arbeitnehmers. Führt der schwerbehinderte Arbeitnehmer die ihm übertragenen Aufgaben im Sinne des Arbeitgebers aus, verbleibt gleichwohl der Kostenfaktor der Ausgleichsabgabe, die jedoch nicht Gegenstand des Arbeitsverhältnisses ist und einer vertraglichen Regelung nicht offensteht. Zudem entfaltet die Ausgleichsabgabe erst Wirkung, wenn der Arbeitgeber nicht von seinem Fragerecht nach sechs Monaten Gebrauch macht.

Ein Entgegenkommen durch Offenbarung birgt für den Arbeitnehmer das Risiko der Entlassung, führt aber auch zur Möglichkeit der Inanspruchnahme der damit verbundenen Vorteile, die wiederum zu Lasten des Arbeitgebers gehen können.

III. Möglichkeiten der Kooperation

Ein kooperativer Ansatz im Sinne einer Interessenharmonisierung der beiden Parteien kann eine annähernde *win-win*-Situation für die Beteiligten schaffen. Diese Interessenharmonisierung kann durch vertikale Integration oder Ertragsbeteiligung geschehen[665]. Vertikale Integration ist die Zusammenarbeit von Leistungserstellern, die sich auf unterschiedlichen Ebenen (Leveln) befinden, mit dem Ziel, bei Fusion ihr Wissen optimal zu verbinden. So können die Beteiligten eine Kooperationsrente erzielen also den Betrag, den Arbeitgeber und Arbeitnehmer durch kooperatives Verhalten in der Arbeitsbeziehung zusätzlich zur Gesamtheit ihrer individuellen Einkünfte bei alternativer Verwendung ihrer Mittel erzielen können[666].

Eine Interessenharmonisierung in Form der Ertragsbeteiligung ist im Fall des Frageverbots jedoch fragwürdig, da ein zumindest mittelbarer Zusammenhang mit der dem Status zugrunde liegenden Behinderung zum sanktionsbewehrten Verstoß gegen Regelungen des AGG führt.

665 *Fritsch*, Marktversagen und Wirtschaftspolitik, 10. Aufl. 2018, 269f.

666 *Schrüfer*, Ökonomische Analyse individueller Arbeitsverhältnisse, 31; *Arrow*, The Limits of Organization, 19; *Gröschel*, Inflation und Beschäftigung in Volkswirtschaften mit Güter- und Arbeitsmarktkontrakten, 111.

1. Verlustbeteiligung

Eine ertragsabhängige Honorierung der Agenten, um einen Anreiz zu setzen, den Erfolg des Prinzipals anzustreben, kann insbesondere auch dann Wirkung entfalten, wenn sie auch in Form der Verlustbeteiligung in Rede steht.

Eine solche Verlustbeteiligung, etwa im Bereich des Lohnes, ist allerdings vorliegend ausgeschlossen. Sie würde jedenfalls gegen die Regelung des § 164 Abs.2 SGB IX verstoßen, da grundsätzlich möglich ist, dass die Leistung aufgrund der statusimmanenten Behinderung des Arbeitnehmers beeinträchtigt ist. Damit liegt auch hier ein Verstoß gegen das AGG vor.

2. Leistungsanreize

Auch die Thematik der Leistungsanreize ist im Zusammenhang mit der Beschäftigung schwerbehinderter Menschen nicht unproblematisch. Zunehmend werden in Betrieben Anreize durch leistungsabhängige Vergütungssysteme geschaffen. Im Rahmen verschiedener dieser Systeme wird die Leistung bestimmter kleinerer Gruppen innerhalb eines Unternehmens oder sogar von Individuen bestimmt. Auf der Grundlage dieser Leistungen werden bestimmte Entgeltbestandteile oder *boni* gewährt.

Um die intendierten Wirkungen zu entfalten, müssen die Anreizsysteme grundsätzlich drei Anforderungen genügen: Eine gerechte Anreizgewährung aufgrund des Zusammenhangs zwischen Anforderungen, Leistung und Anreizgewährung, die Erfüllung des Gleichheitsprinzips, das für gleiche Anforderungen bzw. Leistungen gleiche oder gleichwertige Anreize gewährt sowie die Transparenz des Systems, damit die Anreize durchschaubar sind und ihre motivierende Wirkung entfalten können.

3. Herausforderungen im Bereich der Kooperation

Die Bezahlung und deren Beurteilung sind nicht alleinige Grundlage von Arbeitszufriedenheit, Geldprobleme vergegenständlichen aber Konflikte, die möglicherweise andere Ursachen haben[667]. Dies führt dazu, dass ein schwerbehinderter Mitarbeiter im Rahmen leistungsbezogener Vergütung zum Sündenbock werden kann. Einerseits darf er nicht wegen seiner Schwerbehinderung benachteiligt werden, andererseits führt es zu Unmut, wenn ein Mitglied

---

[667] Vgl. *Schmidtchen*, Neue Technik – Neue Arbeitsmoral, 100f.; vgl. auch die Diskussion um die *gender pay gap*.

einer Arbeitsgruppe trotz Regelarbeitszeit ohne Überstunden und mit jährlichem Zusatzurlaub dieselbe Entlohnung erhält. Dies ist vor dem Hintergrund des Gleichbehandlungsrechts jedoch hinzunehmen.
Um eine mögliche *ex post*-Ausbeutung zu verhindern, bedarf es zudem starker innerbetrieblicher Arbeitnehmervertretungen, die dem Arbeitgeber entgegentreten[668].

4. Stellungnahme

Die Situation verschärft sich noch, wenn die von der Gruppe geforderte Arbeitsleistung, die zu Bonuszahlungen führt, auf der Grundlage der Zahl ihrer Mitglieder veranschlagt wurde. Ist der schwerbehinderte Mitarbeiter aufgrund seiner Beeinträchtigung nicht im Stande, eine Leistung über der Regelleistung zu erbringen, beeinträchtigt er so die Gruppenleistung und macht das Erreichen des ‚Bonus-Solls' gegebenenfalls unmöglich.

Die Schwerbehinderung bei der Definition des Bonus-Solls zu berücksichtigen ist zwar grundsätzlich denkbar, es dürfte jedoch für den Arbeitgeber nahezu unmöglich sein, die tatsächlichen Auswirkungen der Beeinträchtigungen des schwerbehinderten Arbeitnehmers zutreffend einzuschätzen.

IV. Zwischenfazit

Das Frageverbot bezüglich der Schwerbehinderteneigenschaft hat beim Arbeitgeber erzwungene Unkenntnis zur Folge. Diese Einschränkung seiner Möglichkeiten führt zu einem gefühlten Verhaltenszwang, da er der Handlungsvariante zur ökonomischen Nutzenmaximierung beraubt ist.

Zwar bestehen Möglichkeiten, die für das Arbeitsverhältnis unmittelbar relevanten Kenntnisse, z. B. bezüglich der Qualifikation eines Bewerbers, zu erlangen, weitere Erkenntnisse sind gleichwohl erst im bestehenden Arbeitsverhältnis möglich.

Im Vorteil sind wiederum diejenigen Bewerber, deren Schwerbehinderteneigenschaft nicht offensichtlich oder relativ leicht erkennbar ist. Bei ihnen wirkt sich das vom Arbeitgeber empfundene Informationsdefizit weniger aus.

---

[668] Vgl. *Reichold*, FS Adomeit, 583, 585 und 588; *Reichold*, FS 50 Jahre BAG, 153, 469ff.

§ 11 Wirkungen des Frageverbots für das Arbeitsvertragsrecht

Das Vertragsrecht stellt eine Informationssammlung der Eventualitäten dar, an denen die Transaktion scheitern kann. So reduziert es die Komplexität der Tauschbeziehungen, damit ein marktlicher Austausch hinsichtlich der damit verbundenen Kosten kalkulierbar werden kann.[669] Da das Vertragsrecht den institutionellen Rahmen der Tauschbeziehungen bildet[670], hat jede Änderung dieses Rahmens Auswirkungen auf die Kosten der Transaktion (Transaktionskosten).

Das Frageverbot nach der Schwerbehinderteneigenschaft wirkt auf die Informationsmöglichkeiten bei der Entscheidungsfindung durch den Arbeitgeber ein. Dies betrifft insbesondere die Kosten, die für Arbeitgeber anfallen, wenn sie die Begründung eines Beschäftigungsverhältnisses in Betracht ziehen, dieses eingehen und sich dann herausstellt, dass es sich bei dem neu eingestellten Arbeitnehmer um einen schwerbehinderten oder gleichgestellten Menschen handelt.

Gegenstand des folgenden Abschnitts soll die Frage sein, wie sich die ökonomischen Funktionen des Arbeitsvertragsrechts unter der durch das Frageverbot entstandenen Informationsasymmetrie darstellen.

A. Ökonomische Funktionen des Vertragsrechts

Das Vertragsrecht stellt den Rahmen für die wirtschaftlichen Überlegungen der Vertragspartner dar.

Die Vertragsfreiheit als Gegenstück zum Grundsatz der Dezentralisierung wirtschaftlicher Entscheidungen[671] ist der institutionelle Rahmen, in

---

669 Vgl. *Fleischer*, Informationsasymmetrie im Vertragsrecht, 181; *Richter/Furubotn*, Neue Institutionenökonomik, 4. Aufl. 2010, 165ff.; vgl. auch *Trebilcock*, The Limits of Freedom of Contract, 16.

670 Vgl. *Behrens*, Die ökonomischen Grundlagen des Rechts, 157.

671 *Adams*, AcP 186 (1986), 453, 455 sieht Vertragsfreiheit damit als notwendige Voraussetzung für arbeitsteilige Prozesse.

dem nutzenmehrende – und damit ökonomisch effiziente – Tauschprozesse stattfinden können[672]. Sie steuert in einem funktionsfähigen Wettbewerbssystem die Ressourcen an den Ort, an dem sie am nutzbringendsten verwendet werden können[673].

Zwar ist die Vertragsfreiheit durch den Wegfall des Fragerechts nicht beschränkt[674], es ist jedoch zu fragen, ob das Vertragsrecht nach dem Wegfall des Fragerechts seinen ökonomischen Funktionen gerecht werden kann. Diese Funktionen sollen sicherstellen, dass ein Vertragsschluss und der damit verbundene Leistungsaustausch im Interesse der beteiligten Vertragsparteien liegen kann. Ebenso besitzt die Privatrechtsordnung aus wohlfahrtstheoretischer Sicht die Aufgabe, den nutzenstiftenden Güteraustausch durch institutionelle Absicherung zu fördern.[675] Dies wiederum ist die Voraussetzung für funktionsfähigen Wettbewerb[676].

Ein aus ökonomischer Sicht gültiger Vertrag liegt nur dann vor, wenn die Vereinbarung die ökonomische Funktion eines Vertrages erfüllt, also den Nutzen der beteiligten Parteien fördert, sofern nicht ein Teil bewusst auf die Geltendmachung der eigenen Interessen verzichtet. Ist die ökonomische Funktion nicht gewahrt, beansprucht der Vertrag keine ökonomische Geltung und sollte durch die Rechtsordnung korrigiert werden.[677] Eine freiwillige Kooperation, von der beide Vertragsteile profitieren, setzt voraus, dass die jeweilige Transaktion auf beiden Seiten freiwillig ist und diese in vollem Wissen darüber handeln, was geschieht[678].

Die rechtlichen Regelungen zum Schutz schwerbehinderter Menschen innerhalb und bei Beendigung eines Arbeitsverhältnisses stellen einen Rahmen dar,

---

672 Vgl. *Fleischer*, Informationsasymmetrie im Vertragsrecht, 179; *Richter/Furubotn*, Neue Institutionenökonomik, 4. Aufl. 2010, 148.

673 *Schäfer/Ott*, Lehrbuch der ökonomischen Analyse des Zivilrechts, 6. Aufl. 2020, 471 und 504f.; *Hirsch*, Law and Economics, 3. Aufl. 1999, 93.

674 *Deinert* in: Deinert/Welti, SWK BehindertenR, 2. Aufl. 2018, Fragerecht des Arbeitgebers, Rdnr.6 unter Hinweis auf die Prüfpflicht nach § 164 Abs.1 SGB IX.

675 Vgl. *Fleischer*, Informationsasymmetrie im Vertragsrecht, 180; *Adams*, AcP 186 (1986), 453, 455; *Hirsch*, Law and Economics, 3. Aufl. 1999, 94.

676 *Horn*, AcP 176 (1976), 307, 321.

677 *Trebilcock*, The Limits of Freedom of Contract, 17; *Schäfer/Ott*, Lehrbuch der ökonomischen Analyse des Zivilrechts, 6. Aufl. 2020, 501ff.

678 Vgl. *Friedman*, Kapitalismus und Freiheit, 34.

innerhalb dessen für den Arbeitgeber grundsätzlich jeder Fall eintreten kann, jedoch nicht zwangsläufig muss. Hat er Kenntnis von der Schwerbehinderteneigenschaft seines Arbeitnehmers, entfällt die Zahlung der Ausgleichsabgabe für diesen unbesetzten Platz. Andererseits bestehen beim Arbeitnehmer die Rechte aus dem SGB IX.

B. Forderungen an ein „marktrationales Vertragsrecht" (*Fleischer*)

Fleischer[679] leitet aus dem Tauschparadigma fünf Forderungen an ein „marktrationales" Vertragsrecht her.

Dies sind namentlich die Transaktionskostenminderung, die Rekonstruktion des vollständigen Vertrages, die Verhinderung opportunistischen Verhaltens, die Unterscheidung wohlfahrtsfördernder und wohlfahrtsmindernder Verträge sowie die Sicherung der Funktionsfähigkeit der Märkte.

Ob und inwiefern die derzeitige Rechtslage nach dem Frageverbot bezüglich der Schwerbehinderteneigenschaft diesen Forderungen gerecht wird, ist Gegenstand der folgenden Ausführungen.

I. Transaktionskostenminderung

Für den Arbeitgeber ist die Kostenfrage ein zentrales Kriterium bei der Einstellung eines Arbeitnehmers. Im Fall der Beschäftigung eines schwerbehinderten Arbeitnehmers können Kosten entstehen, die bei nicht schwerbehinderten Arbeitnehmern nicht anfallen.

Der schwerbehinderte Bewerber hingegen wendet in Kenntnis seines Status monetär nur begrenzt messbare Kosten auf, um diesen zu verschleiern und so seine Chance auf den Arbeitsplatz zu erhöhen[680].

---

[679] *Fleischer*, Informationsasymmetrie im Vertragsrecht, 181.

[680] Diese Kosten können z. B. Veränderungen des Äußeren sein, die besondere Gesundheit demonstrieren sollen.

1. Die Transaktionskostentheorie

Ausgangspunkt der Transaktionskostentheorie ist die Transaktion, d. h. ein Prozess der Klärung und Vereinbarung eines Leistungsaustausches, dessen Kontrolle und seine eventuell erforderliche Anpassung bei Veränderung der Rahmenbedingen[681].

Transaktionskosten[682] sind nicht identisch mit Produktionskosten einschließlich der Transportkosten[683]. Es sind insbesondere jene Kosten, die infolge des Tauschprozesses entstehen. Im Rahmen von Verträgen werden daher simultan Preise, Transaktionsattribute und Vertragssicherung betrachtet. Das Vertragsrecht bildet hierbei den institutionellen Rahmen der Tauschbeziehungen[684]. Jede Änderung dieses Rahmens hat Auswirkungen auf die Transaktionskosten, da hierdurch Anreize und Beschränkungen für das Verhalten der ökonomischen Akteure gesetzt werden[685].

Die Transaktionskosten wirken auf die Tauschoperation am Markt insofern beschränkend, als die zugrunde liegende Kosten-Nutzen-Betrachtung nicht nur in Ansehung konkurrierender Nutzungen geschieht. Es werden auch die Entscheidungs- und Informationskosten mit einbezogen. Eine reibungslose Abwicklung ökonomischer Leistungsbeziehungen ist nach dem Transaktionskostenansatz nicht denkbar. Da der möglichst sparsame Einsatz knapper Ressourcen das Effizienzkriterium bildet[686], unterbleiben auch unter Effizienzaspekten wünschenswerte Transaktionen, wenn die Transaktionskosten den zu erwartenden Nutzen übersteigen.[687]

---

681 Vgl. *Picot*, Die Betriebswirtschaft 1982, 267, 269; *Schrüfer*, Ökonomische Analyse individueller Arbeitsverhältnisse, 35f.

682 Synonyme zum Begriff der Transaktionskosten sind u. a. *governance costs*, *administrative costs* oder ‚Koordinationskosten'. Als *costs of running the economic system* werden sie bei *Hammes/Poser*, WISU 1992, 885 auch schlicht als „Reibungskosten" bezeichnet.

683 Vgl. *Bössmann*, ZgS/JITE 1982, 664, 665; *Eigler*, Transaktionskosten als Steuerungsinstrument für die Personalwirtschaft, 46.

684 Vgl. *Behrens*, Die ökonomischen Grundlagen des Rechts, 157.

685 *Ebers/Gotsch* in: Kieser/Ebers, Organisationstheorien, 8. Aufl. 2019, 199.

686 Vgl. *Ebers/Gotsch* in: Kieser/Ebers, Organisationstheorien, 8. Aufl. 2019, 198; *Oechsler/Paul*, Personal und Arbeit, 11. Aufl. 2019, 63ff.

687 Vgl. *Behrens*, Die ökonomischen Grundlagen des Rechts, 155f.

Wie bereits dargestellt[688], hat Informationsasymmetrie und das aus ihr resultierende Kontrollverhalten den Aufwand von Transaktionskosten in Form von Informationskosten zur Folge. Da Zustandekommen und Abwicklung des Güteraustauschs nicht ohne Aufwand von Ressourcen, wie z. B. Zeit, also sog. Transaktionskosten, möglich ist, die zunächst den Gewinn mindern, wird deren Verringerung angestrebt.[689]

2. Verhalten der Akteure in der Transaktionskostenökonomie

Die Handelnden in der Transaktionskostenökonomie sind beschränkt rational, opportunistisch oder risikoneutral[690]. Rationalität erfordert vollständiges Wissen und vollständiges Vorausahnen aller sich aus den gewählten Verhaltensweisen ergebenden Resultate. Die Individuen beabsichtigen, rational zu handeln, was ihnen aufgrund des Maßes ihrer Erkenntnisfähigkeit und Informationsverarbeitung jedoch nur teilweise gelingt.[691]

Das bewusste Verzerren von Informationen aus opportunistischen Motiven[692] und die damit verbundene Verhaltensunsicherheit erhöht ebenfalls die Transaktionskosten.

3. Exkurs: Bedingungen für die Entscheidung zur Beschäftigung schwerbehinderter Menschen

In diesem Zusammenhang sind die Motive für die Beschäftigung schwerbehinderter Menschen eine Betrachtung wert.

Durch *Fietz et al.*[693] wurden verschiedene Bedingungen ermittelt, welche die Bereitschaft von Unternehmen zur Beschäftigung schwerbehinderter Menschen beeinflussen können.

---

688 Vgl. Teil 3 § 9 D. und § 11 B. I. 4. a. aa.

689 *Coase*, 4 Economica (1937), 386, 390ff.; *Williamson*, 87 American Journal of Sociology (1981), 548, 553f.; vgl. *Bössmann*, ZgS/JITE 1982, 664; *Williamson*, Die ökonomischen Institutionen des Kapitalismus, 1 und 19, sieht die Verringerung der Transaktionskosten als Ziel und Zweck der ökonomischen Institutionen des Kapitalismus.

690 Vgl. *Neuberger*, Personalwesen 1, 95 mit dem Hinweis, dass risikoneutrales Verhalten eher theoretisch ist.

691 *Simon*, Entscheidungsverhalten in Organisationen, 3. Aufl. 1981, 116ff.; vgl. *Williamson*, Die ökonomischen Institutionen des Kapitalismus, 34.

692 Vgl. Teil 3 § 10 C. II. 1. a. aa. und bb. sowie Teil 3 § 10 C. II. 2. b.

693 *Fietz et al.*, Beschäftigung schwerbehinderter Menschen, 18.

Die Beschäftigungsbereitschaft fördern beispielsweise gute Erfahrungen hinsichtlich der Leistungsfähigkeit und -bereitschaft schwerbehinderter Beschäftigter, auch in Praktika und Probebeschäftigungen, persönliche Erfahrungen der Personalverantwortlichen (Selbstbetroffenheit oder persönliches Umfeld), bewusste Wahrnehmung einer sozialen Verantwortung des Unternehmens und die Unterstützung durch finanzielle Ausgleichsleistungen.

Hindernisse stellen sowohl die bestehenden Vorurteile hinsichtlich der Leistungsfähigkeit[694] schwerbehinderter Bewerber und die Befürchtung finanzieller Belastungen (Verwaltungsaufwand, Urlaubsanspruch, möglicher höherer Krankenstand) als auch der besondere Kündigungsschutz und die kritische Beurteilung der Institutionen Integrationsamt und Integrationsfachdienst (IFD) dar.

a. Soziale Verantwortung der Unternehmen

Die soziale Verantwortung der Unternehmen tritt aufgrund des durch die Globalisierung erzeugten weltweiten Vergleichs von Arbeitskosten und des daraus folgenden Kostendrucks in den Hintergrund[695]. Lediglich in großen Unternehmen wird die Integration schwerbehinderter Mitarbeiter im Bereich des Diversity-Managements oder im Rahmen der Öffentlichkeitsarbeit (Herausstellen der *corporate social responsiblity*) thematisiert[696]. Nach Klatta *et al.*[697] findet sich bei inhabergeführten oder in der Tradition eines Familienunternehmens geführten Betrieben eine „eher schwerbehindertenfreundliche Grundhaltung“.

b. Leistungsfähigkeit als zentrales Kriterium für die Beschäftigung

Die Leistungsfähigkeit wird von Arbeitgebern als primäres Einstellungskriterium genannt[698]. Die Beschäftigung schwerbehinderter Menschen wird davon

---

694 So *Beyer/Seidel*, Der Kündigungsschutz für schwerbehinderte Menschen im Arbeitsleben, 3. Aufl. 2010, 5.

695 Vgl. *Fietz et al.*, Beschäftigung schwerbehinderter Menschen, 19f.; *Bizer*, Die Integration von Schwerbehinderten in die Arbeitswelt, 14.

696 So *Fietz et al.*, Beschäftigung schwerbehinderter Menschen, 44.

697 *Klatta et al.*, Unternehmensbefragung „Dialog zwischen Integrationsamt und Betrieben“, 20.

698 *Bizer*, Die Integration von Schwerbehinderten in die Arbeitswelt, 14; nach *Schröder/Steinwede*, BeitrAB 285, 8 stellten dies 79 v. H. der befragten Unternehmen heraus.

abhängig gemacht, ob diese in der Lage sind, durch ihre Leistung zum wirtschaftlichen Erfolg des Unternehmens beizutragen[699].

Eine generelle Beschränkung auf einfache Tätigkeiten aufgrund der Behinderung durch die Befragten wurde weder bei *Semlinger/Schmid*[700] noch bei *Fietz et al.*[701] erkannt.

Die Argumente der Arbeitgeber für die Nichtbeschäftigung schwerbehinderter Mitarbeiter finden sich in den Bereichen der hohen Leistungs- und Qualifikationsanforderungen der Arbeitsplätze, den Strukturen der jeweiligen Branche und der hohen Anforderungen an die Flexibilität der Beschäftigten[702].

Im Bereich der krankheitsbedingten Ausfallzeiten sah die Mehrheit der Befragten bei *Fietz et al.*[703] keine Unterschiede zwischen schwerbehinderten und nichtbehinderten Beschäftigten.

Da diesbezüglich keine Statistiken zu finden sind, kann zu krankheitsbedingten Ausfallzeiten bei schwerbehinderten oder gleichgestellten Arbeitnehmern keine Aussage getroffen werden.

c. Förderleistungen des Integrationsamtes

Die Förderleistungen des Integrationsamts können mögliche Nachteile, welche die Unternehmen durch die Beschäftigung schwerbehinderter Menschen erleiden können, ausgleichen oder zumindest abmildern[704]. Sie können einzelfallbezogen von den Arbeitgebern beansprucht werden. In der Zusammenschau mit dem Entfallen der Ausgleichsabgabe durch die Erfüllung der Quote können diese zumeist monetären Anreize mögliche Leistungseinschränkungen ausgleichen und damit eine betriebswirtschaftliche Rentabilität der Beschäftigung des schwerbehinderten Menschen herstellen.

---

699 *Fietz et al.*, Beschäftigung schwerbehinderter Menschen, 24.

700 *Semlinger/Schmid*, Arbeitsmarktpolitik für Behinderte, 92.

701 *Fietz et al.*, Beschäftigung schwerbehinderter Menschen, 29.

702 Vgl. *Fietz et al.*, Beschäftigung schwerbehinderter Menschen, 45f.; vgl. auch *Beyer/Seidel*, Der Kündigungsschutz für schwerbehinderte Menschen im Arbeitsleben, 3. Aufl. 2010, 5.

703 *Fietz et al.*, Beschäftigung schwerbehinderter Menschen, 28.

704 Vgl. *Fietz et al.*, Beschäftigung schwerbehinderter Menschen, 29.

Sie stellen für die Betriebe in der Studie von *Fietz et al.*[705], welche die Beschäftigungsquote erfüllen, das entscheidende Kriterium der Wirtschaftlichkeitsrechnung bei der Beschäftigung schwerbehinderter Mitarbeiter dar. Gleichwohl erkennt *Bizer*[706], dass diese Förderleistungen erst nachrangig zur Leistungsfähigkeit des schwerbehinderten Arbeitnehmers und der sozialpolitischen Verantwortung des Unternehmens zum Tragen kommen.

d. Das Problem des demographischen Wandels

Weiterhin beruht die Zahl schwerbehinderter Arbeitnehmer in den Unternehmen vielfach nicht auf Neueinstellungen, sondern ist eine Folge der Weiterbeschäftigung von Arbeitnehmern, die im Verlauf des Arbeitslebens schwerbehindert geworden sind[707]. Dies zeigt auch die Befragung von Unternehmen[708]. Nach Aussagen der Personalverantwortlichen finden kaum Neueinstellungen schwerbehinderter Menschen statt. Die Erfüllung der Pflichtquote in den Unternehmen kann aufgrund von Krankheits- und Unfallfolgen durch langjährige Mitarbeiter sichergestellt werden.

Durch Alterung und aufgrund sich im Lauf der Jahre verschlechterndem Gesundheitszustand muss für viele leistungsgewandelte Mitarbeiter im Verlauf Ihrer Beschäftigung ein verändertes Tätigkeitsfeld gefunden werden. Diese Arbeitsmöglichkeiten (früher sog. Schonarbeitsplätze) stehen dann für schwerbehinderte Bewerber nicht zur Verfügung.[709] Die möglicherweise erfüllte Beschäftigungsquote eines Unternehmens korreliert also nicht notwendig mit den Einstellungschancen schwerbehinderter Bewerber[710].

---

705 *Fietz et al.*, Beschäftigung schwerbehinderter Menschen, 68.

706 *Bizer*, Die Integration von Schwerbehinderten in die Arbeitswelt, 14.

707 *Düwell*, BB 2001, 1527, 1528.

708 *Fietz et al.*, Beschäftigung schwerbehinderter Menschen, 25; *Klatta et al.*, Unternehmensbefragung „Dialog zwischen Integrationsamt und Betrieben“, 21.

709 Vgl. *Fietz et al.*, Beschäftigung schwerbehinderter Menschen, 26, 48, 50; *Semlinger/Schmid*, Arbeitsmarktpolitik für Behinderte, 97, 112.

710 *Fietz et al.*, Beschäftigung schwerbehinderter Menschen, 27.

e. Die Konkurrenz unter den (schwer-)behinderten Menschen

Nach der amtlichen Begründung zum AGG sind die Chancen behinderter Menschen im Erwerbsleben grundsätzlich schlechter als die Chancen nichtbehinderter Menschen[711]. Eine Konkurrenzsituation besteht jedoch auch innerhalb der Gruppe der behinderten Stellenbewerber. Schon im Jahr 2004 wiesen *Schröder/Steinwede*[712] darauf hin, dass Menschen mit schweren Behinderungen (genannt wurden hier Anfallsleiden, Sehbehinderungen sowie psychisch und geistig behinderte Menschen) bei betrieblichen Arbeitsplätzen auch im Wettbewerb mit anderen Behindertengruppen stehen.

Bezogen auf die Frage nach der Schwerbehinderteneigenschaft findet sich die Parallele im Wettbewerb der Menschen mit einer sichtbaren Einschränkung mit den Menschen, deren Behinderung nicht offensichtlich ist. Einer Frage nach dem Vorliegen einer (Schwer-)Behinderung bedarf es bei der erstgenannten Gruppe nicht mehr.

Bei Menschen mit seelischen Erkrankungen mag die Beeinträchtigung nicht erkennbar sein, es fragt sich jedoch, ob bei einer schwerbehinderungsrelevanten Erkrankung ein erfolgreiches bzw. reibungsloses Absolvieren der Probezeit möglich ist. Die schwer kalkulierbare Arbeitsleistung und vergleichsweise hohe Ausfallzeiten stehen einem kontinuierlichen Arbeitsablauf entgegen[713].

Vorzugsweise werden daher auch schwerbehinderte Arbeitnehmer beschäftigt, deren Einschränkung keine unmittelbare Änderung der Arbeitsabläufe nötig macht. In den in der Studie von *Fietz et al.*[714] befragten Unternehmen sind anerkannte schwerbehinderte Arbeitnehmer beschäftigt, die keine behinderungsgerechten Arbeitsplätze oder spezielle Betreuung benötigen. Dies sind insbesondere Menschen mit nicht offensichtlichen Einschränkungen, z. B. inneren Erkrankungen.

f. Zusammenfassung

Die Arbeitsmarktsituation schwerbehinderter Menschen ist schwieriger als die Situation nichtbehinderter Menschen. Allein die Zahl der unbesetzten

---

711 BT-Drucks. 16/1780 v. 08.06.2006, 23f.

712 *Schröder/Steinwede*, BeitrAB 285, 96f.

713 *Fietz et al.*, Beschäftigung schwerbehinderter Menschen, 38.

714 *Fietz et al.*, Beschäftigung schwerbehinderter Menschen, 29f.; so auch *Schröder/Steinwede*, BeitrAB 285, 97.

Pflichtarbeitsplätze in Relation zur Beschäftigungsquote der schwerbehinderten und diesen gleichgestellten Menschen zeigt, dass es sehr wohl unausgeschöpfte Potenziale im Bereich der Beschäftigung gibt.

Arbeitgeber beschäftigen schwerbehinderte Menschen in sehr unterschiedlichem Umfang, wobei zu bedenken ist, dass viele dieser Mitarbeiter den Status erst im Verlauf ihrer Erwerbsbiographie erworben haben. Die Gründe hierfür sind sowohl paternalistisch-sozialer Natur als auch von konkreten ökonomischen Erwägungen getragen.

Diese Motivationen beim Arbeitgeber können je nach ihrer jeweiligen Intensität die Beschäftigungskosten beeinflussen.

4. Transaktionskostenminderung vor und bei Vertragsschluss

Unabhängig von ihrer Messbarkeit gliedern sich Transaktionskosten in Such- und Informationskosten, Verhandlungs- und Entscheidungskosten sowie Überwachungs- und Durchsetzungskosten. Entsprechend der Art der Kosten treten diese vor oder nach der Transaktion auf.

a. *Ex ante* anfallende Kosten

Vor der Transaktion, also vor dem Vertragsschluss, steht für die Handelnden die Informationsbeschaffung über die Spezifikationen der Transaktion im Vordergrund.

Die *ex ante*-Transaktionskosten bei der Einstellung eines schwerbehinderten Arbeitnehmers sind aufgrund des Frageverbots nicht direkt zu beeinflussen, wobei hier diskutiert werden kann, ob solche Kosten überhaupt entstehen können.

aa. Such- und Informationskosten

Vereinzelt wird die Auffassung vertreten, dass Transaktionskosten ausschließlich Informationskosten sind[715]. Such- und Informationskosten, also die Kosten der Anbahnung von Verhandlungen, sind insofern unvermeidliche Kosten, als eine geplante Transaktion einen Vertragspartner voraussetzt, der nicht notwendig bereits bekannt und kontaktiert ist. Weitere Faktoren, welche die

[715] Vgl. *Demsetz*, 82 Q.J.Econ.(1968), 33, 38, wobei dies nur für die in diesem Fall untersuchte New Yorker Börse und die dort durchgeführten Transaktionen von derart klarer Gültigkeit sein dürfte.

Informationskosten beeinflussen, sind soziale Einrichtungen[716] und Marktsituation.[717] Zu diesen Kosten der Transaktion sind auch die Opportunitätskosten zu zählen, also allgemein theoretisch entstehende Kosten, die durch entgangenen Nutzen oder eine nicht wahrgenommene Gelegenheit verursacht werden.

Dies sind vorrangig Kosten der Informationsbeschaffung bezüglich der Anbieter, der Nachfrager, der Preise, der Güter sowie ihrer Qualität[718]. Für einen Nachfrager ergeben sich die Suchkosten aus der Differenz zwischen dem theoretisch besten und dem in der zur Verfügung stehenden Zeit gefundenen Angebot. Informationsunsicherheit kann verringert werden, indem Suchkosten aufgewendet werden.

Ohne die statusbezogene Frage ergibt sich keine diesbezügliche Diskriminierung, die Schadenersatzansprüche auslösen könnte. Weiterhin ergeben sich die dem Status anhaftenden Kosten erst nach dem Vertragsschluss. Einzig im Bereich der öffentlichen Verwaltung entstehen aufgrund der Einladungsverpflichtung des § 165 SGB IX Kosten, denen jedoch der vom Bewerber bereits mitgeteilte Status zugrunde liegt.

bb. Verhandlungs- und Entscheidungskosten

Die Verhandlungs- und Entscheidungskosten fallen bei Abschluss von Verträgen an. Zu nennen sind hier die Kosten der Aushandlung und Abfassung des Vertrages. Hierbei beinhalten die Entscheidungskosten die Kosten der Aufbereitung sämtlicher Informationen und alle weiteren Kosten der Entscheidungsvermittlung und -findung[719]. In Fällen von Informationsasymmetrie sind ineffiziente Ergebnisse möglich.

Das statusbezogene Frageverbot verursacht insofern Entscheidungskosten, als ein Arbeitgeber die Möglichkeit der Schwerbehinderteneigenschaft eines potentiellen Arbeitnehmers zunächst im Kontext des

716 Vgl. *Neuberger*, Personalwesen 1, 95; *Bössmann*, ZgS/JITE 1982, 664, 669.

717 Vgl. *Fleischer*, Informationsasymmetrie im Vertragsrecht, 135.

718 Vgl. *Bössmann*, ZgS/JITE 1982, 664, 666.

719 Vgl. *Fleischer*, Informationsasymmetrie im Vertragsrecht, 135; *Kreps*, Microeconomic Theory, 760, legt großen Wert darauf, dass nicht nur die Verhandlungskosten Teil der Transaktionskosten sind.

Anbahnungsverhältnisses im Rahmen der ihm zur Verfügung stehenden Möglichkeiten eruiert. Auf dem Ergebnis aufbauend geht er dann das Arbeitsverhältnis ein.

b. *Ex post* anfallende Kosten

Nach Vollzug der Transaktion sind die Beteiligten bestrebt, die Effizienz der von ihnen getätigten Aufwendungen zu sichern. Die Kosten für Überwachung und Durchsetzung eines Vertrages ergeben sich aus der Notwendigkeit, Fristen zu überwachen, die Qualität zu überprüfen und bei etwaiger Nichterfüllung des Vertrages Schritte zu dessen Erfüllung zu veranlassen[720]. Diese Kosten ziehen wiederum weitere nach sich, die durch notwendige Anpassungen während der Vertragsdauer entstehen und Ausdruck der Unsicherheit über die zukünftige Entwicklung der Vertragsbeziehung oder deren Gestaltung sind.

Die Besonderheit des Frageverbots nach der Schwerbehinderteneigenschaft besteht darin, dass der Arbeitgeber sich erst nach sechs Monate bestehendem Arbeitsverhältnis (*arg. ex* § 173 Abs.1 Nr.1 SGB IX) auf eigene Initiative hin Klarheit über die möglichen Transaktionskosten verschaffen kann[721]. Erst dann ist damit zu rechnen, dass Rechte wie der Zusatzurlaub oder die Verweigerung von Mehrarbeit unter Hinweis auf die Schwerbehinderteneigenschaft ohne Befürchtungen bezüglich einer alsbaldigen Beendigung des Arbeitsverhältnisses geltend gemacht werden.

Andere Kostenfaktoren organisatorischer oder betrieblicher Art treten direkt nach Vertragsschluss auf. Dies etwa, wenn im Hinblick auf vom Betroffenen geltend gemachte oder offensichtlich bestehende Einschränkungen sofort ein behindertengerechtes Arbeitsumfeld zu schaffen ist.

5. Höhe der Transaktionskosten

Transaktionskosten sind in ihrer Höhe einerseits davon abhängig, welche Art der Organisation ökonomischer Aktivitäten in einem Wirtschaftssystem realisiert ist, andererseits bedingen Transaktionskosten selbst wiederum diese Organisation[722].

---

720 *Fleischer*, Informationsasymmetrie im Vertragsrecht, 135.

721 Vgl. Teil 2 § 5 B.

722 *Bössmann*, ZgS/JITE 1982, 664, 665; *Neuberger*, Personalwesen 1, 94.

Diese Kosten können sowohl monetär messbar sein, wie etwa die Kosten der Vertragsgestaltung, als auch als nicht tangible Kosten auftreten. Zu letzteren zählen u. a. Opportunitätskosten. Dies sind ökonomische Nachteile oder Reibungsverluste, die im Verlauf der Koordination und Abwicklung von Leistungsbeziehungen ausgelöst werden[723].
Die tatsächliche Höhe von Transaktionskosten konkret anzugeben ist bislang noch nicht gelungen[724]. Eine Studie von *Demsetz*[725] ermittelte für die New Yorker Wertpapierbörse für das Jahr 1965 einen Betrag von 1,3 v. H. des Wertes der gehandelten Papiere als Transaktionskosten. Diesen Wert für die vorliegende wirtschaftliche Betrachtung zu übernehmen verbietet sich jedoch, weil sich der Wertpapiermarkt vom Arbeitsmarkt und der Systematik der jeweiligen Transaktionen in Struktur und Mechanismen zu sehr unterscheidet. Arbeitskraft ist nur im Fall sog. Tagelöhner so flexibel handelbar wie Wertpapiere, wenngleich die Informationen bezüglich kurzfristiger oder langfristiger Nachfrage bei Arbeits- und Wertpapiermarkt gleichermaßen auftreten.

a. Die Transaktionskostentheorie in der Personalökonomie

Im Rahmen der Personalökonomie können durch den Transaktionskostenansatz u. a. Zusammenhänge zwischen Vertragsproblemen und der Entstehung von Transaktionskosten in Beschäftigungsverhältnissen ökonomisch analysiert werden. Der Transaktionskostenansatz hat seinen Schwerpunkt in der Erklärung vertragsbezogener Leistungs- und Gegenleistungspflichten und findet daher im Bereich des Personalmanagements seinen Schwerpunkt im Arbeitsvertrag und dem auf diesem aufbauenden Beschäftigungsverhältnis.[726] Auf diese erste Ebene der Transaktionskosten, die das eigentliche Beschäftigungsverhältnis zum Gegenstand hat, folgt nach *Eigler*[727] eine zweite Transaktionsebene, die personalwirtschaftliche Funktionen umfasst.

---

723 Vgl. *Eigler* in: Jost, Transaktionskosten, 337, 345; *Picot*, Die Betriebswirtschaft 1982, 267, 270.

724 Vgl. *Bössmann*, ZgS/JITE 1982, 664, 669; *Hammes/Poser*, WISU 1992, 885, 887ff.; *Eigler* in: Jost, Transaktionskosten, 337, 345, weist gleichwohl auf die hohe empirische Relevanz der Transaktionskosten hin.

725 *Demsetz*, 82 Q.J.Econ. (1968), 33, 40.

726 *Eigler* in: Jost, Transaktionskosten, 337, 343.

727 *Eigler*, Transaktionskosten als Steuerungsinstrument für die Personalwirtschaft, 92.

Die Transaktionskosten sind jeweils einzeln für die betrachtete Transaktion zu ermitteln. Im Fall von Beschäftigungsverhältnissen wird zwischen verschiedenen Transaktionsebenen unterschieden, die ihre Bezugspunkte sowohl im Arbeitsvertrag selbst als auch in den personalwirtschaftlichen Aktivitäten im Bereich des auf diesem Vertrag aufbauenden Beschäftigungsverhältnisses finden.[728] Da bei einer solchen Betrachtung notwendig alle Ebenen außer der gerade analysierten ausgeblendet werden, ist die Synthese der Einzelbetrachtungen erforderlich, um ein differenziertes Bild der komplexen transaktionskostentheoretischen Problemstellungen zu erhalten[729].

Eigler[730] unternimmt den Versuch einer Bewertung über die relative Vorteilhaftigkeit einzelner Aktivitäten durch Zuordnung von Transaktionskosten zu alternativen Handlungsmöglichkeiten aus dem Bereich der Personalwirtschaft. Es wird jedoch auch vertreten, dass es in bestimmten Fällen die individuelle und die kollektive Wohlfahrt befördert, wenn mit dem Ziel, Transaktionskosten zu vermindern, dieselben erhöht werden[731].

b. Kosten bei der Beschäftigung schwerbehinderter Menschen

Hinsichtlich der Beschäftigung schwerbehinderter Menschen bedingt bereits die Heterogenität der Gruppe der betreffenden Beschäftigten als auch des jeweils zu betrachtenden Arbeitsumfeldes die Unmöglichkeit einer konkreten Bezifferung[732]. Nicht einmal die Höhe der zu Unrecht gezahlten Ausgleichsabgabe kann als feststehend gesehen werden, da grundsätzlich auch Mehrfachanrechnungen nach § 159 SGB IX möglich sind.

Generell ist der Arbeitgeber verpflichtet, die Kosten für die behindertengerechte Einrichtung des Arbeitsplatzes alleine zu tragen[733]. Es bestehen jedoch Fördermöglichkeiten, die der Arbeitgeber in Anspruch nehmen kann. Dies

---

728 *Eigler* in: Jost, Transaktionskosten, 337, 345.

729 Vgl. *Eigler*, Transaktionskosten als Steuerungsinstrument für die Personalwirtschaft, 91ff.

730 *Eigler*, Transaktionskosten als Steuerungsinstrument für die Personalwirtschaft, 91ff.; *Eigler*, ZfP 1997, 5, 8ff.

731 So jedenfalls *Matzner* in: Belke/Kantzenbach/Mayer, Beschäftigungsentwicklung und Arbeitsmarktpolitik, 119, 122.

732 *Thüsing*, ZfA 2001, 397, 403 sieht dies als „eine nur schwer wägbare Mischung".

733 Vgl. NPGWJ/*Greiner*, 14. Aufl. 2020, SGB IX § 164 Rdnrn.61 und 65.

sind u. a. Ausbildungszuschüsse, Eingliederungszuschüsse, Zuschüsse für Arbeitshilfen im Betrieb und ggf. anteilige Kostenerstattung bei befristeter Probebeschäftigung, § 50 SGB IX. Mögliche Kostenträger sind die Rehabilitationsträger nach § 6 Abs.1 Nr. 2 bis 5 SGB IX. Die Bundesagentur für Arbeit ist grundsätzlich nachrangig zuständig, § 22 Abs.2 S.1 SGB III.

Zu bedenken sind allerdings die im Zusammenhang mit der Erlangung dieser Unterstützungsleistungen verbundenen Kosten.

aa. Direkte Kosten

Direkte Kosten sind solche, die sich direkt aus der vorliegenden Konstellation im Arbeitsverhältnis ergeben. Sie sind dem Grund (in der Regel nicht dem Umfang oder der Höhe nach) nach planbar und können in die Kalkulation einbezogen werden.

Im Fall der Beschäftigung schwerbehinderter und gleichgestellter Menschen kommen dabei unterstützend Leistungen der Rehabilitationsträger[734] und des Integrationsamts[735] in Betracht.

(1) Die behinderungsgerechte Einrichtung von Arbeits- und Aus-bildungsplätzen, § 164 Abs.4 S.1 Nr.4 SGB IX

Nach § 164 Abs.4 S.1 Nr.4 SGB IX haben die schwerbehinderten Arbeitnehmer einen Anspruch auf die behinderungsgerechte Einrichtung und Unterhaltung der Arbeitsstätten einschließlich der Betriebsanlagen, Maschinen und Geräte sowie der Gestaltung der Arbeitsplätze, des Arbeitsumfelds, der Arbeitsorganisation und der Arbeitszeit, unter besonderer Berücksichtigung der Unfallgefahr.

(2) Technische Arbeitshilfen, § 164 Abs.4 S.1 Nr.5 SGB IX

Der schwerbehinderte Arbeitnehmer besitzt einen Anspruch auf Ausstattung des Arbeitsplatzes mit den erforderlichen technischen Mitteln aus § 164 Abs.4 S.1 Nr.5 SGB IX. Technische Arbeitshilfen sind individuell genutzte technische Vorrichtungen, die es dem schwerbehinderten Beschäftigten ermöglichen oder erleichtern, die Arbeitsleistung am Arbeitsplatz zu

---

734 Leistungen an Arbeitgeber nach § 50 SGB IX.

735 Begleitende Hilfe im Arbeitsleben, § 185 Abs.1 Nr.3 SGB IX.

erbringen[736]. Diese behinderungsgerechte Einrichtung und Unterhaltung der Arbeitsstätte muss deren Nutzung und die Teilhabe am Betriebsablauf im weitesten Sinn ermöglichen. Es handelt sich um einen individualisierten Anspruch auf konkret-individuelle Anpassung[737].

Beispiele hierfür sind Hebehilfen, behinderungsgerechte Büromöbel, elektronische Signalanlagen für Hörbehinderte, Braillezeilen und -tastaturen[738].

(3) Der Zusatzurlaub gem. § 208 SGB IX

Der Zusatzurlaub für schwerbehinderte Menschen dient deren anerkanntem erhöhten Erholungsbedürfnis[739] und beträgt fünf Arbeitstage im Urlaubsjahr, § 208 SGB IX. Der Anspruch entsteht erstmalig mit Vorliegen der Schwerbehinderung nach sechsmonatigem Bestehen des Arbeitsverhältnisses[740] unabhängig von der Kenntnis des Arbeitgebers und ohne dass die amtliche Feststellung oder der Schwerbehindertenausweis vorliegt[741]. Er ist als gesetzlicher Mindesturlaub nach § 13 Abs.1 BUrlG unabdingbar[742] und gilt nicht für Gleichgestellte, § 151 Abs.3 SGB IX[743].

Hier bestehen bei den Arbeitgebern Akzeptanzprobleme[744], u. a. da der zusätzliche bezahlte Erholungsurlaub die Kosten der Beschäftigung eines

---

736 Vgl. SG Dresden v. 28.02.22011 – S 24 KN 625/09 – juris, Rdnr.29, mit Abgrenzung zu den Hilfsmitteln im Sinne des § 33 Abs.8 Nr.4 SGB IX 2017 (jetzt: § 49 Abs.8 Nr.4 SGB IX), die für den Körper bestimmt und an diesem getragen werden, „um dort eine beeinträchtigte oder ausgefallene Körperfunktion wiederherzustellen oder zu ersetzen".

737 *Porsche*, Konzept der positiven Maßnahmen nach § 5 AGG, 578.

738 *Porsche*, Konzept der positiven Maßnahmen nach § 5 AGG, 581f.

739 *Jeschke* in: Deinert/Welti, SWK BehindertenR, 2. Aufl. 2018, Zusatzurlaub, Rdnr.1.

740 § 4 BurlG analog, *Jeschke* in: Deinert/Welti, SWK BehindertenR, 2. Aufl. 2018, Zusatzurlaub, Rdnr.5.

741 BAG v. 28.01.1982 – 6 AZR 636/79 –, AP Nr.3 zu § 44 SchwbG; v. 21.02.1995 – 9 AZR 675/93 –, AP Nr.6 zu § 47 SchwbG 1986; v. 21.02.1995 – 9 AZR 166/99 –, AP Nr.7 zu § 47 SchwbG 1986; nach *Jeschke* in: Deinert/Welti, SWK BehindertenR, 2. Aufl. 2018, Zusatzurlaub, Rdnr.6 kann der Arbeitgeber jedoch einen entsprechenden Nachweis fordern.

742 BAG v. 08.03.1994 – 9 AZR 49/93 –, AP Nr.5 zu § 47 SchwbG 1986; v. 25.06.1996 – 9 AZR 182/95 –, AP Nr.11 zu § 47 SchwbG 1986.

743 Eine Ausnahme hierzu ist das Saarland, in dem aufgrund des Gesetzes Nr.186 zum Zusatzurlaub für kriegs- und unfallbeschädigte Arbeitnehmer in der Privatwirtschaft v. 22.06.1950 (Abl. 1950, 759) behinderten Menschen mit GdB zwischen 25 und 49 ein Zusatzurlaub von drei Tagen zu gewähren ist.

744 BT/Drucks. 15/1295 v. 26.06.2003, 37; zu den Problemen des Anspruchs bei laufendem Feststellungsverfahren vgl. *Düwell*, FA 2003, 226, 228.

schwerbehinderten Arbeitnehmers im Vergleich zur Beschäftigung eines nicht behinderten Arbeitnehmers erhöht. Im Fall des Mindestanspruchs von 24 Urlaubstagen bedeutet er rund 20 v. H. höhere Aufwendungen für den Urlaubsanspruch schwerbehinderter Arbeitnehmer[745]. Diese Aufwendungen verbleiben in vollem Umfang beim Arbeitgeber.

(4) Organisatorische Kostenfaktoren

Weitere, teilweise auch organisatorische, Verpflichtungen des Arbeitgebers wirken sich auf die Kosten der Beschäftigung eines schwerbehinderten Menschen aus.

(aa) Der Inklusionsbeauftragte

Der Arbeitgeber bestellt z. B. nach § 181 SGB IX unabhängig vom Bestehen einer SBV einen sog. Inklusionsbeauftragten, der ihn in Angelegenheiten schwerbehinderter Menschen verantwortlich vertritt. Die Verpflichtung besteht auch für Klein- und Kleinstunternehmer, wenn nur ein schwerbehinderter Mensch oder wenige schwerbehinderte Menschen zu beschäftigen sind.[746] Die Kostentragung liegt allein beim Arbeitgeber.

(bb) Die Freistellung von Mehrarbeit, § 207 SGB IX

Ebenso muss für den Arbeitgeber in die Kalkulation einfließen, dass der schwerbehinderte oder gleichgestellte Mensch die Ableistung von Überstunden verweigern kann. Ein Überschreiten der Regelarbeitszeit (Überstunden) ist im Dienstleistungssektor und gerade in kleineren Unternehmen jedoch die Regel.

Legt der schwerbehinderte Arbeitnehmer unter Vorlage ärztlicher Bescheinigungen dar, dass die Ableistung von Überstunden nicht zumutbar ist, und besitzt er keinen Schwerbehindertenausweis, ist die Situation nach § 164 Abs.4 Nr.4 SGB IX zu beurteilen[747].

---

[745] So *Dolata*, br 2004, 128.

[746] LPK-SGB IX/*Düwell*, 5. Aufl. 2019, SGB IX § 181 Rdnr.4 plädiert hier jedoch für eine Ausnahme bei nicht nach § 154 Abs.1 SGB IX beschäftigungspflichtigen Arbeitgebern.

[747] BVerwG Beschl. v. 05.12.2006 – 5 B 171.06 –, juris Rdnr.5 noch zu § 81 Abs.4 Nr.4 SGB IX a.F.

bb. Indirekte Kosten

Im Bereich der indirekten Kosten der Beschäftigung eines schwerbehinderten Menschen sind insbesondere die von den Arbeitgebern befürchteten Kosten häufiger Erkrankungen zu nennen.

Argumentiert wird hier traditionell mit den vergleichsweise langen krankheitsbedingten Fehlzeiten im öffentlichen Dienst, in dem ein hoher Anteil von schwerbehinderten Menschen beschäftigt ist[748]. Tatsächlich erhöhte sich die Beschäftigungsquote der privaten Arbeitgeber von 3,4 v. H. im Jahr 1998 schwankend auf 4 v. H. im Jahr 2010, während die der öffentlichen Arbeitgeber konstant über der 5 v. H.-Marke lag und sich seit 2007 sogar im Bereich von bzw. über 6 v. H. bewegte. Eine durchschnittliche 5 v. H.-Quote bei privaten und öffentlichen Arbeitgebern wurde bislang nie erreicht,[749] wenngleich acht Großkonzerne in Deutschland mit insgesamt 1.119.000 Arbeitsplätzen eine Quote von 6,5 v. H. erreichten[750]. Lediglich ein Fünftel aller schwerbehinderten Arbeitnehmer, die in Betrieben mit mindestens 20 Arbeitsplätzen beschäftigt sind, ist im öffentlichen Dienst tätig[751].

Auch sind grundsätzlich die Kosten möglicher Prozesse wegen Diskriminierung zu besorgen. Ein Vergleich mit dem *Americans with Disabilities Act* (ADA) ist hier aufgrund der dort üblichen *punitive damages* nicht möglich. Anzumerken ist jedoch die Zahl von 60 Prozent der gewonnenen Antidiskriminierungsprozesse.[752] Hinzu kommt ein möglicher Reputationsverlust für den Arbeitgeber im Fall solcher Prozesse[753].

Es kann auch geboten sein, andere Arbeitnehmer hinsichtlich der Behinderung des neuen Kollegen zu informieren und zu schulen. Eine solche Schulung kann erforderlich sein, um die Zusammenarbeit innerhalb einer

---

748 Vgl. iwd, Argumente zu Unternehmensfragen Nr.7/Juli 2004; iwd – Informationsdienst des Instituts der deutschen Wirtschaft Köln, Nr.4 v. 25.01.2001.

749 Jahresbericht 1999/2000 der BIH, 10; Jahresbericht 2012/2013 der BIH, 15; Jahresbericht 2018/2019 der BIH, 16.

750 Jahresbericht 2016/2017 der BIH, 22.

751 Statistik der Bundesagentur für Arbeit, Berichte: Blickpunkt Arbeitsmarkt – Situation schwerbehinderter Menschen (2018), 8f.

752 Zu den Zahlen vgl. *Acemoglu/Angrist*, J.Pol.Econ. 109 (2001), 915, 919f.

753 Vgl. *Bissels/Lützeler*, BB 2008, 666; *Bayreuther*, NJW 2009, 806, 807.

Abteilung oder eines Arbeitsprozesses zu ermöglichen. Nach § 185 Abs.2 SGB IX i.V.m. § 29 SchwbAV fördern die Integrationsämter die Rehabilitation und Teilhabe durch Informationsveranstaltungen verschiedener Art für besondere Vertrauenspersonen. Im Jahr 2004 wurden insgesamt 1.220 Veranstaltungen durchgeführt, an denen zusammen 32.263 Personen teilnahmen[754]. Ein Ausgleich der hierfür erforderlichen Arbeitszeit findet regelmäßig nicht statt.

c. Der Unzumutbarkeitsvorbehalt des § 164 Abs.4 S.3 SGB IX

Anders als § 8 Abs.1 AGG, bei dem die finanzielle Belastung des Arbeitgebers mangels Tätigkeitsbezug keine Rolle spielt, ist bei der Beschäftigung schwerbehinderter Menschen die Regelung des § 164 Abs.4 S.3 SGB IX[755] zu beachten.

Es besteht kein Anspruch nach § 164 Abs.4 S.4 SGB IX, soweit staatliche oder berufsgenossenschaftliche Arbeitsschutzvorschriften oder beamtenrechtliche Vorschriften entgegenstehen. Diese Regelung kann unter feuerpolizeilichen oder sicherheitstechnischen Gesichtspunkten der Universaleinwand gegen die behindertengerechte Einrichtung eines Arbeitsplatzes sein. Nahezu jede Stehhilfe beschränkt den Durchgangsraum, auf dem sie steht, und damit einen möglichen Rettungsweg, und würde dem betroffenen Arbeitnehmer ein Platz zugewiesen, an dem dies nicht der Fall ist, hat dies höchstwahrscheinlich Auswirkungen auf seine Chancen, sich selbst im Notfall zu retten. Es ist also zu befürchten, dass Arbeitgeber, die schwerbehinderte Menschen bewusst diskriminieren, erhöhten Begründungsaufwand dahingehend betreiben werden.

aa. Kriterien für die Zumutbarkeit

Die Zumutbarkeit soll von der finanziellen Leistungsfähigkeit des Arbeitgebers abhängen[756]. Demnach ist eine Maßnahme nicht mehr zumutbar, wenn die Kosten für den Arbeitgeber trotz möglicher finanzieller Unterstützung durch Arbeitsagentur und Integrationsamt unverhältnismäßig hoch wären. Dies kann z. B. vorliegen, wenn das fragliche Beschäftigungsverhältnis

---

754 Jahresbericht 2004/2005 der BIH, 35f.

755 Vgl. Teil 2 § 5 B. III. 2. b.

756 ErfK/*Rolfs*, 21. Aufl. 2021, SGB IX § 164 Rdnr.14f.

aufgrund Befristung oder Altersgrenze in näherer Zeit endet[757]. Die wirtschaftliche Lage des Gesamtunternehmens ist u. a. auch dann unzumutbar belastet, wenn aufgrund der Durchführung der Maßnahme andere Arbeitsplätze gefährdet oder andere Arbeitnehmer durch sie unzumutbaren Belastungen ausgesetzt werden[758].

Unverhältnismäßig hohe Kosten sollen auch dann vorliegen, wenn unter Berücksichtigung der Förderungsmöglichkeiten aus der Ausgleichsabgabe, § 160 Abs.5 SGB IX, eine sehr schlechte Kosten-Nutzen-Relation zu besorgen ist[759].

Zwar wird vertreten, dass das umfangreiche Subventionsspektrum nur wenige Fälle der Unzumutbarkeit oder Unverhältnismäßigkeit verbleiben ließe[760], hierbei bleibt jedoch außer Betracht, dass die Verhältnismäßigkeit auch im Hinblick auf den möglichen Bestand des Arbeitsverhältnisses zu prüfen ist.

Problematisch ist zudem, dass die Formulierung des § 164 Abs.4 S.3 SGB IX „wäre“ sprachlich auf ein unsicheres Ereignis in der Zukunft hindeutet (irrealer Konjunktiv). Es scheint, als ob der Gesetzgeber bereits sprachlich darauf hinweisen wollte, dass der Fall der Unzumutbarkeit oder Unverhältnismäßigkeit der Aufwendungen seiner Ansicht nach praktisch kaum vorkommen soll.

bb. Unterstützung des Arbeitgebers

Da die behinderungsgerechte Einrichtung der Arbeitsstätte und die Gestaltung der Arbeitsorganisation konkret-individuelle Ansprüche sind[761], sind bei der Betrachtung der Kosten der Beschäftigung schwerbehinderter Menschen auch die Möglichkeiten finanzieller Hilfen für die Arbeitgeber zu betrachten. Im Rahmen dieser Arbeit können jedoch lediglich einige davon benannt werden.

---

[757] Vgl. *Rolfs/Paschke*, BB 2002, 1260, 1263.

[758] ErfK/*Rolfs*, 21. Aufl. 2021, SGB IX § 164 Rdnr.14; *Wisskirchen*, DB 2006, 1491, 1492.

[759] ErfK/*Rolfs*, 21. Aufl. 2021, SGB IX § 164 Rdnr.15.

[760] Vgl. *Müller-Wenner*: in Müller-Wenner/Winkler, 2. Aufl. 2011, SGB IX Teil 2, § 81 Rdnr.85f.; *Gutzler* in: Hauck/Noftz, SGB, 11/17, § 164 SGB IX, Rdnrn.46f.

[761] *Porsche*, Konzept der positiven Maßnahmen nach § 5 AGG, 581.

(1) Finanzielle Fördermöglichkeiten

Sofern der Arbeitgeber nicht nach dem SGB IX zur Übernahme der Kosten für die Arbeitshilfen verpflichtet ist, etwa aufgrund der Unzumutbarkeit der Belastung hierdurch[762], kann die Agentur für Arbeit nach § 46 Abs.2 SGB III oder der Rehabilitationsträger nach § 50 Abs.1 Nr.3 SGB IX bis zur vollen Höhe der notwendigen Kosten für eine behinderungsgerechte Ausgestaltung von Ausbildungs- oder Arbeitsplätzen einstehen[763].

(a) Behinderungsgerechte Arbeitsplatzausstattung

Die Rehabilitationsträger nach § 6 Abs. 1 Nr. 2-5 SGB IX i. V. m. § 50 Abs. 1 Nr. 3 SGB IX bzw. das Integrationsamt nach § 26 SchwbAV können Zuschüsse und/oder Darlehen für die Kosten der Erst- und Ersatzbeschaffung einer behinderungsgerechten Arbeitsplatzausstattung sowie deren Wartung, Instandhaltung und Anpassung an technische Weiterentwicklung einschließlich der Ausbildung im Gebrauch der geförderten Gegenstände gewähren[764]. Die Förderung ist bis zur vollen Kostenübernahme möglich. Im Jahr 2004 wurden von den Integrationsämtern in 7.258 Fällen Gesamtaufwendungen in Höhe von 37,85 Mio. EUR getätigt[765]. Im Jahr 2018 wurden für die behinderungsgerechte Einrichtung von Arbeits- und Ausbildungsplätzen in 8.399 Fällen 26,57 Mio. € aufgewendet[766].

(b) Technische Arbeitshilfen

Für erforderliche technische Arbeitshilfen kann vom Integrationsamt gem. § 19 SchwbAV bzw. vom Rehabilitationsträger gem. § 33 Abs.8 Nr.5 SGB IX ein Zuschuss bis zur vollen Höhe der Kosten gewährt werden. Anders als die Gewährung von Hilfsmitteln nach § 49 Abs.8 Nr.4 SGB IX steht die

---

762 Vgl. Gagel/*Nebe*, SGB III, 82. EL Juni 2021, § 46 Rdnr.17.

763 Es handelt sich hierbei um eine Ermessensentscheidung der BA, Gagel/*Nebe*, SGB III, 82. EL Juni 2021, § 46 Rdnr.13, bzw. der Rehabilitationsträger, NPGWJ/*Jabben*, 14. Aufl. 2020, SGB IX § 50 Rdnr.2.

764 Voraussetzung ist, dass aus den Mitteln Arbeitsstätten behinderungsgerecht eingerichtet und unterhalten werden, Teilzeitarbeitsplätze für schwerbehinderte Menschen gem. § 164 Abs.5 SGB IX eingerichtet werden, Arbeits- oder Ausbildungsplätze mit notwendigen technischen Arbeitshilfen ausgestattet oder sonstige Maßnahmen zur dauerhaften behinderungsgerechten Beschäftigung schwerbehinderter Menschen veranlasst werden.

765 Jahresbericht 2004/2005 der BIH, 19f.

766 Jahresbericht 2019/2020 der BIH, 19.

Gewährung technischer Hilfsmittel nicht unter dem Vorbehalt, dass sie nur erfolgt, wenn keine Verpflichtung des Arbeitgebers zur Bereitstellung technischer Arbeitshilfen besteht[767]. Für technische Arbeitshilfen wurden durch die Integrationsämter im Jahr 2004 7,64 Mio. EUR aufgewendet, wobei die Anzahl der Leistungsempfänger 3.742 betrug[768]. Im Jahr 2019 wurden 5,37 Mio. EUR für 1.849 Förderfälle aufgewendet[769].

Problematisch kann hier sein, dass die Montage der technischen Arbeitshilfe zu einem Eigentumsübergang führen kann. Der Arbeitgeber hat hier wenig Möglichkeiten, einer solchen – für ihn meist mit Kosten verbundenen – ‚Zwangsbeglückung' entgegenzutreten.

Für die Leistungsbereiche des SGB II und SGB III regelt § 46 Abs.2 2.HS SGB III ausdrücklich, dass Zuschüsse nicht gewährt werden, sofern sich aus dem 3. Teil des SGB IX eine diesbezügliche Verpflichtung des Arbeitgebers ergibt. Dessen Verpflichtung steht unter dem Zumutbarkeitsvorbehalt[770]. Im Interesse der betroffenen behinderten Menschen haben die Leistungen der beruflichen Rehabilitation jedoch Vorrang vor einem möglichen Verweis auf die Ansprüche gegen den Arbeitgeber.[771]

(c) Teilzeit- und Telearbeit

Die Einrichtung von Telearbeit ist von § 164 Abs.4 SGB IX umfasst[772]. Die Förderung von Teilzeitarbeit nach § 164 Abs.5 SGB IX kann nach § 185 Abs.1 Nr.3, Abs.3 Nr.2 *lit.* a SGB IX i.V.m. § 25 SchwbAV mit Darlehen und

---

767 Vgl. *Bieritz-Harder* in: HK-SGB IX, 3. Aufl. 2010, § 33 Rdnr.39.

768 Jahresbericht 2004/2005 der BIH, 23.

769 Jahresbericht 2018/2019 der BIH, 28, unter Hinweis auf die nunmehr konsequent durchgeführte Verweisung auf die vorrangige Zuständigkeit der Rehabilitationsträger. Deren Aufwendungen für Leistungen zur Teilhabe am Arbeitsleben erhöhten sich von 1.113,3 Mio. € im Jahr 2002 auf 1.338,7 Mio. € im Jahr 2017, vgl. Onlinedatenbank der Gesundheitsberichterstattung des Bundes (GBE), www.gbe-bund.de (zuletzt aufgerufen 08.10.2021).

770 Vgl. Teil 2 § 5 B. III. 2. b.

771 Vgl. *Bieritz-Harder* in: HK-SGB IX, 3. Aufl. 2010, § 34 Rdnr.6.

772 So LAG Niedersachsen v. 06.12.2010 – 12 Sa 860/10 – br 2013, 91, 93 noch für § 81 Abs.4 SGB IX a.F.

Zuschüssen bis zur vollen Höhe der entstehenden/entstandenen Kosten für die Einrichtung von Teilzeitplätzen gefördert werden.[773]

(2) Weitere Förderungsmöglichkeiten

Kann ein Arbeitnehmer aufgrund seiner Schwerbehinderung, also eines in seiner Person liegenden Umstandes, nur erschwert vermittelt werden, so hat die Agentur für Arbeit gem. §§ 112 ff. SGB III die Möglichkeit, für bis zu 24 Monate einen Zuschuss zu den Lohnkosten zu gewähren. Dessen Höhe richtet sich nach den jeweiligen Eingliederungserfordernissen und kann bis zu 70 Prozent des berücksichtigungsfähigen Arbeitsentgelts betragen.

Das Integrationsamt kann nach § 27 SchwbAV in Fällen, in denen bei der Beschäftigung besonders betroffener, § 155 Abs.1 Nr.1 *lit.* a bis d, Abs.2 SGB IX, oder in Teilzeit tätiger, § 158 Abs.2 SGB IX, schwerbehinderter Arbeitnehmer überdurchschnittlich hohe finanzielle oder sonstige Belastungen anfallen und alle anderen Hilfsmöglichkeiten ausgeschöpft sind, finanzielle Unterstützung leisten, sofern die Kostentragung für den Arbeitgeber unzumutbar ist. Höhe und Dauer der Förderung richten sich nach den Umständen des Einzelfalles. Im Jahr 2019 wurden für Leistungen bei außergewöhnlichen Belastungen in 45.311 Fällen insgesamt 177,95 Mio. EUR aufgewendet und damit bestehende Arbeitsverhältnisse gesichert[774].

(3) Beratungsmöglichkeiten für Arbeitgeber

Technische Beratungen für die Arbeitgeber schwerbehinderter Menschen werden vom Ingenieurfachdienst des Integrationsamts, dem technischen Beratungsdienst der Agentur für Arbeit und den Reha-Teams der Agentur für Arbeit durchgeführt. Zudem berät und unterstützt der Integrationsfachdienst im Auftrag von Integrationsamt, Rehabilitationsträgern und Agentur für Arbeit in behindertenspezifischen Angelegenheiten.

---

773 Vgl. NPGWJ/*Pahlen*, 14.Aufl. 2020, SchwbAV § 25 Rdnrn.1f.

774 Jahresbericht 2019/2020 der BIH, 19.

d. Durch das Frageverbot induzierte Transaktionskosten

Im Bereich der Transaktionskosten, die durch das Frageverbot verursacht werden, ist zwischen dem Anbahnungs- und dem bestehenden Beschäftigungsverhältnis zu unterscheiden, da die Verpflichtungen des Arbeitgebers im jeweiligen Abschnitt unterschiedlich ausgestaltet sind.

aa. Im Anbahnungsverhältnis

Bei der Betrachtung der Transaktionskosten unter der Voraussetzung des im Anbahnungsverhältnis nicht mehr bestehenden Fragerechts fällt auf, dass es in dieser Situation noch keine vertragliche Beziehung, also keine Transaktion, gibt. Es handelt sich faktisch um „ex ante-Transaktionskosten“[775] im Hinblick auf den Abschluss des Arbeitsvertrages.

Aus Sicht des grundsätzlich beschäftigungswilligen Arbeitgebers, der auf die Frage nach der Schwerbehinderteneigenschaft verzichten muss, könnte eine kostenverursachende Einschränkung seiner Möglichkeiten zur Informationserhebung vorliegen. Tatsächlich kann hiervon keine Rede sein, da der Status des Menschen keinen Schluss auf seine Produktivität zulässt[776]. Zugleich erhöht das Frageverbot die Beschäftigungschancen derjenigen schwerbehinderten Bewerber, deren Status nicht offensichtlich ist. So erwächst aus den erhöhten Transaktionskosten für den Arbeitgeber eine gesamtwirtschaftliche und, im Fall nicht offensichtlicher Schwerbehinderteneigenschaft, eine individuelle Wohlfahrtssteigerung.

bb. Im bestehenden Beschäftigungsverhältnis

Im bestehenden Beschäftigungsverhältnis hat der Arbeitgeber als mögliche Transaktionskosten die bereits genannten Ansprüche der betroffenen Beschäftigten auf behinderungsgerechte Beschäftigung im weitesten Sinne zu tragen.

Hierbei ergeben sich jedoch verschiedene monetäre und informatorische Unterstützungsleistungen der Integrationsämter, Agenturen für Arbeit und der Rentenversicherung. Um diese jedoch erhalten zu können, muss der Arbeitgeber die Kosten für die Erforschung des Status aufwenden.

---

775 *Eigler* in: Jost, Transaktionskosten, 337, 346.

776 Vgl. Teil 2 § 4 A. III.

cc. Bei Beendigung

Bei der Beendigung des Arbeitsverhältnisses liegen die Transaktionskosten bei der Beschäftigung eines schwerbehinderten Menschen aufgrund der erforderlichen Beteiligung des Integrationsamtes und des damit verbundenen Verwaltungsaufwandes sowie der doppelgleisigen Rechtsverfolgungsmöglichkeit durch den Betroffenen höher.

6. Möglichkeiten der Transaktionskostenminderung

Es gibt aber auch die Möglichkeit, innerhalb des Rechtssystems nach Alternativen zur Transaktionskostenminimierung zu suchen. Denkbare alternative Handlungsmöglichkeiten zur Einstellung eines möglicherweise schwerbehinderten Mitarbeiters sind die Verteilung der anfallenden Arbeit auf die bereits beschäftigten Mitarbeiter, die Besetzung der offenen Stelle über den internen Arbeitsmarkt des Unternehmens oder die Zwischenschaltung eines Programms zur Rekrutierung neuer Mitarbeiter durch deren zukünftige Kollegen. Die Ausgleichsabgabe bleibt als Fixkosten erhalten und kann dabei aber entsprechend eingeplant werden.

a. Variante 1 – Überstunden

Mögliche anfallende Arbeit im Wege der Mehrarbeit auf die bereits beschäftigten Arbeitskräfte zu verteilen, hat gegenüber einer Neueinstellung den Vorteil, dass das Konstrukt von vornherein finanziell kalkulierbar ist. Die Bereitschaft der Mitarbeiter zur Mehrarbeit lässt sich kostengünstig feststellen. Auch ergeben sich bei zurückgehenden Auftragsvolumina weniger Schwierigkeiten in Bezug auf eine Reduzierung der Belegschaft. Die Möglichkeit einer Neueinstellung besteht nach wie vor.

b. Variante 2 – Interner Arbeitsmarkt

Auch besteht eine Tendenz zur innerbetrieblichen Ausschreibung bei zu besetzenden Arbeitsplätzen[777]. Die Besetzung der Stellen über den internen Arbeitsmarkt hat für den Arbeitgeber den Vorteil, dass die zu besetzende Stelle von einem Mitarbeiter übernommen wird, dessen Leistungsfähigkeit bereits bekannt oder mit hoher Wahrscheinlichkeit positionsangemessen ist.

---

777 *Semlinger/Schmid*, Arbeitsmarktpolitik für Behinderte, 112.

Erforderliche Neubesetzungen für die hierdurch freigewordene Stelle können ebenfalls intern vorgenommen werden. Sofern ein Rückgriff auf externe Bewerber erforderlich ist, kann dieser auf einer Ebene erfolgen, bei der die zu erwartenden *sunk costs* geringer sind als diejenigen der Ebene, die über den internen Arbeitsmarkt besetzt werden soll[778].

Im Hinblick auf den demographischen Wandel und die statistische Altersstruktur der anerkannt schwerbehinderten Menschen, dürfte dies tatsächlich ein im Hinblick auf die Erfüllung der Beschäftigungspflicht zielführenden Weg sein.

c. Variante 3 – Informelle Netzwerke

Die Rekrutierung über informelle Netzwerke reduziert die Unsicherheit in vielfacher Hinsicht.

Geeignete Bewerber finden sich sowohl durch Empfehlungen anderer Unternehmen als auch durch sog. Mundpropaganda[779]. Es kann sich auch ein „erweiterter interner Arbeitsmarkt" entwickeln, in dem offene Stellen nur bei Freunden und Verwandten der Belegschaft „ausgeschrieben" werden[780].

Durch so genannte ‚Mitarbeiter-werben-Mitarbeiter'-Programme besteht die Möglichkeit, Prämien für Mitarbeiter auszusetzen, die durch ihre Initiative einen weiteren Beschäftigten für das Unternehmen gewinnen. Diese Prämie könnte so konzipiert sein, dass sie erst nach erfolgter und erfolgreicher Probezeit des neuen Arbeitnehmers fällig wird. Auf diese Weise wird die Auswahl nur zu Vorschlägen führen, bei denen von der vollen Leistungsfähigkeit des neuen Mitarbeiters ausgegangen werden kann. Die unzulässigen Fragen sind damit umgangen bzw. die Auswahl wird auf Personen abgewälzt, deren Verhalten dem Arbeitgeber nicht zuzurechnen

---

778 *Windolf/Hohn*, Arbeitsmarktchancen in der Krise, 185.

779 Vgl. *Fietz et al.*, Beschäftigung schwerbehinderter Menschen, 48; *Granovetter*, Getting A Job, 2. Aufl. 1995, 63f. verweist auf die Kenntnisketten bei freien oder freiwerdenden Stellen.

780 *Windolf/Hohn*, Arbeitsmarktchancen in der Krise, 185, nennen als Vorteile für das Management eine stabile Belegschaft, da die Bewerber von den Mitarbeitern „vorgefiltert" werden. *Granovetter*, Getting A Job, 2. Aufl. 1995, 41f. sieht auch Lehrer diesbezüglich als geeignete Kontakte.

ist. In dieselbe Richtung gehen auch entsprechende Vereinbarungen mit sog. Headhuntern[781].

Es dürfte regelmäßig ausreichen, die Eignung des Bewerbenden für die geplante Einsatzstelle zu fordern. Vorschläge auch möglicherweise eingeschränkter Personen unterbleiben schon aus der Besorgnis, die Prämie nicht zu erhalten.

d. Variante 4 – Praktika/Arbeitsproben

Eine weitere Möglichkeit für Unternehmen, die Kosten für die Auswahl geeigneter, d. h. in diesem Kontext nicht schwerbehinderter Arbeitnehmer gering zu halten ist, diese zunächst im Rahmen von Praktika zu beschäftigen. Dies ermöglicht, die potentiellen Mitarbeiter über einen bestimmten Zeitraum voll auszubelasten und verursacht im günstigsten Fall keine oder nur geringe Kosten. Ebenfalls denkbar ist die befristete Beschäftigung mit demselben Ziel.

e. Stellungnahme

Für das Frageverbot bezüglich der Schwerbehinderteneigenschaft lässt sich erkennen, dass es im personalwirtschaftlichen Bereich mögliche Alternativszenarien zur klassischen Stellenausschreibung mit anschließender Bewerberauswahl gibt, die unter dem Gesichtspunkt der Transaktionskosten neutral oder wirtschaftlich vorzugswürdig sind. Im Rahmen dieser Alternativszenarien spielt die Informationsasymmetrie bezüglich des Schwerbehindertenstatus nur noch eine geringe oder gar keine Rolle.

Das diesbezügliche Frageverbot läuft leer, da es nicht mehr zwangsläufig zur Fragesituation als solcher kommt. Grundsätzlich benachteiligt sind diejenigen schwerbehinderten Arbeitsuchenden, die auch im Rahmen der Alternativszenarien keine Möglichkeit haben, ihre Einschränkungen zu verbergen,

---

[781] Nach *Schwab*, NZA 2007, 178, 179, sollen diskriminierende Stellenanzeigen von Personalvermittlern für den auftraggebenden Arbeitgeber ein Haftungsrisiko darstellen, da die Benachteiligung ihm zugerechnet wird. Problematisch ist dies jedoch insbesondere dann, wenn der Arbeitgeber lediglich den Auftrag gegeben hat, einen unter ökonomischen Gesichtspunkten möglichst geeigneten Kandidaten auszuwählen. Zur Zurechnung einer diskriminierenden Stellenanzeige der Bundesagentur für Arbeit unter dem Gesichtspunkt der Sorgfaltspflicht des Arbeitgebers vgl. BAG v. 05.02.2004 – 8 AZR 112/03 –, NZA 2006, 540.

etwa weil diese offensichtlich sind oder aber weil die Betroffenen bestimmter Hilfsmittel bedürfen. Die Intention des Gesetzgebers kann damit umgangen werden.

7. Transaktionskostenminderung im laufenden Vertrag

Auch im bestehenden Arbeitsvertrag ist nach derzeitiger Rechtslage eine rechtssichere Transaktionskostenminderung möglich.

a. Die Frage nach sechs Monaten

Für die Transaktionskostenminderung im bestehenden Arbeitsvertrag bietet sich die Frage nach der Schwerbehinderteneigenschaft nach dem sechsmonatigen Bestehen des Vertragsverhältnisses an. Die derzeitige Rspr.[782] legitimiert die Frage ausdrücklich. So lässt sich die rechtsgrundlose Entrichtung der Ausgleichsabgabe für den Arbeitgeber vermeiden und dem Arbeitnehmer stehen nach der Offenbarung die bislang noch nicht in Anspruch genommenen Nachteilsausgleiche und Schutzrechte zu. Spiegelbildlich zu letzteren bestehen für den Arbeitgeber nun die Fördermöglichkeiten.

Insbesondere im Fall einer anerkannten Schwerbehinderung sind nunmehr die fünf Tage bezahlten Zusatzurlaubs zu gewähren. Zu bedenken ist dabei jedoch, dass im Zweifel nicht nur die fünf Arbeitstage zu vergüten sind. Auch eine mögliche Vertretungssituation während dieser Zeit kann monetäre Auswirkungen zeigen.

b. Befristete Verträge

Weiterhin besteht die Möglichkeit befristeter Verträge. Nach dem oben Gesagten[783] kann etwa am Ende eines befristeten Vertrages, dessen Verlängerung ausgeschlossen ist, die statusbezogene Frage stehen. Auch denkbar ist, die Frage als personalorganisatorischer Fixpunkt nach dem sechsmonatigen Bestehen des Arbeitsverhältnisses in den Arbeitsabläufen der Personalabteilung zu verankern.

---

[782] BAG v. 16.02.2012 – 6 AZR 553/10 –, E 141, 1, 3 Rdnr.11.

[783] Vgl. Teil 2 § 5 C.

c. Stellungnahme

Durch die Möglichkeit der Frage nach dem sechsmonatigen Bestehen des Beschäftigungsverhältnisses erleidet der Arbeitnehmer eine Beeinträchtigung seiner statusbezogenen Selbstbestimmung. Die Minderung der Transaktionskosten im bestehenden Arbeitsverhältnis tritt jedoch beim Arbeitgeber ein, der durch eigenes Tätigwerden (Fragestellung) den Nutzenzuwachs einer möglichen Rückerstattung zu Unrecht gezahlter Ausgleichsabgabe sowie die Planungssicherheit hinsichtlich möglicher Risiken bei Beendigung des Arbeitsverhältnisses gewinnen kann. *Pareto*-superiore Lösungen gibt es in dieser Situation nicht.

8. Zwischenfazit Transaktionskosten

Zwar krankt das Konzept der Transaktionskostentheorie an einer weitgehend unzureichenden Begriffsbestimmung, die keine hinreichend praktikablen Definitionen ermöglicht. Indem der Begriff unkonturiert bleibt, hat er jedoch den Vorteil, dass ein Anpassen an den jeweiligen Untersuchungskontext möglich ist. Grundsätzlich bleibt aber festzuhalten, dass jeder Versuch der Verringerung der *agency costs* mit neuen Transaktionskosten verbunden ist.

Bei der Beschäftigung eines schwerbehinderten Arbeitnehmers stellen sich die Transaktionskosten nach Begründung des Arbeitsverhältnisses in doppelter Hinsicht dar. Zum einen als Transaktionskosten, die direkt mit dem Arbeitsverhältnis im Sinne des Arbeitsvertrages und der vereinbarten Arbeitsleistung zusammenhängen, und zum anderen als Transaktionskosten in Form der Ausgleichsabgabe, die nicht direkt mit dem Arbeitsvertrag als solchem zusammenhängen.

Im für den Arbeitgeber ungünstigsten Fall kumulieren diese Kosten, wenn ein nicht offensichtlich schwerbehinderter Mensch sich nicht offenbart. Neben die Kosten, die z. B. möglicherweise durch einen nicht optimal eingerichteten Arbeitsplatz und die daraus folgenden Leistungsminderungen verursacht werden, treten dann noch die Kosten aus der rechtsgrundlos entrichteten Ausgleichsabgabe. Es liegt in der Hand des Arbeitgebers, durch die zulässige Frage nach sechs Monaten sein Informationsdefizit abzubauen und so möglicherweise seine Kosten zu verringern.

II. Rekonstruktion des vollständigen Vertrages

Der Arbeitsvertrag als unvollständiger Vertrag[784] besitzt diese Eigenschaft aufgrund bestehender Informationsasymmetrie zwischen den Vertragsparteien.

Anders als der vollständige Vertrag, der als in symmetrischer Informationslage explizit vereinbarter und in eindeutig definiertem Sinn verbindlicher Vertrag keine Unklarheiten kennt[785], ist der Arbeitsvertrag schon durch das grundsätzlich immer bestehende Weisungsrecht des Arbeitgebers in vielen Punkten offen.

Die Rekonstruktion des vollständigen Vertrages ist ein Gedankenmodell zur Analyse von Vertragsstreitigkeiten unter Effizienzgesichtspunkten. Die Maximierung des gemeinsamen Vorteils der zwei Vertragsparteien trägt hierbei nicht notwendig zur gesamtwirtschaftlichen Nutzenmaximierung bei.[786]

Aus ökonomischer Sicht ist es die Aufgabe der Rechtsordnung, Regelungsmechanismen vorzuhalten, die eine ‚Rekonstruktion des vollständigen Vertrags' dergestalt vornehmen oder ermöglichen, dass eine Vertrauensebene geschaffen wird, auf der keiner der Vertragspartner opportunistisches Verhalten oder gar Ausbeutung durch den anderen Vertragsteil als von der Rechtsordnung gebilligtes Risiko befürchten muss.[787] Auf diese Weise soll ein Vertrauen auf eine dauerhafte Basis des Arbeitsverhältnisses ermöglicht werden[788]. Für die im unvollständigen Vertrag nicht ausdrücklich geregelten Fragestellungen muss das Recht eine Regelung vorsehen, welche die Parteien vereinbart hätten, wenn sie die Möglichkeit des vertragsbeeinträchtigenden Ereignisses vorausgesehen hätten[789]. Ziel ist hierbei die Verteilung des

---

784 Vgl. Teil 3 § 10 B. I. und II.

785 *Richter/Furubotn*, Neue Institutionenökonomik, 4. Aufl. 2010, 167 und 171; *Schäfer/Ott*, Lehrbuch der ökonomischen Analyse des Zivilrechts, 6. Aufl. 2020, 500, weisen darauf hin, dass der vollständige Vertrag nur ein „Gedankenkonstrukt" ist.

786 *Nagel/Eger*, Wirtschaftsrecht II, 4. Aufl. 2003, 129; vgl. auch *Reichold*, FS 50 Jahre BAG, 153, 168.

787 Vgl. *Fleischer*, Informationsasymmetrie im Vertragsrecht, 182f.; *Reichold*, FS 50 Jahre BAG, 153, 167f.; *Reichold*, FS Adomeit, 583, 588; *Kern*, JuS 1992, 13, 15.

788 *Horn*, AcP 176 (1976), 307, 319f.; vgl. auch *Jickeli*, Der langfristige Vertrag, 75f.

789 *Trebilcock*, The Limits of Freedom of Contract, 17; *Adams*, AcP 186 (1986), 453, 458; *Nagel/Eger*, Wirtschaftsrecht II, 4. Aufl. 2003, 128f.

Vertragsgewinns zwischen den Parteien, nicht jedoch die Maximierung des Verteilbaren[790].

Jickeli[791] gibt zu, dass die umfassende Vollständigkeit unter realistischen Annahmen nicht zu verwirklichen ist und bereits der Hinweis auf Nachteile teilweiser Vollständigkeit mit zielgerichteter Strukturierung der Unvollständigkeit die Leitlinie der Vertragsgestaltung sein sollte. Er spricht sich dafür aus, die optimale Vertragsgestaltung unmittelbar an den Vertragszielen auszurichten. Entgegen dem ökonomisch nicht rationalen Vollständigkeitsstreben hat die Orientierung demnach an der Gestaltung der Vertragslücken zu erfolgen, die zu einer erwarteten Nutzenmaximierung *ex ante* führt. Hierdurch erhoffen sich beide Parteien die besten Ergebnisse und eine Gestaltungsmaßnahme könnte unterbleiben[792].

Die Informationsverantwortlichkeiten im Fall einer vorliegenden Schwerbehinderteneigenschaft sind grundsätzlich gesetzlich geregelt bzw. durch die Rechtsprechung ausgeformt. Die Informationsasymmetrie *ex ante* ist von der Rechtsordnung ausdrücklich gewünscht, da sie dem Ziel der gleichberechtigten Marktteilnahme schwerbehinderter Menschen dienen soll. Insofern ist zweifelhaft, inwiefern die Rekonstruktion des vollständigen Vertrages überhaupt erwünscht ist.

Eine ergänzende Vertragsauslegung nach den §§ 133, 157 BGB scheitert an der Intention des Gesetzgebers, der das Frageverbot in seiner Regelung klar angelegt hat. Hier offenbart sich das Spannungsfeld zwischen dem rechtspolitisch erwünschten sozialen Schutz der schwerbehinderten Menschen und der Frage, inwiefern unter diesem Gesichtspunkt die Effizienzverluste aufgrund des unvollständigen Vertrages als gegeben zu akzeptieren oder auszugleichen sind. Eine Verletzung des Reziprozitätsprinzips ist unausweichlich, es bleibt jedoch zu klären, inwiefern der Grad dieser Verletzung steuerbar ist.

Eine Steuerung kann durch eine Aufklärungspflicht *ex post* erfolgen. Als Zeitpunkt bietet sich etwa ein solcher an, in dem der schwerbehinderte Arbeitnehmer keine Nachteile für den Bestand des Arbeitsverhältnisses mehr

---

790 *Adams*, AcP 186 (1986), 453, 456; *Nagel/Eger*, Wirtschaftsrecht II, 4. Aufl. 2003, 129.

791 *Jickeli*, Der langfristige Vertrag, 75.

792 *Jickeli*, Der langfristige Vertrag, 76.

befürchten muss. Nach der Rspr. des BAG[793] wäre dies nach sechs Monate bestehendem Beschäftigungsverhältnis gegeben.

Es ist jedoch zu bezweifeln, dass der Gesetzgeber einen derart weitreichenden Eingriff in Form einer Mitteilungspflicht tätigen wird. Es steht dem Arbeitgeber nach der Rspr. des BAG frei, sich diese Information eigeninitiativ zu beschaffen[794]. Der Arbeitnehmer hingegen muss wahrheitsgemäß antworten und bei vorliegendem amtlichem Schwerbehindertenstatus oder Gleichstellung auf die Folgen für sein Beschäftigungsverhältnis warten.

III. Verhinderung opportunistischen Verhaltens

Das bereits beschriebene opportunistische Verhalten[795] zu verhindern, ist ebenfalls eine Aufgabe des Vertragsrechts. Die Befürchtung eines Vertragspartners, Nachteile aufgrund eines solchen opportunistischen Verhaltens zu erleiden, kann dazu führen, dass er von einem Vertragsabschluss Abstand nimmt.[796]

Im Zusammenhang mit dem Frageverbot nach dem Status zeigt sich, dass die derzeitige Rechtslage nicht das Potential besitzt opportunistisches Verhalten, sowohl seitens des Arbeitgebers als auch seitens des Bewerbers wirkungsvoll zu verhindern.

Der Opportunismus (*ex ante*) seitens des schwerbehinderten Bewerbers besteht im bewussten Verschweigen seines Status. Diese Eigenschaft ist geeignet, die Chancen auf den begehrten Arbeitsplatz zu verringern, bzw. eine Anstellung ganz zu verhindern. Ein tatsächlich „wirksames“ Verschweigen kann allerdings nur bei fehlender Offensichtlichkeit der Schwerbehinderteneigenschaft und fehlendem Erfordernis behinderungsgerechter Anpassungen am Arbeitsplatz in Betracht kommen.

Andererseits hat der Arbeitgeber ein Interesse daran, über sämtliche Eigenschaften eines Bewerbers informiert zu sein, die sich auf dessen

---

793 BAG v 16.02.2012 – 6 AZR 553/10 – , E 141, 1, 3ff. Rdnrn.11 ff.

794 BAG v. 16.02.2012 – 6 AZR 553/10 –, E 141, 1, 3 Rdnr.11.

795 Vgl. Teil 3 § 10 C. II. 1. a. aa. und bb. 2. b.

796 Vgl. *Posner*, Economic Analysis of Law, 9. Aufl. 2014, § 4.1, 95ff.

Produktivität oder auf Verpflichtungen beziehen, die mit der Beschäftigung eben dieses Bewerbers einhergehen.

Im Bereich der Vertragsanbahnung müssen Rechtsregeln geeignet sein, die Transaktionskosten so weit zu reduzieren, dass der Vertragsabschluss noch ökonomisch sinnvoll ist. Innerhalb der Vertragsdurchführung müssen sie sicherstellen, dass eine *ex post*-Ausbeutung eines Vertragspartners aufgrund der Informationsasymmetrie ausgeschlossen oder zumindest auf ein Minimum reduziert wird[797]. Opportunismusverhindernde Regelungen sind jedoch nur notwendig, wenn der Vertragspartner durch seine Bindung gefährdet ist. Keines rechtlichen Schutzes bedarf er, wenn er jederzeit ohne Kostennachteil ausweichen kann.[798]

Der Arbeitgeber, der einen schwerbehinderten Arbeitnehmer in Unkenntnis seiner Schwerbehinderteneigenschaft beschäftigt, hat mangels Kenntnis keine Möglichkeit, etwa dem Kostennachteil einer rechtsgrundlos entrichteten Ausgleichsabgabe zu begegnen[799]. Eine Anpassung zur Verhinderung opportunistischen Verhaltens erfolgte durch die Klarstellung im Urteil des BAG vom 16.02.2012[800].

Gleichwohl ist es nicht im Interesse des schwerbehinderten oder gleichgestellten Arbeitnehmers, der bislang seiner Tätigkeit zufriedenstellend nachgegangen ist, sich auf Befragen des Arbeitgebers zu decouvrieren. Die dadurch erworbenen Schutzrechte kompensieren einen – zumindest möglichen – absehbaren Verlust des Arbeitsplatzes nicht.

---

797 Vgl. *Reichold*, JZ 2002, 321, 327, der zudem darauf hinweist, dass Informationsverbote wie der § 81 Abs.2 SGB IX (i.d.F. von 2017, Anm. d. Verf.) einen effizienten Vertragsschluss nahezu unmöglich machen.

798 Vgl. *Jickeli*, Der langfristige Vertrag, 296.

799 Zu bedenken ist jedoch, dass zum einen seit dem Urteil vom 16.02.2012 die Möglichkeit für den Arbeitgeber dokumentiert ist, nach sechsmonatigem Beschäftigungsverhältnis den Status des Arbeitnehmers zu erfragen, zum anderen § 160 Abs.4 S.8 SGB IX die Erstattung der zu Unrecht entrichteten Ausgleichsabgabe für die vergangenen zwei Jahre erlaubt.

800 Vgl. BAG v. 16.02.2012 – 6 AZR 553/10 – E 141, 1, 3f. Rdnr.14.

IV. Unterscheidung wohlfahrtsmindernder und -fördernder Verträge

In einem System der Vertragsfreiheit werden Anreize vermittelt, über die Produktivitätssteigerung den materiellen Wohlstand einer Gesellschaft anzuheben[801]. Eine weitere Rolle spielt die Effizienz der geschlossenen Verträge. Daher ist aus ökonomischer Sicht eine weitere Aufgabe des Vertragsrechts, ineffiziente Verträge nicht durchsetzbar zu machen[802].

Um dem *Pareto*-Kriterium zu entsprechen, muss ein Vertrag den Nutzen beider Vertragsparteien fördern oder zumindest einen Vertragsteil besserstellen, ohne den anderen dadurch zu benachteiligen.

Die Vertragsfreiheit wird gerade im Arbeitsrecht vielfach unter dem Gesichtspunkt des Wohles der Gesellschaft gesetzlich eingeschränkt. Gleichwohl unterliegt der Arbeitsmarkt „trotz all seiner Merkwürdigkeiten dennoch Marktgesetzen“[803]. Es ist mithin fraglich, ob die Marktgesetze im Bereich des Frageverbots bezüglich der Schwerbehinderteneigenschaft geeignet sind, der Wohlfahrt im Sinne des *Pareto*-Kriteriums zu dienen. Der Arbeitgeber wird durch das Frageverbot benachteiligt, sei es nur durch das bewusste Informationsdefizit[804]. Auf Seiten des Bewerbers oder Arbeitnehmers steht dem eine Chance oder vergrößerte Chance auf den angebotenen Arbeitsplatz gegenüber. Eine *Pareto*-Effizienz wird hier jedoch nicht geschaffen.

V. Sicherung der Funktionsfähigkeit der Märkte

Fleischer[805] hebt weiter hervor, dass das Vertragsrecht auch eine Sicherungsfunktion bezüglich der Funktionsfähigkeit der Märkte besitzt. Die marktlichen Allokationsprozesse können durch Informationsasymmetrien bis hin zu einem völligen Marktversagen beeinträchtigt werden. Insbesondere führen

801 *Schäfer/Ott*, Lehrbuch der ökonomischen Analyse des Zivilrechts, 6. Aufl. 2020, 417.

802 *Fleischer*, Informationsasymmetrie im Vertragsrecht, 185; vgl. auch *Trebilcock*, The Limits of Freedom of Contract, 17.

803 *Reichold*, FS 50 Jahre BAG, 153, 165.

804 *Deinert* in: Deinert/Welti, SWK BehindertenR, 2. Aufl. 2018, Fragerecht des Arbeitgebers, Rdnr.6, merkt jedoch an, dass der Prüfpflicht aus § 164 Abs.1 SGB IX keine Einstellungsverpflichtung gegenübersteht.

805 Vgl. *Fleischer*, Informationsasymmetrie im Vertragsrecht, 186.

sowohl die adverse Selektion als auch das moralische Risiko zu Verhaltensweisen, die geeignet sind, die Marktmechanismen bis hin zum Zusammenbruch zu beeinträchtigen[806].

Die marktwirtschaftliche Dimension der Privatautonomie zeigt sich in der Annahme, dass die optimale Ressourcenallokation dem Markt zugewiesen wird. Das Recht hat hierbei die Funktion, die marktförmige Allokation zu ermöglichen bzw. zu erleichtern. Vertragsgestaltung wird als marktrational bezeichnet, wenn Lasten und Pflichten zu einer Belastung desjenigen Vertragsteils führen, der diese kostengünstiger tragen kann.[807]

Horn[808] hingegen sieht das Problem der inhaltlichen Richtigkeit von Verträgen nicht nur im Bereich der Leistungsgegenstände, sondern auch im Rahmen der richtigen Verteilung rechtlicher Lasten und Pflichten im Vertrag. Auch dieses Problem soll sich durch den Wettbewerb lösen lassen.
Vorliegend soll der Wettbewerb im Sinn einer gewünschten Zielvorstellung regulieren (responsive Regulierung). Von der Vorstellung geleitet, dass der schwerbehinderte Mensch am Arbeitsmarkt nur schlechte oder gar keine Chancen hat, wurde das Informationsdefizit beim Arbeitgeber geschaffen, um die Chancen der schwerbehinderten Bewerber zu erhöhen.

Dieses dem Arbeitgeber bewusste Informationsdefizit ist jedoch eben nicht geeignet, das Einstellungsverhalten in der gewünschten Form zu beeinflussen. Als solches kann es sowohl schwerbehinderte als auch nichtbehinderte Arbeitssuchende betreffen und sich auf den Arbeitsmarkt auswirken. Eine vergleichbare Verringerung der spezifischen Arbeitslosenquote der schwerbehinderten Menschen wie bei den nicht-behinderten Menschen[809] hat

806 *Milgrom/Roberts*, Economics, Organization and Management, 149ff., 167f.; vgl. auch *Richter/Furubotn*, Neue Institutionenökonomik, 4. Aufl. 2010, 163f.

807 *Horn*, AcP 176 (1976), 307, 308, 310 und 321; *Kern*, JuS 1992, 13, 15; *Reichold*, FS Adomeit, 583, 586.

808 *Horn*, AcP 176 (1976), 307, 320.

809 Laut Jahresbericht 2018/2019 der BIH, 17, lag die Arbeitslosigkeit schwerbehinderter Menschen 2018 um 6 v. H. unter dem Niveau des Jahres 2008. Die Arbeitslosigkeit von nicht schwerbehinderten Menschen hingegen sank im gleichen Zeitraum um mehr als ein Viertel.

nicht stattgefunden. Zudem leistet diese Konstellation einem Verdrängungswettbewerb zu Lasten der erkennbar schwerbehinderten Menschen Vorschub.

Die Dimension der Beschäftigung bzw. der Arbeitslosigkeit der schwerbehinderten und diesen gleichgestellten Menschen ist schwer zu erfassen. Zum einen bestehen unterschiedliche Erhebungsmethoden[810], zum anderen variieren die Definitionen der Begriffsmerkmale der Arbeitslosigkeit[811].

Von den am Ende des Jahres 2016 1.001.492 Beschäftigten der Untersuchungsgruppe besaßen 867.776 einen GdB von 50 oder höher, 174.432 waren gleichgestellt und 7.229 Auszubildende[812]. Die Erwerbsquote der Menschen mit einem GdB von 50 oder höher betrug im Jahr 2013 in der Altersgruppe von 15 bis 65 Jahren 45,1 v. H.[813].

Der erste Arbeitsmarkt wird nicht erkennbar betroffen, ein spezifischer Arbeitsmarkt für schwerbehinderte Menschen erfährt keine signifikante Funktionserhöhung.

Es scheint, dass in bestimmten Branchen entweder kein Potenzial zur Beschäftigung schwerbehinderter Menschen besteht oder dieses noch nicht ausgereizt ist. Angesichts bestimmter Branchen, in denen verhältnismäßig wenig schwerbehinderte Menschen beschäftigt sind[814], scheint Letzteres wahrscheinlicher.

---

[810] Stichprobenbefragungen bzw. Meldung bei der Agentur für Arbeit oder einem Grundsicherungsträger, vgl. Statistik der Bundesagentur für Arbeit, Analyse Arbeitsmarkt, Menschen mit Behinderung (2017), 8.

[811] Arbeitslosigkeit nach dem SGB bzw. nach ILO-Konzept, vgl. Statistik der Bundesagentur für Arbeit, Analyse Arbeitsmarkt, Menschen mit Behinderung (2017), 8.

[812] Statistik der Bundesagentur für Arbeit, Analyse Arbeitsmarkt, Menschen mit Behinderung (2017), 11, Tabelle 3.1, weitere 2.054 Personen waren Inhaber von Bergmannsversorgungsscheinen oder Personen ohne Angabe zum Status.

[813] Statistik der Bundesagentur für Arbeit, Analyse Arbeitsmarkt, Menschen mit Behinderung (2017), 9, Tabelle 2.2.

[814] Im Gastgewerbe, Baugewerbe und Verkehr beschäftigten über die Hälfte der Betriebe keine schwerbehinderten Menschen, so *Schröder/Steinwede*, BeitrAB 285, 73; vgl. auch Statistik der Bundesagentur für Arbeit, Berichte: Blickpunkt Arbeitsmarkt – Situation schwerbehinderter Menschen, 8, Abb.5; Statistik der Bundesagentur für Arbeit, Analyse Arbeitsmarkt, Menschen mit Behinderung, 13, Tabelle 3.2, die zudem noch Land- und Forstwirtschaft sowie Arbeitnehmerüberlassung ausweisen.

VI. Zwischenfazit zum marktrationalen Vertragsrecht

Auf der Mikroebene stellt das Frageverbot den Wegfall eines vertrauensbildenden Faktors in der Anbahnung des Arbeitsverhältnisses dar.

Die Verunsicherung durch die Rechtslage und der daraus resultierende Vertrauensverlust im Rahmen der Vertragsanbahnung sind geeignet, den Einstellungsvorgang an sich zu einem aus Sicht der Arbeitgeber vermeidungswürdigen Ereignis zu machen. Arbeitgeber sind weniger geneigt, ihnen unbekannte Arbeitnehmer zu beschäftigen, sofern dies nicht aus betrieblichen Gründen unumgänglich ist.

Auf Makroebene kann sich diese Verunsicherung dahingehend auswirken, dass eine Vielzahl von Arbeitsverträgen nicht oder nur befristet geschlossen werden, weil der Arbeitgeber die mögliche Belastung durch die Beschäftigung eines schwerbehinderten Menschen fürchtet. Damit wird die Funktionsfähigkeit des Arbeitsmarktes eingeschränkt.

Wird der Betrachtung lediglich das Arbeitsmarktsegment der schwerbehinderten und diesen gleichgestellten Menschen zugrunde gelegt, besteht die Informationsasymmetrie lediglich in den Fällen nicht offenkundiger Beeinträchtigungen. Bei Bewerbern mit offenkundiger Schwerbehinderteneigenschaft ist diese nicht gegeben.

C. Wirkungsbetrachtung

Der unter dem Frageverbot bezüglich der Schwerbehinderteneigenschaft geschlossene Arbeitsvertrag ist faktisch ein Instrument zur Fremdbestimmung. Das Machtungleichgewicht zwischen den Vertragsparteien und der fehlende Nutzen auf Seiten des Arbeitgebers entzieht dem Vertrag die ökonomische Legitimation. Als rechtlich gültiger Vertrag ist er von der Rechtsordnung anzuerkennen, gleichwohl muss eine Rekonstruktion des vollständigen Vertrages im Sinne einer Angleichung der Marktmacht der Beteiligten durch die Rechtsordnung erfolgen.

Der dem Frageverbot zugrunde liegende Gedanke einer Ermöglichung der Chancengleichheit auf dem Arbeitsmarkt darf aus ökonomischer Sicht nicht zu einer einseitigen Belastung der Arbeitgeberseite führen. Diese Belastung zeigt sich im Fall eines im Unternehmen voll einsetzbaren Arbeitnehmers insbesondere in der Zahlung der Ausgleichsabgabe und in der Planungsunsicherheit im Rahmen sowohl des Beschäftigungsverhältnisses[815] als auch von Kündigungen.

Durch diese Regelungen sinkt zudem die Motivation der Arbeitgeber, offensichtlich schwerbehinderten Menschen die Chance auf ein Arbeitsverhältnis zu eröffnen[816].

Eine Veränderung dieser externen Faktoren des Vertrages ist nicht geeignet, die Informationsasymmetrie als solche zu beseitigen, sondern wirkt sich lediglich auf deren Wirkungen aus. Auch bleibt zu bedenken, dass die Ausgleichsabgabe einen wichtigen Beitrag zur Finanzierung von Eingliederungsmaßnahmen leistet und der Kündigungsschutz eine große Rolle für den Erhalt von Arbeitsplätzen spielt.

Die Lösung für die beschrieben Probleme liegt in einer Steuerung des vor- und nachvertraglichen Informationsflusses. Nachdem unter der Voraussetzung rationaler Nutzenmaximierung das Risiko der Partei zuzuordnen ist, die es mit dem geringsten Aufwand reduzieren kann[817], müssen sich die Folgen dieser Steuerung am Fairnessgedanken orientieren und bestrebt sein, Effizienzverluste zu minimieren.

Der Verlust des Arbeitgebers im Bereich einer grundlosen Zahlung der Ausgleichsabgabe stellt keinen Gewinn für den schwerbehinderten Arbeitnehmer

---

815 Der Arbeitgeber ist u. a. nach § 164 Abs.4 S.1 Nr.4 SGB IX auch zu einer Umgestaltung der Arbeitsorganisation verpflichtet, um eine behinderungsgerechte Beschäftigung zu ermöglichen, vgl. BAG v. 14.03.2006 – 9 AZR 411/05 –, br 2007, 76, 78; *Thies* in: Henssler/Willemsen/Kalb, Arbeitsrecht Kommentar, 9. Aufl. 2020, § 164 SGB IX Rdnr.23f. weist jedoch darauf hin, dass damit nicht die Verpflichtung zur Schaffung eines neuen Arbeitsplatzes verbunden ist.

816 Vgl. *Schröder/Steinwede*, BeitrAB 285, 87ff. und 186, die insbesondere den besonderen Kündigungsschutz, hohe Arbeitsanforderungen, mögliche Einschränkungen bei betrieblichen Veränderungen, höherer Krankenstand bei schwerbehinderten Menschen und hohe Qualifikationsanforderungen als Hemmnisse für die Beschäftigung schwerbehinderter Menschen identifizieren.

817 Vgl. *Schäfer/Ott*, Lehrbuch der ökonomischen Analyse des Zivilrechts, 6. Aufl. 2020, 491f.

dar. Eine Aufklärungspflicht über den Schwerbehindertenstatus *ex post* würde mithin eine *Pareto*-effiziente Maßnahme darstellen.

Zwischenfazit Teil 3

Die Bedeutung von Arbeit für den nicht behinderten wie auch behinderten Menschen ist unbestritten. Ebenso die Bedeutung der Information sowohl in der Anbahnung als auch im Arbeitsverhältnis mit einem (schwer-) behinderten Menschen.

Es zeigt sich, dass eine Informationsdisparität erhebliche Auswirkungen hat. Sie ermöglicht taktisches Verhalten beider Vertragsparteien. Der Arbeitgeber kann bestimmten, für ihn nachteiligen Mechanismen zwar durch Eigeninitiative begegnen, indem er nach sechs Monaten die Frage nach dem Status stellt. Es verbleibt jedoch ein von ihm nicht zu vertretender Effizienzverlust, der sich im erhöhten Personalverwaltungsaufwand oder der nicht erforderlichen Zahlung der Ausgleichsabgabe manifestieren kann.

Eben diese rechtlichen Regelungen, die an den Status des schwerbehinderten Menschen anknüpfen, lassen ihn als ökonomische Unwägbarkeit, wenn nicht gar als ökonomisches Risiko erscheinen, das es zu vermeiden gilt. Der Arbeitgeber hat zumindest einen erhöhten Verwaltungsaufwand in Form der Frage nach sechs Monaten und der Beteiligung des Integrationsamts bei der Beendigung des Arbeitsverhältnisses zu besorgen. All dies stellt keinen unmittelbaren Nutzen für den schwerbehinderten Menschen dar, der Zugang zum Arbeitsmarkt erstrebt.

Der Arbeitnehmer wird zur Erlangung und Sicherung des Arbeitsverhältnisses seinen Status verheimlichen, sofern er nicht auf die behinderungsgerechte Ausstattung seines Arbeitsumfelds angewiesen ist. Entscheidet er sich trotz dieses Erfordernisses dafür, seinen Status geheim zu halten und auf das behinderungsgerechte Umfeld zu verzichten, drohen Verlust des Arbeitsplatzes wegen ungenügender Leistung oder gesundheitliche Folgen aufgrund des unzureichenden Arbeitsumfelds.

Ein marktrationales Vertragsrecht im Sinne von *Fleischer* ist in der derzeitigen Rechtslage nicht zu erreichen.

TEIL 4

BETRACHTUNG DER IDENTIFIZIERTEN EINFLUSSFAKTOREN UND ANREGUNGEN ZU DEREN MODIFIKATION

Das Gleichbehandlungsrecht kann nur wirksam ansetzen, wenn klar ist, warum die Diskriminierung schwerbehinderter Menschen für die Arbeitgeber effizient, rational und daher nutzenmaximierend sein kann[818]. Das Recht allein kann Diskriminierung nicht beenden, ist aber ein notwendiger Schritt in diese Richtung[819], wenngleich sich *de lege lata* derzeit einige Regelungen finden, die nicht im Sinne des Inklusionsgedankens der BRK wirken.

Das gesamte Schwerbehindertenrecht zielt auf die Herstellung von Chancengleichheit[820], jedoch sind die bestehenden Regelungen sogar – wie gezeigt – geeignet, innerhalb der Gruppe der Menschen mit Behinderung zu diskriminieren.

818 *Thüsing*, RdA 2003, 257ff.

819 Vgl. *Ruebain* in: Breslin/Yee (eds.), Disability rights law and policy, 369, 379.

820 *Deinert* in: Deinert/Welti, SWK BehindertenR, 2. Aufl. 2018, Fragerecht des Arbeitgebers, Rdnr.6.

§ 12 Identifizierte Problemfelder und Einflussfaktoren

Zielsetzung des SGB IX ist es u. a., die Nachteile des Arbeitnehmers auf dem allgemeinen Arbeitsmarkt auszugleichen. Die wirkungsvollsten Instrumente hierbei sind Beschäftigungspflicht, Ausgleichsabgabe, Kündigungsschutz sowie die persönlichen und finanziellen Unterstützungsleistungen[821].

Nachdem die bisherige Arbeit gezeigt hat, dass nicht allein das Frageverbot, sondern in stärkerem Maß seine Kontextfaktoren zur Benachteiligung schwerbehinderter Menschen beim Zugang zu einem Beschäftigungsverhältnis führen, soll nunmehr eine Konkretisierung dieser Kontextfaktoren versucht werden.

Inklusion als soziale Inklusion meint die Einbindung in zwischenmenschliche, soziale Zusammenhänge. Als solche definiert sie auch implizit, wer exkludiert ist.[822] Die interpersonalen Bezüge werden durch die institutionellen Rahmenbedingungen geprägt[823].

A. Probleme des aktuellen Behinderungsbegriffs

Im Schrifttum[824] wird der Behinderungsbegriff nach § 2 Abs.1 SGB IX 2018 als „verunglückt" bezeichnet.

Das sich ständig entwickelnde Verständnis von Behinderung im Bereich des Schwerbehindertenrechts, das nicht nur abhängig von gesellschaftlichen Entwicklungen, sondern auch ressourcen- und nicht länger defizitorientiert ist[825], erschwert die Einordnung ins Gefüge des Schwerbehindertenrechts.

---

821 Jahresbericht 2018/2019 der BIH, 7.

822 *Felder*, Inklusion und Gerechtigkeit, 129, unter Bezugnahme auf das lateinische *includere* = einschließen.

823 *Felder*, Inklusion und Gerechtigkeit, 131.

824 So *Luthe*, br 2017, 77, 81.

825 *Giese/Ramm* in: Bolwig *et al.*, Behindertenrecht im Betrieb, 16; *Luthe*, br 2017, 77, 78, kritisiert, das Klassifikationssystem des ICF mache „einen recht beliebigen Eindruck" und sei „eher Inspirationsquelle als Ordnungsrahmen".

Begreift man Behinderung als „Ergebnis der Wechselwirkung zwischen Gesundheitsproblem und den personen- und umweltbezogenen Kontextfaktoren“[826], erwächst hieraus die Annahme einer subjektiven Komponente der Behinderung. Diese kann Einfluss auf den Grad und das Ausmaß der Teilhabebehinderung haben, woraus zum einen folgt, dass die subjektive Beeinträchtigung stärker in den Fokus rücken muss, es jedoch zum anderen nach wie vor eines objektivierenden Rahmens bedarf, der einen Maßstab für die Beeinträchtigung bildet.

Als Beispiel dienen mag ein Mensch, der mit seinen angeborenen körperlichen Beeinträchtigungen einen Weg gefunden hat, in der Gesellschaft voranzukommen. Da er denklogisch keinen anderen Zustand als den seinen kennt, hat er Wege gefunden, sich zu arrangieren.

Ebenso kann ein psychisch erkrankter Mensch Wege gefunden haben, durch eigenes Verhalten in der Gesellschaft gut und für ihn selbst zufriedenstellend zu leben.

Diesen Menschen ihr subjektiv geringes Gefühl des Ausgegrenztseins trotz bestehender grundsätzlicher gesellschaftlicher Hemmnisse quasi als Abzugsposten in Rechnung zu stellen, widerspricht den Regelungen der BRK.

B. Ursachen für die arbeitgeberseitige Zurückhaltung bei der Beschäftigung schwerbehinderter Menschen

Die Zurückhaltung der Arbeitgeber bei der Beschäftigung schwerbehinderter Menschen hat zahlreiche und komplexe Ursachen.

Nach der Untersuchung von *Schröder/Steinwede*[827] erklären 90 Prozent der befragten Unternehmen und Verwaltungen Rechtsänderungen als Verbesserung der Beschäftigung schwerbehinderter Menschen für wünschenswert. Insbesondere wird auf den Kündigungsschutz, die finanzielle Förderung und die Verwaltungsabläufe verwiesen.

---

826 Definition des ICF nach BT-Drucks. 18/9522 v. 05.09.2016, 227.

827 *Schröder/Steinwede*, BeitrAB 285, 104f., 119.

Gesetzgeberische Vorgaben wie z. B. der besondere Kündigungsschutz und der Zusatzurlaub signalisieren den (potentiellen) Arbeitgebern, dass die betroffenen Arbeitnehmer besonders schutzbedürftig und folglich nicht sehr leistungsstark sind.[828]

I. Kündigungsschutz

Der besondere Kündigungsschutz für schwerbehinderte Menschen wirkt nach einer Ansicht im Schrifttum[829] für die schwerbehinderten Menschen eher kontraproduktiv. Er wird für die Vorbehalte der Arbeitgeber hinsichtlich der Beschäftigung schwerbehinderter Menschen verantwortlich gemacht[830]. Allerdings ist die Auffassung, schwerbehinderte Menschen seien faktisch unkündbar, die auf Seiten der Arbeitgeber hartnäckig vertreten wird, empirisch nicht haltbar. Tatsächlich wird im weit überwiegenden Teil der Vorgänge die Zustimmung durch das Integrationsamt erteilt[831].

Dies verdeutlicht die folgende Tabelle durch die Gesamtzahl der beantragten Zustimmungen und den jeweiligen Wert beim Erhalt des Arbeitsplatzes. Es ist auch deutlich erkennbar, dass sich die Relationen nur wenig verschieben und die Trennung vom schwerbehinderten Arbeitnehmer in der überwiegenden Zahl der Fälle erfolgen kann.

---

[828] *Bizer/Führ*, Responsive Regulierung für den homo oeconomicus institutionalis, 42.

[829] So *Bauer*, NZA 2002, 529, 531.

[830] So *Beyer/Seidel*, Der Kündigungsschutz für schwerbehinderte Menschen im Arbeitsleben, 3. Aufl. 2010, 347.

[831] Auch erfährt die Organisationshoheit des Arbeitgebers keine Einschränkungen, wenn etwa aufgrund unternehmerischer Entscheidungen der bisherige Arbeitsplatz durch eine Organisationsänderung entfällt, vgl. BAG v 16.05.2019 – 6 AZR 329/18 –, br 2019, 141, 142.

	Gesamtzahl	Erhalt des Arbeitsplatzes	Verlust des Arbeitsplatzes	Kein Kündigungsschutz nach dem SGB IX
2002	31.252	6.625	24.627	k.A.
2003	37.070	7.837	29.233	k.A.
2004	36.084	8.544	27.540	k.A.
2005	32.764	7.452	25.312	k.A.
2006	25.731	6.134	18.895	702
2007	23.084	5.373	16.962	749
2008	24.484	5.613	18.227	644
2009	31.257	6.407	24.048	802
2010	27.017	5.945	20.361	711
2011	25.026	5.561	18.848	617
2012	27.200	4.876	21.652	672
2013	27.098	5.308	21.085	705
2014	25.233	5.661	18.946	625
2015	24.546	5.482	18.348	716
2016	23.514	4.608	18.166	740
2017	21.821	4.906	16.307	608
2018	20.736	4.599	15.555	582
2019	21.736	4.546	16.569	621

Tabelle: Erhalt des Arbeitsplatzes[832]

Es verbleibt jedoch der erhöhte Personalverwaltungsaufwand und eine mögliche zeitliche Verzögerung durch das Zustimmungserfordernis. Hieran ändert auch die Regelung des § 171 Abs.5 S.2 SGB IX nichts.

832 Jahresbericht 2002/2003 der BIH, 34; Jahresbericht 2003/2004 der BIH, 34; Jahresbericht 2004/2005 der BIH, 34; Jahresbericht 2005/2006 der BIH, 38; Jahresbericht 2006/2007 der BIH, 38; Jahresbericht 2007/2008 der BIH, 38; Jahresbericht 2008/2009 der BIH, 37; Jahresbericht 2009/2010 der BIH, 37; Jahresbericht 2010/2011 der BIH, 40; Jahresbericht 2011/2012 der BIH, 41; Jahresbericht 2012/2013 der BIH, 47; Jahresbericht 2013/2014 der BIH, 47; Jahresbericht 2014/2015 der BIH, 55; Jahresbericht 2015/2016 der BIH, 51; Jahresbericht 2016/2017 der BIH, 50; Jahresbericht 2017/2018 der BIH, 49; Jahresbericht 2018/2019 der BIH, 41; Jahresbericht 2019/2020 der BIH, 31.

II. Arbeitsorganisatorische Faktoren

Im Bereich der arbeitsorganisatorischen Faktoren spielen insbesondere der Sonderurlaub nach § 208 SGB IX, Flexibilitätseinschränkungen wegen der Arbeitszeitregelungen nach § 207 SGB IX sowie die befürchteten bzw. tatsächlichen Aufwendungen bei der behinderungsgerechten Einrichtung des Arbeitsplatzes nach § 164 Abs.4 und 5 SGB IX eine Rolle.

In letzterem Fall beschränkt der Unzumutbarkeitsvorbehalt des § 164 Abs.4 S.3 SGB IX u. a. den finanziellen Aufwand des Arbeitgebers[833]. Auch ist hierbei zu beachten, dass u. a. über die Integrationsfachdienste kostenfreie Beratungsmöglichkeiten der Arbeitgeber zur Verfügung stehen.

III. Folgenloser Verstoß gegen die Beschäftigungspflicht

Nach § 238 Abs.1 Nr.1 SGB IX handelt ordnungswidrig, wer schuldhaft schwerbehinderte Menschen nicht beschäftigt. *Joussen*[834] weist in diesem Zusammenhang darauf hin, dass Arbeitgeber aufgrund eines „von der BA zu verantwortenden Vollzugsdefizits" nichts zu befürchten haben.

IV. Stellungnahme

Es zeigt sich hier, dass der Status eines Arbeitnehmers erst durch die durch diesen ausgelösten Rechtsreflexe, die weder für den Arbeitnehmer noch für den Arbeitgeber wirklich kontrollierbar oder beeinflussbar sind, zum nahezu ausschließlich negativ konnotierten Kriterium werden. Es ist somit zu klären, ob bzw. inwiefern eine Modifikation der bestehenden Regelung die Situation für Arbeitnehmer und Arbeitgeber verbessern kann.

---

833 Vgl. Teil 2 § 5 B. III. 2. b.

834 LPK-SGB IX/*Joussen*, 5. Aufl. 2019, SGB IX § 154 Rdnr.6.

§ 13 Mögliche Anpassungen der bestehenden Regelungen

Die Erkenntnis, dass es sich bei Behinderung um ein gesellschaftliches Konstrukt handelt, dem mit Mitteln des Antidiskriminierungsrechts begegnet werden kann, ist relativ neu[835]. Entsprechende Regelungen können die Gesellschaft beeinflussen, durch Steuerung vorurteilsbehafteten Verhaltens die ökonomische, soziale oder politische Basis der Vorurteile verändern und damit mittelbar Einfluss auf die innere Einstellung der Handelnden nehmen[836].

Die Regelung des Frageverbots nach dem Schwerbehindertenstatus soll sozialgestaltende Wirkung entfalten, unstreitig dürfte jedoch sein, dass jedenfalls diejenigen Bewerber nicht vom Frageverbot profitieren, deren Schwerbehinderteneigenschaft offensichtlich ist. Mithin sind die Kontextfaktoren zu modifizieren, aufgrund derer die der Schwerbehinderteneigenschaft zugrunde liegende individuelle Beeinträchtigung zu einem mutmaßlichen oder tatsächlichen Nachteil am Arbeitsmarkt wird. Hierdurch können dann annähernd gleiche Wettbewerbsbedingungen erreicht werden.

Zu bedenken ist dabei allerdings der jeweils bestehende Verwaltungsaufwand und die damit verbundenen Kosten.

Das Frageverbot nach dem Schwerbehindertenstatus ist zwar grundsätzlich geeignet, den Zugang zur Beschäftigung zu ermöglichen, es muss jedoch bezweifelt werden, ob die in Art.27 BRK geforderte Chancengleichheit angesichts der sonstigen rechtlichen Bedingungen verwirklicht wird.

Nachfolgend sollen nun verschiedene Ansätze diskutiert werden, die zur Milderung dieser Situation beitragen können, wobei deren verwaltungsökonomische Vertretbarkeit auch immer zu berücksichtigen ist.

---

835 *Fuerst* in: Deinert/Welti, SWK BehindertenR, 2. Aufl. 2018, Gleichheit, Rdnr.1.

836 *Coester-Waltjen*, ZRP 1982, 217, 220.

A. Ansatzpunkt Beschäftigungspflicht

Die Schutzfunktion der Sozialpolitik unter Zuhilfenahme von Zwangselementen ist historisch gewachsen. Spezifische Beschäftigungsquoten, deren Nicht- bzw. Unterfüllung durch die Verpflichtung zur Zahlung einer Ausgleichsabgabe in einen Finanzpool zur Unterstützung der Beschäftigung sanktioniert wird, ist ein häufig verwandtes Instrument.[837]

Die Beschäftigungspflicht nach den §§ 154 ff. SGB IX erscheint derzeit notwendig und wird daher als solche nicht bestritten.

B. Ansatzpunkt Ausgleichsabgabe

Als erster Ansatzpunkt ist die Ausgleichsabgabe zu diskutieren. Mit ihrem Aufkommen von fast 696 Mio. € im Jahr 2019 finanziert sie bei Gesamtausgaben von 586 Mio. € durch die Integrationsämter u. a. begleitende Hilfen im Arbeitsleben an schwerbehinderte Menschen (57,4 Mio. €) sowie Leistungen an Arbeitgeber (218 Mio. €)[838].

I. Erhöhung der Ausgleichsabgabe

Die Ausgleichsabgabe ist ein staatliches Lenkungsinstrument (nichtsteuerliche Sonderabgabe[839]). Sie hat keine Finanzierungsfunktion, lediglich eine Ausgleichsfunktion im Verhältnis zu den Arbeitgebern, die der Beschäftigungspflicht nicht nachkommen[840]. Eine „gewisse Eignung“[841] der Ausgleichsabgabe als Anreizinstrument wird zwar konzediert, jedoch wurde ihre

---

[837] *Schulte*, ZESAR 2012, 112, 116; *Hitzig*, Das Fragerecht des Arbeitgebers, 250, bezweifelt die Effektivität der Pflichtquote.

[838] Jahresbericht 2019/2020 der BIH, 7, 16 und 18.

[839] BVerfG v. 26.05.1981 – 1 BVL 56/78, E 57, 139,165.

[840] *Horn*, Beschäftigungspflicht und Ausgleichsabgabe, 66; gleichwohl sieht *Schatzschneider*, NJW 1986, 2873 die Ausgleichsabgabe als „ökonomischen Hebel“.

[841] *Riehl*, Rechtliche Rahmenbedingungen der Integration Schwerbehinderter in die Arbeitswelt, 15.

rechtliche Ausgestaltung und insbesondere ihre Höhe schon in der Vergangenheit kritisiert[842].

Die Erhöhung der Ausgleichsabgabe wurde schon vor einiger Zeit gefordert, um ein gezieltes Freikaufen der Arbeitgeber zu verhindern[843], jedoch wirkt die derzeitige Ausgleichsabgabe in der Zusammenschau mit den Vorschriften zum Schutz der Menschen mit Behinderungen „eher beschäftigungshemmend als beschäftigungsfördernd"[844].

Agel[845] fordert zur Betonung des gesellschaftlichen Integrationsauftrags eine deutliche Erhöhung der Ausgleichsabgabe. In Anlehnung an die Regelung des § 15 Abs.2 AGG soll die Ausgleichsabgabe für zwölf Monate drei Brutto-Monatsgehälter betragen.

Eine solche Erhöhung der Ausgleichsabgabe erscheint jedoch wenig zielführend, da bereits ihre Steuerungswirkung fraglich ist und eine Veränderung der Anreizsituation damit nur sehr bedingt bewirkt wird. Weiterhin ist nicht gesichert, dass sich durch diese mittelbare Förderung für offensichtlich schwerbehinderte Menschen hieraus ein Vorteil ergibt.

II. Anpassung der Regelungen zur Rückerstattung der Ausgleichsabgabe

Die bislang lediglich für zwei Jahre rückwirkende Erstattung zu Unrecht gezahlter Ausgleichsabgabe könnte auf vier oder fünf Jahre erweitert werden. Somit ist die Erstattung bei Menschen, die in befristeten Beschäftigungsverhältnissen stehen, auch nach einer Verlängerung des Arbeitsverhältnisses noch möglich. Dies schafft einen ökonomischen Interessensausgleich, an dem es derzeit vor der vertretenen Ansicht zur Offenbarungspflicht im Rahmen befristeter Arbeitsverhältnisse[846] fehlt.

Auch könnte so ein Dialog der Arbeitsvertragsparteien hinsichtlich einer unbefristeten Weiterführung der Beschäftigung angestoßen oder erleichtert

---

842 Vgl. *Großmann*, BB 1987, 260, 261.

843 Vgl. Antrag BT-Drucks. 17/9931 v. 12.06.2012, 4; *Riehl*, Rechtliche Rahmenbedingungen der Integration Schwerbehinderter in die Arbeitswelt, 19; auch *Agel*, br 2017, 40, 41.

844 So Däubler/Bertzbach-*Zimmer*, HK-AGG, 4.Aufl. 2018, § 5 Rdnr.56.

845 *Agel*, br 2017, 40, 43.

846 Vgl. *Husemann*, RdA 2014, 16, 22; Teil 2 § 5 C.

werden, sofern der Status des Arbeitnehmers bislang nicht offenbart wurde und zufriedenstellende Arbeitsleistungen erbracht wurden.

III. Abschaffung der Ausgleichsabgabe

Die Abschaffung der Ausgleichsabgabe ist grundsätzlich denkbar. Zwar hat die Ausgleichsabgabe primär keine Finanzierungsfunktion[847], jedoch ist zuvor eine alternative Quelle für die Finanzierung der Arbeit der Integrationsämter zu erschließen.

Im Jahr 2019 betrug das Gesamtaufkommen aus der Ausgleichsabgabe 696 Mio. EUR. Hiervon flossen 20 v. H. an den Ausgleichsfonds beim Bundesministerium für Arbeit und Soziales (BMAS). Die Ausgaben der Integrationsämter beliefen sich auf rund 586 Mio. EUR.[848] Es bestehen zudem inzwischen erhebliche (Vor-)Bindungen bei einigen Integrationsämtern für nachfolgende Haushaltsjahre, die auf mittel- bis langfristig angelegten Förderprogrammen beruhen.[849] Insofern ist eine Abkehr vom System der Ausgleichsabgabe nur denkbar, wenn eine stabile und nachhaltige Finanzierung der Arbeit der Integrationsämter sichergestellt ist.

C. Ansatzpunkt GdB/ Anrechnung auf Pflichtarbeitsplätze

Eine weitere Möglichkeit stellt eine Anpassung der Regelung des GdB bzw. der Anrechnungsmodalitäten hinsichtlich der Pflichtarbeitsplätze dar. Bislang wird die Sichtbarkeit einer möglicherweise zur Schwerbehinderteneigenschaft führenden Beeinträchtigung nur für ausdrückliche Einzelfälle geregelt[850].

Es stellt sich bei der nunmehr sehr individuellen Betrachtung und Bewertung der Teilhabemöglichkeit auf der Grundlage der BRK auch die Frage, wie

---

847 LPK-SGB IX/*Joussen*, 5. Aufl. 2019, SGB IX § 154 Rdnr.7.

848 Jahresbericht 2019/2020 der BIH,7.

849 Jahresbericht 2018/2019 der BIH, 20.

850 Z. B. B 2.1 Anlage § 2 VersMedV: hochgradige Entstellung des Gesichts – 50, Schädelnarben am Hirnschädel mit erheblichem Verlust von Knochenmasse ohne Funktionsstörung des Gehirns (einschließlich entstellender Wirkung) – 30; B 7.1 Anlage § 2 VersMedV: Lippendefekt mit ständigem Speichelfluss – 20-30.

ein Mensch einzustufen wäre, der seine Situation als subjektiv-individuell sehr belastend empfindet. Es scheint kaum möglich, entsprechende Kriterien zu entwickeln, die der Situation gerecht werden können.

Andererseits kann es in der umgekehrten Position einem Menschen mit sichtbaren Normabweichungen physischer oder sonstiger Art nicht zum Nachteil gereichen, dass er sich mit seiner Situation arrangiert oder im Rahmen des ihm Möglichen das Beste zu erreichen sucht.

I. Obligatorische Mehrfachanrechnung auf Pflichtplätze

Das Frageverbot nach der Schwerbehinderteneigenschaft verschärft den Wettbewerb der schwerbehinderten Bewerber um zu besetzende Arbeitsplätze zu Lasten sichtbar schwerbehinderter Menschen.

Die Ausnahmevorschrift des § 159 SGB IX (Mehrfachanrechnung) wird derzeit grundsätzlich restriktiv angewendet[851]. Sie kommt auch für gleichgestellte Menschen in Betracht[852] sowie für Teilzeitbeschäftigte, die wenigstens 18 Stunden beschäftigt werden oder wenn die Bundesagentur für Arbeit diese bei noch kürzerer Arbeitszeit zur Anrechnung zulässt[853].

Die Mehrfachanrechnung kann nur erfolgen, wenn die Integration des schwerbehinderten Menschen ins Arbeits- und Berufsleben besonderen Schwierigkeiten begegnet[854].

Ein Anreiz zur Beschäftigung offensichtlich schwerbehinderter Menschen ist die obligatorische Anrechnung auf mehr als einen Pflichtplatz. Diese bereits in § 159 SGB IX eröffnete Möglichkeit ist bislang eine Ermessensentscheidung der Agentur für Arbeit für schwerbehinderte Menschen, deren Teilhabe am Arbeitsleben auf besondere Schwierigkeiten stößt[855].

---

851 NPGWJ/*Greiner*, 14. Aufl. 2020, SGB IX § 159 Rdnr.4.

852 NPGWJ/*Greiner*, 14. Aufl. 2020, SGB IX § 159 Rdnr.5; LPK-SGB IX/*Joussen*, 5. Aufl. 2019, SGB IX § 159 Rdnr.4, der jedoch darauf verweist, dass die tatsächlichen Voraussetzungen hierfür, das Vorliegen besonderer Schwierigkeiten im Rahmen der Teilhabe am Arbeitsleben, bei gleichgestellten Arbeitnehmern eher selten bestehen.

853 NPGWJ/*Greiner*, 14. Aufl. 2020, SGB IX § 159 Rdnr.9.

854 NPGWJ/*Greiner*, 14. Aufl. 2020, SGB IX § 159 Rdnrn.3ff.

855 NPGWJ/*Greiner*, 14. Aufl. 2020, SGB IX § 159, Rdnr.6.

Denkbar ist ein Nachteilsausgleich ähnlich den Merkzeichen, der im Rahmen der Ermittlung des GdB festgestellt werden kann. Hier wäre allerdings die administrative Handhabung zu klären.

In Betracht kommt ein zusätzlich zu beantragender Bescheid ähnlich der Gleichstellung. Dieser weist ausgehend von der Beeinträchtigung des Betroffenen für den konkreten Arbeitsplatz aus, wie viele Pflichtarbeitsplätze angerechnet werden können. Eine Antragsbefugnis des Arbeitgebers ist hierbei möglich.

II. Besondere Berücksichtigung augenfälliger Beeinträchtigungen bei der Bemessung des GdB

Ein möglicher Ansatz ist hierbei die Berücksichtigung offensichtlicher Beeinträchtigungen. Dass diese im sozialen Leben zu Teilhabebeeinträchtigungen führen, ist anerkannt[856].

1. Der *status quo*

Die derzeit verwendeten Versorgungsmedizinischen Grundsätze als Anlage zur VersMedV legen die Kriterien der Begutachtung fest und beziehen sich als Ausfluss evidenzbasierter Medizin[857] primär auf die Diagnose und im Fall der Bestimmung eines GdB final auf die Gesundheitsstörungen[858].

Seelische Begleiterscheinungen sind beim GdS zu berücksichtigen[859], wobei als Referenz im Einzelfall „die allgemeine ärztliche Erfahrung hinsichtlich der regelhaften Auswirkungen" dient. Eine entsprechende Regelung für den GdB fehlt. Die „üblichen seelischen Begleiterscheinungen" sind in den tabellarischen Werten bereits berücksichtigt[860].

Da der teilhabebezogene subjektive Kontext bei der Beurteilung des GdB bislang nur unzureichend berücksichtigt wird, können aufgrund sichtbarer

---

856 Nach § 1 Nr.2 Eingliederungshilfe-Verordnung „mit abstoßend wirkenden Entstellungen vor allem des Gesichts" bzw. die „dauernde Entstellung in erheblicher Weise" nach § 226 Abs.1 Nr.3 StGB, vgl. *Fischer*, 66. Aufl. 2019, § 226 StGB, Rdnrn.9f.

857 Vgl. § 2 VersMedV.

858 So A 2. lit. a) Anlage „Versorgungsmedizinische Grundsätze".

859 A 2. lit. i) Anlage „Versorgungsmedizinische Grundsätze".

860 So A 2. lit. i) Anlage „Versorgungsmedizinische Grundsätze".

Einschränkungen deutlich benachteiligte Personen keinen ihrer Teilhabebeeinträchtigung adäquaten GdB erhalten. Insofern ist zweifelhaft, ob diese Werte den Anforderungen der BRK hinsichtlich der zu berücksichtigenden individuellen Teilhabebeeinträchtigung tatsächlich genügen können.

a. Erläuternde Beispiele

Im Zusammenhang mit augenfälligen Beeinträchtigungen werden meist Stereotype oder Vorurteile gepflegt und so eine Behinderung bzw. eine Leistungseinschränkung interpretativ der betroffenen Person zugeschrieben[861]. Im Bereich der Barrieren z. B. bei der Begründung von Arbeitsverhältnissen ist oft zweifelhaft, inwiefern die tatsächliche Einschränkung der Betroffenen in den Werten nach der Versorgungsmedizin-Verordnung (VersMedV) ihren Niederschlag gefunden hat. Zur besseren Benennung der beispielhaft angeführten Erkrankungen wird deren ICD-10-Nummer[862] angeführt.

aa. Vitiligo

Die Krankheit Vitiligo (L80 ICD-10) ist eine durch Untergang der Melanozyten im Rahmen einer Autoimmunreaktion bedingte Pigmentstörung der Haut[863]. Sie wird in ihrer ausgedehnten Form laut B17.12 der Anlage zu § 2 VersMedV („GdS-Tabelle") mit einem GdS von maximal 20 bewertet, wobei sich der GdS „allein nach dem Ausmaß der eventuellen Entstellung" richten soll.

bb. Gilles-de-la-Tourette-Syndrom

Das Gilles-de-la-Tourette-Syndrom/ Tourette-Syndrom (F95.2 ICD-10) ist eine neuropsychiatrische Erkrankung, die sich in sog. Tics zeigt. Dies sind weitgehend unwillkürliche, schnelle Bewegungen, die sich in

---

861 Vgl. *Klein*, La discrimination des personnes handicapées, 13f., die in diesem Zusammenhang von einem *handicap construit* spricht.

862 Die ICD (*International Statistical Classification of Diseases and Related Health Problems*) ist ein von der WHO herausgegebenes Klassifizierungssystem für medizinische Diagnosen. Für einzelne Gesundheitssysteme bestehen Subsysteme. So z. B. die ICD-10-GM (*German Modification*), die vom Deutschen Institut für medizinische Dokumentation und Information (DIMDI) herausgegeben wird. Die aktuell gültige Ausgabe ICD-10 besteht in der Version von 2016.

863 *Pschyrembel*, Klinisches Wörterbuch, 268. Aufl. 2020, 1894 *sub* Vitiligo.

Muskelzuckungen vor allem im Gesicht oder durch Lautäußerungen zeigen können.[864] Medizinisch gehört das Tourette-Syndrom zu den extrapyramidalen Hyperkinesen (zentralnervösen Bewegungsstörungen).

Die Versorgungsmedizinischen Grundsätze geben in B 3.1.2 der Anlage zu § 2 VersMedV einen Rahmen von 30 bis 100 vor. Hierbei sind Art und Umfang der gestörten Bewegungsabläufe sowie die Möglichkeit der Unterdrückung zu bewerten.

cc. Adipositas

Adipositas, die über das Normale hinausgehende Vermehrung des Körperfetts[865], wird – sofern sie durch übermäßige Kalorienzufuhr verursacht ist – unter E66.0 ICD-10 geführt.[866]

Nach B 15.3 der Anlage zu § 2 VersMedV bedingt Adipositas allein keinen GdS. Lediglich die Folge- und Begleiterscheinungen sowie die funktionelle Auswirkung der Adipositas *permagna* können die Annahme eines GdS begründen.

In Vorurteilsstudien werden übergewichtigen oder adipösen Menschen negative, leistungsschwache Eigenschaften wie Willensschwäche und Faulheit zugeschrieben[867]. Sie sind häufiger und dann auch länger arbeitslos[868] und ihre Einstellungschancen sind signifikant schlechter als die Chancen normalgewichtiger Menschen[869].

Die deutsche Rspr.[870] erkennt selbst bei Vorliegen einer Adipositas *permagna* keine Behinderung i.S. des § 1 AGG. Sie schließt sich hier der Beurteilung des EuGH[871] an. Bei der Diagnose als solcher fehle es an der

---

864 *Pschyrembel*, Klinisches Wörterbuch, 268. Aufl. 2020, 1779f. *sub* Tourette-Syndrom.

865 *Pschyrembel*, Klinisches Wörterbuch, 268. Aufl. 2020, 25f. *sub* Adipositas.

866 Nach der Definition der WHO liegt Adipositas ab einem Körpermasseindex (BMI) von 30 kg/m^2 vor. Es werden drei Grade unterschieden: Grad I = 30,0-34,9 kg/m^2, Grad II=35,0-39,9 kg/m^2, Grad III $\geq$ 40 kg/m^2 (Adipositas *permagna*).

867 So *Bozoyan*, Schwer im Nachteil, 38f.

868 *Bozoyan*, Schwer im Nachteil, 54ff. m.w.N.

869 *Bozoyan*, Schwer im Nachteil, 50ff. gründet dieses Ergebnis sowohl auf Labor- als auch auf Feldstudien.

870 LAG Niedersachsen v. 29.11.2016 – 10 Sa 216/16 –, juris, Rdnr.27.

871 EuGH v. 18.09.2014, Rs. C-354/13 –, NZA 2015, 33, Rdnr.33 (Fag og Arbejde (FOA), handelnd für Karsten Kaltoft ./. Kommunernes Landsforening (KL), handelnd für die Billund Kommune).

Wechselwirkung mit verschiedenen Barrieren, die letztendlich zur Teilhabebehinderung beim betroffenen Menschen führen[872].

b. Stellungnahme

Problematisch ist hier, dass bei sichtbaren Erkrankungen bzw. Veränderungen des äußeren Erscheinungsbildes, wie den vorgenannten, bereits der Zugang zum Beschäftigungsverhältnis erschwert ist. Die Barriere besteht hier in der vom Arbeitgeber vermuteten Krankheitsanfälligkeit (bei Adipositas im Bereich des Stütz- und Bewegungsapparates), in der Befürchtung verminderter ‚Kundenkompatibilität' (Vitiligo, Tourette) oder sonstigen mehr oder weniger rationalen Befürchtungen.

Insofern ist fraglich, ob dahingehende Änderungen nicht zwingend geboten sind, um eine Verlagerung der Berücksichtigung subjektiv empfundener Beeinträchtigungen bereits im Verwaltungsverfahren zur Feststellung der Schwerbehinderteneigenschaft zu erreichen.

Die Berücksichtigung der augenfälligen Wirkung der festgestellten Beeinträchtigungen auf die Teilhabechancen kann bei der Bemessung des GdB/GdS oder im Rahmen eines neuen, noch zu entwickelnden Systems geschehen. Durch die Berücksichtigung im Rahmen des GdB werden dem Betroffenen zusätzliche Fördermöglichkeiten eröffnet, die dann auch für den (potentiellen) Arbeitgeber einen wirtschaftlichen Mehrwert gegenüber der bestehenden Situation darstellen.

2. Berücksichtigung im Feststellungsverfahren GdB/GdS

Denkbar ist eine Änderung der GdB/GdS-Tabelle, welche die ‚Außenwirkung' bestehender Beeinträchtigungen bislang lediglich punktuell berücksichtigt. Eine konkrete Berücksichtigung im Rahmen der einzelnen GdB-Diagnosen dürfte jedoch in Normgebung und gutachterlicher Praxis nicht durchführbar sein.

Da durch die Feststellung des GdB ein gemeinsamer Anknüpfungspunkt für eine Vielzahl von Normen geschaffen werden soll, ist zweifelhaft, ob ein solches Verfahren geeignet ist, dem konkreten Einzelfall gerecht zu werden.

---

872 LAG Niedersachsen v. 29.11.2016 – 10 Sa 216/16 –, juris, Rdnr.28.

In diesem Zusammenhang kann eine allgemein formulierte Ermessensnorm, die etwa wie folgt lautet, Abhilfe schaffen:

„Sofern sich beim Antragstellenden äußerlich erkennbare Merkmale zeigen, die geeignet sind, die Teilhabe in der sozialen Umwelt zu beeinträchtigen, kann eine Berücksichtigung im Umfang von bis zu einem GdB von [X] erfolgen."

Dies erlaubt zum einen die Anknüpfung an bereits festgestellte, GdB-relevante Diagnosen, zum anderen wird die Beurteilung der sozialen Einschränkung der BRK und ihrem umfassenden Ansatz gerecht.

3. Separates Anrechnungsverfahren über die Agentur für Arbeit

Alternativ kommt ein separates Verfahren analog dem zur Gleichstellung nach § 151 Abs.2 SGB IX in Betracht. Ähnlich wie die Gleichstellung, die mögliche Härten ausgleichen soll[873], kann hier eine Schwachstelle der GdB-Tabelle hinsichtlich der Offenkundigkeit von Einschränkungen ausgeglichen werden. Als Rechtsfolge dieses Verfahrens könnte eine automatische Mehrfachanrechnung der Betroffenen auf die Pflichtarbeitsplätze nach § 159 Abs.1 SGB IX zuerkannt werden.

a. Kategorisierung analog der Richtlinien des Parasports

Denkbar ist auch eine Art Kategorisierung der erkennbaren Einschränkungen, die zu einer Schwerbehinderteneigenschaft führen können und die dann automatisch zu einer Mehrfachanrechnung des Betroffenen auf nachzuweisende Pflichtarbeitsplätze führt.

Diese Kategorisierung könnte etwa analog der Regelungen des paralympischen Sports erfolgen. Hier wird durch eine Einteilung in Schadensklassen ein Koeffizient ermittelt, mit dem die erbrachte Leistung verrechnet wird. So errechnet sich ein Wert, aufgrund dessen sich dann die Reihenfolge/Platzierung ermittelt.[874]

Übertragen auf die Situation offensichtlich schwerbehinderter Menschen beim Frageverbot nach der Schwerbehinderteneigenschaft könnte auf Antrag

---

873 Vgl. Teil 2 § 4 A. V.

874 Vgl. § 5 Klassifizierungsordnung des Deutschen Behindertensportverbandes e.V. (DBS) i.V.m. dem Leitfaden für die Klassifizierung der paralympischen Sportarten, www.dbs-npc.de (zuletzt aufgerufen 08.10.2021).

beim Integrationsamt oder der Agentur für Arbeit eine Mehrfachanrechnung des schwerbehinderten Menschen auf die Pflichtarbeitsplätze nach § 159 Abs.1 SGB IX erfolgen. Da hierfür der persönliche Kontakt des Entscheiders mit dem betroffenen Menschen zwingend erforderlich ist, bedingt dies einen Verwaltungsmehraufwand, der jedoch auf der Grundlage der offensichtlichen Benachteiligung dieses Personenkreises vertretbar erscheint.

b. Verwaltungsaufwand

Verwaltungsökonomisch ist hier jedoch zu bedenken, dass aufgrund der zu prüfenden Fallgestaltung verstärkt persönliche Vorsprachen der Betroffenen erforderlich sein werden. Der Mehraufwand ist aufgrund fehlenden Datenmaterials nur sehr bedingt abschätzbar. Als Grundlage für die Abschätzung kann die Statistik über die Ursachen der Schwerbehinderteneigenschaft in Verbindung mit der Verteilung in den für die Arbeitsbevölkerung relevanten Altersgruppen herangezogen werden.

D. Ansatzpunkt Kosten der Beschäftigung – Zusatzurlaub

Begreift man das Arbeitsverhältnis als ein soziales Rechtsverhältnis, bei dem der Mensch in den Dienst des Arbeitgebers tritt, und bei dem dieser „Arbeitgeber den Menschen mit all seinen menschlichen Schwächen akzeptieren und sich am gebotenen Sozialschutz beteiligen“[875] muss, erscheint es zumutbar, einen Eigenanteil des Arbeitgebers an den Kosten der Beschäftigung eines schwerbehinderten Menschen zu fordern.

Es ist bekannt, dass Vorurteile, besondere Schutzrechte schwerbehinderter Menschen oder die Befürchtung von Fehlzeiten bzw. von Problemen bei der Integration in den Kollegenkreis die Beschäftigung erschweren[876]. Die Arbeitgeber sind daher die tauglichen Adressaten der arbeitsmarktpolitischen Maßnahmen, da allein sie die Möglichkeit haben, eine Teilhabe am Arbeitsleben für schwerbehinderte Menschen sicherzustellen[877].

---

875 So *Singer* in: GS Zachert, 341, 350.

876 Vgl. *Welti*, Behinderung und Rehabilitation im sozialen Rechtsstaat, 698.

877 *Welti*, Behinderung und Rehabilitation im sozialen Rechtsstaat, 763.

Nachdem insbesondere wirtschaftliche Argumente gegen eine Beschäftigung schwerbehinderter Arbeitnehmer sprechen sollen[878], ist eine Sozialisierung der Kosten, die bei einem schwerbehinderten Arbeitnehmer typischerweise anfallen und die nicht durch Fördermittel der Integrationsämter, der Rentenversicherung oder der Agentur für Arbeit abgedeckt werden, anzudenken.

Die finanziellen Belastungen der Arbeitgeber sind allerdings bedingt durch die sehr heterogene Gruppe der schwerbehinderten Menschen kaum abschätzbar. Jedenfalls auftreten dürfte der Zusatzurlaub nach § 208 SGB IX.

Da insbesondere diese fünf zusätzlichen Urlaubstage als Einstellungshemmnis gelten[879], könnte hier ein monetärer Ausgleich der bezahlten zusätzlichen Urlaubstage nach § 208 SGB IX in Betracht kommen, sofern sie als vom Berechtigten tatsächlich in Anspruch genommen nachgewiesen werden. Administrativ könnte dies zum einen durch eine entsprechende Herabsetzung der noch durch den Arbeitgeber zu entrichtenden Ausgleichsabgabe geschehen, zum anderen im Wege der Erstattung, sofern aufgrund der Erfüllung der Beschäftigungspflicht keine Ausgleichsabgabe zu entrichten ist.

E. Ansatzpunkt Kündigungsschutz

Im Schrifttum wurde bereits gefordert, den Sonderkündigungsschutz für schwerbehinderte Menschen abzuschaffen[880] oder auf besonders gehandicapte Personen wie blinde und gehörlose Menschen zu beschränken[881].

Schon in der Vergangenheit wurde die Sicherung bestehender Arbeitsverhältnisse als Stärke des Schwerbehindertenarbeitsrechts gesehen[882]. Dieser Bestandsschutz ist erforderlich, um einen wirksamen Diskriminierungsschutz gegenüber nicht-schwerbehinderten Arbeitnehmern zu gewährleisten[883].

---

878 Vgl. Teil 1 § 2 C II.

879 *Schatzschneider*, NJW 1986, 2873, 2874.

880 *Preis*, NJW 2000, 2304, 2311; *Bauer*, NZA 2002, 529, 531.

881 So *Bachmann*, ZfA 2003, 43, 68.

882 Vgl. *Schatzschneider*, NJW 1986, 2873, 2874.

883 *Günzel*, Kündigungsschutz als Diskriminierungsschutz behinderter Arbeitnehmerinnen und Arbeitnehmer?, 292.

Zwar gibt es keine empirischen Daten über den Einfluss der Verfahrensregeln des SGB IX auf die Kündigungsabsichten der Arbeitgeber, jedoch lassen die Beschwerden über den entsprechenden Verwaltungsaufwand[884] auf eine extrinsisch motivierte Kündigungsaversion schließen.

Da durch die Regelungen zu Frageberechtigung und Auskunftspflicht ein sinnvoller Interessenausgleich gefunden ist, besteht hier kein Handlungsbedarf.

F. Keine Verbesserung durch anonyme Bewerbungen

Die anonyme Bewerbung wird vielfach als Möglichkeit diskutiert, Diskriminierungen zu verhindern[885]. Dies ist ökonomisch sinnvoll, wird doch der Fokus zunächst allein auf die Qualifikation des Bewerbers gerichtet[886]. Jedoch werden die anonymen Auswahlverfahren lediglich auf der „diskriminierungsintensivsten" ersten Stufe des Bewerbungsverfahrens angewendet. Danach wird die Anonymität aufgehoben und ein persönliches Kennenlernen findet statt[887].

Insofern ergibt sich für den qualifizierten, jedoch sichtbar schwerbehinderten Bewerber durch die anonyme Bewerbung keine Verbesserung.

G. Völliger Systemwechsel

Anzudenken ist in diesem Zusammenhang auch ein völliger Systemwechsel, der einerseits eine Abkehr vom in den europäischen Nachbarländern unbekannten, in Deutschland jedoch historisch gewachsenen System der behinderten bzw. schwerbehinderten oder gleichgestellten Menschen, und

---

884 Genannt wird insb. der doppelgleisige Rechtschutz mit der Zuständigkeit des Verwaltungsgerichts gegen die öffentlich-rechtliche Zustimmung in Form des Widerspruchsbescheids durch das Integrationsamt und der Zuständigkeit des Arbeitsgerichts für die Wirksamkeit der Kündigung.

885 Z. B. *Husemann*, RdA 2014, 16, 18.

886 *Mätzig*, RdA 2017, 185, 186 führt aus, dass Diskriminierungen die Bestenauslese verhindern und so den Unternehmenserfolg bremsen.

887 *Mätzig*, RdA 2017, 185, 187.

andererseits eine Hinwendung hin zu einer allgemeinen Beschäftigungspflicht für behinderte Menschen. Diese könnte etwa gestaffelt nach Größe des Arbeitgebers und Gesamt-GdB in Relation zur Größe der Belegschaft festgelegt werden und so auch Bewerbern mit höherem GdB und offensichtlicher Behinderung einen Zugang zum Arbeitsmarkt eröffnen. Wird der vorgegebene Wert nicht erreicht, ist der Arbeitgeber zur Entrichtung der Ausgleichsabgabe verpflichtet. So könnte für erkennbar schwerbehinderte Menschen ein Beschäftigungsanreiz geschaffen werden, da sie einen besonderen Beitrag zur Beschäftigungsquote leisten könnten.

Eine weitere Ausarbeitung dieses Ansatzes würde jedoch den Rahmen dieser Arbeit sprengen.

Zwischenfazit Teil 4

Bekennt sich eine Gesellschaft zu Diskriminierungsschutz und Inklusion, muss sie auch bereit sein, die hierdurch entstehenden Kosten zu tragen. Den höheren Kosten für die sozialen Sicherungssysteme stehen auf der volkswirtschaftlichen Seite eine höhere Erwerbsquote und damit ein höheres Gesamteinkommen gegenüber.

Zwischen den finanziellen Belastungen der Arbeitgeber und der erkennbar schwächeren Position der schwerbehinderten Menschen gilt es einen Ausgleich zu finden, der die schwerbehinderten nicht als im ökonomischen Sinn weniger vorzugswürdige Mitarbeiter erscheinen lässt.

Die Ansatzpunkte für mögliche Reformen sind vielfältig, wobei klar sein muss, dass nur ein von den Arbeitgebern als praktikabel angesehenes System in der Lage sein wird, die Situation – insbesondere erkennbar – schwerbehinderter Menschen im Arbeitsleben zu verbessern.

Die Ansatzpunkte im Bereich des GdB und einer möglichen Mehrfachanrechnung bei erkennbar (schwer)behinderten Menschen bieten sich hier als unmittelbare Stellschrauben an, deren Implementierung im Rahmen des bereits praktizierten Verwaltungsverfahrens vermutlich den geringsten Verwaltungs- und Kostenaufwand verursachen würde.

Fazit und Ausblick

Chance oder Danaergeschenk? Die Frage ist hinsichtlich des Frageverbots nach der anerkannten Schwerbehinderteneigenschaft oder der Gleichstellung nicht eindeutig zu beantworten.

Das geltende Recht will Chancengleichheit beim Zugang zu Beschäftigung und Schutz während des Beschäftigungsverhältnisses gewähren. Die Beschäftigungssituation schwerbehinderter Menschen auf dem ersten Arbeitsmarkt zeigt jedoch, dass die vom Gesetzgeber intendierte Funktion des Frageverbots in Form einer Hilfe zur Eingliederung in den ersten Arbeitsmarkt nicht erreicht wird. Die gewählten Steuerungsimpulse des Frageverbots sind offensichtlich nicht geeignet, die Arbeitslosenquote schwerbehinderter Menschen nachhaltig zu senken. Vielmehr bildet sich im Zusammenspiel mit anderen Regelungen zugunsten schwerbehinderter Menschen und den tatsächlichen Gegebenheiten auf dem Arbeitsmarkt ein Wirkungskomplex, der die Einstellungswahrscheinlichkeit offensichtlich schwerbehinderter Menschen nicht befördert.

In der bestehenden Rechtslage hat der schwerbehinderte Arbeitnehmer seinem Arbeitgeber den rechtlich festgestellten Status nach sechsmonatigem Bestehen des Arbeitsverhältnisses auf Befragen zu offenbaren. Dies kann jedoch lediglich mit der zu entrichtenden Ausgleichsabgabe begründet werden. Dem schwerbehinderten Arbeitnehmer ist somit aufgrund einer gesetzlichen Vorgabe, die lediglich an seinen Status anknüpft, die Statusanonymität und damit die selbstbestimmt-unauffällige Eingliederung in den Arbeitsmarkt verwehrt.

Der Paradigmenwechsel im Behindertenrecht vom – teilweise stark bevormundenden – Fürsorgeprinzip hin zum Teilhabegedanken (Inklusion), rückt den (schwer-)behinderten Menschen ins Zentrum der Betrachtungen. Durch die Weiterentwicklung des Behinderungsbegriffs und die Hinwendung zur Teilhabeorientierung hat sich der Bezugspunkt in die Richtung des Individuums verschoben. Keine Veränderung hat sich hingegen bei den an den Status des schwerbehinderten bzw. gleichgestellten Menschen anknüpfenden Regelungen ergeben.

Die althergebrachten Mechanismen des Schwerbehindertenarbeitsrechts greifen nun nur noch bedingt im Sinn der bestehenden Anforderungen an das Recht. Durch die nach wie vor in den tradierten Mustern verhaftete Systematik des Schwerbehindertenarbeitsrechts ist dem Recht die Hinwendung zu einer echten Teilhabeorientierung noch nicht gelungen.

Das Schwerbehindertenarbeitsrecht bildet eine Schnittstelle von Arbeits- und Sozialrecht. Wie gezeigt, ist es aufgrund seiner Komplexität und der verschiedenen Interdependenzen nur bedingt geeignet, den Betroffenen im Fall eines Frageverbots tatsächlich zu nutzen. Es erweckt aufgrund seines Schutzauftrags vielmehr beim Arbeitgeber den Eindruck, keine vollwertige Arbeitskraft erwarten zu können. Dies führt bei Zweifeln eher zu einem Absehen von der Einstellung eines (mutmaßlich) schwerbehinderten Bewerbers.

Hinsichtlich der Teilhabe schwerbehinderter Menschen am ersten Arbeitsmarkt bietet die derzeitige Regelung wenig Fortschritte. Vor allem diejenigen Bewerber bzw. Arbeitnehmer, deren Beeinträchtigung offensichtlich ist, profitieren nicht vom Frageverbot.

Andere Arbeitnehmer sind gezwungen, jedenfalls nach sechsmonatigem Arbeitsverhältnis, auf die Frage nach ihrem Status wahrheitsgemäß zu antworten. Nach wahrheitsgemäßer Beantwortung der Frage sehen sie sich den Vorbehalten der Arbeitgeber gegenüber.

Dies erweist sich insbesondere im Rahmen befristeter Arbeitsverhältnisse als problematisch. Der Arbeitnehmer muss hier nicht unberechtigt fürchten, dass eine weitere Beschäftigung bei dem aktuellen Arbeitgeber gefährdet ist.

Dereinst zum Schutz des schwerbehinderten oder gleichgestellten Arbeitnehmers geschaffene Regelungen wie die Ausgleichsabgabe sind nunmehr ein Argument, den Freiheitsraum des zu schützenden Menschen einzuschränken, indem sie ihn nach sechsmonatigem Arbeitsverhältnis auf Anfrage zur Offenbarung seines Status verpflichten. Inwiefern dies dem Inklusionsgedanken entspricht, darf bezweifelt werden.

Beziehungen, seien sie nun rechtlich oder ökonomisch, lassen sich nicht nur über die jeweils individuellen Interaktionen beschreiben. Der Einfluss von Institutionen muss immer auch mitgedacht werden. Die bestehende Rechtslage bietet einige Stellschrauben, deren Bewegung dieser Personengruppe eine Perspektive auf dem ersten Arbeitsmarkt eröffnen kann.

Mit der Verweisung des § 164 Abs.2 S.2 SGB IX ins AGG wurden den Arbeitgebern gesamtgesellschaftliche Belange übertragen. Im Interesse einer nachhaltigen Entwicklung muss jedoch gefragt werden, ob eine gesamtgesellschaftliche Teilhabe, die natürlich den Erwerb der eigenen Lebensgrundlagen durch Arbeit einschließt, nicht auch von der Gesellschaft als Gesamtheit zu finanzieren ist.

Insbesondere die Trennung zwischen behinderten und schwerbehinderten bzw. gleichgestellten Menschen bereitet mit Rücksicht auf die rigiden Werte der VersMedV Unbehagen, da bei näherer Betrachtung offenbar wird, dass auch entstellende Abweichungen vom optischen Durchschnittsbild eines Menschen keine Würdigung dergestalt erhält, dass dem Betroffenen die Möglichkeiten des SGB IX offenstehen können.

Hier ist zu überlegen, diese Kategorisierung entweder ganz aufzugeben oder Veränderungen hin zu einer stärkeren Berücksichtigung der Teilhabebeeinträchtigung vorzunehmen.

Es ist also ein Weg zu finden, der insbesondere sichtbar im Sinne des § 2 Abs.2 und 3 bzw. des Dritten Teils des SGB IX eingeschränkten Menschen die möglichst reibungslose Integration in den ersten Arbeitsmarkt ermöglicht. Sonst bleibt das Frageverbot ein Danaergeschenk.

Literaturverzeichnis

ACEMOGLU/ ANGRIST 2001: Acemoglu, Daron/ Angrist, Joshua D., Consequences of Employment Protection? The Case of the Americans with Disabilities Act, Journal of Political Economy (J.Pol.Econ.), 109, 2001, 915-957.

ADAMS 1986: Adams, Michael, Irrtümer und Offenbarungspflichten im Vertragsrecht, Archiv für die civilistische Praxis (AcP), 186, 1986, 453-489.

ADOMEIT 2002: Adomeit, Klaus, Diskriminierung – Inflation eines Begriffs, Neue Juristische Wochenschrift (NJW), 2002, 1622-1623.

ADOMEIT 2006: Adomeit, Klaus, Der Schutz des Schwächeren – arbeitsrechtliche Erfahrungen und zivilrechtliche Entwicklungen, in: B. Dauner-Lieb et al. (Hrsg.), Festschrift für Horst Konzen zum siebzigsten Geburtstag (Tübingen 2006), 1-10.

ADOMEIT/ MOHR 2007: Adomeit, Klaus/ Mohr, Jochen, Benachteiligung von Bewerbern (Beschäftigten) nach dem AGG als Anspruchsgrundlage für Entschädigung und Schadensersatz, Neue Zeitschrift für Arbeitsrecht (NZA), 2007, 179-184.

ADOMEIT/MOHR 2011: Klaus Adomeit/ Jochen Mohr, Allgemeines Gleichbehandlungsgesetz, 2. Auflage (Stuttgart 2011).

AGEL 2017: Agel, Cornelia, Beschäftigung von behinderten Menschen – ist unser Recht noch zeitgemäß? Behindertenrecht (br), 2017, 40-43.

AKERLOF 1970: Akerlof, George A., The Market for "Lemons": Quality Uncertainty and the Market Mechanism, The Quarterly Journal of Economics (Q.J.Econ.), 84, 1970, 488-500.

ALLPORT 1971: Gordon W. Allport, Die Natur des Vorurteils (Köln 1971).

ANNUSS 2006: Annuß, Georg, Das Allgemeine Gleichbehandlungsgesetz im Arbeitsrecht, Betriebs-Berater (BB), 2006, 1629-1636.

ARGYRIS 1960: Chris P. Argyris, Understanding organizational behavior (Homewood/ Ill. 1960).

ARROW 1974: Kenneth J. Arrow, The Limits of Organization (New York/ London 1974).

ARROW 1969: Arrow, Kenneth J. The Role of of Securities in the Optimal Allocation of Risk-Bearing, Review of Economic Studies, 31, 1969, 91-96.

ARROW 1973: Kenneth J. Arrow, The Theory of Discrimination, in: Orley Ashenfelter/ Albert Rees (Hrsg.), Discrimination in Labor Markets (Princeton/ NJ 1973), 3-33.

BACHMANN 2003: Bachmann, Gregor, Schwerbehindertenschutz durch Kündigungsschutz?, Zeitschrift für Arbeitsrecht (ZfA), 2003, 43-74.

BACKES-GELLNER/ WOLFF 2001: Backes-Gellner, Uschi/ Wolff, Birgitta, Personalmanagement, in: Peter-J. Jost (Hrsg.), Die Prinzipal-Agenten-Theorie in der Betriebswirtschaftslehre (Stuttgart 2001), 395-438.

BADURA 1999: Badura, Peter, Arbeitsrecht und Verfassungsrecht, Recht der Arbeit (RdA), 1999, 8-13.

BADURA 2018: Peter Badura, Staatsrecht – Systematische Erläuterung des Grundgesetzes, 7. Auflage (München 2018).

BAMBERG/ COENENBERG/ KRAPP 2019: Günter Bamberg/ Adolf G. Coenenberg, / Michael Krapp, Betriebswirtschaftliche Entscheidungslehre, 16. Auflage (München 2019).

BAUER 2001: Bauer, Jobst-Hubertus, Europäische Antidiskriminierungsrichtlinien und ihr Einfluss auf das deutsche Arbeitsrecht, Neue Juristische Wochenschrift (NJW), 2001, 2672-2677.

BAUER 2002: Bauer, Jobst-Hubertus, Ein Vorschlag für ein modernes und soziales Kündigungsschutzrecht, Neue Zeitschrift für Arbeitsrecht (NZA), 2002, 529-533.

BAUER/ POWIETZKA 2004: Bauer, Jobst-Hubertus/ Powietzka, Arnim, Kündigung schwerbehinderter Arbeitnehmer – Nachweis, Sozialauswahl, Klagefrist und Reformbedarf, NZA-Rechtsprechungs-Report (NZA-RR), 2004, 505-515.

BAUER/ KRIEGER/ GÜNTHER 2018: Jobst-Hubertus Bauer/ Steffen Krieger/ Jens Günther, Allgemeines Gleichbehandlungsgesetz und Entgelttransparenzgesetz – Kommentar, 5. Auflage (München 2018).

BAYREUTHER 2009: Bayreuther, Frank, „Quotenbeweis“ im Diskriminierungsrecht?, Neue Juristische Wochenschrift (NJW), 2009, 806-683.

BAYREUTHER 2010: Bayreuther, Frank, Einstellungsuntersuchungen, Fragerecht und geplantes Beschäftigtendatenschutzgesetz, Neue Zeitschrift für Arbeitsrecht (NZA), 2010, 679-683.

BECKER 1971: Gary S. Becker, The Economics of Discrimination, 2. Auflage (Chicago/London 1971).

BECKER 1996: Becker, Werner, Diskriminierung und Toleranz, in: Jan C. Joerden (Hrsg.), Diskriminierung – Anti-diskriminierung (Berlin/Heidelberg/New York 1996), 1-11.

BEHRENS 1986: Peter Behrens, Die ökonomischen Grundlagen des Rechts: politische Ökonomie als rationale Jurisprudenz (Tübingen 1986).

BERGEN/ DUTTA/ WALKER 1992: Mark Bergen/ Shantanu Dutta/ Orville C. Walker Jr., Agency Relationships in Marketing: A Review of the Implications and Applications of Agency and Related Theories, Journal of Marketing, 56, 1992, 1-24.

BERNELL 2000: Stephanie Bernell, The Role of Disability in the Study of Job Loss and Reemployment Probabilities, David S. Salkever/ Alan L. Sorkin (Hrsg.), The Economics of Disability (Stamford/ Conn. 2000), 229-264.

BERNHOLZ 1993: Peter Bernholz, Grundlagen der politischen Ökonomie, Band 1 – Theorie der Wirtschaftssysteme, 3. Auflage (Tübingen 1993).

BEYER/ SEIDEL 2010: Christoph Beyer/ Rainer Seidel, Der Kündigungsschutz für schwerbehinderte Menschen im Arbeitsleben (SGB IX), 3. Auflage (Stuttgart 2010).

BIBLIOGRAPHISCHES INSTITUT 2018: Bibliographisches Institut (Hrsg.), Duden - Das Bedeutungswörterbuch, Band 10, 5. Auflage (Berlin 2018).

BIELEFELDT 2010: Heiner Bielefeldt, Das Diskriminierungsverbot als Menschenrechtsprinzip, in: Ulrike Hormel/ Albert Scherr (Hrsg.), Diskriminierung – Grundlagen und Forschungsergebnisse (Wiesbaden 2010), 21-34.

BIKHCHANDANI/ HIRSHLEIFER/ RILEY 2013: Sushil Bikhchandani/ Jack Hirshleifer/ John G. Riley, The Analytics of Uncertainty and Information, 2. Auflage (Cambridge/UK 2013).

BISSELS/ LÜTZELER 2008: Bissels, Alexander/ Lützeler, Martin, Rechtsprechungsübersicht zum AGG, Betriebs-Berater (BB), 2008, 666-671.

BIZER 2000: Kilian Bizer, Die Integration von Schwerbehinderten in die Arbeitswelt – Eine institutionenökonomische Analyse der Anreizsituation von Akteuren –, Sofia-Diskussionsbeiträge zur Institutionenanalyse Nr. 00-6 (Darmstadt 2000).

BIZER/ FÜHR 2001: Kilian Bizer/ Martin Führ, Responsive Regulierung für den homo oeconomicus institutionalis, Sofia-Studien zur Institutionenanalyse Nr.01-1 (Darmstadt 2001).

BÖHM/ POPPELREUTER 2015: Wolfgang Böhm/ Stefan Poppelreuter, Personal Recruitment, Ausschreibung – Bewerberscreening - Einstellungsgespräch, 8. Auflage (Berlin 2015).

BÖSSMANN 1982: Bössmann, Eva, Volkswirtschaftliche Probleme der Transaktionskosten, Zeitschrift für die gesamte Staatswissenschaft/Journal of Institutional and Theoretical Economics (ZgS/JITE), 138, 1982, 664-679.

BOLWIG/ GIESE/ GROSKREUTZ/ HLAVA/ RAMM 2017: Nils Bolwig/ Maren Giese/ Henning Groskreutz/ Daniel Hlava/ Diana Ramm, Behindertenrecht im Betrieb (Frankfurt/Main 2017).

BORGAES 1985: Hans-Udo Borgaes, Der Informationsschutz des Arbeitsplatzbewerbers (Köln 1985).

BOZOYAN 2014: Christiane Bozoyan, Schwer im Nachteil – Zur Diskriminierung übergewichtiger und adipöser Menschen in Schule und Arbeitsmarkt (Hamburg 2014).

BRAUN 2004: Braun, Stefan, Fragerecht und Auskunftspflicht – Neue Entwicklungen in Gesetzgebung und Rechtsprechung, Monatsschrift für deutsches Recht (MDR), 2004, 64-71.

BRECHT-HEITZMANN 2006: Brecht-Heitzmann, Holger, Die Anfechtbarkeit von Arbeitsverträgen wegen verschwiegener Schwerbehinderung, Zeitschrift für Tarifrecht (ZTR), 2006, 639-645.

BRORS 2003: Brors, Christiane, Berechtigtes Informationsinteresse und Diskriminierungsverbot – Welche Fragen darf der Arbeitgeber bei Einstellung eines behinderten Bewerbers stellen?, Der Betrieb (DB), 2003, 1734-1736.

Bundesagentur für Arbeit: Bundesagentur für Arbeit (Hrsg.)
- Statistik der Bundesagentur für Arbeit – Arbeitsmarkt in Zahlen, Schwerbehinderte Menschen in Beschäftigung (Anzeigeverfahren SGB IX), Statistik aus dem Anzeigeverfahren gem. § 80 Abs.2 SGB IX - Arbeitgeber mit 20 oder mehr Arbeitsplätzen im Jahr 2003, Tabelle 7.
- Amtliche Nachrichten der Bundesagentur für Arbeit (ANBA), Arbeitsstatistik 2016 – Jahreszahlen, Nürnberg 31.07.2017.
- Statistik der Bundesagentur für Arbeit – Arbeitsmarkt in Zahlen, Schwerbehinderte Menschen in Beschäftigung (Anzeigeverfahren SGB IX), Statistik aus dem Anzeigeverfahren gem. § 80 Abs.2 SGB IX (ab 01.01.2018 163 Abs.2 SGB IX) – Arbeitgeber mit 20 oder mehr Arbeitsplätzen im Jahr 2016, Erstellungsdatum 23.03.2018, Tabelle 7.
- Statistik der Bundesagentur für Arbeit, Analyse Arbeitsmarkt, Menschen mit Behinderung, Deutschland 2017, Erstelldatum: 29.06.2018.
- Statistik der Bundesagentur für Arbeit, Berichte: Blickpunkt Arbeitsmarkt – Situation schwerbehinderter Menschen, Nürnberg, Mai 2018.

Bundesarbeitsgemeinschaft der Integrationsämter und Hauptfürsorgestellen (BIH): Bundesarbeitsgemeinschaft der Integrationsämter und Hauptfürsorgestellen (BIH) (Hrsg.)
- Jahresbericht 2002/ 2003 (Wiesbaden 2003).
- Jahresbericht 2003/ 2004 (Wiesbaden 2004).
- Jahresbericht 2004/ 2005 (Wiesbaden 2005).
- Jahresbericht 2005/ 2006 (Wiesbaden 2006).
- Jahresbericht 2006/ 2007 (Wiesbaden 2007).
- Jahresbericht 2007/ 2008 (Wiesbaden 2008).
- Jahresbericht 2008/ 2009 (Wiesbaden 2009).
- Jahresbericht 2009/ 2010 (Wiesbaden 2010).
- Jahresbericht 2010/ 2011 (Wiesbaden 2011).
- Jahresbericht 2011/ 2012 (Wiesbaden 2012).
- Jahresbericht 2012/ 2013 (Wiesbaden 2013).
- Jahresbericht 2013/ 2014 (Wiesbaden 2014).
- Jahresbericht 2014/ 2015 (Wiesbaden 2015).
- Jahresbericht 2015/ 2016 (Wiesbaden 2016).
- Jahresbericht 2016/ 2017 (Wiesbaden 2017).
- Jahresbericht 2017/ 2018 (Wiesbaden 2018).

– Jahresbericht 2018/ 2019 (Wiesbaden 2019).

– Jahresbericht 2019/ 2020 (Wiesbaden 2020).

BURCHARDT 2000: Burchardt, Tanja, The Dynamics of being Disabled, Center for Analysis of Social Exclusion paper series (CASEpaper) no. 36, (London 2000).

BURG 2009: Indra Burg, Positive Maßnahmen zwischen Unternehmerfreiheit und Gleichbehandlung (Berlin 2009).

CHARLTON 1998: James I. Charlton, Nothing About Us Without Us: Disability Oppression and Empowerment, (Berkeley/ Los Angeles/ London 1998).

COASE 1937: Coase, R. H., The Nature of the Firm, Economica, 4, 1937, 386-405.

COESTER-WALTJEN 1982: Coester-Waltjen, Dagmar, Zielsetzung und Effektivität eines Antidiskriminierungsgesetzes, Zeitschrift für Rechtspolitik (ZRP), 1982, 217-222.

DÄUBLER 1994: Däubler, Wolfgang, Erhebung von Unternehmerdaten, Computer und Recht (CR), 1994, 101-110.

DÄUBLER 2007: Däubler, Wolfgang, Die Kündigung als unmittelbare Diskriminierung, Arbeitsrecht im Betrieb (AiB), 2007, 22-26.

DÄUBLER/ BERTZBACH 2018: Wolfgang Däubler/ Martin Bertzbach (Hrsg.), Allgemeines Gleichbehandlungsgesetz – Handkommentar, 4.Auflage (Baden-Baden 2018), (zit.: Däubler/ Bertzbach-*Bearbeiter*, HK-AGG).

DAU/ DÜWELL/ JOUSSEN 2019: Dirk H. Dau, / Franz Josef Düwell/ Jacob Joussen (Hrsg.), Sozialgesetzbuch IX - Rehabilitation und Teilhabe behinderter Menschen, Lehr- und Praxiskommentar, 5. Auflage (Baden-Baden 2019), (zit.: LPK- SGB IX).

DEBREU 1959: Gerard Debreu, Theory of Value: An axiomatic analysis of economic equilibrium (New Haven/London 1959).

DEGENER 2000: Degener, Theresia, Verfassungsrechtliche Problem mit der Behindertendiskriminierung in Deutschland, Kritische Justiz (KJ), 2000, 425-433.

DEGENER 1975: Udo Degener, Das Fragerecht des Arbeitgebers gegenüber Bewerbern (Berlin 1975).

DEINERT/ HEUSCHMID/ ZWANZIGER 2019: Olaf Deinert/ Johannes Heuschmid/ Bertram Zwanziger (Hrsg.), Arbeitsrecht – Handbuch für die Praxis, 10. Auflage (Frankfurt/Main 2019).

DEINERT/ NEUMANN 2009: Olaf Deinert/ Volker Neumann (Hrsg.), Rehabilitation und Teilhabe behinderter Menschen – Handbuch SGB IX, 2. Auflage (Baden-Baden 2009).

DEINERT/ WELTI 2018: Olaf Deinert/ Felix Welti (Hrsg.), Stichwortkommentar Behindertenrecht, 2. Auflage (Baden-Baden 2018).

DEMSETZ 1968: Demsetz, Harold, The Cost of Transacting, The Quarterly Journal of Economics (Q.J.Econ), 82, 1968, 33-53.

DOLATA 2004: Dolata, Rolf, Sind die derzeitigen Regelungen des SGB IX für schwerbehinderte Menschen ein Beschäftigungshemmnis?, Behindertenrecht (br), 2004, 128-134.

DOLINSKI 1996: Dolinski, Dariusz, Social Psychology of Discrimination, in: Jan C. Joerden (Hrsg.), Diskriminierung – Anti-Diskriminierung (Berlin/ Heidelberg/ New York 1996), 145-160.

DONGES/ FREYTAG 2009: Juergen B. Donges/ Andreas Freytag, Allgemeine Wirtschaftspolitik, 3.Auflage (Stuttgart 2009).

DONOHUE III 1986: Donohue III., John J., Is Title VII Efficient?, University of Pennsylvania Law Review (U.Pa.L.Rev.), 134, 1986, 1411-1431.

DRUMM 2008: Hans Jürgen Drumm, Personalwirtschaft, 6. Auflage (Berlin/ Heidelberg, 2008).

DUCHSTEIN 2013: Duchstein, Michael, Ästhetische Kriterien in der Personalauswahl, Neue Juristische Wochenschrift (NJW), 2013, 3066-3068.

DÜRIG 1956: Dürig, Günter, Grundrechte und Privatrechtsprechung, Theodor Maunz (Hrsg.), Vom Bonner Grundgesetz zur gesamtdeutschen Verfassung, Festschrift zum 75.Geburtstag von Hans Nawiasky, (München 1956), 157-190.

DÜWELL 2001: Düwell, Franz Josef, Neu geregelt: Die Stellung der Schwerbehinderten im Arbeitsrecht, Betriebs-Berater (BB), 2001, 1527-1531.

DÜWELL 2003: Düwell, Franz Josef, Änderungsbedarf beim Zusatzurlaub für schwerbehinderte Menschen? Fachanwalt Arbeitsrecht (FA), 2003, 226-229.

DÜWELL 2006: Düwell, Franz Josef, Die Neuregelung des Verbots der Benachteiligung wegen Behinderung im AGG, Betriebs-Berater (BB), 2006, 1741-1745.

EBERS/ GOTSCH 2019: Ebers, Mark/ Gotsch, Wilfried, Institutionenökonomische Theorien der Organisation, Alfred Kieser/ Mark Ebers (Hrsg.), Organisationstheorien, 8. Auflage (Stuttgart 2019), 196-257.

EGER 2002: Eger, Thomas H., Eine ökonomische Analyse des arbeitsrechtlichen Kündigungsschutzes in Deutschland und den USA, Dieter Sadowski/Ulrich Walwei (Hrsg.), Die ökonomische Analyse des Arbeitsrechts, Beiträge zur Arbeitsmarkt- und Berufsforschung (BeitrAB), 259 (Nürnberg 2002), 45-74.

EHRICH 2000: Ehrich, Christian, Fragerecht des Arbeitgebers bei Einstellungen und Folgen der Falschbeantwortung, Der Betrieb (DB), 2000, 421-427.

EIGLER 1996: Joachim Eigler, Transaktionskosten als Steuerungsinstrument für die Personalwirtschaft (Frankfurt/Main 1996).

EIGLER 1997: Eigler, Joachim, Transaktionskosten und Personalwirtschaft, Zeitschrift für Personalforschung (ZfP), 11, 1997, 5-29.

EIGLER 2001: Eigler, Joachim, Personalmanagement, in: Peter-J. Jost (Hrsg.), Der Transaktionskostenansatz in der Betriebswirtschaftslehre (Stuttgart 2001), 337-360.

ERFURTER KOMMENTAR ZUM ARBEITSRECHT:

- Dieterich, Thomas/Hanau, Peter/Schaub, Günter (Hrsg.), Erfurter Kommentar zum Arbeitsrecht, 1. Auflage (München 1998).
- Rudi Müller-Glöge/ Ulrich Preis/ Ingrid Schmidt (Hrsg.), Erfurter Kommentar zum Arbeitsrecht, 21. Auflage (München 2021).

ERICHSEN 1996: Erichsen, Hans-Uwe, Die Drittwirkung der Grundrechte Juristische Ausbildung (Jura), 1996, 527-533.

ERNST/ ADLHOCH/ SEEL 2021: Karl-Friedrich Ernst/ Ulrich Adlhoch/ Helga Seel, Sozialgesetzbuch IX – Rehabilitation und Teilhabe behinderter Menschen, Kommentar, Band 2, Loseblattsammlung (Stuttgart 2021).

EULER 2004: Anja Euler, Zulässigkeit der Frage nach einer Schwerbehinderung nach Einführung des Benachteiligungsverbots des § 81 Abs.2 SGB IX (Münster 2004).

FEHR/ RENNINGER 2001: Fehr, Ernst/ Renninger, Suzann-Viola, Unvollständige Arbeitsverträge schaffen Arbeitslosigkeit, Neue Zürcher Zeitung (NZZ) v. 13.01.2001, 27.

FELDER 2012: Franziska Felder, Inklusion und Gerechtigkeit – Das Recht behinderter Menschen auf Teilhabe, (Frankfurt/ New York 2012).

FELDES/HELBIG/ KRÄMER/ REHWALD/ WESTERMANN 2020: Werner Feldes/ Silvia Helbig/ Bettina Krämer/ Rainer Rehwald/ Bernd Westermann, Schwerbehindertenrecht - Basiskommentar zum SGB IX mit Wahlordnung, 15. Auflage (Frankfurt/Main 2020), (zit.: Basiskommentar SGB IX).

FIETZ/ GEBAUER/ HAMMER 2011: Brigitte Fietz/ Günter Gebauer/ Gerlinde Hammer, Die Beschäftigung schwerbehinderter Menschen auf dem ersten Arbeitsmarkt. Einstellungsgründe und Einstellungshemmnisse – Akzeptanz der Instrumente zur Integration Ergebnisse einer qualitativen Untersuchung in Unternehmen des Landes Bremen (Bremen 2011), (zit.: *Fietz et al.*, Beschäftigung schwerbehinderter Menschen).

FISCHER 2019: Thomas Fischer, Strafgesetzbuch mit Nebengesetzen, 66. Auflage (München 2019).

FLEISCHER 2001: Holger Fleischer, Informationsasymmetrie im Vertragsrecht (München 2001).

FRANZEN/GALLNER/OETKER 2018: Martin Franzen/ Inken Gallner/ Hartmut Oetker (Hrsg.), Kommentar zum europäischen Arbeitsrecht, 2. Auflage (München 2018), (zit.: EuArbR/*Bearbeiter*).

FREHE 2015: Frehe, Horst, Überlegungen zur Reform des Behinderungsbegriffs, Forum D – Diskussionsbeitrag Nr. 32/2015 -, Diskussionsforum Rehabilitation- und Teilhaberecht der Deutschen Vereinigung für Rehabilitation (DVfR), www.reha-recht.de.

FREY 1953: Frey, Erich, Können Arbeitsverhältnisse angefochten werden?, Arbeit und Recht (AuR), 1953, 167-171.

FRIEDMAN 1971: Milton Friedman, Kapitalismus und Freiheit (Stuttgart 1971).

FRITSCH 2018: Michael Fritsch, Marktversagen und Wirtschaftspolitik - Mikroökonomische Grundlagen staatlichen Handelns, 10. Auflage (München 2018).

GAA-UNTERPAUL 2002: Gaa-Unterpaul, Birgitta, Die Nachteilsausgleiche nach dem Sozialgesetzbuch – Neuntes Buch (SGB IX) unter Berücksichtigung der jüngeren Rechtsprechung des BSG, Neue Zeitschrift für Sozialrecht (NZS), 2002, 406-410.

GAGEL 2021: Alexander Gagel (Begr.), SGB II/ SGBIII Grundsicherung und Arbeitsförderung, EL 82 (München 2021).

GAMILLSCHEG 1964: Gamillscheg, Franz, Die Grundrechte im Arbeitsrecht, Archiv für die civilistische Praxis (AcP), 164, 1964, 385-445.

GELHAUSEN 1998: Reinhard Gelhausen, Soziales Entschädigungsrecht, 2. Auflage (Neuwied 1998).

GEMÜNDEN 1993: Gemünden, Hans Georg, Information: Bedarf, Analyse und Verhalten, Waldemar Wittmann (Hrsg.), Handwörterbuch der Betriebswirtschaft, Teilband 2: I-Q, 5.Auflage (Stuttgart 1993), 1725.

GOEDELT 1994: Goedelt, Uwe, Die Festsetzung des Grades der Minderung der Erwerbsfähigkeit/des Grades der Behinderung nach dem Schwerbehindertengesetz, Zentralblatt für Sozialversicherung, Sozialhilfe und Versorgung (ZfS), 1994, 97-106.

GÖBEL 2002: Elisabeth Göbel, Neue Institutionenökonomik, Konzeption und betriebswirtschaftliche Anwendungen (Stuttgart 2002).

GRANOVETTER 1995: Mark Granovetter, Getting A Job – A study of contacts and careers, 2. Auflage (Chicago/London 1995).

GREENWALD 1979: Bruce Greenwald, Adverse Selection in the Labor Market (New York/London 1979).

GRÖSCHEL 1986: Ulrich Gröschel, Inflation und Beschäftigung in Volkswirtschaften mit Güter- und Arbeitsmarktkontrakten (Berlin 1986).

GROSSMANN 1969: Großmann, Ruprecht, Arbeitsrechtliche Probleme des vorbestraften Arbeitnehmers, Arbeit und Recht (AuR), 1969, 97-107.

GROSSMANN 1987: Großmann, Ruprecht, Das Schwerbehindertengesetz 1986 im Schnittpunkt von Rechtspolitik und Verfassungsrecht, Betriebs-Berater (BB), 1987, 260-265.

GROSSMANN 1989: Großmann, R., Schwerbehinderte im Konflikt zwischen Statusrecht und Offenbarungspflicht, Neue Zeitschrift für Arbeits- und Sozialrecht (NZA), 1989, 702-709.

BECK'SCHER BILANZKOMMENTAR 2020: Bernd Grottel/ Stefan Schmidt/ Wolfgang J. Schubert/ Ulrich Störk/ Michael Deubert (Hrsg.), Beck'scher Bilanz-Kommentar, Handels- und Steuerbilanz §§ 238 bis § 339, 342 bis 342e HGB, 12. Auflage (München 2020).

GÜNZEL 2000: Peer Günzel, Kündigungsschutz als Diskriminierungsschutz behinderter Arbeitnehmerinnen und Arbeitnehmer (Lüneburg/Hannover 2000).

GÜRTZGEN/ KUBIS /KÜFNER 2019: Nicole Gürtzgen/ Alexander Kubis/ Benjamin Küfner, IAB-Kurzbericht 17/2019 v. 10.09.2019, IAB-Stellenerhebung 2018: Bei befristeten Einstellungen wenden die Betriebe weniger Mittel auf (Nürnberg 2019).

HABERKORN 1962: Haberkorn, Kurt, Zur Offenbarungspflicht des Arbeitnehmers bei Einstellungen, Recht der Arbeit (RdA), 1962, 416-418.

HÄBERLE 1984: Häberle, Peter, Arbeit als Verfassungsproblem, Juristenzeitung (JZ), 1984, 345-355.

HAGMANN 1999: Joachim Hagmann, Das Verbot der Benachteiligung Behinderter gemäß Art.3 Abs.3 S.2 GG und seine Auswirkungen auf das Zivilrecht (Düren 1999).

HAHN 2006: Oliver Hahn, Auswirkungen der europäischen Regelungen zur Altersdiskriminierung im deutschen Arbeitsrecht (Baden-Baden 2006).

HAMMES/ POSER 1992: Hammes, Michael/ Poser, Günter, Die Messung der Transaktionskosten, Das Wirtschaftsstudium (WISU), 21, 1992, 885-889.

HANAU/ADOMEIT 2007: Peter Hanau/ Klaus Adomeit, Arbeitsrecht, 14. Auflage (München 2007).

HANSEN 2001: Hansen, Jessica, Die Änderungen im Schwerbehindertenrecht durch das SGB IX, Neue Zeitschrift für Arbeitsrecht (NZA), 2001, 985-988.

HART 1995: Oliver Hart, Firms, Contracts, and Financial Structure (Oxford 1995).

HAUCK/NOFTZ 2021: Karl Hauck/ Wolfgang Noftz (Begr.), SGB IX – Rehabilitation und Teilhabe behinderter Menschen, Kommentar, 2. Auflage (Berlin 2021).

HENSSLER/WILLEMSEN/KALB 2020: Martin Henssler/ Heinz Josef Willemsen/ Heinz-Jürgen Kalb (Hrsg.), Arbeitsrecht Kommentar, 9. Auflage (Köln 2020).

HICKS 1939: Hicks, John, The Foundations of Welfare Economics, The Economic Journal (EJ), 49, 1939, 696-712.

HIRSCH 1999: Werner Zvi Hirsch, Law and Economics, 3. Auflage (New York 1999).

HIRSHLEIFER 1971: Hirshleifer, Jack, The Private and Social Value of Information and the Reward to Inventive Activity, The American Economic Review (AER), 61, 1971, 561-574.

HITZIG 2008: Janet Hitzig, Das Fragerecht des Arbeitgebers gegenüber Arbeitnehmern mit Sonderkündigungsschutz, (Hamburg 2008).

HÖMIG/ WOLFF 2018: Dieter Hömig/ Heinrich Amadeus Wolff (Hrsg.), Grundgesetz für die Bundesrepublik Deutschland: Handkommentar, 12. Auflage (Baden-Baden 2018), (zit.: *Hömig/Wolf*, HK-GG).

HOFMANN 1975: Hofmann, Paul, Zur Offenbarungspflicht des Arbeitnehmers, Zeitschrift für Arbeitsrecht (ZfA), 1975, 1-64.

HORN 1989: Hans Helmut Horn, Beschäftigungspflicht und Ausgleichsabgabe – Mittel der Chancenangleichung für Schwerbehinderte (Köln/Berlin/Bonn/München 1989).

HORN 1976: Horn, Norbert, Zur ökonomischen Rationalität des Privatrechts – Die privatrechtstheoretische Verwertbarkeit der ‚Economic Analysis of Law', Archiv für die civilistische Praxis (AcP), 176, 1976, 307-333.

HUSEMANN 2014: Husemann, Tim, Die Information über die Schwerbehinderung im Arbeitsverhältnis, Recht der Arbeit (RdA), 2014, 16-25.

ICHINO 1998: Ichino, Pietro, Arbeitsrecht und Wirtschaftsmodelle, Recht der Arbeit (RdA), 1998, 271-277.

INSTITUT DER DEUTSCHEN WIRTSCHAFT: Institut der deutschen Wirtschaft, Köln (Hrsg.)

– Argumente zu Unternehmensfragen Nr.7/Juli 2004.

– iwd – Informationsdienst des Instituts der deutschen Wirtschaft Köln, Nr.4 v. 25.01.2001.
– iwd – Informationsdienst des Instituts der deutschen Wirtschaft Köln, Nr.22 v. 27.05.2004.

JAKUBIK 1980: Jakubik, Hannelore, Probleme im Umgang mit Behinderten (2) - Verhaltensweisen von Behinderten und ihre Hintergründe, Behindertenrecht (br), 1980, 25-28.

JANKER 1991: Janker, Helmut, Das Fragerecht des Arbeitgebers bei der Einstellung, Arbeit und Arbeitsrecht (AuA), 1991, 264-266.

JENSEN/ MECKLING 1976: Jensen, Michael C./ Meckling, William H., Theory of the Firm: Managerial Behavior, Agency Costs and Ownership Structure, Journal of Financial Economics, 3, 1976, 305-360.

JICKELI 1996: Joachim Jickeli, Der langfristige Vertrag (Baden-Baden 1996).

JOST 2001: Jost, Peter-J., Die Prinzipal-Agenten-Theorie im Unternehmenskontext, Peter.-J. Jost (Hrsg.), Die Prinzipal-Agenten-Theorie in der Betriebswirtschaftslehre (Stuttgart 2001), 11-44.

JOUSSEN 2003: Joussen, Jacob, Si tacuisses – Der aktuelle Stand zum Fragerecht des Arbeitgebers nach einer Schwerbehinderung, Neue Juristische Wochenschrift (NJW), 2003, 2857-2861.

JOUSSEN 2007: Joussen, Jacob, Schwerbehinderung, Fragerecht und positive Diskriminierung nach dem AGG, Neue Zeitschrift für Arbeitsrecht (NZA), 2007, 174-178.

KAEHLER 2005: Boris Kaehler, Rechtsprobleme betrieblicher Personalauswahl: Die Zulässigkeit eignungsdiagnostischer Maßnahmen im arbeitsvertraglichen Anbahnungsverhältnis (Frankfurt 2005).

KAEHLER 2006: Kaehler, Boris, Das Arbeitgeberfragerecht im Anbahnungsverhältnis: Kritische Analyse und dogmatische Grundlegung, Zeitschrift für Arbeitsrecht (ZfA), 2006, 519-545.

KÄPPLER 1995: Käppler, Renate, Die Rechtsprechung des Bundesarbeitsgerichts im Jahre 1993, Zeitschrift für Arbeitsrecht (ZfA), 1995, 271-416.

KAH 1994: Arnd Kah, Profitcenter-Steuerung (Stuttgart 1994).

KAISER 2005: Anton Kaiser, Die Problematik des besonderen Kündigungsschutzes für schwerbehinderte Menschen (Regensburg 2005).

KALDOR 1939: Kaldor, Nicholas, Welfare Propositions of Economic and Inter-Personal Comparisons of Utility, The Economic Journal (EJ), 49, 1939, 549-552.

KANIA/ MERTEN 2007: Kania, Thomas/ Merten, Sonja, Auswahl und Einstellung von Arbeitnehmern unter Geltung des AGG, Zeitschrift für Wirtschaftsrecht und Insolvenzpraxis (ZIP) 2007, 8-15.

KERN 1992: Kern, Hans-Günther, Ökonomische Theorie der Langzeitverträge, Juristische Schulung (JuS), 1992, 13-19.

KITTNER/ZWANZIGER 2007: Michael Kittner/ Bertram Zwanziger (Hrsg.), Arbeitsrecht – Handbuch für die Praxis, 4. Auflage (Frankfurt/Main 2007).

KLATTA/HEIDELMEYER-KRUG/VOGELSANG 2005: Rolf Klatta/ Kristin Heidelmeyer-Krug/ Susanne Vogelsang, DIALOG. Unternehmensbefragung „Dialog zwischen Integrationsamt und Betrieben". Abschlussbericht. Im Auftrag des Integrationsamtes (InA) beim Landeswohlfahrtsverband Hessen, Bildungswerk der Hessischen Wirtschaft e.V. (BWHW) (Darmstadt 2005), (zit.: *Klatta et al.*).

KLEE 1974: Ernst Klee, Behindertsein ist schön, Unterlagen zur Arbeit mit Behinderten (Düsseldorf 1974).

KLEIN 2002: Caroline Klein, La discrimination des personnes handicapées (Bern 2002).

KLOCKE 2015: Klocke, Daniel Matthias, Das Fragerecht des Arbeitgebers – allgemeine Grundlagen und konkrete Ausgestaltung in Bezug auf eine (Schwer)Behinderung, Soziales Recht (SR), 2015, 99-115.

KLUGE 2011: Friedrich Kluge (Begr.), Etymologisches Wörterbuch der deutschen Sprache, 25. Auflage (Berlin/New York 2011).

KNICKREHM 2012: Sabine Knickrehm (Hrsg.), Gesamtes Soziales Entschädigungsrecht – Handkommentar (Baden-Baden 2012).

KOCZANOWICZ 1996: Koczanowicz, Leszek, Can the Majority be Discrimnated Against? in: Jan C. Joerden (Hrsg.), Diskriminierung – Antidiskriminierung (Berlin/ Heidelberg/ New York 1996), 305-311.

KÖHLER 1996: Köhler, Karl Friedrich, Die verfassungsrechtliche Stellung behinderter Menschen nach dem Grundgesetz, Soziale Sicherheit in der Landwirtschaft (SdL), 1996, 357-464.

KOPPENFELS-SPIES 2004: Koppenfels-Spies, Katharina von, Schwangerschaft und Schwerbehinderung - zwei weiterhin unbeliebte Fragen im Arbeitsrecht, Arbeit und Recht (AuR), 2004, 43-47.

KOSSENS/VON DER HEIDE/MAAß 2015: Michael Kossens/ Dirk von der Heide/ Michael Maaß, SGB IX – Rehabilitation und Teilhabe behinderter Menschen, 4. Auflage (München 2015).

KR 2019: KR Gemeinschaftskommentar zum Kündigungsschutzgesetz und zu sonstigen kündigungsschutzrechtlichen Vorschriften, Etzel, Gerhard/ Bader, Peter/ Fischermeier, Ernst et al., 12. Auflage (Neuwied 2019).

KRAUSE 2008: Krause, Rüdiger, Antidiskriminierungsrecht und Kundenpräferenzen, Peter Hanau/ Jens T. Thau/ Harm Peter Westermann (Hrsg.), Gegen den Strich – Festschrift für Klaus Adomeit, Köln 2008, 377-393.

KRAUSE 2010: Krause, Rüdiger, Schutzvorschriften und faktische Diskriminierung, Christine Hohmann-Dennhart/ Marita Körner/ Reingard Zimmer (Hrsg.), Geschlechtergerechtigkeit – Festschrift für Heide Pfarr (Baden-Baden 2010), 392-404.

KREITNER 1996: Kreitner, Jochen, Kurzkommentar zu BAG Urt. v. 05.10.1995 – 2 AZR 923/94, Entscheidungen zum Wirtschaftsrecht (EWiR), 1996, 441-442.

KREPS 1990: David M. Kreps, A Course in Microeconomic Theory, New York/London/Toronto 1990.

LACHWITZ/SCHELLHORN/WELTI 2010: Klaus Lachwitz/ Walter Schellhorn/ Felix Welti (Hrsg.), HK-SGB IX, Handkommentar zum Sozialgesetzbuch IX - Rehabilitation und Teilhabe behinderter Menschen, 3. Auflage (Neuwied 2010), (zit.: HK-SGB IX).

LADENSACK 1994: Ladensack, Klaus, Personalentwicklung zwischen Handlungszwang und -ohnmacht, in: Arbeit und Arbeitsrecht (AuA) 1994, S. 11-14.

LARENZ 1961: Larenz, Karl, Anm. zu BAG v. 22.09.1961 – 1 AZR 241/60 – Arbeitsrechtliche Praxis (AP) Nr.15 zu § 123 BGB, Bl. 1255.

LASMANE 1996: Lasmane, Skaidrite, Discrimination: Social Memory and Tolerance, in: Jan C. Joerden (Hrsg.), Diskriminierung – Antidiskriminierung (Berlin/ Heidelberg/ New York 1996), 313-317.

Laux/Liermann 2005: Helmut Laux/ Felix Liermann, Grundlagen der Organisation, Die Steuerung von Entscheidungen als Grundproblem der Betriebswirtschaftslehre, 6. Auflage (Berlin/Heidelberg/New York 2005).

Layard/ Psacharopoulos 1974: Layard, Richard/ Psacharopoulos, George, The Screening Hypothesis and the Returns to Education, The Journal of Political Economy (J.Pol.Econ.), 82, 1974, 985-998.

Lechner 1998: Angela Lechner, Asymmetrische Information auf dem Arbeitsmarkt – Ein Erklärungsfaktor für die Diskriminierung von Frauen (Pfaffenweiler 1998).

Leder 2006: Tobias Leder, Das Diskriminierungsverbot wegen einer Behinderung (Berlin 2006).

Leipold 1971: Leipold, Dieter, Einstellungsfragebögen und das Recht auf Arbeit, Arbeit und Recht (AuR), 1971, 161-167.

Leisner 2004: Leisner, Walter, Verpflichtung zur Neuordnung des Mutterschaftsgelds nach dem BVerfG-Beschluss vom 18.11.2003, Der Betrieb (DB), 2004, 598-603.

Leuchten 2002: Leuchten, Alexius, Der Einfluss der EG-Richtlinien zur Gleichbehandlung auf das deutsche Arbeitsrecht, Neue Zeitschrift für Arbeitsrecht (NZA), 2002, 1254-1261.

Liebig 2004: Liebig, Stefan, Arbeitslosigkeit und Moralökologie, Stefan Liebig/ Holger Lengfeld/ Steffen Mau (Hrsg.), Verteilungsprobleme und Gerechtigkeit in modernen Gesellschaften (Frankfurt/ New York 2004), 197-222.

Lingscheid 2004: Anja Lingscheid, Antidiskriminierung im Arbeitsrecht (Berlin 2004).

Linnenkohl 1983: Linnenkohl, Karl, Arbeitsverhältnis und Vorstrafen-Fragen, Arbeit und Recht (AuR) 1983, 129-141.

Lorenz 1991: Lorenz, Michael, wie den geeigneten Bewerber auswählen?, Arbeit und Arbeitsrecht (AuA) 1991, 130-133.

Lorenzen/ Westermann 1992: Lorenzen, Bernd/ Westermann, Fritz, Einführung neuer Mitarbeiter, in: Dieter Wagner, Ernst Zander, Christoph Hauke (Hrsg.), Handbuch der Personalleitung (München 1992), 571-584.

LÜBTOW 1973: Lübtow, Ulrich von, Zur Anfechtung von Willenserklärungen wegen arglistiger Täuschung, Wolfgang Harms/ Dieter Heckelmann/ Robert Knöpfle/ Arndt Teichmann (Hrsg.), Entwicklungstendenzen im Wirtschafts- und Unternehmensrecht, Festschrift für Horst Bartholomeyczik zum 70.Geburtstag (Berlin 1973), 249-278.

LÜCKE 1999: Lücke, Jörg, Die Drittwirkung der Grundrechte an Hand des Art.19 Abs.3 GG, Juristenzeitung (JZ), 1999, 377-384.

LUTHE 2017: Luthe, Ernst-Wilhelm, Der neue Behinderungsbegriff des Bundesteilhabegesetzes (§ 2 Abs.1 SGB IX) – Teil 2, Behindertenrecht (br), 2017, 77-82.

MÄTZIG 2017: Mätzig, Sarah, Erfolgsfaktor Anonymität? - Eine rechtliche Einordnung anonymisierter Personalauswahlverfahren, Recht der Arbeit (RdA), 2017, 185-189.

MAIDOWSKI 1989: Ulrich Maidowski, Umgekehrte Diskriminierung (Berlin 1989).

MAIER-REIMER 2006: Maier-Reimer, Georg, Das Allgemeine Gleichbehandlungsgesetz im Zivilrechtsverkehr, Neue Juristische Wochenschrift (NJW), 2006, 2577-2583.

MANGOLDT/KLEIN/STARCK/HUBER/VOßKUHLE 2018: Hermann von Mangoldt/ Friedrich Klein/ Christian Starck/ Peter M. Huber/ Andreas Voßkuhle (Hrsg.), Kommentar zum Grundgesetz, Band 1: Präambel, Artikel 1 bis 19, 7.Auflage (München 2018).

MARKEFKA 1995: Manfred Markefka, Vorurteile – Minderheiten – Diskriminierung: Ein Beitrag zum Verständnis sozialer Gegensätze, 7. Auflage (Neuwied 1995).

MARR/FLIASTER 2003: Rainer Marr/ Alexander Fliaster, Jenseits der „Ich AG“: der neue psychologische Vertrag in deutschen Unternehmen (München 2003).

MATZNER 1992: Matzner, Egon, Beschäftigung und Ordnungspolitik: Eine dynamische Sichtweise, in Erhard Kantzenbach/ Otto G. Mayer (Hrsg.), Beschäftigungsentwicklung und Arbeitsmarktpolitik (Berlin 1992), 119-130.

MAUNZ/ DÜRIG 2021: Theodor Maunz/ Günter Dürig (Begr.), Roman Herzog/Rupert Scholz/Matthias Herdegen/Hans H. Klein (Hrsg.), Grundgesetz Kommentar, Band 1 – Art.1-5 (München 2021).

MENSCH 1999: Mensch, Gerhard, Grundlagen der Agency-Theorie, Das Wirtschaftsstudium (WISU) 1999, 686-688.

MESSINGSCHLAGER 2003: Messingschlager, Thomas, „Sind Sie schwerbehindert?“ – Das Ende einer (un)beliebten Frage, Neue Zeitschrift für Arbeitsrecht (NZA) 2003, 301-305.

MILDE 1983: Hellmuth Milde, Einzelwirtschaftliche Lohn- und Beschäftigungspolitik bei Informationsasymmetrie (Konstanz 1983).

MILGROM/ROBERTS 1992: Paul R. Milgrom/ John Roberts, Economics, Organizations and Management (Englewood Cliffs/NJ 1992).

MÖLLERS 2003: Möllers, Thomas M. J., Einschränkung der Vertrags- und Gestaltungsfreiheit durch europäische Richtlinien, in: Wilfried Bottke/ Thomas M. J. Möllers/ Reiner Schmidt (Hrsg.), Recht in Europa (Baden-Baden 2003), 189-216.

MOHR 2008: Mohr, Jochen, Der Diskriminierungsschutz (schwer-)behinderter Arbeitnehmer nach dem AGG und dem SGB IX, Behindertenrecht (br) 2008, 34-66.

MORGENSTERN/VALENTA/HANEWINKEL 2018: Matthis Morgenstern/ Ramona Valenta/ Reiner Hanewinkel, IFT-NORD Forschungsbericht – Effekt bildlicher Warnhinweise auf die Einstellung Jugendlicher zum Zigarettenrauchen (Kiel 2018).

MORITZ 1987: Moritz, Heinz Peter, Fragerecht des Arbeitgebers sowie Auskunfts- und/oder Offenbarungspflicht des Arbeitnehmers bei der Anbahnung von Arbeitsverhältnissen?, Neue Zeitschrift für Arbeits- und Sozialrecht (NZA), 1987, 329-337.

MÜLLER-WENNER/WINKLER 2011: Dorothee Müller-Wenner/ Jürgen Winkler, SGB IX, Teil 2, Besondere Regelungen zur Teilhabe schwerbehinderter Menschen (Schwerbehindertenrecht), Kommentar, 2. Auflage (München 2011).

MÜNCHENER HANDBUCH ZUM ARBEITSRECHT 2021: Münchener Handbuch zum Arbeitsrecht, Heinrich Kiel/ Stefan Lunk/ Hartmut Oetker (Hrsg.), Band 1 Individualarbeitsrecht I, 5. Auflage (München 2021), (zit.: MHdb ArbR/*Bearbeiter*).

MÜNCHENER KOMMENTAR ZUM BÜRGERLICHEN GESETZBUCH: Münchener Kommentar zum Bürgerlichen Gesetzbuch,
Band 1, Allgemeiner Teil, §§ 1-240, Allgemeines Persönlichkeitsrecht (Allg. PersR), AGG, 8. Auflage (München 2018).
Band 2, Schuldrecht – Allgemeiner Teil, 8. Auflage (München 2019).

MÜNCHENER KOMMENTAR ZUM HANDELSGESETZBUCH: Münchener Kommentar zum Handelsgesetzbuch, Band 4, Drittes Buch. Handelsbücher §§ 238-342e HGB, 4. Auflage (München 2020).

MUSHKIN 1962: Mushkin, Selma J., Health as an Investment, Journal of Political Economy (J.Pol.Econ.), Supplement, 70, 1962, 129-157.

NAGEL/EGER 2003: Bernhard Nagel/ Thomas Eger, Wirtschaftsrecht II – Eigentum, Delikt und Vertrag, 4.Auflage (München/Wien 2003).

NELSON 1970: Nelson, Phillip, Information and Consumer Behavior, Journal of Political Economy (J.Pol.Econ.), 78, 1970, 311-329.

NERMUTH 1982: Manfred Nermuth, Information Structures in Economics, Studies in the Theory of Markets with Impfect Information (Berlin/ Heidelberg/ New York 1982).

NEUBERG/ SMITH/ ASHER 2000: Neuberg, Steven L./ Smith, Dylan M./ Asher, Terrilee, Why People Stigmatize: Toward a Biocultural Framework, Todd F. Heatherton/ Robert E. Kleck/ Michelle R. Hebl/ Jay G. Hull (Hrsg.), The Social Psychology of Stigma (New York 2000), 31-61.

NEUBERGER 1997: Oswald Neuberger, Personalwesen 1, Grundlagen, Entwicklung, Organisation, Arbeitszeit, Fehlzeiten (Stuttgart, 1997).

NEUMANN 1961: Neumann, Dirk, Die Offenbarungspflicht des Arbeitnehmers, Der Betrieb (DB), 14,2, 1961, 1291-1294.

NEUMANN/ PAHLEN/ GREINER/ WINKLER/ JABBEN 2020: Dirk Neumann/ Ronald Pahlen/ Stefan Greiner/ Jürgen Winkler/ Jürgen Jabben, Sozialgesetzbuch IX – Rehabilitation und Teilhabe behinderter Menschen, Kommentar, 14. Auflage (München 2020), (zit.: NPGWJ/*Bearbeiter*).

NEUMANN-DUESBERG 1967: Neumann-Duesberg, Horst, Rechtswidrigkeitserfordernis und Rechtswidrigkeitsausschluß (Notwehr) im Täuschungstatbestand des § 123 BGB, Juristische Rundschau (JR), 1967, 1-4.

Neuner 2000: Neuner, Jörg, Die Stellung Körperbehinderter im Privatrecht, Neue Juristische Wochenschrift (NJW) 2000, 1822-1833.

Neuner 2003: Neuner, Jörg, Diskriminierungsschutz durch Privatrecht; Juristenzeitung (JZ) 2003, 57-66.

Niemann 2001: Niemann, Frank, Die Kodifizierung des Behinderten- und Rehabilitationsrechts im SGB IX – Recht der Rehabilitation und Teilhabe behinderter Menschen, Neue Zeitschrift für Sozialrecht (NZS), 2001, 583-587.

Nollert-Borasio/ Dickerhof-Borello/ Wenckebach 2019: Christiane Nollert-Borasio/ Elisabeth Dickerhof-Borello/ Johanna Wenckebach, Allgemeines Gleichbehandlungsgesetz – Basiskommentar zum AGG unter Berücksichtigung des Entgelttransparenzgesetzes (EntgTranspG), 5.Auflage (Frankfurt/Main 2019).

Nowak 1996: Johann R. Nowak, Die Kunst des Fragens (Augsburg 1996).

Oechsler/Paul 2019: Walter A. Oechsler/ Christopher Paul, Personal und Arbeit – Einführung in das Personalmanagement, 11. Auflage (Berlin/ Boston 2019).

Oetker 2004: Oetker, Hartmut, Die Ausprägung der Grundrechte des Arbeitnehmers in der Arbeitsrechtsordnung der Bundesrepublik Deutschland, Recht der Arbeit (RdA), 2004, 8-19.

Okun 1981: Arthur M. Okun, Prices and Quantities – A Macroeconomic Analysis, (Washington, D.C. 1981).

Oluk 2012: Ayse Oluk, Die betriebliche Integrationsvereinbarung nach § 83 SGB IX, Forum B – Diskussionsbeitrag Nr. 1/2012 –, Diskussionsforum Rehabilitation- und Teilhaberecht der Deutschen Vereinigung für Rehabilitation (DVfR), www.reha-recht.de.

Ossenbühl 1990: Ossenbühl, Fritz, Die Freiheiten des Unternehmers nach dem Grundgesetz, Archiv des öffentlichen Rechts (AöR), 115, 1990, 1-32.

Pahlen 2001: Pahlen, Ronald, Die Frage nach der Schwerbehinderteneigenschaft und Art.3 Abs.3 Satz 2 GG, Recht der Arbeit (RdA), 2001, 143-149.

Palandt 2021: Otto Palandt (Begr.), Bürgerliches Gesetzbuch, 80. Auflage (München 2021).

Pareto 1971: Vilfredo Pareto, Manual of Political Economy (London/Basingstoke 1971).

Pfaff/ Zweifel 1998: Pfaff, Dieter/ Zweifel, Peter, Die Principal-Agent-Theorie, Wirtschaftswissenschaftliches Studium (WiSt), 1998, 184-190.

Picker 2003: Picker, Eduard, Antidiskriminierung als Zivilrechtsprogramm? Juristenzeitung (JZ), 2003, 540-545.

Picker 2005: Picker, Eduard, Antidiskriminierungsprogramme im freiheitlichen Privatrecht, Egon Lorenz (Hrsg.), Karlsruher Forum 2004: Haftung wegen Diskriminierung nach derzeitigem und zukünftigem Recht (Karlsruhe 2005), 7-116.

Picot 1982: Picot, Arnold, Transaktionskostenansatz in der Organisationstheorie: Stand der Diskussion und Aussagewert, Die Betriebswirtschaft, 1982, 267-284.

Picot/Dietl/Franck/Fiedler/Royer 2020: Arnold Picot/ Helmut Dietl/ Egon Franck/ Marina Fiedler/ Susanne Royer, Organisation – Theorie und Praxis aus ökonomischer Sicht, 8. Auflage (Stuttgart 2020).

Picot/ Maier 1993: Picot, Arnold/ Maier, Matthias, Information als Wettbewerbsfaktor, Dieter B. Preßmar (Hrsg.), Informationsmanagement, (Wiesbaden 1993), 31-53.

Pieper 1994: Iris Pieper, Koordination individueller wirtschaftlicher Aktivitäten unter unvollkommener Information, Unsicherheit und Erwartungsbildung (Frankfurt/ Main 1994).

Plötscher 2003: Stefan Plötscher, Der Begriff der Diskriminierung im Europäischen Gemeinschaftsrecht (Berlin 2003).

Porsche 2012: Porsche, Stefanie, Von der Exklusion zur Inklusion: Die ausnahmsweise Zulässigkeit der tätigkeitsneutralen Frage nach der (Schwer)Behinderung, §§ 83 SGB IX, 5 AGG, Dörte Busch/ Kerstin Feldhoff/ Katja Nebe, Übergänge im Arbeitsleben und (Re)Inklusion in den Arbeitsmarkt (Baden-Baden 2012), 39-52.

Porsche 2016: Stefanie Porsche, Bedeutung, Auslegung und Realisierung des Konzepts der positiven Maßnahme nach § 5 AGG im unionsrechtlichen Kontext (Baden-Baden 2016), (zit.: Porsche, Konzept der positiven Maßnahmen nach § 5 AGG).

POSNER 1981: Richard A. Posner, The Economics of Justice, Cambridge, MA/London 1981.

POSNER 1987: Posner, Richard A., The Efficiency and Efficacy of Title VII, University of Pennsylvania Law Review (U.Pa.L.Rev.), 136, 1987, 513-521.

POSNER 2014: Richard A. Posner, Economic Analysis of Law, 9. Auflage (New York 2014).

POST 2000: Post, Robert, Prejudicial Appearences: The Logic of American Antidiscrimination Law, California Law Review (Cal.L.Rev.), 88,1, 2000, 1-40.

PREIS 2000: Preis, Ulrich, Bekämpfung der Arbeitslosigkeit – Eine Herausforderung für Arbeits- und Sozialrecht? Neue Juristische Wochenschrift (NJW), 2000, 2304-2312.

PSCHYREMBEL 2020: Willibald Pschyrembel (Begr.), Klinisches Wörterbuch, 268. Auflage (Berlin/ Boston 2020).

RABE-ROSENDAHL 2017: Cathleen Rabe-Rosendahl, Angemessene Vorkehrungen für behinderte Menschen im Arbeitsrecht - Artikel 5 der Richtlinie 2000/78/EG und seine Umsetzung in Deutschland und Großbritannien (Baden-Baden 2017).

RADNER 1970: Radner, Roy, New Ideas in Pure Theory – Problems in the Theory of Markets Under Uncertainty, American Economic Review Papers and Proceedings (AER P&P), 60, 1970, 454-460.

RAEDER/ GROTE 2004: Raeder, Sabine/ Grote, Gudela, Fairness als Voraussetzung für die Tragfähigkeit psychologischer Verträge, Georg Schreyögg/Peter Conrad (Hrsg.), Gerechtigkeit und Management (Wiesbaden 2004), 139-174.

RÄDLER 1998: Rädler, Peter, Art.3 III GG als Schutzgesetz i. S. von § 823 II BGB?, Neue Juristische Wochenschrift (NJW) 1998, 1621-1622.

RAMM 1963: Ramm, Thilo, Irrtum und arglistige Täuschung als Gründe der Anfechtung des Arbeitsvertrages, Arbeit und Recht (AuR) 1963, 161-177.

RAUCH/ BREHM 2003: Rauch, Angela/ Brehm, Hannelore, Licht am Ende des Tunnels? IAB-Werkstattbericht, Diskussionsbeiträge des Instituts für Arbeitsmarkt- und Berufsforschung der Bundesanstalt für Arbeit, Nr.6/14.7.2003 (Nürnberg 2003).

REICHOLD 2002: Reichold, Hermann, Grundlagen und Grenzen der Flexibilisierung im Arbeitsvertrag, Recht der Arbeit (RdA), 2002, 321-333.

REICHOLD 2004: Reichold, Hermann, Sozialgerechtigkeit versus Vertragsgerechtigkeit – arbeitsrechtliche Erfahrungen mit Diskriminierungsregeln, Juristenzeitung (JZ), 2004, 384-393.

REICHOLD 2004: Reichold, Hermann, Arbeitnehmerschutz und/oder Verbraucherschutz bei der Inhaltskontrolle des Arbeitsvertrags?, in: Hartmut Oetker/ Ulrich Preis/ Volker Rieble (Hrsg.), 50 Jahre Bundesarbeitsgericht (München 2004), 153-176.

REICHOLD 2008: Reichold, Hermann, Kompensation „gestörter Vertragsparität" im neuen Arbeitsvertragsgesetzentwurf, in: Peter Hanau/ Jens T. Thau/ Harm Peter Westermann (Hrsg.), Gegen den Strich – Festschrift für Klaus Adomeit (Köln 2008), 583-594.

REICHOLD/ HAHN/ HEINRICH 2005: Reichold, Hermann/ Hahn, Oliver/ Heinrich, Martin, Neuer Anlauf zur Umsetzung der Antidiskriminierungs-Richtlinien: Plädoyer für ein Artikelgesetz, Neue Zeitschrift für Arbeitsrecht (NZA), 2005, 1270-1276.

RICHARDI 2006: Richardi, Reinhard, Neues und Altes – Ein Ariadnefaden durch das Labyrinth des Allgemeinen Gleichbehandlungsgesetzes, Neue Zeitschrift für Arbeitsrecht (NZA), 2006, 881-887.

RICHTER/ FURUBOTN 2010: Rudolf Richter/ Eirik G. Furubotn, Neue Institutionenökonomik – Eine Einführung und kritische Würdigung, 4. Auflage (Tübingen 2010).

RIDDER/ CONRAD/ SCHIRMER/ BRUNS 2001: Hans-Gerd Ridder/ Peter Conrad/ Frank Schirmer/ Hans-Jürgen Bruns, Strategisches Personalmanagement (Landsberg/Lech 2001).

RIEHL 1999: Markus Riehl, Rechtliche Rahmenbedingungen der Integration Schwerbehinderter in die Arbeitswelt, Sofia-Diskussionsbeiträge zur Institutionenanalyse, Nr.99-3 (Darmstadt 1999).

ROLFS/ FELDHAUS 2012: Rolfs, Christian/ Feldhaus, Heiner M., Die Frage nach der Schwerbehinderung im bestehenden Arbeitsverhältnis – Besprechungsaufsatz zum BAG-Urteil vom 16.2.2012 – 6 AZR 553/10 –, Sammlung Arbeitsgerichtlicher Entscheidungen (SAE), 2012, 85.

ROLFS/ PASCHKE 2002: Rolfs, Christian/ Paschke, Derk, Die Pflichten des Arbeitgebers und die Rechte schwerbehinderter Arbeitnehmer nach § 81 SGB IX, Betriebs-Berater (BB) 2002, 1260-1264.

ROLLER 2019: Roller, Steffen, UN-Behindertenrechtskonvention in der sozialgerichtlichen Praxis – anwaltliche Trumpfkarte oder juristische Nebelkerze?, Neue Zeitschrift für Sozialrecht (NZS), 2019, 368-377.

ROTHBALLER 2016: Thomas Rothballer, Berufliche Anforderungen im AGG (Berlin 2016).

ROTHSCHILD 1978: Rothschild, Kurt W., Arbeitslose: Gibt's die?, KYKLOS, 31, 1978, 21-35.

ROTHSCHILD/ STIGLITZ 1976: Rothschild, Michael/ Stiglitz, Joseph, Equilibrium in Competitive Insurance Markets: An Essay on the Economics of Imperfect Information, Quarterly Journal of Economics (Q.J.Econ.), 90, 1976, 629-649.

ROUSSEAU 1995: Denise M. Rousseau, Psychological Contracts in Organizations, Understanding Written and Unwritten Agreements (Thousand Oaks/London/New Delhi 1995).

RUDOLF/MAHLMANN 2007: Beate Rudolf/ Matthias Mahlmann (Hrsg.), Gleichbehandlungsrecht – Handbuch (Baden-Baden 2007).

RUEBAIN 2002: Ruebain, David, What Is Prejudice as It Relates to Disability Anti-Discrimination Law? in: Mary Lou Breslin/ Silvia Yee (eds.), Disability Rights Law and Policy (Ardsley/ NY 2002), 369-392.

RÜHL/ SCHMID/ VIETHEN 2007: Wolfgang Rühl/ Matthias Schmid/ Hans-Peter Viethen, Allgemeines Gleichbehandlungsgesetz (München 2007).

SACHS 2021: Michael Sachs (Hrsg.), Grundgesetz – Kommentar, 9. Auflage (München 2021).

SADOWSKI 2002: Dieter Sadowski, Personalökonomie und Arbeitspolitik (Stuttgart 2002).

SÄCKER 2002: Säcker, Franz-Jürgen, „Vernunft statt Freiheit!“ - Die Tugendrepublik der neuen Jakobiner, Zeitschrift für Rechtspolitik (ZRP), 2002, 286-290.

SCHÄFER/SIX 1978: Bernd Schäfer/ Bernd Six, Sozialpsychologie des Vorurteils (Stuttgart 1978).

SCHÄFER/OTT 2020: Hans-Bernd Schäfer/ Claus Ott, Lehrbuch der ökonomischen Analyse des Zivilrechts, 6. Auflage (Berlin 2020).

SCHATZSCHNEIDER 1986: Schatzschneider, Wolfgang, Die Neuregelung des Schutzes Schwerbehinderter, Neue Juristische Wochenschrift (NJW), 1986, 2873-2874.

SCHAUB 2003: Schaub, Günter, Ist die Frage nach der Schwerbehinderung zulässig?, Neue Zeitschrift für Arbeits- und Sozialrecht (NZA), 2003, 299-301.

SCHAUB 2019: Günter Schaub (Begr.), Arbeitsrechts-Handbuch, 18. Auflage (München 2019).

SCHEIN 1970: Edgar H. Schein, Organizational Psychology, 2. Auflage (Englewood Cliffs/N. J. 1970).

SCHIEK 2000: Dagmar Schiek, Differenzierte Gerechtigkeit – Diskriminierungsschutz und Vertragsrecht (Baden-Baden 2000).

SCHIEK 2004: Schiek, Dagmar, Gleichbehandlungsrichtlinien der EU – Umsetzung in deutsches Arbeitsrecht, Neue Zeitschrift für Arbeits- und Sozialrecht (NZA), 2004, 873-884.

SCHIEK 2007: Dagmar Schiek (Hrsg.), Allgemeines Gleichbehandlungsgesetz (AGG) – Ein Kommentar aus europäischer Perspektive (München 2007).

SCHLACHTER 1993: Monika Schlachter, Wege zur Gleichberechtigung (München 1993).

SCHLÖDER 1988: Schlöder, Bernd, Soziale Vorstellungen als Bezugspunkte von Vorurteilen in: Bernd Schäfer/ Franz Petermann (Hrsg.), Vorurteile und Einstellungen – Sozialpsychologische Beiträge zum Problem sozialer Orientierung, Festschrift für Reinhold Bergler (Köln 1988), 66-98.

SCHMIDT 2019: Bettina Schmidt, Schwerbehindertenarbeitsrecht, 3.Auflage (Baden-Baden 2019).

SCHMIDT 2012: Julian Schmidt, Quotenorientierte Einstellungs- und Beförderungsentscheidungen nach § 5 AGG (Frankfurt/Berlin/Bern 2012).

SCHMIDT 2007: Susanne Schmidt, Informationsasymmetrie im Prozess der Personalauswahl: Handlungsstrategien und Konsequenzen (Saarbrücken 2007).

SCHMIDTCHEN 1984: Gerhard Schmidtchen, Neue Technik – Neue Arbeitsmoral (Köln 1984).

SCHMITT 2018: Schmitt, Laura, Das Bundesteilhabegesetz auf dem Prüfstand der UN-Behindertenrechtskonvention, Neue Zeitschrift für Sozialrecht (NZS), 2018, 247-255.

SCHORN 2002: Schorn, Ulrich, Der Grad der Behinderung im SGB IX – Anhaltende Versäumnisse des Gesetzgebers, Soziale Sicherung (SozSich), 2002, 127-134.

SCHRADER/SIEBERT 2012: Schrader, Peter/ Siebert, Jens, Die Frage nach der Schwerbehinderung, Arbeitsrecht Aktuell (ArbRAktuell), 2012, 157-179.

SCHREYÖGG 1999: Schreyögg, Georg, Strategisches Management – Entwicklungstendenzen und Zukunftsperspektiven, Die Unternehmung, 53, 1999, 387-407.

SCHRÖDER/STEINWEDE 2004: Helmut Schröder/ Jacob Steinwede, Arbeitslosigkeit und Integrationschancen schwerbehinderter Menschen, Beiträge zur Arbeitsmarkt- und Berufsforschung, 285 (BeitrAB 285) (Nürnberg 2004).

SCHRÜFER 1988: Klaus Schrüfer, Ökonomische Analyse individueller Arbeitsverhältnisse (Frankfurt am Main/New York 1988).

SCHUHMACHER 1984: Bernd Schuhmacher, Personalplanung in der Praxis (Heidelberg 1984).

SCHULTE 2012: Schulte, Bernd, Die UN-Behindertenrechtskonvention (Teil II) – „Disability Mainstreaming", Inklusion, Teilhabe und Verbot von Diskriminierungen auch im deutschen Arbeits- und Sozialrecht –, Zeitschrift für europäisches Sozial- und Arbeitsrecht (ZESAR), 2012, 112-120.

SCHUMACHER 1994: Anja Schumacher, Unvollkommene Information in der neoklassischen Informationsökonomik und im evolutionsökonomischen Ansatz (Frankfurt am Main/Berlin/Bern 1994).

SCHUMANN/MEYER/STRÖBELE 2011: Jochen Schumann/ Ulrich Meyer/ Wolfgang Ströbele, Grundzüge der mikroökonomischen Theorie, 9. Auflage (Berlin/Heidelberg 2011).

SCHWAB 2007: Schwab, Rouwen, Diskriminierende Stellenanzeigendurch Personalvermittler, Neue Zeitschrift für Arbeitsrecht (NZA), 2007, 178-179.

SCHWERDTNER 1976: Paul Schwerdtner, Arbeitsrecht I – Individualarbeitsrecht (München 1976).

SCITOVSKY 1941: Scitovsky, T. de, A Note on Welfare Propositions in Economics, Review of Economic Studies, 9, 1941, 77-88.

SESSELMEIER/FUNK/WAAS 2010: Werner Sesselmeier/ Lothar Funk/ Bernd Waas, Arbeitsmarkttheorien – Eine ökonomisch-juristische Einführung, 3. Auflage (Heidelberg/ Dordrecht/ London/ New York 2010).

SEMLINGER/SCHMID 1984: Klaus Semlinger/ Günther Schmid, Arbeitsmarktpolitik für Behinderte (Basel/Boston/Stuttgart 1984).

SIEBEN/SCHILDBACH 1994: Günter Sieben/ Thomas Schildbach, Betriebswirtschaftliche Entscheidungstheorie, 4. Auflage (Düsseldorf 1994).

SIMON 1955: Simon, Herbert A., A Behavioral Model of Rational Choice, Quarterly Journal of Economics (Q.J.Econ.), 87, 1955, 99-118.

SIMON 1981: Herbert A. Simon, Entscheidungsverhalten in Organisationen, 3. Auflage (Landsberg 1981).

SINGER 2010: Singer, Reinhard Grundfragen der Gleichbehandlung im Zivil- und Arbeitsrecht, Thomas Dieterich/ Martine Le Friant/ Luca Nogler/ Katsutoshi Kezuka/ Heide Pfarr (Hrsg.), Individuelle und kollektive Freiheit im Arbeitsrecht – Gedächtnisschrift für Ulrich Zachert (Baden-Baden 2010), 341-358.

SPENCE 1974: A. Michael Spence, Market Signaling: Informational Transfer in Hiring and Related Processes (Cambridge/MA 1974).

SPENCE 1973: Spence, Michael, Job Market Signaling, The Quarterly Journal of Economics (Q.J.Econ.), 87, 1973, 355-374.

SPENCE 1976: Spence, Michael, Informational Aspects of Market Structure: An Introduction, The Quarterly Journal of Economics (Q.J.Econ.), 90, 1976, 591-597.

SPENCE 2002: Spence, Michael, Signaling in Retrospect and the Informational Structure of Markets, American Economic Review (AER), 92, 2002, 434-459.

SPREMANN 1990: Spremann, Klaus, Asymmetrische Information, Zeitschrift für Betriebswirtschaft (ZfB), 60, 1990, 561-586.

STAEHLE/CONRAD/SYDOW 1999: Wolfgang H. Staehle, (Begr.), Peter Conrad/ Jörg Sydow, Management – Eine verhaltenswissenschaftliche Perspektive, 8. Auflage (München 1999).

Statistisches Bundesamt 2020: Statistisches Bundesamt (Hrsg.), Statistik der schwerbehinderten Menschen 2019, Kurzbericht, erschienen am 14. September 2020, ww.destatis.de.

Staudinger: Julius von Staudinger (Begr.), J. von Staudingers Kommentar zum Bürgerlichen Gesetzbuch mit Einführungsgesetz und Nebengesetzen.
Buch 2 Recht der Schuldverhältnisse – §§ 611-613 (Dienstvertragsrecht 1) (Berlin 2020).
Buch 2 Recht der Schuldverhältnisse – Einleitung zum Schuldrecht; §§ 241-243 (Treu und Glauben) (Berlin 2019).

Stern 1988: Klaus Stern, Das Staatsrecht der Bundesrepublik Deutschland, Band III, 1. Halbband (München 1988).

Stigler 1961: Stigler, George J., The Economics of Information, The Journal of Political Economy (J.Pol.Econ.), 69, 1961, 213-225.

Stigler 1962: Stigler, George J., Information in the Labor Market, The Journal of Political Economy Supplement (J.Pol.Econ. Suppl.), 70, 1962, 94-105.

Streinz 2019: Rudolf Streinz, Europarecht, 11. Auflage (Heidelberg 2019).

Thommen/ Achleitner/ Gilbert/ Hachmeister/ Jarchow/ Kaiser 2020: Jean-Paul Thommen/ Ann-Kristin Achleitner/ Dirk Ulrich Gilbert/ Dirk Hachmeister/ Svenja Jarchow/ Gernot Kaiser, Allgemeine Betriebswirtschaftslehre – Umfassende Einführung aus managementorientierter Sicht, 9. Auflage (Wiesbaden 2020), (zit.: *Thommen/Achleitner et al.*, Allgemeine Betriebswirtschaftslehre).

Thüsing 2001: Thüsing, Gregor, Zulässige Ungleichbehandlung weiblicher und männlicher Arbeitnehmer – Zur Unverzichtbarkeit im Sinne des § 611a Abs.1 Satz 2 BGB, Recht der Arbeit (RdA), 2001, 319-325.

Thüsing 2001: Thüsing, Gregor, Der Fortschritt des Diskriminierungsschutzes im Europäischen Arbeitsrecht, Zeitschrift für Arbeitsrecht (ZfA), 2001, 397-418.

Thüsing 2002: Thüsing, Gregor, Das Verbot der Diskriminierung wegen Teilzeit und Befristung nach § 4 TzBfG, Zeitschrift für Arbeitsrecht (ZfA), 2002, 249-273.

THÜSING 2003: Thüsing, Gregor, Gedanken zur Effizienz arbeitsrechtlicher Diskriminierungsverbote, Recht der Arbeit (RdA), 2003, 257-264.

THÜSING 2003: Thüsing, Gregor, Vom Kopftuch als Angriff auf die Vertragsfreiheit, Neue Juristische Wochenschrift (NJW), 2003, 405-407.

THÜSING 2013: Gregor Thüsing, Arbeitsrechtlicher Diskriminierungsschutz, 2. Auflage (München 2013).

THÜSING/ LAMBRICH 2002: Thüsing, Gregor/ Lambrich, Thomas, Das Fragerecht des Arbeitgebers – aktuelle Probleme zu einem klassischen Thema, Betriebs-Berater (BB), 2002, 1146-1153.

THÜSING/ WEGE 2003: Thüsing, Gregor/ Wege, Donat, Das Verbot der Diskriminierung wegen einer Behinderung nach § 81 Abs.2 Satz 2 Nr.1 SGB IX, Fachanwalt Arbeitsrecht (FA), 2003, 296-300.

TREBILCOCK 1993: Michael J. Trebilcock, The Limits of Freedom of Contract (Cambridge/MA 1993).

TREINEN 2002: Heiner Treinen, Außer dem Ausweis haben sie wenig gemein... – Schwerbehinderte Menschen auf dem Arbeitsmarkt, IAT-Report 2002-07 (Gelsenkirchen 2002).

TRÜMNER 2003: Trümner, Martina, Das Fragerecht des Arbeitgebers, Fachanwalt Arbeitsrecht (FA) 2003, 34-38.

VARIAN 2016: Hal R. Varian, Grundzüge der Mikroökonomik, 9. Auflage (Berlin 2016).

WAGNER/JAHN 2004: Thomas Wagner/ Elke J. Jahn, Neue Arbeitsmarkttheorien, 2. Auflage (Stuttgart 2004).

WADDINGTON/ DILLER 2002: Waddington, Lisa/ Diller, Matthew, Tensions and Coherence in Disability Policy: The Uneasy Relationship Between Social Welfare and Civil Rights Models of Disability in American, European and International Employment Law in: Mary Lou Breslin/ Silvia Yee (eds.), Disability Rights Law and Policy, (Ardsley/ NY 2002), 241-282.

WÄCHTER 2004: Wächter, Hartmut, Mitbestimmung, Eduard Gaugler/ Walter A. Oechsler/ Wolfgang Weber (Hrsg.), Handwörterbuch des Personalwesens, 3. Auflage (Stuttgart 2004), Sp. 1240.

WALKER 1987: Walker, Wolf-D., Zur Zulässigkeit der Frage nach der Schwangerschaft, Der Betrieb (DB), 1987, 273-278.

WALWEI 2002: Walwei, Ulrich, Ökonomische Analyse arbeitsrechtlicher Regelungen, in: G. Kleinhenz (Hrsg.), IAB Kompendium zur Arbeitsmarkt- und Berufsforschung, Beiträge zur Arbeitsmarkt- und Berufsforschung, BeitrAB 50 (Nürnberg 2002), 95-106.

WANK 1993: Wank, Rolf, Anmerkung zu BAG v. 1.7.1993 – 2 AZR 25/93 –, Arbeitsrechtliche Praxis (AP) Nr.36 zu § 123 BGB.

WEBER 1976: Max Weber, Wirtschaft und Gesellschaft, Grundriss der verstehenden Soziologie, 5. Auflage (Tübingen 1976).

WELTI 2005: Felix Welti, Behinderung und Rehabilitation im sozialen Rechtsstaat: Freiheit, Gleichheit und Teilhabe behinderter Menschen (Tübingen 2005).

WELTI 2014: Welti, Felix, Behinderung als Rechtsbegriff, Forum D – Diskussionsbeitrag Nr. 22/2014 –, Diskussionsforum Rehabilitation- und Teilhaberecht der Deutschen Vereinigung für Rehabilitation (DVfR), www.reha-recht.de.

WENDELING-SCHRÖDER/STEIN 2008: Ulrike Wendeling-Schröder/ Axel Stein, Allgemeines Gleichbehandlungsgesetz (München 2008).

WESSLING 1991: Ewald Wessling, Individuum und Information – Die Erfassung von Information und Wissen in den ökonomischen Handlungstheorien (Tübingen 1991).

WEYAND/ SCHUBERT 2002: Joachim Weyand/ Jens Schubert, Das neue Schwerbehindertenrecht, 2. Auflage (Baden-Baden 2002).

WIEDEMANN 2001: Herbert Wiedemann, Die Gleichbehandlungsgebote im Arbeitsrecht (Tübingen 2001).

WILKE/ WUNDERLICH/ FEHL 1992: Gerhard Wilke/ Gerhard Wunderlich/ Hans-Martin Fehl, Soziales Entschädigungsrecht, Handkommentar zum Bundesversorgungsgesetz und Soldatenversorgungsgesetz (Kriegsopferversorgung), Opferentschädigungsgesetz, Bundes-Seuchengesetz (Impfschädenversorgung), 7.Auflage (Stuttgart/ München/ Hannover/ Berlin/ Weimar 1992), (zit.: *Wilke et al.*, SozEntschR).

WILLIAMSON 1981: Williamson, Oliver E., The Economics of Organization: The Transaction Cost Approach, American Journal of Sociology (AJS), 87, 1981, 548-577.

Williamson 1990: Oliver E. Williamson, Die ökonomischen Institutionen des Kapitalismus: Unternehmen, Märkte, Kooperationen (Tübingen 1990).

Windolf/Hohn 1984: Paul Windolf/ Hans-Willy Hohn, Arbeitsmarktchancen in der Krise – Betriebliche Rekrutierung und soziale Schließung (Frankfurt/Main 1984).

Wisskirchen 2006: Wisskirchen, Gerlind, Der Umgang mit dem allgemeinen Gleichbehandlungsgesetz – Ein „Kochrezept" für Arbeitgeber, Der Betrieb (DB) 2006, 1491-1499.

Wohlgemuth 1992: Wohlgemuth, Hans H., Fragerecht und Erhebungsrecht – Zu den Grenzen des Informationsbeschaffungsrechts des Arbeitgebers –, Arbeit und Recht (AuR), 1992, 46-50.

Wunderer/von Arx 2002: Rolf Wunderer/ Sabina von Arx, Personalmanagement als Wertschöpfungs-Center, 3. Auflage (Wiesbaden 2002).